Kohlhammer

Roland Steinacher

Rom und die Barbaren

Völker im Alpen- und Donauraum (300–600)

Verlag W. Kohlhammer

Titelbild: Großer Ludovisischer Schlachtsarkophag. Die große Schlachtenszene auf der Kastenfront zeigt Römer, die über Barbaren siegen. Das Stück stammt aus dem 3. Jh. n. Chr. und ist aus prokonnesischem Marmor gefertigt. Der Deckel befindet sich im Römisch-Germanischen Zentralmuseum Mainz (RGZM). Vorlage: Wikimedia Commons/ Miguel Hermoso Cuesta.

1. Auflage 2017

Alle Rechte vorbehalten
© W. Kohlhammer GmbH, Stuttgart
Gesamtherstellung: W. Kohlhammer GmbH, Stuttgart

Print:
ISBN: 978-3-17-025168-7

E-Book-Formate:
pdf: 978-3-17-025169-4
epub: 978-3-17-025170-0
mobi: 978-3-17-025171-7

Inhaltsverzeichnis

Vorwort

Die Forschungsarbeiten zu diesem Buch konnten durch ein Stipendium der Gerda Henkel Stiftung am Institut für Mittelalterforschung der Österreichischen Akademie der Wissenschaften durchgeführt werden. Durch dieses Stipendium war es auch möglich – befreit von sonstigen Verpflichtungen – einen großen Teil des Manuskripts abzuschließen. 2015 und die erste Hälfte des Jahres 2016 konnte ich als Stipendiat der Alexander von Humboldt-Stiftung, zunächst am Lehrstuhl für Alte Geschichte der Friedrich-Alexander-Universität Erlangen-Nürnberg und später am Friedrich-Meinecke-Institut der Freien Universität Berlin, das Manuskript weiterbearbeiten, korrigieren und abschließen. Walter Pohl ist für die hervorragenden Arbeitsbedingungen am Wiener Institut zu danken, Herwig Wolfram für viele Anregungen und Hinweise, Hans-Ulrich Wiemer und Stefan Esders für ihre Gastfreundschaft in Erlangen und Berlin.

Rajko Bratož stellte mir ein unveröffentlichtes Manuskript zur Verfügung und half mit seinem reichen Erfahrungsschatz. Christian Barthel, Guido Berndt, Henning Börm, Jakob Ecker, Julia Ess, Kai Grundmann, Christian Mileta und Philipp von Rummel haben das Manuskript gelesen und wertvolle Hinweise gegeben. Daniel Kuhn vom Verlag Kohlhammer hat das Buch schließlich angenommen, publiziert und betreut.

Berlin im Sommer 2016

1

Einleitung: Die barbarischen Gesellschaften der Heruler, Gepiden und Rugier

Dieses Buch beleuchtet die Geschichte der Gepiden, Heruler und Rugier. Die im Verhältnis zu anderen Verbänden kleinen Völker erhielten verhältnismäßig wenig Aufmerksamkeit in der Forschung und hatten in der Geschichtsschreibung meist nur eine Nebenrolle im Schatten der Goten und Hunnen inne. Zu Unrecht, denn die drei Völker spielten zwischen dem 3. und dem 6. Jahrhundert auf großen Bühnen: Sie kämpften mit und gegen die Römer, zogen mit den Hunnen und versuchten schließlich, an der Donau und auf dem Balkan am Rande des Reiches eigene Königreiche zu errichten. Folgt man dieser »barbarischen« Geschichte zwischen den Alpen, der Donau, dem Balkan und nach Italien, lässt sich die römische Geschichte besser verstehen. Das Schicksal der Gepiden, Heruler und Rugier bietet aufschlussreiche Einblicke in einen wegweisenden Abschnitt der Entwicklung Europas.

An den Grenzen des Reichs formierten sich im Laufe des 3. Jahrhunderts Heruler und Gepiden. Der Rugiername ist schon seit der römischen Kaiserzeit belegt. Zunächst hören wir von Raubzügen der Heruler gemeinsam mit gotischen Völkern in Kleinasien und Griechenland. Schon früh erhielt jedoch ein herulischer Anführer die Würde eines römischen Konsuls, und man darf annehmen, dass seine Männer fortan in der kaiserlichen Armee Dienst taten. Herulische Einheiten finden sich bis in das 6. Jahrhundert und kämpften für verschiedene römische Herrscher an vielen Fronten. Heruler zu sein bedeutete, einer schlagkräftigen zu Fuß kämpfenden Truppe mit dem Ruf guter Soldaten anzugehören.[1]

Die Ankunft der Hunnen im heutigen Ungarn veränderte im ausgehenden 4. Jahrhundert die Bedingungen an der mittleren und unteren Donau. Viele Rugier, Gepiden und Heruler kämpften nun jahrzehntelang gemeinsam mit den berüchtigten Reitern aus der Steppe. Ziel war es, sich von der römischen Regierung ausreichend bezahlen zu lassen, wenn man den Frieden hielt. Dabei entstanden zwischen Alpen und Donau auf Krieg und Soldatentum basierende Gesellschaften, die untereinander um Wohlstand, Macht und die Beziehungen zur römischen Regierung kämpften. Für ein weiteres Jahrhundert wurden die Donaugrenze und die pannonischen Provinzen ein wichtiger Rekrutierungsraum für das Reich. Nach langen Kämpfen zeigten sich schließlich die Goten als schlagkräftigster Verband. Erfolg bedeutete, in die römischen Provinzen zu gelangen.

Italien, das städtereiche Zentrum des römischen Westens, blieb das attraktivste Ziel für die Männer von der Donau. So trugen Rugier und Heruler das Königtum Odoakers in Italien seit dem Jahr 476 mit, während andere Angehörige dieser Völker weiter ihr Glück als Föderaten an der Donau suchten. Die Gepiden wiederum blieben außerhalb der römischen Grenzen und kontrollierten die ehemalige Provinz Dakien, die schon im 3. Jahrhundert von Rom aufgegeben worden war. Einzelne Männer wie die Gepiden Thraustila und Mundus oder die Heruler Philemuth und Sinduald machten Karrieren, die sie bis in hohe und höchste Offiziersränge brachten. Letztlich scheiterten die kleinen Reiche der Gepiden, Heruler und Rugier jedoch sowohl an der Konkurrenz der barbarischen Verbände untereinander als auch an der römischen Politik, die kein Interesse an zu starken und eigenständigen barbarischen Militärverbänden hatte. Schließlich reüssierten die Langobarden, die 568 die Nachfolge der Goten als Herren Italiens antreten konnten und die Gebiete zwischen Alpen und Donau Slawen und Awaren überließen, den neuen Nachbarn und Feinden Roms.

Im Spiegel der Quellen

Es ist jedoch nicht möglich, sich der Geschichte der drei »kleinen« Völker zu widmen, ohne zuvor verschiedene grundlegende Fragen zu stellen. Alleine die Tatsache, dass viele Gepiden und Rugier sich den Langobarden in Italien anschlossen, wirft Fragen zu deren Zuordnung und Selbstwahrnehmung auf. Warum verschwanden die Heruler nach der Mitte des 6. Jahrhunderts so schnell aus der Geschichte? Eines kann man feststellen: Ohne griechische und römische Berichte wüssten wir sehr viel weniger über die barbarischen Gesellschaften. Gleichzeitig macht alleine schon diese Quellenlage Heruler, Rugier und Gepiden zu einem Teil der römischen Geschichte. Die antike Völkerkunde, Ethnographie, hatte ganz bestimmte Lehrmeinungen über die außerhalb des eigenen Kulturraums lebenden Menschen, die als Barbaren gesehen wurden.

Über Jahrhunderte wandten griechische und römische Autoren Bilder, Muster und Stereotypen an, die in vielen Fällen auch die moderne Forschung beeinflusst haben. In den einleitenden Kapiteln wird etwa die Frage gestellt, welche Bedeutung die Erzählungen vom Wandern der Völker im Mittelmeerraum in der antiken Geschichtsschreibung und Völkerkunde hatte. Die Frage nach einer Urbevölkerung und einer Einwanderung bzw. einer gemischten Bevölkerung war häufig, derartige Annahmen begründeten in der Literatur die eigene griechische und römische, städtische und staatliche Identität und Geschichte. Wie aber erklärte sich die griechische und römische Welt die Herkunft der Fremden, der Völker, *gentes*, und Barbaren? Aus dem kalten Norden kamen in der Vorstellung vieler Autoren unüberschaubar viele und wilde Völker und drängten ins Reich. Die antiken Berichte über die Herkunft der Heruler wurden sehr ernst genommen. Die uns vertrauten Bilder von wandernden und landsuchenden Völkern, von seefahrenden Barbaren, die plündernd die römischen Städte verheeren und das dunkle Mittelalter einläuten, treffen jedoch so nicht zu. Natürlich gab es auch Wanderungen und die drei Jahrhunderte, um die es in diesem Buch geht, waren auch eine Zeit von Kriegen und Gewalt. Erstens aber darf man die literarischen Hintergründe der Ursprungsberichte nicht unterschätzen, und zweitens waren die Kämpfe der Zeit viel öfter innerrömische, als man gemeinhin annimmt. Die barbarischen Völker nahmen, wenn man so will, an römischen Bürgerkriegen teil, nicht ohne die eigene Position zu verbessern. Heruler, Gepiden und Rugier kämpften nicht nur gegen, sondern häufig auch mit den Römern und verdingten sich als Soldaten in der Armee des Reichs.

Das römische Reich war ein politischer, militärischer und wirtschaftlicher Block, der die angrenzenden Gesellschaften stark beeinflusste. Barbarische Völker entstanden auffällig oft in der Nähe der Reichsgrenzen, ihre Identität und Geschichte war in vielen Fällen eine Reaktion auf römische Bedürfnisse. Um diese Zusammenhänge zu untersuchen, darf man die barbarische und die römische Gesellschaft nicht jeweils alleine betrachten, sondern muss sie als gemeinsames System analysieren, ein Modell von Zentrum und Peripherie anwenden. Ziel der barbarischen Verbände war es letztlich, in die römischen Provinzen zu gelangen und dort die Rolle des Militärs zu übernehmen. Da die Barbaren auf Reichsboden nun sowohl sich selbst als gentil, als ethnisch, definierten als auch in der spätrömischen Welt so wahrgenommen wurden, ist es oft kaum möglich, zwischen einem Heer und einem Volk zu unterscheiden. Goten, Vandalen, Burgunder, Langobarden, Gepiden, Rugier, Heruler und andere darf man getrost als Militärverbände mit einer ausgeprägten ethnischen Identität bezeichnen.

Gliederung des Buches

Dieses Buch behandelt Begegnungen zwischen der Mittelmeerwelt und ihr benachbarten Gesellschaften, zwischen Rom und den Barbaren. Das Kapitel 2 ist deshalb der antiken Völkerkunde, Ethnographie, und der Prägung barbarischer Gesellschaften durch Rom gewidmet, um der Geschichte der Heruler, Gepiden und Rugier einen Rahmen zu geben.

Seit homerischer Zeit setzte sich die griechische Literatur mit fremden Völkern auseinander. Über Jahrhunderte entstanden Sichtweisen und Lehrmeinungen, die über bemerkenswert lange Zeiträume eine Rolle spielen sollten. Schließlich wandten römische Schriftsteller und Militärs auch griechisches Wissen an, wenn sie über die Menschen an den Reichsgrenzen bzw. in den geplanten Expansionsräumen schrieben. (2.1)

Europa wurde bis an die Flussgrenzen des Rheins und der Donau in Provinzen eingeteilt, und ein dichtes Netz durch Verkehrswege verbundener Städte entstand. Die Völker außerhalb der Grenzen aber orientierten sich in vielerlei Hinsicht am wirtschaftlich, kulturell und militärisch überlegenen imperialen Zentrum. Die jahrhundertelangen römischen Aktivitäten prägten barbarische Gesellschaften. Der Einfluss Roms auf die Menschen jenseits seiner Grenzen war so stark, dass sich größere Barbarenvölker mit hoher Wahrscheinlichkeit aufgrund römischer Bedürfnisse bildeten. Das 3. Jahrhundert war eine Zeit des Wandels im Mittelmeerraum, aber auch östlich des Rheins und nördlich der Donau veränderten sich die Dinge rasch. Neue große Völker wie Goten, Vandalen, Franken und Alemannen formierten sich nahe der römischen Grenzen neu. (2.2)

Dass grundlegende Kategorien der griechisch-römischen Völkerkunde ein langes Nachleben hatten, wurde schon gesagt. Historischen Wandel erklärten antike Autoren häufig mit Migrations- und Wanderungsberichten. Kombiniert mit ethnographischem Wissen entstanden Herkunftssagen, die Goten, Gepiden und Heruler aus Skandinavien stammen ließen. Diese hatten ein manchmal erstaunliches und lebendiges Nachleben bis in die moderne Forschung. (2.3) Im vorletzten Teil der allgemeinen Einleitung ist die Epochenbezeichnung »Völkerwanderung« zu besprechen und zu hinterfragen, denn sie hat mehr mit frühneuzeitlichen als mit antiken Vorstellungen zu tun. (2.4) Schließlich kommt der schon bei kaiserzeitlichen Autoren belegte Rugiername zur Sprache. (2.5)

Im Gegensatz zu den Rugiern erscheinen Heruler und Gepiden erst im 3. Jahrhundert in den Quellen. Mit dem Kapitel 3 beginnt die Geschichte dieser beiden Völker am Schwarzen Meer. Kapitel 4 bespricht jene herulischen Verbände, die im Westen des Reichs in der römischen Armee dienten.

In den Kapiteln 5 und 6 geht es um die Verhältnisse zwischen dem Schwarzen Meer und der pannonischen Tiefebene im späteren 4. und der ersten Hälfte des 5. Jahrhunderts, als zunächst die Hunnen die gotische Vorherrschaft in diesen Gebieten beendeten. Heruler, Gepiden und Rugier wurden Teil einer konkurrierenden Völkergemeinschaft, die unter hunnischer Vorherrschaft an den Reichsgrenzen agierte.

Die Kapitel 7 und 8 beschreiben die Veränderungen dieses Systems in der zweiten Hälfte des 5. Jahrhunderts, als der pannonische Raum zu einem Achsenraum für die römische Geschichte wurde.

Kapitel 9 berichtet von Odoakers Umfeld und der Rolle, die Heruler und Rugier in diesem spielten. Gleichzeitig errichteten Rugier an der Donau und Gepiden an der Theiß und in Sirmium eigene politische Herrschaften. Kapitel 10 widmet sich dem Schicksal der drei Völker, die zusehends zwischen den Italien kontrollierenden Goten und dem Ostreich ihre Unabhängigkeit verloren.

Kapitel 11 konzentriert sich auf die Berichte des Historikers Prokop über die Heruler im 6. Jahrhundert. Kapitel 12 schildert die Geschichte der Gepiden an der Donau und Theiß, die sich letztlich nicht gegen die Langobarden, Konstantinopel und die neu erscheindenden Awaren durchsetzen konnten. Heruler, Gepiden und Rugier verschwanden mit wenigen Ausnahmen um das Jahr 600 aus der Geschichte. Schließlich werden im Kapitel 13 Stereotypen und Geschichtsbilder über die Heruler diskutiert.

2

Rom und die Barbaren

2.1 Die Ansichten der antiken Ethnographie über fremde Völker

Wer oder was sind eigentlich Barbaren? Wie wurde Ethnizität in den kaiserzeitlichen, spätantiken und frühmittelalterlichen Quellen verstanden? Antike Beobachter kannten Völker und deren Namen, die sie sammelten und in Gruppen einteilten, um das Fremde zu beschreiben. Gleichzeitig waren ethnische Bezeichnungen nicht die erste Wahl, wollte man Differenz und Andersartigkeit betonen oder die eigene Zugehörigkeit definieren. Griechische und römische Autoren wussten von unterschiedlichen Ursprüngen und konzipierten vielschichtige Identitätsentwürfe. Eines lässt sich allerdings feststellen: Ethnisch waren stets die Anderen. Das erklärt sich zum Teil aus der Widersprüchlichkeit der verwendeten und ursprünglich griechischen Begriffe.[1] Im Griechischen bezeichnete so das Wort ἔθνος, *ethnos*, verschiedene soziale Gruppen ebenso wie politische Organisationsformen und – fremde – Völker. Daneben konnte der Begriff aber auch einen Berufsstand, eine Menschenmenge, ja sogar einen Bienenschwarm meinen, während im 2. und 3. Jahrhundert Appian und Herodian auch eine römische Provinz *ethnos* nannten. Ein fremdes, barbarisches Volk ist also nur eine von mehreren möglichen Bedeutungen des Begriffs.[2]

Die »Barbaren«

Die Sichtweise der griechischen Völkerkunde auf das Phänomen fremder bzw. barbarischer Völker kann man unter Hinweis auf Aristoteles vielleicht folgendermaßen zusammenfassen: Die Griechen lebten meist in πόλεις, *poleis*, also in relativ kleinen, doch jeweils unabhängigen »Stadtstaaten«, während die kulturell und sprachlich anders gearteten Barbaren in ἔθνη, *ethne*, in Völkern, organisiert waren. Diese ἔθνη begriffen die griechischen Gelehrten als größere, übergeordnete Gruppen bzw. Reiche, die jeweils weiter in »Stämme« (φύλαι, *phylai*) untergliedert waren.[3]

Der bereits erwähnte Begriff des Barbaren taucht als Kompositum schon in den homerischen Epen auf. Dort werden die kleinasiatischen Karer, die eine andere Sprache als die Griechen – aus deren Sicht also ein Kauderwelsch – sprachen, deshalb lautmalerisch als »Bar-bar-Sprechende«, βαρβαρόφωνοι, *barbarophonoi*, bezeichnet. Die Entstehung des Barbarenbegriffes hing demnach eindeutig mit der Fremdsprachigkeit bzw. den mangelhaften Griechischkenntnissen der Anderen zusammen.[4] Ein Barbar war für die Griechen, wie das auch der Sprachgebrauch Herodots zeigt, der Sprache und damit auch der Kultur nach ein Nicht-Hellene. Dabei konnte man durchaus die fremde Lebensweise kritisch sehen, zugleich aber die exotischen Gebräuche, den Schmuck und die Schönheit der Karer oder die alte Kultur und Weisheit der Ägypter bewundern.[5] Doch insbesondere unter dem Eindruck der großen Kriege der Griechen gegen die Perser im 5. Jahrhundert v. Chr. gewann der Barbarenbegriff eine überwiegend fremdenfeindliche Bedeutung. Die Barbaren, zu denen man ja auch die Perser rechnete, wurden nun meist als ungebildet, grausam und roh dargestellt. Überhaupt wurde betont, dass nicht nur die Sprache, sondern auch die Sitten und Gesetze der Barbaren ganz anders und vor allem minderwertiger seien als jene der Griechen. Auf diese Weise wurde die Bezeichnung »Barbar« »zu einem Kulturbegriff, der die gesitteten Griechen von den ungesitteten Fremden, die Angehörigen der griechischen Kultur von den kulturlosen Völkern scheidet.«[6] Immer gab es in der griechischen Literatur aber den Einwand der Gleichheit der Menschen. Aischylos bezeichnet in seinem Drama *Die Perser* die persischen Schiffe unter dem Perserkönig Xerxes I. zwar als barbarische Flotte, zeichnet dann aber die Menschen, deren Schicksal und das Empfinden der Perser am Hof des Großkönigs nicht anders, als er es für Griechen getan hätte.[7]

Barbarentypologie

Nördlich ihrer Welt gab es aus Sicht der Griechen zwei Typen von Barbaren. Im Westen lebte die Völkergruppe der zwar mutigen, doch teilweise auch wilden Kelten, die keine Städte hatten, jedoch sesshaft waren und Landwirtschaft betrieben. Im Unterschied dazu lebten in der Vorstellung der antiken Ethnographen im kalten Norden unüberschaubar viele völlig wilde Völker. Das ergab sich aus der dort herrschenden Kälte, die, so glaubte man zu wissen, gesund sei und die Fortpflanzung fördere.[8] Zu diesen Völkern gehörten auch die im Nordosten lebenden Skythen, die von Herodot im 5. Jahrhundert v. Chr. als Nomaden beschrieben wurden, welche durch die Steppen wanderten und gefürchtete Reiter und Bogenschützen waren.[9] Geographisch wurde das Barbarenland in zwei Bereiche geteilt: in die Κελτική, *Keltike*, im Westen und die Σκυθική, *Skythike*, im Osten, wobei der Fluss Tanais, der heutige Don, diese beiden Zonen trennte.[10] Insbesondere die letztere Auffassung hatte weitreichende Auswirkungen. Denn über die Antike hinaus bis weit ins Mittelalter hinein griffen Gelehrte auf diese Vorstellungen von den Skythen und ihrem Siedlungsgebiet zurück. Das erklärt, wieso auch Heruler, Gepiden, Rugier, Goten, Vandalen, Hunnen, Awaren und Ungarn als Skythen aufgefasst werden konnten.[11]

Im Süden kannten Griechen und Römer Afrikaner und Äthiopier, während im Osten als große Feinde der Griechen und sodann auch der Römer die Perser (bzw. Iraner) standen. Diese charakterisieren die Quellen zwar als grausam und despotisch, doch sah man sie, anders als die wilden und ausschweifenden Araber in den Wüsten jenseits der Ostgrenze, nur teilweise bzw. nicht durchgehend als Barbaren an.[12] Am äußersten östlichen Rand der bekannten Welt beschrieben die Ethnographen und Geographen Indien und China mit all ihren Reichtümern.[13]

»Barbaren« aus der Sicht Roms

Dem griechischen *ethnos* entsprechen im Lateinischen die Begriffe *gens* und *natio*. Seit dem 2. vorchristlichen Jahrhundert verwendete man in Rom die Bezeichnungen für auswärtige Völker, *nationes* oder *gentes externae*, und den Barbarenbegriff synonym.[14] Diesem Sprachgebrauch lag eine gleichsam politisch abgestufte Sichtweise zu Grunde. Fremde waren entweder Verbündete, Freunde des römischen Volkes, *amici populi Romani*, Bundesgenossen, *foederati*, oder aber zu besiegende Feinde.[15] Zwar wurde auch eine größere Familie als *gens* bezeichnet und der Begriff in dieser Bedeutung sogar häufiger verwendet, wobei *natio* streng genommen eine Gemeinschaft von *gentes* meinte. Doch in der alltäglichen Sprachpraxis wurden beide Begriffe parallel verwendet. Hinzu kommt, dass die antike Terminologie generell nicht eindeutig und präzise war. Damit ist die Übersetzung der oben erwähnten Begriffe in moderne Sprachen problematisch. Während man heute beim deutschen *Stamm* und dem englischen *tribe* in der Regel an frühe und primitive Gesellschaften denkt, hatte im Lateinischen der Plural *gentes* derartige Implikationen nur dann, wenn der Kontext klar anzeigte, dass man von Nicht-Römern sprach.[16] Demgegenüber ist es heute so, dass die Übersetzung von *gens* als »Volk« oder »Nation« erstens Assoziationen mit der jüngeren Geschichte weckt und zweitens auf eine – freilich inhaltlich eingeschränkte – antike Entsprechung verweist. Gleichwohl ist, wie Patrick Geary gezeigt hat, die in der modernen Forschung übliche Unterscheidung zwischen dem *Volk nach der Verfassung* (»people by constitution«), *populus*, und dem *Volk nach der Abstammung* (»people by descent«), *gens*, eine wichtige und ausgesprochen nützliche Kategorie beim Verständnis der Quellen. Denn Rom hatte ähnlich den Griechen den Schritt von der *gens* zum verfassten Volk, hier dem *populus*, vollzogen, dessen Identität sich in einer gemeinsamen politischen Kultur manifestierte. Das bedeutete auch, dass der *po-

pulus Romanus im Unterschied zu den feindlichen und unterentwickelten fremden Völkern eine Geschichte hatte, während die fremden, also nichtrömischen *gentes* höchstens mythische Ursprünge hatten. So gesehen bekamen solche Völker nur dann eine Geschichte, wenn sie in Kontakt mit Rom kamen.[17]

Das Beispiel der Goten

Beispielsweise traten die Goten laut Isidor von Sevilla (um 600) erst dann »offiziell« in die Geschichte ein, als sie mit den Römern in Berührung kamen. Ebenso bleibt im Werk seines älteren Zeitgenossen Gregor von Tours die Geschichte der Franken vor ihrem Übertritt über den Rhein und die römische Grenze schemenhaft.[18] Betrachtet man den Sprachgebrauch der römischen Autoren in Bezug auf die verwendeten Volksbezeichnungen etwas genauer, so war dieser vor allem ein praktisches Mittel, mit dessen Hilfe man die Barbaren als militärische und politische Einheiten beschreiben konnte. In diesem Kontext spielte die Tätigkeit der einzelnen barbarischen Anführer eine bedeutend wichtigere Rolle bei der Definition einer *gens* als etwaige kulturelle oder sprachliche Gemeinsamkeiten bzw. Unterschiede ihrer Mitglieder.[19] Das aber unterstreicht, dass die in den römischen Quellen auftauchenden barbarischen Völker, wie Ian Wood dies für die Burgunden gezeigt hat, »[were] defined not by blood, but by those who wrote about them.«[20]

Klassifizierung unbekannter Völker durch Exklusion

Griechen und Römer waren Angehörige ihrer Stadtgemeinde, der πόλις oder *civitas* (in letzterem Fall samt dem Gemeinwesen, der *res publica*). Die außerhalb dieser geordneten und bekannten Welt lebenden Menschen versuchten griechische und römische Beobachter in auf griechisch gesagt ethnische, und auf lateinisch gesagt gentile Gruppen zu gliedern. Diese Herangehensweise ist freilich nicht nur aus der Antike bekannt. Schließlich beschäftigt sich auch die moderne Ethnographie mit Völkern am Rand der »zivilisierten« Welt. Ethnische Zuweisungen betrafen und betreffen demnach vor allem jene Menschen, die jeweils außerhalb des eigenen Territoriums leben und sich damit durch Exklusion auf ihre Ethnizität reduzieren lassen.[21]

Die uns überlieferten, meist beschreibenden Völkernamen, Ethnonyme, tauchen in beinahe allen Fällen bereits in den Werken griechisch oder lateinisch schreibender Ethnographen und Historiker auf. Zu nennen sind hier zunächst Strabon (63 v.–23 n. Chr.),[22] Plinius (23/24–79 n. Chr.), Tacitus und Ptolemaios (um 100–nach 160 n. Chr.).[23] Plinius war als junger Mann Offizier am Rhein und widmete in seiner groß angelegten Enzyklopädie, der *Naturalis His-*

toria, den Völkern und der Geographie der bekannten Erdteile einzelne Kapitel.[24] Tacitus *Germania* ist eine sehr ausführliche Beschreibung der Gebiete rechts des Rheins und nördlich der Donau, die, um 98 n. Chr. geschrieben, auf die einzelnen Völker eingeht und diese von Norden nach Süden und von Westen nach Osten in Anlehnung an Herodots Bericht (*logos*) über die Skythen ordnet. Ähnliche Berichte, hier in der Form von Exkursen, verfasste Tacitus für Britannien und Judäa.[25]

Es bleibt eine offene Frage, ob diese Autoren nicht in manchen Fällen die Bezeichnung von Personenverbänden als Ersatz für exaktere geographische Bezeichnungen einsetzten. Allerdings erscheinen einige Völkernamen, die in den ersten beiden Jahrhunderten unserer Zeit Erwähnung in der antiken Ethnographie finden, in der Spätantike erneut oder zumindest in ähnlicher Form: Goten und Gauten, Vinniler und Vandalen, Angeln und Sachsen, Langobarden, Hasdingen und Rugier.[26] Wie und in welcher Weise Beziehungen zwischen den so bezeichneten *gentes*, Krieger-, Kult- oder Sozialverbänden über die Jahrhunderte bestanden haben, bleibt allerdings zu großen Teilen ungeklärt. Trotzdem oder gerade deshalb gibt es in der Geschichtswissenschaft, Archäologie und Frühgeschichte viele Annahmen und Debatten hinsichtlich möglicher Kontinuitäten. So kann etwa nicht ausgeschlossen werden, dass die römischen und griechischen Autoren Ethnonyme eingeführt haben, die dann im Laufe von Jahrhunderten eine Eigendynamik entwickelten und unter Umständen auch von sich eben formierenden neuen Gruppen als Selbstbezeichnung aufgegriffen wurden. Das würde freilich bedeuten, dass ein überlieferter Name, der den Römern alt und wichtig erschien, so bekannt geblieben wäre, dass er nun auch für die Barbaren wichtig und bedeutsam werden konnte. Auf jeden Fall ähneln sich die uns überlieferten ethnischen Bezeichnungen aus der klassischen Antike und der Spätantike bzw. dem frühen Mittelalter in vielen Fällen sehr, wobei es über die Lokalisierung und die gegenseitigen Bezüge der betroffenen Gesellschaften im Laufe der Jahrhunderte höchst unterschiedliche Aussagen gab.[27]

Barbarische Selbstzeugnisse sind selten

Schriftlich überlieferte Selbstaussagen von Menschen aus den sogenannten Barbarenländern sind selten, weshalb wir uns in erster Linie auf antike bzw. von diesen beeinflusste mittelalterliche Quellen stützen müssen. Walter Pohl sprach in solchen Zusammenhängen von einer »römischen Brille«, die wir nicht einfach abnehmen können.[28] Konkret bedeutet das, dass die Quellenaussagen zu den so viel diskutierten Gruppen, die sich ethnischer Bezeichnungen bedienten, fast ausschließlich auf literarische oder epigraphische Quellen römischer bzw. griechischer Provenienz zurückgehen. Eine der wenigen Ausnahmen stellen die Grabsteine römischer Soldaten barbarischer Herkunft dar. Beispiele wären etwa die Grabsteine der herulischen Hilfstruppen, des herulischen *auxilium* (*numerus Erulorum seniorum*), die Teil der *auxilia Palatina* in Italien waren. Es sind mehrere Inschriften von Epitaphen bekannt, die Individuen dieser Einheit nennen, die dann entweder als Mitglied des *numerus Erulorum* oder eben als Heruler bezeichnet werden.[29]

Größere Gruppen werden manchmal von ihren Nachbarn benannt. So fassten die römischen Autoren die nordwestgriechischen Ethnonyme Γραικοί und Γραῖκες, die ursprünglich nur kleinen Gruppen in Euboia als Selbstbezeichnung gedient hatten, als den Namen aller Hellenen auf und leiteten daraus den lateinischen Völkernamen *Graeci* ab.[30] Volksbezeichnungen konnten durchaus auch abschätzig und wertend sein. Ein Beispiel hierfür ist der Grieche Olympiodor, der zu Beginn des 5. Jahrhunderts berichtete, die Vandalen hätten die Goten als *Trouloi* (Τρούλοι) verspottet, weil diese so hungrig waren, dass sie den Vandalen einen ganzen Solidus für eine *trulla*, eine Schöpfkelle, Getreide bezahlten.[31] Ähnlich phantastisch, mindestens aber ironisch ist der Bericht, die Goten hätten die Gepiden »die Trägen« genannt.[32] Manche Verbände trugen anscheinend sprechende Namen wie die Franken, »die Kämpferischen«, oder die Pikten, »die Bemalten«.[33]

Drei Ebenen des historischen Gebrauchs von Völkernamen sind demnach zu unterscheiden: Erstens die Nennung ethnischer Bezeichnungen in der antiken Ethnographie für die Peripherieräume des *Imperium* mit den genannten ungenauen geographischen Verortungen,[34] wobei Völkernamen zum Teil gleichzeitig auch innerhalb der Reichsgrenzen in Gebrauch sind;[35] zweitens die Verwendung dieser Bezeichnungen auf Reichsboden oder an den römischen Grenzen seit dem 3. Jahrhundert mit dem Erscheinen neuer Ethnoynme wie Franken, Alemannen und später Baiuwaren;[36] schließlich drittens die Rezeptionsgeschichte dieser Ethnonyme bis ins 19. Jahrhundert mit ihren vielseitigen geistes- und wissenschaftsgeschichtlichen Implikationen bis in unsere Gegenwart.[37]

2.2   Rom gestaltet seine Peripherie

Zentrum und Peripherie

Der Freiburger Archäologe Heiko Steuer hat darauf hingewiesen, dass das außerrömische *Barbaricum* erstens verhältnismäßig dünn besiedelt war, dort zweitens stets Güter- und Nahrungsmittelknappheit herrschte, und drittens die Siedlungsdichte und -strukturen von der *La-Tène*-Zeit bis ins hohe Mittelalter oftmals erstaunlich wenig variierten. Dabei war insbesondere die Güterknappheit einer der Hauptgründe für die Attraktivität, die das Reich als Zentrum auf seine Peripherie ausübte.[38] Unter diesen Umständen versuchte die römische Seite seit der Kaiserzeit durch Föderatenverträge, die Anwerbung von Soldaten und den Handel mit Gewerbe- und Luxusgütern auf friedlichem Weg eine Form von Hegemonie zu erreichen, die militärisch mit den Offensiven der augusteischen Zeit nicht herstellbar gewesen war. Damit stellte das *Imperium* einen stabilen wirtschaftlichen und politischen Raum dar, dessen Außenwirkung lange stark genug war, das seit Caesar und Tacitus als *Germania* bezeichnete mitteleuropäische Barbaricum zu integrieren.[39] Dieses System hat sich jahrhundertelang mehr oder weniger bewährt und hatte zudem weitreichende Folgen für die europäische Geschichte. Die zunehmenden Möglichkeiten, entweder in römischem Dienst oder aber im Kampf gegen die Römer Prestige zu gewinnen, führten zu einem starken Anreiz auf barbarische Gesellschaften. Dabei legen insbesondere die Grabfunde nahe, dass die barbarischen Eliten nach dem Erwerb von Prestigegütern aus römischer Produktion oder nach römischem Vorbild strebten. Um diese Zusammenhänge zu untersuchen, darf man die barbarische und die römische Gesellschaft nicht jeweils alleine betrachten, sondern muss sie als gemeinsames System analysieren, letztlich also ein Modell von Zentrum und Peripherie anwenden.[40] Gesellschaftsstrukturen änderten sich unter dem Einfluss römischer Politik. Barbarische, gentile Identitäten, zumindest jene, von denen wir römischerseits unterrichtet werden, entstanden überhaupt nur in Auseinandersetzung mit römischen Strukturen. Und das imperiale System der Römer erforderte detailliertes Wissen über die Verhältnisse unter den Barbaren. Die gesammelten Informationen hatten große Bedeutung für die machtpolitische Kontrolle der Peripherie des *Imperium*.[41]

Es gab kaum eine *gens* an den Grenzen des *Imperium*, die im Laufe der Jahrhunderte nicht friedlich oder kriegerisch mit Rom in Berührung gekommen wäre. Römische Autoren, Politiker und Militärs gingen davon aus, dass Rom rechtmäßig die Welt beherrschen solle. Verträge und andere Formen militärischer und politischer Bindung regelten den Status der Völker außerhalb der Grenzen und banden sie an das Zentrum. Manchmal musste Rom Krieg führen, um aufsässige Völker wieder unter Kontrolle zu bekommen. Die Welt, *orbis terrarum*, und Rom, *orbis romanus*, waren eins, weshalb abhängige und durch Verträge, *foedera*, an Rom gebundene Klientelstaaten oder *gentes* seit der Kaiserzeit eigentlich als Teil des Reiches angesehen wurden.[42]

Barbarische Verbände waren verpflichtet, im Bedarfsfall militärische Dienste zu leisten, und die Reichsbehörden übten auch über die Völker jenseits der Grenzen Gewalt aus. Beziehungen zwischen Rom und barbarischen Gruppen waren mit einer Reihe von Rechtsformen geregelt. Gentile Verbände wurden als *recepti in legis* ins römische System hereingenommen, wobei sie eine tatsächliche oder formelle Unterwerfung vollziehen mussten, eine *deditio*.[43] Ein zwischen Rom und einer *gens* oder einem Staatsgebilde geschlossener Vertrag wurde als *foedus* bezeichnet.[44] In einem *foedus* konnte etwa die Verpflichtung zur Stellung von Rekruten für die römische Armee enthalten sein. Um solche Verträge überhaupt schließen zu können, benötigten die Römer allerdings klare Führungsstrukturen und damit verlässliche Ansprechpartner bei den Barbaren. Deshalb vergaben Römer Titel und Rangbezeichnungen an die Anführer von Barbarenvölkern oder -gruppen. Im Laufe der Jahrhunderte organisierten sich die barbarischen Gesellschaften dann mehr und mehr nach römischen Bedürfnissen, wobei sich auch die gesellschaftlichen Hierarchien stärker ausprägten. Eine von Rom legitimierte gesellschaftliche Führungsposition war in dem von Nahrungs- und Güterknappheit gekennzeichneten *Barbaricum* attraktiv, ging es hier doch für die Betroffenen nicht allein um Prestigegewinn, sondern auch um den Erhalt römischer Zahlungen in nicht unbeträchtlicher Höhe. Römischerseits war eine bestimmte Rechtsstellung barbarischer Partner – und sei es nur im terminologischen Schein – wichtig. Denn römische Kaiser und Generäle wollten Könige als Partner und Verbündete haben. Gewann man einen solchen *rex* als Partner, war das dem römischen Publikum einfach als Erfolg präsentierbar. Kam es aber zum Krieg, war der Triumph über *reges* schließlich ruhmreicher als ein solcher über kleine Anführer mit exotischen Bezeichnungen. Insgesamt gesehen war dies eine Entwicklung, die mit römischen Bedürfnissen zu tun hatte. Einfach gesagt wollten die römischen Generäle im Vorfeld der Reichsgrenzen Ansprechpartner und Verbündete mit einer ausreichenden Kampfkraft, die ihnen bei der Sicherung der Grenze gegen Plünderer halfen. Für die Barbaren wiederum war es vor allem in ökonomischer Hinsicht äußerst attraktiv, mit den Römern zusammenzuarbeiten. Allerdings konnten aus Verbündeten und Söldnern schnell Feinde werden, denn alle Soldaten, egal welcher Herkunft, neigen dazu, sich im Zweifelsfall zu nehmen, was sie begehren.[45]

Mit den Föderatenverträgen regelte Rom die Zuweisung von Land oder Steueranteilen, Nahrungsmittellieferungen seitens des Staatsapparats, Prämienzahlungen, *donativa*, für besondere Leistungen und manchmal auch ein gewisses Maß an Autonomie. Allerdings herrscht in der Forschung über Inhalt und Bedeutung solcher Verträge keineswegs Einigkeit. Man darf von einer großen Varianz bei einzelnen Verträgen zu verschiedenen Zeiten und unter unterschiedlichsten Bedingungen ausgehen. Doch erst die Vereinbarungen mit den Goten von 382 führten zur Etablierung von als Föderaten bezeichneten Armeeeinheiten auf Reichsboden.

»So bezeichnete z. B. Jordanes im 6. Jahrhundert die Goten als foederati wegen ihres foedus von 332 mit Constantin dem Großen und dessen Erneuerung durch Theodosius I., wobei traditioneller Föderatenstatus und spätere Ansiedlung auf Reichsboden im Rückblick teleskopisch zusammengezogen und verbunden werden. Der Terminus selbst findet sich erst in einer Novelle Valentinians über die Küstenverteidigung gegen die Flotte der Vandalen. Der Vertrag

von 382 war in vieler Hinsicht richtungsweisend für die Zukunft, aber auch Ausdruck des Bemühens, eine der Situation angepasste politische Lösung mit dem Herkommen und der Wahrung traditioneller Rechtsformen zu verbinden.«[46]

Im 5. Jahrhundert bedeutete der Begriff »Föderaten« dann meist nicht viel mehr als Soldaten barbarischer Herkunft mit schlechterem Sold.[47]

Transformationen des 3. Jahrhunderts

Waren es aber nur äußere Faktoren, die die römische Welt veränderten? Was geschah während des 3. Jahrhunderts innerhalb und außerhalb der Reichsgrenzen? Hier steckte Rom in der sogenannten »Reichskrise des 3. Jahrhunderts«, womit meist der Zeitraum zwischen dem Ende der severischen Dynastie 235 und dem Regierungsantritt Diokletians 284/85 bezeichnet wird. Kaiser Severus Alexander (222–235) war 235 bei Mogontiacum (Mainz) von aufständischen Truppen getötet worden. Es folgten vor allem seit 249 zahlreiche weitere Usurpationen und die zeitweilige Unabhängigkeit einzelner Reichsteile, nämlich Britanniens, Galliens und Spaniens (Gallisches Sonderreich) sowie großer Gebiete im Osten. So waren Syrien, Ägypten und der Osten Kleinasiens zeitweise im Teilreich von Palmyra organisiert. Die langen Kriege der Epoche bedingten ökonomische Probleme, und insgesamt traten die seit Beginn des Prinzipats bestehenden Schwächen der römischen Staatlichkeit klar zu Tage. Erst die tiefgreifende Umgestaltung der Reichsverwaltung und der Armee unter Diokletian (284–305) und Konstantin (306–337) am Ende des dritten und in den ersten Jahrzehnten des 4. Jahrhunderts stabilisierten dann das System. Während der Krisenjahre aber veränderten der rasche Herrscherwechsel und die Kriege im Reich auch die gesellschaftlichen Strukturen an den Peripherien. Mehrere neue Großverbände formierten sich an Rhein und Donau, und mit dem Neupersischen Reich der Sasaniden kam es zu verlustreichen Auseinandersetzungen um Armenien und Mesopotamien. Betrachtet man diese Epoche insgesamt, so ist sich die Forschung nicht einig, ob der Begriff der »Reichskrise« überhaupt berechtigt ist. Grob gesagt betonen manche Forscher militärische, politische und wirtschaftliche Krisenphänomene, während Karl Strobel und Christian Witschel von einer Transformationsphase der antiken Welt hin zur Spätantike ausgehen. In der Tat machten die zur Bewältigung der Probleme des 3. Jahrhunderts von vielen Soldatenkaisern angewandten Strategien und Lösungen Neuerungen und Reformen möglich, die auch von den Eliten angenommen und getragen wurden. Zudem betrafen die Probleme nicht alle Reichsgebiete gleichzeitig oder gleich stark.[48]

Neue Völker an den römischen Grenzen

Jene Völker, die dann in der Spätantike und dem Frühmittelalter eine bedeutende Rolle spielen sollten, also die Goten, Vandalen, Franken, Alemannen, Gepiden, Heruler und andere Völker, begannen gerade im 3. Jahrhundert hervorzu-
treten. Aus späterer Sicht wurde das 3. Jahrhundert deshalb zum Beginn eines
unaufhaltsamen Niedergangs des Römischen Reichs stilisiert. Diese Ansicht
kollidiert mit dem Umstand, dass die genannten Völker in den Quellen verhältnismäßig selten Erwähnung finden. Dagegen berichten die Quellen viel häufiger
über römische Usurpationen, Bürgerkriege und Thronkämpfe,[49] und überdies
waren die sasanidischen Perser wichtigere äußere Feinde als irgendeine *gens* an
Rhein oder Donau. Ein Sieg über sie brachte unvergleichliches Prestige, so dass
gerade »Soldatenkaiser«, deren Position im Inneren bedroht war, nicht selten
bewusst den Schlagabtausch im Osten suchten, um sich als *Persicus Maximus*
gegen die Opposition zu immunisieren.[50] Dem widerspricht nicht, dass kaiserliche Siegesnamen wie *Germanicus*, *Gothicus* oder *Alamannicus* häufig vergeben
wurden. Denn als Grundlage einer triumphalistischen Rhetorik taugten die
oben erwähnten Völker allemal.[51] In der Forschung wird oft der Eindruck vermittelt, der Druck auf die römischen Grenzen sei in der Spätantike immer größer und letztlich nicht mehr aufhaltbar geworden. Auch sind in den Quellen
wie in der modernen Literatur die Zunahme der barbarischen Bevölkerung und
Hungersnöte die häufigsten Erklärungen für raschen Wandel und die Probleme
des Reichs.[52] Ein weiteres geläufiges Erklärungsmuster kann man als »Domino-
theorie« bezeichnen. Im letzten Viertel des 4. Jahrhunderts seien die Hunnen
aus den Steppen Asiens nach Europa gestürmt. Durch ihren Druck seien nun
die Goten und kurz darauf weitere sogenannte Germanenstämme ins Römerreich gedrängt oder gestoßen worden. Schnell sei Chaos ausgebrochen, weshalb
man nicht habe verhindern können, dass die römischen Grenzen von fliehenden
Germanenhorden überschwemmt wurden.[53]

   Was sich tatsächlich während des 3. Jahrhunderts tiefgreifend änderte, waren die ethnischen Verhältnisse jenseits von Rhein und Donau. An Stelle der
großen Zahl kleiner Verbände, die sich in den ethnographischen Werken eines
Plinius oder Tacitus für die ersten beiden Jahrhunderte finden lassen, erschienen im *Barbaricum* nördlich der römischen Grenzen nun mehrere Großverbände. Am Rhein formierten sich seit Ende des 3. Jahrhunderts die Franken und
Alemannen, hinter ihnen, sozusagen in der zweiten Linie, die Sachsen und Burgunder sowie später die Thüringer.[54] Im Osten und nördlich der unteren Donau wie des Schwarzen Meeres entstanden verschiedene gotische Gruppen, an
der mittleren Donau vandalische. Bemerkenswert dabei ist die Formierung dieser neuen großen Völker im Verhältnis zu den römischen Provinzen: Gegenüber
Niedergermanien, der *Germania inferior* (vgl. noch die heutigen Niederlande),
entwickelten sich die Franken, die Alemannen dagegen rechtsrheinisch bei

Obergermanien (*Germania superior*). An den »barbarischen« Ufern der Donau gegenüber den pannonischen Provinzen formierten sich die Vandalen, gegenüber den dakischen und mösischen Provinzen im Bereich der östlichen Karpaten und der unteren Donau standen die tervingischen Goten.[55]

Gotische Völker oder Skythen

Greuthungische Goten, Heruler und Gepiden traten in der heutigen Südukraine und auf der Krim in Erscheinung. Die uns zugänglichen antiken Autoren verwendeten für die Völker im Osten bis in die heutige Ukraine und die Gebiete nördlich des Schwarzen Meeres und des Kaukasus wie die Gegenden an der unteren Donau den Sammelbegriff der *gentes Gothicae*,[56] die nach den Grundkategorien der griechischen Klassiker auch als Skythen verstanden wurden. Zu diesen skythisch-gotischen Völkern zählten Autoren wie Ammianus Marcellinus und später Prokop nicht nur Goten, sondern auch Sarmaten, Bastarnen, Carpen, Alanen, Hunnen, Rugier, Heruler und Gepiden. Erst die neuzeitliche Forschung fasste seit dem 18. Jahrhundert all diese Völker – aufbauend auf den Ergebnissen der entstehenden Sprachwissenschaft – als »ostgermanische« auf, was natürlich nur dadurch ermöglicht wurde, dass man den Germanenbegriff als Großkategorie erfunden hatte. Der Terminus »ostgermanisch« suggerierte von nun an die Vorstellung einer germanischen Einheit, die in unseren Quellen nicht zu finden ist, und der Spätantike auch absolut fremd gewesen wäre. Denn die iranischsprachigen Alanen und die eine germanische Sprache sprechenden Goten waren den antiken Beobachtern vielmehr ein und dasselbe: skythische Barbaren oder eben Angehörige der *gentes Gothicae*.[57]

Afrika und Arabien

An den Wüstengrenzen Nordafrikas und der arabischen Halbinsel war die Situation jener an Rhein und Donau ähnlich. Die moderne deutsche Forschung hat allerdings nur die »eigenen« Barbaren genauer untersucht. Denn für sie stand lange die Suche nach den Vorfahren der Deutschen des 19. Jahrhunderts im Vordergrund. Daher war der an sich naheliegende Vergleich der keltischen oder germanischen Vorväter mit Mauren oder Arabern, Georgiern oder Armeniern kaum vorstellbar. Wie aber waren diese »germanischen« Großverbände entstanden und wie organisiert? Solche Fragen stoßen schnell an die Grenzen der Aussagemöglichkeiten, die uns die Quellen erlauben. Es steht jedoch fest, dass die Rolle Roms bei diesen Vorgängen bedeutend war. So wurde in der Forschung etwa vorgeschlagen, die Alemannen als *Roman creation* zu sehen, deren Aufgabe es gewesen sei, die im 3. Jahrhundert geräumten Gebiete zwischen Rhein und unterer Donau, das Dekumatenland, zu sichern ohne dabei das Leben regulärer und kostspieliger römischer Soldaten aufs Spiel zu setzen.[58]

Was von den römischen Barbaren blieb

»Barbarisch« und »soldatisch« zu sein, war in der Spätantike nicht voneinander zu trennen. Das hatte auch sprachliche Folgen. Die Begriffe *barbarus* und *miles* wurden häufig synonym gebraucht, was bis heute zu folgenreichen Missverständnissen führt: Wenn die Quellen über »Barbaren« klagen, sind damit keineswegs notwendig Nichtrömer oder fremde Eindringlinge gemeint. Die Bezeichnung »Barbar« erfuhr im spätantiken Latein vielmehr eine bezeichnende Bedeutungsverschiebung. Meinte *barbarus* zunächst »fremd«, »unrömisch« oder »ungesittet« bedeutete es wenig später »unbändig« oder »wild«, um dann den semantischen Gehalt von »tapfer« oder »wacker« wie im Französischen *brave* und im Italienischen und Spanischen *bravo* anzunehmen.[59] Da die Barbaren auf Reichsboden nun sowohl sich selbst als gentil, als ethnisch, definierten als auch in der spätrömischen Welt so wahrgenommen wurden, wandelte sich der Volksbegriff hin zur Bedeutung eines »Volks in Waffen«.[60] Goten, Vandalen, Burgunder, Langobarden, Gepiden, Rugier, Heruler und andere darf man getrost als Militärverbände mit einer ausgeprägten ethnischen Identität bezeichnen.[61] Teils kämpften sie auf eigene Rechnung, oft aber traten sie als Söldner in römische Dienste und wurden Föderaten. Der Unterschied war der Grad des Erfolgs. So konnten die Gepiden und Rugier zunächst nur unter hunnischer und später unter awarischer bzw. gotischer Oberhoheit fortbestehen. Einige seit dem 4. und 5. Jahrhundert auf Reichsboden lebende *gentes*, die Westgoten in Spanien und die Franken in Gallien etwa, konnten Vorläufer mittelalterlicher europäischen Nationen werden. Und manche Identitätsentwürfe, wie der burgundische, blieben Projektionsflächen und wurden im weiteren Verlauf der europäischen Geschichte immer wieder als solche benutzt.[62]

Die poströmischen Regna und ihre Träger wurden mit Völkernamen bezeichnet. Es fällt auf, dass der Vandalenkönig ein König der Vandalen und Alanen, ein *rex Vandalorum et Alanorum,* war und nicht ein *rex Africae.* Wenn ein barbarischer *rex* kein römisches Amt ausübte, also etwa Heermeister war, finden sich Bezeichnungen wie *regnum Francorum, Gothi* oder *gens Langobardorum.* Einerseits garantierte diese ethnische Terminologie innerhalb wie außerhalb die Benennbarkeit, und vor allem gab sie der eigenen Militärelite eine politische und soziale Identifikationsmöglichkeit. Die Langobardenkönige nannten sich in ihren Gesetzen *rex gentis Langobardorum*, nicht aber in den Urkunden. Die Vandalenkönige bedienten sich des starken, doppelten ethnischen Titels nur in ganz bestimmten Kontexten, nämlich dann, wenn die eigenen Leute ihrer Privilegien versichert werden mussten. Dasselbe trifft auf die langobardischen Gesetze für die eigene Gemeinschaft zu, während Urkunden alle Bewohner der beherrschten Gebiete betrafen. Auch deshalb ist die Interpretation ethnischer Bezeichnungen nicht einfach. In der öffentlichen Selbstdarstellung und Repräsentation auf Inschriften, Münzen oder Urkunden bedienten sich die Barbarenherrscher der ehemaligen römischen Provinzen jedoch einer anderen Begrifflichkeit. Dort dominieren *dominus noster* oder ähnliche Bezeichnungen. Odoaker konnte ein Rugier- und Herulerkönig sein, gar ein *rex gentium*, ein Völkerkönig, und doch führte er solche Titel nicht bei offiziellen Amtshandlungen, sondern nur in militärischen Kontexten. Theoderich ließ sich als *Flavius rex* oder einfach *rex* bezeichnen. Auf den vandalischen Münzen erscheint *dominus noster rex* mit dem Namen des Monarchen. Diese Titel waren an die römischen Untertanen gerichtet, die sie verstanden, und die Autorität der Verwaltung in den *regna* akzeptierten.[63]

Grundlagen: Recht und Kirche

Gentile Identität war freilich nur *ein* Element in der Organisation spätantiker und frühmittelalterlicher Gesellschaften im westlichen, lateinischen Europa. Ein großer Teil der Bevölkerung in den nun von barbarischen Militärs beherrschten Provinzen begriff sich als christlicher, römischer *populus*.[64] Dieser zu Beginn erläuterte Begriff für die Rechtsgemeinschaft der römischen Bürger hatte sich in einem spätestens nach 381 christlichen Reich auf das Kirchenvolk erweitert. Hier bestand nun ein Spannungsverhältnis, denn fast kein barbarischer Herrscher bzw. *warlord* der Spätantike war Heide, wohl aber hingen die meisten einer anderen Konfession an als die römische Zivilbevölkerung. Nun gilt es bei der Frage, warum ethnische Identität in den folgenden Jahrhunderten eine so wichtige Rolle einnehmen konnte, diesen entscheidenden Faktor zu berücksichtigen. Nachhaltige politische Herrschaft auf Basis einer zuerst ethnisch definierten Führungsgruppe gelang nur katholisch gewordenen Königen, die über lateinische Schriftlichkeit und eine zumindest teilweise vorhandene spätrömische Bürokratie verfügten. Könige und Bischöfe, militärische und kirchliche Eliten wurden die entscheidenden Kräfte in den sich verändernden Gesellschaften. Spätestens im ausgehenden 6. Jahrhundert hatte die katholische Kirche mit Goten, Franken und Langobarden ein Auskommen gefunden und war ein tragender Teil der politischen und gesellschaftlichen Organisation in den poströmischen *regna* geworden.[65]

Sachsen, Slawen und Alemannen, die außerhalb der ehemaligen Reichsgrenzen gelebt hatten, wurden erst durch die fränkischen Expansionen der merowingischen und karolingischen Zeit Teil dieses Systems. Zuvor spielten sie eine ähnliche Rolle als barbarische Peripherie, als äußere Feinde wie zuvor die Franken selbst gegenüber dem Römerreich. Ein guter christlicher, fränkischer Herrscher zog gegen die gentilen, also nicht-christlichen, Sachsen oder Slawen in den Krieg und trachtete danach, sie zum Christentum zu bekehren.[66] Durch die Durchsetzung einer Gesellschaftsordnung, die auf den eng ineinander verwobenen Faktoren von Kirche und König beruhte, entstand das mittelalterliche Europa.[67]

Die hunnische Alternative

Hunnen, Awaren, Bulgaren und zuerst auch Ungarn versuchten einen anderen Weg zu gehen. Teil der komplexen Bezüge barbarischer Peripherie und des römischen Zentrums wurde in den letzten Jahrzehnten des 4. Jahrhunderts die hunnische Machtbasis an Donau und Theiß. Herwig Wolfram hat diese Strukturen als »hunnische Alternative« beschrieben. Sie bestand darin, durch geballtes militärisches Potenzial in der Nähe der Reichsgrenzen und dazu noch an einem neuralgischen Punkt von dem aus der Osten wie der Westen gleichermaßen schnell zu erreichen und zu bedrohen waren, Druck auszuüben und römische Zahlungen in Anspruch zu nehmen.[68] In den folgenden Jahrhunderten wurden die Awaren eine Konkurrenz für das fränkische Reich und die Bulgaren, wenn man so sagen darf, die Hunnen der Byzantiner auf dem Balkan, gefährlich nahe an der Hauptstadt. Diese Steppenreiche, diese »hunnische Alternative«, funktionierten aber meist nur über einen Zeitraum von zwei oder drei Generationen. Eine europäische, mittelalterliche Identität erreichten nur Bulgaren und Ungarn, nachdem sie Christen geworden waren und ihre Khane Könige bzw. Zaren.[69]

2.3   Herkunftsgeschichten: Mythos oder Realität?

Der amerikanische Althistoriker Eric S. Gruen hat darauf hingewiesen, dass die Antike – und zwar die griechische, römische und jüdische – eine Vielzahl von unterschiedlichen Vorstellungen über Vorgeschichte, Abstammung und Herkommen der Völker der Welt hatte. Denn jede politische Gemeinschaft konstruierte gemeinsame, oft heroische oder mythische Vorfahren und Gründerfiguren. Beispiele sind Abraham, Moses, Herakles oder Kadmos, Aeneas und Romulus. Für ein jüdisches und christliches Sprechen über Geschichte und Herkommen war der biblische Jakob ein Ausgangspunkt, dessen Linie über David bis zu Jesus hin führte. Höchst bemerkenswert ist auch, dass die Wanderung

Einzelner oder ganzer Gruppen ein wesentlicher Bestandteil der einzelnen Ursprungserzählungen war. So hatte beispielsweise das böotische Theben einen Ursprungsmythos, der auf den Phönizier Kadmos zurückgriff. Dieser Heros soll, nach seiner Schwester suchend und einem Orakelspruch aus Delphi folgend, so lange gewandert sein, bis er endlich an der Küste Böotiens landete. Nach Kämpfen mit Fabelwesen sowie aus der Erde entsprungenen Kriegern gründete er schließlich die griechische *polis* Theben. In ähnlicher Weise soll Argos vom Ägypter Danaos gegründet worden sein, während der mythische Vorfahre der Peloponnesier angeblich der Anatolier Pelops war. Und im karischen Aphrodisias erklärte man sich die eigenen Ursprünge mit orientalischen Legenden um Ninos und Semiramis.[70]

Migration als Gründungsmythos

Aber nicht nur Heroen, sondern auch ganze Gemeinschaften oder Völker, die aus fremden Gebieten zugewandert waren, konnten am Anfang der eigenen Geschichte stehen. Bekannt sind die Versionen des römischen Ursprungs aus Troja, die Livius und Vergil bieten. Weniger bekannt ist eine komplexere Variante der römischen Frühgeschichte, die von Dionysios von Halikarnassos entwickelt wurde. In dessen umfangreicher und vergleichsweise gut überlieferter historischer Konstruktion aus augusteischer Zeit treffen Griechen und Proto-Griechen, Barbaren und Kulturträger, Einwanderer und Autochthone aufeinander. Demnach seien die Sikeler die Ureinwohner Italiens gewesen, denen dann die Aborigines und die Pelasger folgten. Letztere aber seien bereits keine Barbaren mehr gewesen, sondern griechische Einwanderer aus Arkadien und Argos. Lange vor dem Trojanischen Krieg also sollen diese Siedler Völkern, Städten und Gegenden Italiens ihre Namen gegeben bzw. diese begründet haben. Damit entwirft Dionysos ein komplexes Bild der Vorgeschichte, in dem zahlreiche Einwanderer aus Städten und Gemeinschaften aus ganz Italien, aber auch anderen Regionen der Mittelmeerwelt die römische Identität formten. Sicher, der gelehrte Dionysos verfolgte sozusagen eine Internationalisierung der römischen Vorgeschichte, auch um den Weltherrschaftsanspruch des zeitgenössischen augusteischen Regimes zu unterstreichen.[71]

Als der Philosoph Seneca (ca. 1–65 n. Chr.) von Kaiser Claudius (41–54 n. Chr.) nach Korsika verbannt worden war, verfasste er kürzere Texte auch in Form von Trostbriefen an seine Mutter Helvia. Der Wandel im eigenen Leben und in jenem der Völker beschäftigte ihn, und er stellte fest, dass Wanderungen und Migrationen zu allen Zeiten die Entstehung von Staaten und Völkern bedingten. »Du wirst sehen, dass alle Völker ihre Sitze verändert haben«;[72] daher gab es in der Vergangenheit zahlreiche Völkerwanderungen und wird es auch in Zukunft geben. Weitere Belege aus der Geschichte folgen. Seneca geht auf die Kimbern und Teutonen und ihren Zug durch Gallien und nach Spanien ein. Er bietet einen regelrechten Katalog von Gründen für das Verlassen der Heimat, der an die in der rezenten Literatur aufgelisteten erinnert. Genannt werden Bevölkerungswachstum und daraus resultierender Nahrungsmangel, Naturkatastrophen, Krankheiten und Erschöpfung des Bodens, der ja im Barbarenland nie üppig war. Aber auch die wirtschaftlichen und kulturellen Unterschiede zwischen dem mitteleuropäischen Barbaricum und der Mittelmeerwelt nennt Seneca als Motiv für die Menschen aus dem Norden, in das römische Reich zu kommen. *Gentes*, fremde Völker, sind niemals stabil und gleichbleibend, sondern unterliegen einem ständigen Wandel. Völkernamen ändern sich ständig, Wanderungen führen zu einer großen Dynamik. Der Verbannungsort Korsika wird schließlich als Beispiel genannt. Auf der Insel seien nach einer ungreifbaren Vorzeit hintereinander Griechen, Lugurier, Spanier und zuletzt Römer erschienen. Man finde »kaum ein Land, das die Ureinwohner, *indigenae*, auch jetzt noch besiedeln. Alles ist durcheinandergewürfelt und aufgepfropft.«[73] Diese Position Senecas ist keine Ausnahme, im Gegenteil, in der antiken Historiographie und Ethnographie war die Frage nach einer Urbevölkerung und einer Einwanderung bzw. einer gemischten Bevölkerung ein häufig diskutierter Punkt. Es bleibt festzustellen, dass mit dem Motiv der (Ein-)Wanderung literarisch weitreichend Identitäten und Geschichte begründet wurden.

Die Völker aus dem kalten Norden

Wie aber erklärte sich die griechische und römische Welt die Herkunft der Fremden, der *gentes* und Barbaren? Aus dem kalten Norden kamen in der Vorstellung der antiken Ethnographen unüberschaubar viele Völker, und die Vorstellungen der klassischen Autoren wurden nie ganz abgelegt, wie sehr auch beobachtete Ereignisse dagegensprechen mochten. Die Bilder von den faszinierend gefährlichen Kämpfern aus dem Norden hatten eine Grundlage im römischen historischen Bewusstsein: die *Cimbri*, griechisch *Kimbroi* (Κίμβροι), die ja auch Seneca als Paradebeispiel für wandernde Barbaren vorgestellt hatte. Geschichtsschreiber stilisierten diese Barbaren zu einer immensen Bedrohung. Hier ging es darum, die römischen Niederlagen des späten 2. Jahrhunderts v. Chr. zu erklären. Als Caesar aus politischen und taktischen Erwägungen zwischen Kelten und Skythen die Germanen als dritte Großgruppe konstruierte, musste er diese *Cimbri* zur gerade postulierten Gruppe der Germanen rechnen, um diese besonders gefährlich erscheinen zu lassen. Dabei stützte er sich auf die erst kurz zuvor erschienenen Schriften des Poseidonios von Apameia (etwa 135–51 v. Chr.), der sich bei der Klassifizierung der *Cimbri* allerdings nicht sicher gewesen war. In augusteischer Zeit war es dann Teil der staatlichen Propaganda, eine Gesandtschaft der *Cimbri* am Hof des göttlichen Augustus erscheinen zu lassen. Die Barbaren baten um Verzeihung für die von ihren Vorfahren vor Jahrhunderten verübten Gräueltaten. Die Macht des neuen Systems konnte somit nicht nur in geographischer, sondern auch in historischer Hinsicht weitreichend dargestellt werden. Römische Niederlagen der Vergangenheit ließen sich durch die neue politische Ordnung aufheben. Zur gleichen Zeit, also im ersten Jahrhundert n. Chr., weiß Strabon von römischen Marineaktivitäten bis ins Heimatgebiet der *Kimbroi* zu berichten. Mit dem Gebiet der Kimbern wurde der hohe Norden bezeichnet, wo diese gefährlichen Barbaren wohnten.[74]

Eine besondere Rolle gab Publius Cornelius Tacitus am Ende des 1. Jahrhunderts den Germanen. Er zeichnete die Bewohner Germaniens als unvermischt und mit den Ureinwohnern identisch. Seit Caesar und Poseidonios hatte man den Bewohnern der Gebiete rechts des Rheins besondere Eigenschaften zugeschrieben, und lange nahm die Forschung diese Barbarentopik für bare Münze, ohne die Einbettung in die antiken Vorstellungen genügend zu bedenken. Tacitus schrieb:

»Ich selbst schließe mich der Meinung derjenigen an, die glauben, Germaniens Völkerschaften, Germaniae populi, seien nicht durch Heiraten mit anderen Völkern, nationes, zum Schlechten hin beeinflusst und seien deshalb ein eigener, reiner und nur sich selbst ähnlicher Menschenschlag, gens, geworden.«[75]

Das zeige sich dann an der körperlichen Erscheinung und der Zähigkeit der Bewohner. Es handelt sich um ein seit Herodot) bekanntes Motiv. Alte und besonders natürliche Völker sind etwa Skythen und Ägypter. Die Barbaren im Norden sind aggressiv und kampfeslustig, kaum aufzuhalten, wenn sie wütend werden. Und auch wenn Tacitus im speziellen Fall seiner *Germania* mit ihrer Motivation, den Römern einen Spiegel vorzuhalten, auch positive Worte finden mag, Hintergrund dieser Klassifizierung ist ein Bild fremder und wilder Menschen, die eben nach anderen Regeln leben, als man es in der Kulturwelt gewohnt ist. Am Beginn des zweiten Kapitels ist Tacitus dahingehend klar: Die Germanen seien deshalb Ureinwohner, *indigenae*, weil Wanderung und Wechsel des Wohnsitzes in der Vorzeit durch den Schiffsverkehr auf dem Mittelmeer möglich waren. Da das auf der anderen Seite liegende Weltenmeer, der *Oceanus*, aber selten angefahren wurde, kam es kaum zu Einwanderungen nach Germanien aus den für Tacitus zivilisierten Gebieten, *ab orbe nostro*.[76] Tacitus idealisierte traditionelle Sitten und Tugenden, den *mos maiorum*. Sein Geschichtsbild hat nun die Tendenz, diese Altehrwürdigkeit in Spuren bei den ursprünglichen und eigentlich primitiven barbarischen Gesellschaften noch finden zu können.[77]

Noch 300 Jahre später widmete der Militärschriftsteller Publius Flavius Vegetius Renatus in seiner militärischen Lehrschrift ein Kapitel der Rekrutierung von Soldaten. Dabei geht er auch auf geographische und klimatische Implikationen ein und argumentiert ähnlich wie vor ihm schon Plinius und Vitruv.[78]

Vor dem Hintergrund einer zu seiner Lebenszeit schon mehr als ein Jahrtausend alten ethnographischen Literatur empfiehlt Vegetius die Rekrutierung von Menschen aus dem Norden. Alle Völker, die der Sonne ausgesetzt seien, seien zwar intelligent, hätten aber weniger Blut und daher auch größere Angst vor Wunden (*Omnes nationes, quae vicinae sunt soli* [...] *amplius quidem sapere, sed minus habere sanguinis dicunt*). Die Völker des Nordens, *septentrionales populi*, dagegen seien weniger klug, hätten aber einen Überschuss an Blut und seien daher sehr kriegstüchtig (*sunt ad bella promptissimi*). Rekruten, *tirones*, sollte man daher im Idealfall aus den gemäßigten nördlichen Klimazonen holen, denn diese Leute seien bereit, ihr Blut zu vergießen, weil sie genug davon in ihren Adern hätten. Gleichzeitig seien sie nicht gänzlich dumm, was ja von Vorteil für die Disziplin im Militär war und ist.[79]

Rezeption antiker Darstellungen im Frühmittelalter

Solche Bilder waren offensichtlich von der klassischen Zeit bis in die Spätantike Allgemeingut der Ethnographie, und auf ihnen aufbauend konstruierten im 6. Jahrhundert und bis in karolingische Zeit Autoren wie Jordanes, Cassiodor, Prokop oder Paulus Diaconus. Diese schrieben aber auch über für meist schon auf Reichsboden lebende Kriegereliten außerrömischer Provenienz, die skandinavische, also nördliche, Herkunft der Goten, Heruler, Gepiden oder Langobarden. Denn gute, erfolgreiche Kämpfer mussten zwangsläufig aus dem Norden kommen. Dabei erfüllten die Wanderungsgeschichten, wenn sie etwa die Goten, Heruler und Gepiden aus Skandinavien kommen ließen, zusammen mit der Anbindung an alte und aus der römischen Tradition bekannte Völkernamen den Zweck, eine neue Elite mit einer benennbaren Herkunft und langer Tradition auszustatten. Die literarische Qualität dieser Bilder war freilich groß, weshalb sie bis in die jüngste Vergangenheit von der Forschung durchaus ernst genommen wurden.[80] Dies geschah ungeachtet der Tatsache, dass die spätantiken römischen Autoren den grundlegenden Einfluss, den die Römer über Jahrhunderte auf die Gebiete außerhalb ihrer Grenzen ausübten, sowie die Existenz von ebenfalls seit Jahrhunderten bestehenden Kontaktzonen zwischen römischer Staatlichkeit (und hier vor allem dem Militärapparat) und barbarischen Gruppen praktisch ausgeblendet haben.

Herkunftsgeschichten konnten auch auf skythischen, trojanischen oder pannonischen Ursprüngen beruhen. Und auch viele in späterer Zeit entstandene europäische Identitätsentwürfe beginnen mit einfallenden oder einwandernden Barbarenverbänden. Das gilt für die Goten in Italien und Spanien und später für die Langobarden. Paulus Diaconus verortet im 8. Jahrhundert den Ursprung der Langobarden ebenfalls in Skandinavien: Es gibt eine Insel in den nördlichen Teilen der Welt, die Skandinavien heißt, wo viele Völker leben (*Est insula qui dicitur Scadanan [...] in partibus aquilonis, ubi multae gentes habitant).* Eine solche Herkunftslegende gab nun den Langobarden einen ähnlichen Anspruch wie den Goten als Herren in Italien.[81] Die Franken dagegen legten Wert darauf, gleich den Römern aus Troja zu stammen. Beda Venerabilis betonte wiederum die Einwanderung von Angeln und Sachsen aus der *Germania* nach England.[82]

Heruler, Gepiden und Goten

Was berichtet Jordanes nun für Heruler, Gepiden und Goten? Skandinavien sei eine *officina gentium aut certe velut vagina nationum*, eine »Völkerwerkstatt oder zumindest ein Schoß der Nationen«, aus der die Goten kamen. Eine lange und mit etlichen Verweisen auf andere Autoren belegte Reihe von Völkern lebt auf der Insel. Darunter sind auch die Heruler, die besonders stolze Skandinavier waren, bevor sie von den Dänen aus ihren Wohnsitzen vertrieben worden seien.[83] 1490 vor unseres Herrn Geburt erreichten die Goten unter einem König Berig mit drei Schiffen von Skandinavien kommend die Weichselmündung. Das war interessanterweise genau in den Tagen, in denen Mose in der Wüste das jüdische Volk führte, und noch vor dem Troianischen Krieg, der am Beginn der römischen Geschichte stand. Im dritten Schiff, das langsamer als die beiden anderen war, erreichten die Gepiden die neue Heimat. Wegen ihrer Langsamkeit wurden die Gepiden von den Goten stets verspottet.[84]

Am Ufer des Ozeans mussten die Goten zunächst gegen Rugier und Vandalen kämpfen. Nach ihrem Sieg blieben sie fünf Könige lang in dem nun als *Gothiscandza* bezeichneten Land an der Küste des Ozeans, bis sie nach Südrussland weiterziehen konnten. An vielen Stellen bettet Jordanes die gotische Wandergeschichte in seinen Lesern bekannte antike Motive ein. Die Goten werden mit den schon aus Herodot) bekannten Geten identifiziert. Die ankommenden Goten geben dem neuen Land einen Namen, *Gothiscandza*, so wie Euander seine neue Stadt am linken Ufer des Tiber nach seiner Vaterstadt Palatium nannte, und Aeneas seinen Landeplatz als Troja bezeichnete.[85] Die skythischen Amazonen werden zu gotischen Kriegerinnen, die es gar mit Herkules aufnehmen konnten. Herkules zeugt noch einen amazonisch/gotischen Sohn und lässt ihn als Gotenkönig zurück. Die gotischen Kriegerinnen kämpften vor Troja, eroberten halb Asien und ordneten es in Provinzen. Schließlich erbauten sie den Dianatempel von Ephesos. Der Bezug zu den Amazonen war den antiken Autoren wegen der skythischen Herkunft der Goten einleuchtend.[86]

Der Nachhall dieser antiken Kategorien war erstaunlich langlebig. Der Geograph von Ravenna definierte um 700 n. Chr. Skandinavien als das alte Skythien, *antiqua Scithia*, und bezog sich dabei auf die aus Jordanes bekannte Herkunft der skythischen Goten, Gepiden und Dänen. Dieselbe Kategorisierung findet sich drei Jahrhunderte später bei Adam von Bremen, der die Ostsee *mare Scythicum* nennt. Alle Völker an den Küsten dieses Meeres definierte er als Skythen, folglich auch die Slawen. Helmold von Bosau und Otto von Freising übernahmen diese Sicht der Dinge.[87] Wer für diese mittelalterlichen Autoren »skythisch« war, den machte erst die Forschung des 19. und 20. Jahrhunderts zu »germanisch«.

Wanderungsgeschichten als literarische Motive

Die Wanderungsgeschichten sind Literatur und sollten nicht für bare Münze genommen werden. Die Gründe, warum eine Wanderung am Beginn einer konstruierten gepidischen, herulischen oder gotischen Geschichte steht, sind mannigfaltig und haben mehr mit antiker Bildung zu tun, als mit Geschichte. Vorsicht ist beim Umgang mit Jordanes angebracht, der seine Gotengeschichte in Konstantinopel Mitte des 6. Jahrhunderts verfasste, einer Zeit also, in der das Regime Kaiser Justinians (527–565) Kriege in Afrika und Italien gegen Vandalen und Goten führte. Eine zu unkritische Lektüre der *Getica* führte und führt zu einfachen Geschichtsbildern.[88] Die ältere deutsche Forschung hat die *gentes* der Völkerwanderung weit zurück in eine »indogermanische« Bronzezeit verfolgen wollen, und dabei die Herkunftssagen, vor allem Jordanes, viel zu ernst genommen. Dabei war es, wie eben gezeigt wurde, durchaus probat, auf alte, den Römern bekannte und schon dadurch prestigeträchtige Namen zurückzugreifen. Darüber hinaus operierten Autoren wie Jordanes und Prokop mit Informationsbruchstücken und literarischen Topoi, um ganz bestimmte politische und militärische Ansichten zu untermauern. Diese sind im Detail in den folgenden Kapiteln zu besprechen.[89]

2.4   Völkerwanderung?

Begriffsentstehung

Ein scheinbar feststehender und auch für dieses Buch zentraler Begriff ist »Völkerwanderung«. Und doch entstand diese Kategorie erst Jahrhunderte nach den so zusammengefassten Ereignissen: Sie ist eine historische Konstruktion der frühen Neuzeit und keineswegs zeitgenössisch. Aufbauend auf den oben dargestellten antiken Motiven konstruierten Gelehrte nun nicht nur Wanderungserzählungen für antike Völker, sie versuchten auch politische Identitäten für ihre Gegenwart zu bieten.

Jüngere wissenschaftliche Darstellungen decken meist den Zeitraum zwischen dem Erscheinen der Hunnen an den Grenzen der pannonischen Provinzen 375 bzw. dem Überwechseln gotischer Verbände auf Reichsboden und der Schlacht von Adrianopel 378, sowie der Ankunft der Langobarden in Italien im Jahr 568 ab. Heruler, Gepiden und Rugier sind nach unserem modernen Verständnis Akteure dieser »Völkerwanderung«, allerdings spielen sie hinter Goten, Vandalen, Burgundern, Franken und Hunnen eine Nebenrolle. Was bedeutet nun aber »Völkerwanderung«? Ein historisches Phänomen der Migration, eine Epoche zwischen dem letzten Viertel des 4. und dem 6. Jahrhundert n. Chr. oder gar der gesamte Zeitraum des Übergangs zwischen Spätantike und frühem Mittelalter?

Im heutigen Spanischen, Italienischen und Französischen spricht man von »barbarischen Invasionen« (*invasiones bárbaras, invasioni barbariche/grandes invasions – invasions barbares*), eine dezidiert negative Konnotation liegt zu Grunde. Im Englischen finden mehrere Begriffe Verwendung: *Migration period* ebenso wie *Barbarian invasions* oder jüngst *Barbarian migrations*.[90] Diese Terminologie geht insgesamt auf lateinische Begriffe zurück. Man übernahm in Spanien, Italien und Frankreich gleichsam eine römische Sicht der Dinge.[91] In den meisten anderen europäischen Sprachen orientiert man sich wiederum am deutschen »Völkerwanderung« – so im Polnischen und Russischen (*Wielka wędrówka ludów*, Великое переселение народов, die große Wanderung der Völker), im Rumänischen (*Migraţia popoarelor*) und den skandinavischen Sprachen (Dänisch/Schwedisch: *Folkevandringstiden/Folkvandringstiden*). Manche Arbeiten beziehen die römische Welt stärker ein, alle bieten eine Geschichte der Alemannen, Angeln und Sachsen, Burgunden, Franken, Ost- und Westgoten, Vandalen und Langobarden.[92]

Hinter dem Konzept der Völkerwanderung steht die Annahme, ein Volk oder ein Stamm wie Goten, Vandalen, Heruler, Gepiden oder Rugier, seien aus der ursprünglichen Heimat ausgewandert und hätten dann auf weströmischem Boden ein Königreich begründet.[93] So werden verschiedene und durchaus problematische, in den letzten Jahrzehnten intensiv diskutierte Kategorien zusammengeworfen: Die Frage nach der kollektiven Individualität eines »Volkes« oder eines »Stammes«, das Problem der »Urheimat« und der Wanderung und zuletzt die Bedeutung von Königtum und Staat in der Spätantike. Ganz generell darf festgestellt werden, dass die Forschung zunehmend eine über Jahrhunderte fortdauernde politische oder ethnische Identität einer bestimmten Gruppe in Zweifel gezogen hat. Selbst- und Fremdidentifikationen sind – so weiß man inzwischen – dynamisch und wandelbar. Die Verbände, die auf Reichsboden Provinzen und Diözesen übernahmen und als Königreiche mit einer fortdauernden römischen lokalen Verwaltung organisierten, haben in der Regel wenig mit jenen zu tun, die kaiserzeitliche Ethnographen östlich des Rheins und nördlich der Donau in ihren Schriften erwähnten. Wanderungsnarrative waren jedoch stets eine beliebte, weil einfache, Erklärung für historischen Wandel. Dies gilt für die Spätantike und das frühe Mittelalter ebenso wie für die moderne Historiographie. Man denke nur an die bereits erwähnten Herkunftssagen der Römer aus den Mythen um Troja und dann wieder an die Erklärungsmodelle für die Ausbreitung der indoeuropäischen Sprachen.[94]

Etablierung eines Epochenbegriffs

Mehrere lateinische Schriften deutscher Humanisten stehen am Beginn der Etablierung des Epochenbegriffs »Völkerwanderung«. Zunächst ist Willibald Pirckheimers (1470–1530) *Germaniae ex variis scriptoribus explicatio* (Kurze Darstellung Germaniens nach den verschiedenen Schriftstellern) zu nennen, die 1530 in Nürnberg gedruckt wurde. Die *Germania* des Tacitus war eine wichtige Grundlage für diese historische Abhandlung. Einleitend aber schrieb Pirckheimer von einer *universalis Germanorum transmigratio*, einer allgemeinen Wanderung der Germanen.[95] Auch Beat Bild, genannt Beatus Rhenanus (1485–1547), bediente sich einschlägiger Terminologie. Anstatt einer heilsgeschichtlichen wählte Beatus Rhenanus in seinen 1531 gedruckten *Rerum Germanicarum libri tres* eine nationalgeschichtliche Periodisierung und postulierte einen Epochenbeginn im 4. Jahrhundert. Die Entwicklung vom alten Germanien des Tacitus, der *Germania vetus*, zum Kaiserreich der Ottonen verliefe, so Beatus, maßgeblich über *Germanorum collabentibus rebus Romanis, in provincias immigrationes* (kriegerische Auseinandersetzungen der Germanen mit Rom und deren Einwanderung in die Provinzen). In der Folge sei eine *Germania posterius occupata ad recentior*, eine durch Eroberung gewonnene neue *Germania* entstanden. Das Frankenreich wäre dann das Ergebnis dieser Entwicklung.[96] Stefan Krautschick hat betont, dass hier das Konzept eines Epochenbegriffs der Völkerwanderung vorweggenommen wird.[97]

Der Titel der erstmals 1557 gedruckten Schrift *De gentium aliquot migrationibus* (Über die Züge einiger Völker) des Hofgeschichtsschreibers Kaiser Ferdinands I. Wolfgang Lazius (Laz, 1514–1565) ist eine weitere humanistische Wurzel der modernen Terminologie. Viele Völker waren auf Wanderschaft: Franken, Schwaben, Markomannen, Boier, *Carni*, Taurisker, Kelten und *Gallograeci*. Eine besondere Rolle nehmen die Goten ein, aus gutem Grund: Die ausgedehnte Darstellung der Völkerwanderung des Gelehrten Laz verfolgte auch den Zweck, das habsburgisch-spanische Reich zu einem Nationalstaat mit uralten historischen Wurzeln in der Völkerwanderungszeit zu stilisieren. Auf ihren ausgedehnten Zügen, die durch Zeiten der Sesshaftigkeit unterbrochen wurden, hätten die Goten die durchwanderten Länder vom Schwarzen Meer bis Cádiz mit ihrem unverwechselbaren Charakter geprägt. Diese Länder seien nun unter der habsburgischen Herrschaft wieder vereint oder müssten es noch werden.

Wolfgang Lazius (1514–1565), Kupferstich von Hans Sebald Lautensack (1554). Mit der linken Hand hält Lazius ein Exemplar der *De gentium aliquot migrationibus: Libri de migra(tionibus) gent(ium)*.

Dies rechtfertigte habsburgisches Expansionsstreben gegen die Osmanen im Osten und die durch dynastische Heiraten und Erbe entstandene weite Gebietsfolge in Westeuropa.[98] Die umfangreiche Studie des Polyhistors Laz wurde einige Jahrzehnte lang rezipiert. Danach geriet sie in Vergessenheit. Die gelehrte Rezeption reichte jedoch aus, den deutschen Begriff der »Völkerwanderung« mit zu etablieren. Es liegt bis heute keine moderne und kritische Edition der Werke des Wolfgang Laz vor. Ebenso fehlt eine detaillierte Studie zu ihrer Rolle in der Wissenschaftsgeschichte.[99]

Pirckheimer hatte in den gelehrten Auseinandersetzungen seiner Zeit Partei für Johannes Reuchlin und Martin Luther ergriffen. Eine ihm folgende Generation protestantischer Gelehrter interessierte sich für den Fall des römischen Reiches und die Rolle, die die angeblichen Vorfahren der frühneuzeitlichen Deutschen – die Germanen – dabei gespielt hatten. Ein Angriff auf die zeitgenössische römische Kirche war diesen Gelehrten wichtige Motivation, und sie rezipierten Lazius. So verfassten Heinrich Möller (1530–1589) und Johannes Bugenhagen der Jüngere (1527–1594), beide lutherische Theologen, einschlägige Werke über die Einfälle der ersten »Deutschen« ins römische Reich. Die verwendete Terminologie war teils kämpferisch. So lautet ein Titel Bugenhagens *Oratio de gentibus quae dilacerarunt imperium Romanum in Occidente* (Rede über die Völker, die das römische Reich im Westen zerfleischten). Bugenhagen bediente sich aber auch des Wanderungsbegriffs im Titel seines *Fragmentum de migrationibus gentium in Occidentis imperio* (Über die Wanderungen der Völker ins westliche Reich). Heinrich Möller, Zeitgenosse und Studienkollege Bugenhagens, verfolgte ähnliche Ziele in seiner *Oratio de origine mutationibus et migrationibus gentium que Germaniam tenuerunt.*[100]

Festzuhalten bleibt, die Begriffe der *migratio* und *mutatio* hatten sich im gelehrten Schrifttum über die Spätantike und das 4. Jahrhundert spätestens ab dem 16. Jahrhundert etabliert. Die »beginnende deutsche Wissenschaftsprosa« des 17. und 18. Jahrhunderts übersetzte nun die lateinischen Begriffe mit »Wanderung der Völker«. Langsam entwickelte man eine historische Kategorie in der deutschen Literatur und die Ereignisse der Spätantike wurden immer häufiger als eine Epoche mit der Überschrift »große Wanderung der Völker« dargestellt.[101] Im 18. Jahrhundert war »Völkerwanderung« dann ein feststehender historischer Epochenbegriff, und das blieb er bis heute.

2.5   Ein alter Name: Die Rugier der Kaiserzeit

»*Zuerst kamen die Rugier, dann kamen die Goten und Gepiden, sodann die Kaschuben, von denen Oskar in direkter Linie abstammt. Bald darauf schickten die Polen den Adalbert von Prag. Der kam mit dem Kreuz und wurde von Kaschuben oder Pruzzen mit der Axt erschlagen. [...] Das geschah in einem Fischerdorf und das Dorf hieß Gyddanyzc. Aus Gyddanyzc machte man Danc-*

zik, aus Danczik wurde Dantzig, das sich später Danzig schrieb, und heute heißt Danzig Gdańsk.«[102]

So lässt Günter Grass in seinem Meisterwerk *Die Blechtrommel* die Geschichte Danzigs mit den ersten schriftlichen Nachrichten über das Gebiet der Weichselmündung beginnen. Doch ist ein so klares Narrativ möglich?

Tacitus belegt für das 1. und 2. Jahrhundert n. Chr. den Völkernamen der Rugier für das südliche Ufer der Ostsee westlich der Weichselmündung. Diese Rugier leben dort jenseits der Gutonen und neben den nur hier erwähnten *Lemovii*. Laut Tacitus zeichneten sich alle diese *gentes* durch die Verwendung runder Schilde, kurzer Schwerter und einem ausgeprägten Gehorsam gegenüber ihren Königen aus.[103] Strabon kennt den Rugiernamen nicht, bei Ptolemaios ist die Erwähnung unklar. Hat der griechische Geograph mit dem Völkernamen *Rutiklioi*, Ῥουτίκλειοι/Ῥουτίκλιοι, wirklich die Rugier gemeint? Immerhin wird dort im Norden der *Germania* ein Ort *Rougion* erwähnt,[104] doch eindeutig erscheint der Rugiername erst wieder im 4. Jahrhundert in den Quellen.

Die Germanistik bringt den Völkernamen mit dem Roggen in Verbindung. Demnach hätten sich diese Leute selbst als »Roggenbauer« oder »Roggenesser« bezeichnet bzw. den Namen von ihren Nachbarn erhalten.[105] Diese Vorgehensweise ist methodisch höchst problematisch, denn abseits der Quellen Beziehungen allein über sprachliche Ähnlichkeiten herzustellen, kann schnell zu haltlosen Spekulationen führen. Und doch wurde immer wieder darüber spekuliert, wann germanische Rugier den Roggen kennengelernt haben könnten. Das Ethnonym *Rygir* und die Landschaftsbezeichnung *Rogaland* aus dem südwestlichen Norwegen sorgten gemeinsam mit dem Bericht über eine Lokalisierung der Rugier in Skandinavien bei Jordanes im 6. Jahrhundert lange für Spekulationen über die Frühgeschichte der Rugier.[106] Dabei kann die Archäologie keine Spuren skandinavischer Einwanderer an der Südküste der Ostsee für die Zeit vor der Nennung des Völkernamens bei Tacitus bieten.[107] Zudem ist der Rugiername wie jener der Goten, Vandalen, und Burgunder sowohl für den Osten der kaiserzeitlichen *Germania* bezeugt als auch für die auf Reichsboden gelegenen Königreiche des 5. und 6. Jahrhunderts. Dazwischen tut sich eine chronologische Lücke auf, die man seit den 1970er Jahren zu beheben suchte, indem man die Möglichkeit der Wanderung kleiner Eliten annahm, die über Jahrhunderte hinweg eine stolze, alte Tradition überliefert haben könnten. Gerade so gut ist allerdings auch denkbar, dass prestigeträchtige und geschätzte Namen später wiederaufgenommen wurden. Dabei könnte die schriftliche Überlieferung in den römischen Texten eine verstärkende Rolle gespielt haben, da angenommen werden darf, dass die Römer ihr jeweiliges Gegenüber kannten und einordnen konnten. In der Folge hatten die Kriegerverbände von der Peripherie des Reichs eine historische Dimension, Alter und Würde für sich beanspruchen können.[108] Dies alles sind freilich höchst theoretische Überlegungen, Sicherheit in diesen Fragen ist kaum zu gewinnen.

Retrospektiv berichtet Jordanes, dass die Goten unter ihrem König Berig in drei Schiffen aus *Scandza* angekommen seien. An den Ufern des Ozeans seien sie dann auf die Ulmi-Rugier getroffen, die sie besiegten und vertrieben, um im Anschluss gegen die benachbarten Vandalen zu kämpfen. Auch hieße das neu gewonnene Land nun, also noch zur Zeit der Abfassung der *Getica, Gothi-Scandza*. Die gemeinsame Fahrt der Gepiden in dem letzten Gotenschiff erscheint als Motiv ebenso deutlich später im Text. Rugier nennt Jordanes erst wieder in seiner Schilderung der Nedaoschlacht Mitte des 5. Jahrhunderts.[109] Diese Berichte und geographischen Verortungen haben aber mehr mit dem 6. Jahrhundert und der Rekonstruktion barbarischer Ursprünge in Konstantinopel und Italien zu tun, als dass sie geeignet wären, den archäologischen Befund zu gliedern. Wir werden uns somit daran gewöhnen müssen, dass Gesellschaften, die nicht nahe genug an den römischen Grenzen lebten, außerhalb der Sicht antiker Autoren standen und daher namenlos bleiben.

Eine Feststellung lässt sich jedoch machen. Der Rugiername war alt und in vielen Handschriften verbreitet, und man verwendete ihn während des Mittelalters als Bezeichnung ganz unterschiedlicher Gruppen. Zudem hatte das Ethnonym Rugier im Gegensatz zum Heruler- und Gepidennamen noch ein längeres Nachleben. Als Beda Venerabilis etwa im ersten Drittel des 8. Jahrhunderts eine Geschichte des vorchristlichen Britanniens und der Bekehrung der Angelsachsen zum Christentum schrieb, nannte er in einer Liste von zu missionierenden Völkern in der *Germania* auch die Rugier.[110] Dabei nimmt der geographische Terminus *Germania* die römische Begrifflichkeit der Kaiserzeit auf, wobei er inhaltlich aber als Bezeichnung einer Kirchenprovinz in Analogie zu *Italia* oder *Gallia* dient. In dieser *Germania* lebten aus der Sicht Bedas im 8. Jahrhundert neben den alten Sachsen, also jenen, die nicht nach Britannien gegangen waren, auch Friesen, Dänen, Rugier und Hunnen, wobei mit letzteren die Awaren gemeint waren.[111]

Rugier wurde in der Folge zu einer Bezeichnung für slawische Völker und später auch für die Russen.[112] Dies ergibt sich aus weiteren mittelalterlichen Quellen. Denkbar, dass bereits Beda Slawen im Sinn hatte, als er seine Rugier erwähnte. So ist kurz nach 900 in der Raffelstettener Zollordnung die Rede von Slawen, die von den Rugiern oder von den Böhmen kämen.[113] Slawische Völker an der niederösterreichischen Donau konnten ebenso als Rugier angesprochen werden, und Mitte des 10. Jahrhunderts, als es Beziehungen zwischen mitteleuropäischen Fürsten und Kirchenmännern mit Russland gab, erscheint gelegentlich der Rugiername als Bezeichnung für die Russen. In der Fortsetzung der Weltchronik des Regino von Prüm durch Bischof Adalbert von Magdeburg wird für das Jahr 959 von der Fürstin Olga (Helene) berichtet, die eine Gesandtschaft an Kaiser Otto I. sandte. Dabei wird die Fürstin als Königin der

Rugier, *regina Rugorum*, bezeichnet. Weitere drei Mal erscheint die Gleichung Rugier = Russen, als es um Missionsversuche in Russland ging.[114]

Die Rugier waren im 6. Jahrhundert als politischer und militärischer Verband aus der Geschichte verschwunden, ihr Name aber bestens bekannt und in Handschriften verbreitet. Gleichzeitig war der Rugiername mit dem Ufer der Ostsee und der Weichsel verbunden, wo im frühen Mittelalter bereits slawische Völker lebten. Wie aber verfuhren mittelalterliche Autoren mit neuen Völkern und politischen Gebilden? Sie identifizierten sie einfach nicht selten mit solchen, die bereits in der Literatur bekannt waren. Parallel zum Rugiernamen verwendete man deshalb *Vandali* seit dem 8. Jahrhundert unabhängig von der historischen Rolle der Vandalen: Wenden und Slawen wurden zu Vandalen gemacht. Das passte zumindest geographisch, und zum anderen bekamen die Slawen mit einem Schlag eine Geschichte. Auf solche Weise erhielten mehrere Gruppen neuer Europäer »ihren« Platz in den überlieferten antiken ethnographischen und historischen Texten. Somit konnte man nun auch beispielsweise die aus den Chroniken und Kirchenvätern gut bekannten Rugier- oder Vandalennamen verwenden, was hervorragend zu mittelalterlicher Intellektualität passte, denn diese war in hohem Maß auf das Erklären der Schöpfung durch die vorhandenen, überlieferten Texte und Begriffe ausgerichtet.[115]

Neue Namen: Heruler und Gepiden im 3. Jahrhundert

3.1 Die archäologische Situation des 1. bis 4. Jahrhunderts

Gab es eine rugische und gotische Geschichte vor dem 3. bzw. dem 4. Jahrhundert? Bestehen Kontinuitäten zwischen den in kaiserzeitlichen Quellen genannten Gutonen und den im 3. Jahrhundert von römischen Autoren erwähnten Goten? Sind die bei Tacitus genannten Rugier die unmittelbaren Vorgänger der im *Laterculus Veronensis* drei Jahrhunderte später wiedererscheinenden Rugier? Können politische und organisatorische Kontinuitäten wahrscheinlich gemacht werden, oder waren die Identitäten der fraglichen Kriegerverbände so dynamisch und schnelllebig, dass sich immer wieder neue Trupps bildeten, die manchmal einen alten Namen führten? Um diese Fragen zu beantworten, muss zunächst ein Blick ins archäologische Material geworfen werden.

Die Przeworsk-Kultur

Die Frage nach archäologischen Informationen zur Frühzeit von Herulern und Gepiden, von Goten und Rugiern führt auf das Gebiet des heutigen Polen. Dort grenzt die Archäologie in der frühen Kaiserzeit zwei gut unterscheidbare archäologische Kulturen voneinander ab, die Przeworsk- und die Wielbark-Kultur. Lange schien es klar zu sein, dass die Träger dieser Kulturen erstens Goten und zweitens nach Süden gewandert waren. Im 2. vorchristlichen Jahrhundert entwickelte sich die Przeworsk-Kultur an den Flüssen Warta/Noteć (Warthe/Netze), Oder und Bug bis zum Karpatenbogen. Die Przeworsk-Kultur entstand aus verschiedenen lokalen und regionalen Elementen. Feststellen lassen sich Spuren der älteren Pommerellischen Gesichtsurnenkultur (Pomoranische Kultur), sowie Elemente der Latène- und der Jastorf-Kultur. Durch das Gebiet der Przeworsk-Kultur verlief ein Abschnitt der Bernsteinstraße von der Ostsee ins Römische Reich. Durch Gewinne aus dem Bernsteinhandel konnte man sich Importe in großer Menge aus dem Mittelmeerraum leisten. Die Przeworsk-Kul-

tur zeichnet sich durch neuartige Wirtschaftsweisen, etwa eine lokale Eisenpro-
duktion, sowie durch spezifische Keramikformen, überwiegend Brandbestat-
tung und innovative Sachgutformen aus. Die Mehrheit der archäologischen
Fachleute sieht die Przeworsk-Kultur heute als Gemeinschaft mehrerer – nicht
allzu großer – Gruppen. Häufig finden sich Waffen in den Gräbern, Schmuck-
stücke aus Eisen waren verbreitet. Insgesamt ist schwer vorstellbar, dass ein
einzelnes Volk hinter einer derart weit ausgedehnten und kulturell differenzier-
ten archäologischen Kultur stehen könnte.[1] Eine kaum genauer bestimmbare
Menge aus proto-slawischen, germanischsprachigen und keltischen Völkern
dürfte eine gemeinsame Sachkultur geteilt haben. Debatten über eine eindeutige
Zuweisung archäologischer Funde an Vandalen und Burgunder sind heute weitgehend obsolet.[2]

Przeworsk-Brandbestattung (Fundort Prusiek, Woiwodschaft Karpatenvorland). An Beigaben aus Eisen finden sich ein Schildbuckel, ein verbogenes Schwert und eine Lanzen-
spitze (Archäologisches Museum Sanok, Polen).

Die Wielbark-Kultur

Der Przeworsk-Kultur an der Weichsel benachbart war die Wielbark-Kultur. Diese wurde meist mit den frühen Goten identifiziert. Benannt wurde sie nach einem 1874 entdeckten eisenzeitlichen Gräberfeld mit etwa 3000 Bestattungen. Der Fundort befindet sich im Gebiet der ehemals preußischen Dörfer Braunswalde und Willenberg (heute Wielbark) zwischen den Städten Marienburg (Malbork) und Stuhm (Sztum). Die Archäologie sah die Wielbark-Kultur als den Siedlungsraum der Gepiden, Rugier, Lemovier, Veneter und nicht zuletzt der Goten an. Das Material beider Kulturgruppen, Przeworsk und Wielbark, ist fast ausschließlich aus Grabfunden bekannt. Die Wielbark-Kultur vollzog Brand- und Körperbestattung nebeneinander. Im Gegensatz zu den Przeworsk-Bestattungen kommt in der Wielbark-Kultur die Körperbestattung häufiger, mitunter auch in Grabhügeln, vor. Die Gräber sind so gut wie waffenlos. Einen weiteren Unterschied bildet die seltenere Verwendung von Eisen.[3]

Im Laufe des späteren 2. Jahrhunderts vergrößerte sich der Einflussbereich der Wielbark-Kultur, wohingegen jener der Przeworsk-Kultur zurückging. Über die Gründe ist sich die Archäologie nicht einig. Im 2. Jahrhundert dehnte sie sich nach Südosten aus, und gleichzeitig adaptierten Menschen westlich der Weichsel, die zuvor die Przeworsk-Kultur trugen, Gepflogenheiten aus der Wielbark-Kultur. Unklar ist, ob die Träger der Wielbark-Kultur jene der Przeworsk-Kultur verdrängten, oder ob sich religiöse Vorstellungen und Totenkult änderten.[4] Die Expansion der Wielbark-Kultur Richtung Südosten könnte sowohl die Folge als auch der Grund der Markomannenkriege zwischen 166 und 180 gewesen sein. Die möglichen Datierungsfenster sind jedoch zu klein, um Sicherheit zu gewinnen.[5]

Die römischen Autoren Strabon, Plinius, Tacitus und Ptolemaios berichten im 1. und 2. Jahrhundert von *Gutones* im Osten der *Germania* an Oder und Weichsel. Dort kennt Tacitus auch Vandilier, Burgundionen und Rugier. Dieser scheinbar so eindeutige Befund wird allerdings dadurch verkompliziert, dass die genannten Autoren unterschiedliche Großgruppen postulierten. So meinte Plinius zu den Vandiliern seien Burgundionen, Varinner, Chariner und Gutonen zu zählen. Tacitus weiß um diese Kategorie nicht und stellt wiederum Gutonen und Rugier als eigene Gruppen dar.[6] Da die Bernsteinvorkommen an der Südküste der Ostsee für römische Händler von großem Interesse waren, darf man von einem relativ hohen Informationsniveau auch über die Ethnonyme dieser Gebiete ausgehen. Damit stünde die Wielbark-Kultur in einer Verbindung mit den Verbänden der Gutonen, die offenbar so wichtig waren, dass ihr Name genannt wurde.[7]

Ähnliches müsste dann für die bei Tacitus genannten *Rugii* gelten. Da in den ersten beiden Jahrhunderten unserer Zeitrechnung aber keine direkten politischen oder militärischen Kontakte der Römer mit Gutonen und Rugiern bekannt sind, bleibt eine große Unschärfe beim Verständnis solcher Zuweisungen bestehen. Zusätzlich ist unklar, was es mit den bei Tacitus neben den Rugiern erwähnten Lemoviern auf sich hatte.[8] Ein solcher verschwundener und nur einmal bezeugter Name gibt einen Eindruck von der schnellen Dynamik ethnischer Prozesse und sollte zur Vorsicht mahnen. Wie rasch sich politische Organisation zwischen Rhein und Weichsel in der Kaiserzeit ändern konnte, ist auch an anderen Beispielen evident. Tacitus kennt in unterschiedlichen Zeiten mehrere Völker, die es schnell nicht mehr gab. Die Bataver spalteten sich von den Chatten kurz vor deren Untergang ab. Die Ampsivarier und Bructerer verschwanden ebenso aus der Geschichte. Solch ein verhältnismäßig rascher Wechsel ethnischer Namen und politischer Identitäten macht es wahrscheinlich, dass barbarische Verbände sich kurzzeitig formieren und auch wieder auflösen konnten.[9]

Gutonen oder Goten?

Der Historiker darf nun fragen, wie und in welcher Weise Gutonen mit erst im 3. Jahrhundert so bezeichneten gotischen Völkern in Beziehung gestanden haben mögen. Namen und Gruppen, die sich dieser Namen bedienten, sind nicht ohne kritische Prüfung gleichzusetzen. Auch wenn es eine lange Forschungstradition gibt, Kontinuitäten und Verbindungen zwischen der Wielbark-Kultur und den Goten des 4. Jahrhunderts anzunehmen, waren die Verhältnisse komplexer.[10] Das zeigt alleine schon die große Zahl der Völkernamen, die in Zeiten größerer Bewegung in einem Raum entstehen konnten. Sicher ist nur, dass der Goten/Gutonen/Gauten- ebenso wie der Rugiername prestigeträchtig und prominent war. Unterschiedliche Verbände könnten sich solcher alter Namen bedient haben.[11]

Die Archäologie ist sich in groben Zügen darüber einig, dass ab der zweiten Hälfte des 2. Jahrhunderts materielle Kultur und Bestattungsbräuche aus dem Weichselgebiet Ähnlichkeiten mit jenen vom nördlichen Rand der pontischen Steppenzone aufweisen. Umstritten ist, ob die Gründe für diese Parallelen in der Mobilität kleiner mobiler Verbände, größeren Migrationsbewegungen (wie man früher allgemein annahm) oder schlicht in Kulturtransfer zu finden sind. Für die traditionelle Vorstellung spielt dabei insbesondere der spätantike Geschichtsentwurf des Jordanes aus dem 6. Jahrhundert eine Rolle: Dort wird von langen gotischen Wanderungen von Skandinavien bis an das Schwarze Meer berichtet.[12] Dass die römischen Quellen dort, im Vorfeld des *Imperium*, im 3. und 4. Jahrhundert Goten lokalisieren, steht fest. Doch kann die Archäologie darüber hinaus für Klarheit sorgen?

Die Černjachov-Kultur

Die Steppenlandschaft im Gebiet der heutigen Süd- und Ostukraine wurde in der älteren Literatur als »Wildes Feld« (Дикое поле/*Dikoje pole*) oder *Pontokaspis* bezeichnet. Wo Steppe und nördlicher gelegene Waldzone aneinander grenzen sind mehr als 2000 Fundstellen einer als Sîntana de Mureş-Černjachov bezeichneten Kulturgruppe bekannt. Diese Funde sind auf dem Gebiet der heutigen Republiken Ukraine, Moldau und Rumänien verbreitet. Benannt ist der archäologische Horizont, der ein verhältnismäßig großes Gebiet umfasst, nach den beiden Dörfern Černjachov (Černjahiv, Oblast Kiew, Ukraine) und einem Fundplatz bei Sîntana de Mureş im Hochland Siebenbürgens im heutigen Rumänien. In der Nähe dieser beiden Orte wurde je ein Gräberfeld gefunden und eine archäologische Kulturgruppe dementsprechend benannt. Später erkannte man, dass beide Kulturen sehr ähnlich sind und fasste beide Gruppen zur Sîntana de Mureş-Černjachov-Kultur zusammen. Begrenzt ist die Ausbreitung des Materials nach Süden durch die Donau und die Schwarzmeerküste zwischen den Mündungen der Donau und des Dnjepr. Die Ausdehnung der Kultur nach Westen ist unklar, wenn auch nur sehr wenige Funde jenseits der römischen transalutanischen Wallinie bekannt sind. Diese befestigte Linie lief über 235 Kilometer parallel zum Olt im heutigen Rumänien, wobei sich die Anlagen zwischen 5 und 30 Kilometern östlich des Flusses befanden. Verschiedene und noch nicht gänzlich archäologisch erfasste Bauphasen sind feststellbar, die zwischen dem frühen 2. Jahrhundert und severischer Zeit datieren.[13]

Die Černjachov-Bestattungen erfolgten birituell, das bedeutet, es lassen sich Brand- wie auch Körpergräber nachweisen. Die Tradition der Hügelbestattungen, wie sie in der Wielbark-Kultur vorkommt, wurde dagegen nicht fortgeführt. Die Männergräber sind meist waffenlos und beigabenarm, jene der Frauen weisen häufig ein Fibelpaar auf. Sowohl in Gräbern als auch in Siedlungen fanden sich in den ersten Phasen handgearbeitete Gefäße, die durch ovale Facetten verziert sind. Teilweise konnten in beiden Kulturen sogenannte Wohnstallhäuser gefunden werden. Feststellbar sind zudem Parallelen zum Wielbark-Material in den Handwerkstraditionen und Fertigungstechniken.[14]

Allerdings gibt es sowohl die genannten Ähnlichkeiten als auch große Unterschiede. So verbreitete sich im fraglichen Gebiet bald eine auf Töpferscheiben gefertigte Keramik, die provinzialrömischen Typen ähnelt. Langhäuser, die von Mensch und Vieh bewohnt wurden, sind aus Nordosteuropa bekannt. Jedoch baute man in vielen Černjachov-Siedlungen ganz oder teilweise in den Erdboden versenkte Gebäude, sogenannte Grubenhäuser. Diese Architektur hat Bezüge zu älteren Fundgruppen an den Osthängen der Karpaten und in den Randzonen der Steppe und keinerlei Parallelen in den Wielbark-Siedlungen des 1. und 2. Jahrhunderts. Manche Černjachov-Bestattungen ähneln in ihrer Ausstattung Gräbern aus der Steppe, so durch das Arrangement von Grabbeigaben auf einer Platte.[15]

Es bleibt festzustellen, dass Objekte, Fertigungs- und Bautechniken wie Bestattungssitten der Sîntana de Mureş-Černjachov-Kultur Parallelen zu älteren lokalen Traditionen, den römischen Provinzen und den Steppenkulturen des Ostens ebenso aufweisen wie zum Wielbark- und Przeworsk-Material des Nordwestens.

Historische Beurteilung

Bei der historischen Beurteilung ist nun entscheidend, welche Rolle man den Wanderungsberichten in den *Getica* des Jordanes zugesteht, bzw. ob man eine gotische Identität und damit Geschichte schon vor dem 3. Jahrhundert annimmt. In diesen Fragen ist sich die Forschung nicht einig.[16]

»Schriftliche wie archäologische Quellen deuten also darauf hin, dass es Wanderungsbewegungen und Bevölkerungsverschiebungen aus dem Kulturbereich gab, in dem die Gutonen lebten. Doch ist nicht einfach davon auszugehen, dass ›die‹ Goten wanderten. Wanderungen im Barbaricum führten in der Regel zum Zerfall und zur Neubildung der betreffenden Gruppierungen, Teile blieben in den Ausgangsgebieten zurück oder schlossen sich anderen Verbänden an. Gruppen anderer Herkunft nahmen an der neuen gotischen Ethnogenese teil. Der archäologische Befund belegt auch keine geschlossene Wanderung, sondern eine längerfristige Migrationsbewegung; selbst der aus amalisch-gotischer Erzählperspektive geglättete Bericht des Jordanes hat die Erinnerung an Brüche bewahrt.«[17]

Durch solche, archäologisch und historisch kaum im Detail beschreibbare Prozesse haben sich Heruler, Gepiden und Rugier an der Peripherie des *Imperium* formiert. Sie galten den römischen Beobachtern als Goten oder Skythen. Ähnlich wie Franken und Alemannen am Rhein und Vandalen an der Donau bildeten sie sich im Laufe des 3. Jahrhunderts an den römischen Grenzen. Man darf an ehrgeizige Gruppen von Kriegern denken, die zunächst ihr eigenes Wohl im Sinn hatten. Kämpfe und Raubzüge schufen soziales Zusammengehörigkeitsgefühl und gaben Identität. Einige der gotischen Gruppen erreichten eine beachtliche Dominanz, andere Verbände gingen entweder in ihnen auf oder verschwanden. Die Sîntana de Mureş-Černjachov-Kultur ließe sich vor einem solchen Hintergrund als Synthese unterschiedlicher Traditionsstränge deuten.[18] Zugleich lag es durchaus im Interesse der Römer, diese Formationsprozesse zu fördern, um auf diese Weise das Chaos jenseits ihrer Grenzen zu ordnen, und sich Ansprechpartner in Gestalt germanischer Anführer zu schaffen.[19]

Mehrere Machthaber organisierten so nördlich des Schwarzen Meeres und bis nach Dakien relativ stabile politische Herrschaftsräume. In solchen Kontaktzonen bildete sich eine einigermaßen einheitliche materielle Kultur. Natürlich gab es Einwanderung in dieses Areal und zwar aus verschiedenen Gegenden Nord- und Zentraleuropas, wie auch aus den Steppengebieten des Ostens.[20] Manche Namen hatten Kontinuität, andere erscheinen erstmals in den Quellen. Vielleicht darf man hinsichtlich der Offenheit des Systems gewisse Parallelen zum hunnischen Machtbereich des 4. Jahrhunderts annehmen. Getragen wurden diese Gesellschaften jedenfalls von neu gebildeten barbarischen Verbänden. Gotische, herulische, rugische und gepidische Identität entstand im Lauf einer längeren Auseinandersetzung mit der römischen Welt. Sie wurde nicht einfach aus dem Norden mitgebracht.

3.2   Rom und die Goten

Neue Feinde Roms an der Donau (238–253/254)

Erst als römische Autoren von neuen Feinden nördlich der Donau und des *Pontus Euxinus*, des Schwarzen Meeres, berichten, wird der Gotenname für uns historisch greifbar. Im Jahr 238 verwüsteten Goten die Stadt Histria (Ἴστρος) in der Provinz Niedermösien. Nach einem kurzen Vorstoß an das Südufer der Donau zogen die Skythen wieder ab. Lange Kriege der Römer mit dem neuen Großverband begannen.[21] Gemeinsam mit den Goten wurden außerhalb des römisch beherrschten Teils Dakiens lebende Verbände wie die Bastarnen, Vandalen, Sarmaten, Costobocen und Carpen aktiv. Als die Goten 238 mit Geldzahlungen zur Ruhe gebracht werden sollten, teilten die Carpen den Römern mit, man solle sie ja nicht unterschätzen, seien sie doch stärker als die Goten.[22] »Es muss einige Zeit gedauert haben, bis die Goten innerhalb der dakisch-sarmatischen Völkergemeinschaft den Ton angaben und Ihre Lehrmeister, wie etwa die Carpen, überflügelten.«[23]

Die Krise bewältigte Rom mit bewährten Mitteln. Einerseits flossen Gelder und Lebensmittel nach Norden, andererseits nahm man gotische Kontingente in die römische Armee auf. Ein Zeugnis für schon in diesen Jahrzehnten in den römischen Reihen kämpfende Goten stammt aus dem antiken Iran. Gordian III. (238–244) bot gegen die Perser »germanische« und »gotische« Völker auf. 244 wurde Gordian vom persischen Großkönig Shapur vernichtend geschlagen. Auf einer dreisprachigen Inschrift Shapurs I. (242–273) in Naqš-e Rostam an der Kaʿbe-ye Zartuscht, den berühmten *Res Gestae Divi Saporis*, werden unter den

Besiegten voneinander getrennt Goten und Germanen genannt. Die Angabe dürfte auf den Aussagen römischer Gefangener beruhen.[24] Auch außerhalb des römischen Reiches bzw. der römisch-ethnographischen Terminologie finden sich also Belege dafür, dass »Germanen« nicht als Überbegriff gemeint war. Hier ist die Rede von alemannischen, fränkischen und gotischen Hilfstruppen (*auxilia*). Für die Rheinbarbaren wurde derweil immer wieder Caesars Germanenbegriff als gelehrte Anspielung genutzt.[25]

Die befriedenden Maßnahmen verschafften für ein Jahrzehnt Ruhe mit manchen Skythenvölkern an der unteren Donau. Von Goten ist vorläufig keine Rede mehr, während die Carpen weiter angriffen. Insgesamt folgten jedoch jahrzehntelange Probleme mit den neuen Nachbarn. Gordians Nachfolger Philippus Arabs (244–249) stellte nach mehreren Carpensiegen die Jahrgeldzahlungen an die Goten ein. Der Kaiser bereitete einen Zug über die Donau vor, wohl um die skythischen Gruppen ruhig zu stellen, als römische Truppen putschten und Decius (249–251) zum Gegenkaiser ausriefen, was einen kurzen, aber blutigen Bürgerkrieg auslöste, in dem Philippus unterlag.[26] Die gotische Antwort ließ nicht lange auf sich warten. Ein großer Einfall in die Balkanprovinzen Dakien, Mösien und Thrakien um 250 wurde vom Goten Cniva angeführt. Ein Heer aus mehreren skythischen Völkern – Carpen, Bastarnen, Taifalen, Vandalen – konnte Marcianopolis (Dewnja) und Philippopolis (Plovdiv) erobern.[27] 251 besiegte Cniva mit seinem Vielvölkerheer bei Abrittus, einem römischen Kastell mit Zivilsiedlung in der Provinz Moesia beim heutigen Rasgrad in Bulgarien, Decius. Der Kaiser, der offenbar in einen Hinterhalt geraten war, und sein Sohn blieben auf dem Schlachtfeld. Der Tod eines Kaisers im Kampf gegen äußere Feinde war die größte denkbare Schmach für die Römer. Der Statthalter Mösiens, Trebonianus Gallus, wurde wohl noch auf dem Schlachtfeld von seinen Soldaten zum Kaiser erhoben. Er konnte zwar einige Truppenteile retten, musste aber sowohl dem Abzug der Cnivaleute samt ihrer Beute wie der Zahlung weiterer Jahrgelder zustimmen.[28]

Doch schon nach zwei Jahren war der geschlossene Frieden beendet. Der in diesen Jahren für Mösien und Pannonien zuständige Statthalter Aemilianus konnte die Eindringlinge zwar zunächst zurückschlagen und sogar nördlich der Donau gegen sie kämpfen, eine neuerliche Usurpation machte diese römischen Erfolge aber zunichte. 253/254 marschierten die Barbaren erneut bis in den Raum von Thessaloniki.[29] Möglich, dass jüngst in Wien entdeckte Fragmente, die wahrscheinlich Publius Herennius Dexippos zuzuordnen sind, die Forschung weiterbringen können. Enthalten ist in den Palimpsesten eine bisher nicht bekannte Schilderung eines gotischen Angriffs unter dem König, βασιλεύς (*basileus*), Cniva (Kniva) auf eine Stadt in der Provinz Thracia. Eine weitere Episode behandelt Ereignisse nach dem Fall von Philippopolis (Plovdiv) während des Gotenkriegs des Decius.[30]

Seekriege im Schwarzmeergebiet und in der Ägäis (255–263)

Während es nach 254 offenbar keine größeren Kampfhandlungen an der unteren Donau mehr gab, verlagerte sich die Aktivität der Barbaren nun in den Schwarzmeerraum und die Ägäis. In den Jahren 255 bis 258 ist in den Quellen von mehreren über das Meer angreifenden Skythenverbänden die Rede. Von Häfen auf der Krim aus erreichten diese Krieger Kleinasien und konnten Trapezunt, Chalcedon, Nicomedia, Nikaia und andere Städte plündern.[31] Wie aber hatten die Skythen ihre Schiffe bekommen? Die griechischen Poleis an den Mündungen von Dnjestr, Dnjepr, des südlichen Bugs und des Don am Asowschen Meer und auf der Halbinsel Krim hatten lange die Funktion, im Bündnis mit Rom das Schwarze Meer und die Gebiete nördlich davon ruhig zu halten. Das Bosporanische Klientelkönigreich garantierte den Handel. Im Laufe des 3. Jahrhunderts müssen barbarische Verbände – führend dabei Goten und Heruler – die Kontrolle über viele dieser Städte erlangt haben. Man darf dies als eine Art Vorspiel zur Übernahme ganzer Provinzen durch barbarische Militäreliten im 5. und 6. Jahrhundert betrachten. Das Problem für das römische Reich war nun, dass den Goten und Herulern damit Häfen, Schiffsraum und geschultes Personal zur Verfügung standen. Die ersten Plünderungszüge zur See über das Schwarze Meer ließen dann auch nicht lange auf sich warten.[32]

Das Bosporanische Klientelkönigreich konnte seine Pflichten gegenüber dem *Imperium* nicht mehr erfüllen, im Gegenteil, neue Machthaber sorgten für die Überfahrt der Angreifer. Zosimos berichtet mehr als zwei Jahrhunderte später, die Könige am Kimmerischen Bosporus (Straße von Kertsch) hätten lange Handel und Sicherheit auf dem Schwarzen Meer garantiert und auch die Skythen von der Überfahrt in die römischen Provinzen abgehalten. Die Kaiser wiederum sandten Jahrgelder. Dann aber sei es zu einem Umsturz gekommen, und zu ihrer eigenen Sicherheit hätten »Feiglinge« den Barbaren ausreichend Schiffsraum samt Mannschaften zur Verfügung gestellt.

»Solange vom Vater auf den Sohn die Herrschaft überging, also eine rechtmäßige (= von Rom anerkannte) Dynastie herrschte, die auf Roms Freundschaft gestützt war und Jahrgelder erhielt, wurden die Skythen abgehalten. Als aber nach dem Sturz der königlichen Familie einige Unwürdige und Feiglinge die Herrschaft an sich gezogen hatten, erlaubten sie in ihrer Feigheit den Skythen die Überfahrt auf ihren eigenen Schiffen, die sie dann auch wieder zurück bekamen.«[33]

Möglich, dass der Usurpator Pharsanzes hieß, der einen gewissen Rheskuporis verdrängte.[34]

Sarmatische Boraner unternahmen 254/255 einen ersten Angriff auf das römische Pityus (Pizunda, Georgien), der jedoch scheiterte. Die Boraner stammten

wohl von der nördlichen Schwarzmeerküste. Ihre Erwähnung illustriert die ethnische Vielfalt der beteiligten Verbände.[35] Bei einem zweiten Angriff 256/257
hatten die Boraner mehr Erfolg. An diesem zweiten Zug beteiligten sich auch
Goten. Trapezunt konnte von den Skythen eingenommen und geplündert werden. Die Piraten scheinen die Römer überrascht zu haben. Ein Angriff auf Bithynien um 258 steigerte den Schrecken noch, denn etliche Städte konnten von
den Barbaren eingenommen werden, darunter Nicaea, Kios, Apamea und Prusa. Bis an die Südküste des Marmarameers und die antike Landschaft Mysien
gelangten die Eindringlinge.[36]

Dass die Überfälle die Gesellschaft in den Provinzen erschütterten, zeigt ein
Brief des Bischofs Gregorios Thaumaturgos von Neokaisareia (Niksar). Dort erörterte der Kirchenmann, wie man mit Verrätern und Überläufern, Vergewaltigungsopfern und Kriegsgewinnlern als guter Christenmensch umzugehen habe.
Landsleute hätten sich, so der Bischof, wie Goten und Boraner benommen, das
heißt geplündert oder mit den Invasoren kollaboriert. Die Rede ist aber auch
von Grundbesitzern, die nicht nur Privatarmeen aufstellten, sondern auch das
Unrecht zu verantworten hatten, von den Goten versklavte Mitbürger gleich in
diesem Status zu belassen.[37]

3.3   Heruler und Gepiden formieren sich in der Mitte des 3. Jahrhunderts

Der Völkername »Heruler«

Verbunden mit den militärischen Ereignissen und Raubzügen verstärkte sich
die ethnische Dynamik am Nordrand des Schwarzen Meeres. Dominierend in
diesem Gebiet und an der unteren Donau waren gotische Völker wie Greuthungen, Terwingen und Vesier. Im weiteren Sinn bzw. nach den ethnographischen
Vorstellungen der römischen Autoren waren auch Gepiden, Heruler, Rugier,
Skiren und Alanen solche Gotenvölker. Gepiden und Terwingen stritten sich
um das unter Kaiser Aurelian 271 von römischen Truppen geräumte Dakien.
Greuthungen griffen immer wieder die römischen Balkanprovinzen südlich der
Donau an. Andere gotische Gruppen, deren genaue Bezeichnungen die Römer
weniger interessierten, beteiligten sich gemeinsam mit Herulern und kleineren
Verbänden an Seezügen, die nach Kleinasien, Griechenland und bis nach Kreta
und Zypern führten. Kaiser Aurelian (270–275) scheint es, wohl basierend auf
den militärischen Erfolgen seiner Vorgänger, gelungen zu sein, die Situation an
der Donau- und Schwarzmeergrenze des *Imperium* zu stabilisieren. Erst 375

kamen größere gotische Verbände wieder ins Reich. Der Nachteil des relativen Friedens für die Forschung ist, dass wir für das 4. Jahrhundert über sehr viel weniger Informationen verfügen als über das 3. Jahrhundert.

Völkernamen, die vorher unbekannt waren, erscheinen in der Literatur, so in der zweiten Hälfte des 3. Jahrhunderts der Herulername. Die römischen Beobachter kannten nun Ελουροι, *Eluroi* am Schwarzen Meer und im Norden Galliens.[38] Eine der Gruppen skythischer Barbaren, die Kleinasien, Griechenland und die Balkanprovinzen angriffen, nannten griechisch schreibende Autoren Ελουροι, *Eluroi*. Insbesondere der Politiker und Geschichtsschreiber Publius Herennius Dexippos, der um 275 gestorben ist, verfasste eine längere Skythengeschichte, *Skythika*, die nur in Fragmenten erhalten ist. Diese könnte mit dem Jahr 238 begonnen haben. Zu diesem Zeitpunkt endet nämlich das Geschichtswerk Herodians, und griechische Historiker neigten dazu, mit ihrem Werk bekannte Vorgänger fortzusetzen. Dexippos hatte nicht nur eine *Skythica*, sondern auch eine Römische Geschichte von der Stadtgründung bis in die Regierungszeit des Claudius II. Gothicus (268–270) vorgelegt.[39] Lange nahm man an, dass sich Dexippos im Jahr 267 höchstpersönlich mit 2000 Athenern den Herulern entgegenwarf, als diese beutebeladen nach Norden zogen.[40] Durch den Fund neuer Fragmente seines Geschichtswerks hat sich nun eine neue Möglichkeit ergeben, denn auch ein Namensvetter des Historikers könnte den athenischen Widerstand angeführt haben.

Die Heruler, so berichtet Dexippos, tragen ihren Namen, weil sie aus den Sümpfen um die Maeotis, dem Asowschen Meer, stammen. Der Grieche etymologisierte Ελουροι aus dem griechischen Wort für Sumpf oder sumpfigem Gelände, *helos*, τό ἕλος. Die Überlieferung stammt aus zwei byzantinischen Wörterbüchern des 6. und des 11. Jahrhunderts, die beide Dexippos explizit nennen.[41] Jordanes, der Mitte des 6. Jahrhunderts seine Gotengeschichte schrieb, verband dann die Sumpfbewohner des Dexippos, die er *Heluri* nannte, mit den Herulern seiner Tage.[42] Stephan von Byzanz, ein spätantiker Grammatiker, der in der Regierungszeit Kaiser Justinians I. (527–565) in Konstantinopel wirkte und somit ein Zeitgenosse des Jordanes war, bezeugt noch einmal, dass Dexippos ein skythisches Volk, die *Heluroi*, beschrieben habe.[43]

Hat Dexippos einen Fehler gemacht? Diese Antwort wäre wohl zu einfach. Der gelehrte Grieche gab den Barbaren einen Namen, vielleicht inspiriert vom Klang dessen, was er gehört hatte. Seine Aufgabe war es dann, eine Erklärung für die fremden Laute zu finden. Zudem schrieb Dexippos in der Tradition der griechischen Historiographie und Ethnographie. Wichtiger als einzelne gentile Ethnonyme waren die Überbegriffe Skythen und Kelten. Das bedeutet, mit der Klassifizierung der Angreifer als Skythen war bereits alles Nötige gesagt.[44]

Was könnte der germanische Herulername bedeuten? Die Sprachwissenschaft hat darauf hingewiesen, dass die Formen Ερουλοι, *Eruloi* und *Eruli* bei Prokop und Agathias wie in der lateinischen Literatur am besten bezeugt sind.

Das uns heute vertraute *H* am Anfang des Ethnonyms wurde erst in späterer lateinischer Überlieferung ergänzt. Der Völkername findet sich als erstes Glied in zweistämmigen Personennamen wie etwa *Erl-wini* oder *Erle-fredus*. Die Germanistik hat auch vermutet, dass die Elemente *erila-* oder *irila-* einen Titel wiedergeben könnten, der eine bedeutende gesellschaftliche Stellung markiert.[45] Darauf würden die Bedeutungshorizonte »Held, Fürst, Vornehmer« des Altnordischen *jarl* und des Altenglischen *eorl* hinweisen. Ein *comes* Herila ist inschriftlich im 5. Jahrhundert in Italien bezeugt.[46] Denkbar, dass Verbände von professionellen Kämpfern einen Namen wählten, der in ihrer germanischen Sprache eine elitäre gesellschaftliche Stellung hervorheben sollte.

Der Völkername »Gepiden«

Der Gepidenname wird von der Germanistik auch mit einer Jordanesstelle gedeutet. Die sprachwissenschaftlich rekonstruierbare Selbstbezeichnung **Gíbidoz* hat einen doppelten Bedeutungsgehalt. Einerseits wären die Träger dieses Namens »Beschenkte«, also »von den Göttern Begnadete, gesegnete«, andererseits in einem aktivischen Sinn die »Freigiebigen«, im übertragenen Sinne die »Gastfreundlichen«. In gotischer Sprache sei es nun möglich gewesen, durch eine unterschiedliche Aussprache dem Namen einen pejorativen Gehalt zu geben. Spricht man das *b* als *p* aus, denkt ein Gote an das Wortfeld »müde, schlapp, inaktiv« und der Völkername kann als »die Faulen, Trägen« verstanden werden.[47] Treffen diese linguistischen Rekonstruktionen zu, so wäre die betreffende Jordanesstelle ein Hinweis auf den Umgang der Kriegerverbände miteinander. In spöttischer, abwertender Manier hätten Goten ihre gepidischen Kameraden zurückgesetzt. Denkbar, dass Machtkämpfe um die besseren Beutemöglichkeiten hinter solchen Bewertungen stehen. Wie dem auch sei, Jordanes berichtet jedenfalls, die Goten hätten die ihnen verwandten Gepiden als geistig und körperlich schwerfällig bezeichnet, denn in ihrer Sprache habe *gepanta*, lateinisch *piger*, also »faul« bedeutet, und die abwertende Benennung sei so möglich geworden, »wie ein geradezu sich von selbst anbietendes Schimpfwort«.[48]

   In den römischen Quellen spielten die Gepiden nur eine untergeordnete Rolle neben den Goten. Und doch nennt sie die Vita des Claudius II. Gothicus (268–270) in der sogenannten *Historia Augusta* neben Herulern.[49] Was berichtet der Text nun über Gepiden und Heruler? Gallienus, Alleinherrscher von 260–268, habe gerade gegen in Griechenland plündernde Barbaren einen Sieg am nordgriechischen Fluss Nestos (Mesta) errungen, als er nach Mailand eilte, um eine Verschwörung gegen ihn zu bekämpfen. Den Krieg am Balkan überließ er seinen Generälen. Der Kaiser kam in Italien ums Leben und der erfolgreiche Militär Claudius (II.) folgte ihm nach. Später im Jahr 268 war es dem römischen Heerführer Marcianus gelungen, weitere Erfolge gegen die Barbaren zu erzielen. Vor diesem Hintergrund kam es nun zu einer Entscheidungsschlacht im darauffolgenden Jahr 269 im Süden des heutigen Serbien bei der illyrischen Stadt Naïssus (Niš) in der Provinz *Moesia inferior*, in der Claudius einen großen Sieg errang.[50]

In der Vita des Claudius werden nun die verschiedenen durch den triumphierenden Imperator besiegten Skythenvölker aufgezählt, und neben Peukinern, Greuthungen, Terwingen, Ostro- und Visigothen erscheinen auch Kelten, Heruler, *Eruli*, und Gepiden, *Gepedes*.[51] Zu beachten ist allerdings, dass die *Historia Augusta* nicht im Ruf großer Zuverlässigkeit steht. Denkbar ist, dass – wenn die Datierung der Kaisergeschichten mit dem ausgehenden 4. Jahrhundert zutrifft – man aufgrund der zeitlichen Entfernung einfach einen bunten und wenig konkreten Barbarenkatalog schuf.[52] Nicht zum ersten Mal hätte ein spätantiker Autor den Sieg eines Kaisers über Barbaren durch eine Aufzählung vieler bekannter Völkernamen ausgeschmückt und dadurch größer gemacht.[53] Die Nennung von Kelten ist jedenfalls mit der ethnographischen Tradition einfach zu erklären und meint nicht mehr als zu Fuß kämpfende Barbaren aus dem Westen. Probus (276–282) siedelte angeblich 100 000 Bastarnen auf römischem Boden, *solo Romano*, an. Diese blieben alle loyal. Als der Kaiser aber in ähnlicher Weise Gepiden, Greuthungen und Vandalen aufnahm, *Gipedae, Grauthungi et Vanduli*, brachen diese allesamt das Bündnis mit Rom. Da der Kaiser mit anderen Kriegen beschäftigt war, überzogen sie die Welt mit Krieg zu Fuß oder mit Schiffen und fügten Roms Ehre Schaden zu. Probus aber besiegte sie alle nacheinander, und nur wenige kehrten in ihre Heimat zurück. Dort erwies man ihnen Ehre, denn die hatten es geschafft, den Händen des Probus zu entkommen.[54] Mit diesen Erwähnungen waren Heruler und Gepiden in der Geschichte erschienen.

3.4   »Skythische« Angriffe auf Griechenland (267–270)

Heruler und Goten in Griechenland und auf dem Balkan (267/268)

In den 260er Jahren spielen Heruler neben den Goten eine Hauptrolle im Drama der Griechenland bedrängenden Barbaren. Im Frühjahr 267 war das Problem besonders schwerwiegend. Eine kampfstarke barbarische Koalition drang Richtung der griechischen Zentralräume vor. Es ist schwierig, die genaue Abfolge der Ereignisse zu rekonstruieren. Viele – und teilweise sich zeitlich überschneidende – Bewegungen bewaffneter Verbände, verschiedene Kämpfe und

Schlachten sind zu chronologisieren. Zudem verfügen wir meist nur über spätere Überlieferung. Die *Historia Augusta*, Zosimos, Jordanes, Johannes Malalas, Georgios Synkellos und Zonaras berichten über die Kämpfe. Alle genannten Autoren bezogen sich dabei auf die nur in Fragmenten überlieferten Schriften des oben erwähnten Publius Herennius Dexippos.[55]

Die Angreifer

Es ist denkbar, dass mehrere Operationen barbarischer Flottenverbände parallel durchgeführt wurden. Im Frühjahr 267 unternahmen Goten und Heruler einen Angriff auf das Gebiet von Heraclea Pontica (Karadeniz Ereğli) an der Mündung des Kilijsu (Fluss Gülüc) an der Nordküste Kleinasiens. Die Datierung ist nicht eindeutig, aber relativ durch den Zweiten Perserfeldzug und späteren Tod des Odaenathus von Palmyra bestimmbar.[56] Synkellos und die Vita des Gallienus nennen Skythen als Angreifer, die moderne Forschung vermutet gotische Gruppen aus dem Raum der Dnjestrmündung (Tyras).[57] Odaenathus musste einen Feldzug gegen die Perser abbrechen, obwohl er schon vor Ktesiphon stand. Als militärischer Befehlshaber mit Sonderrechten, *corrector totius Orientis*, hatte er einzugreifen und eilte an die Nordküste Kleinasiens.[58] Wahrscheinlich im Spätsommer 267 erreichte er Heraclea. Nun waren die eingedrungenen Skythen aber bereits beutebeladen mit ihren Schiffen wieder auf dem offenen Meer. Dort konnten sie von einer römischen Flottenabteilung aufgebracht werden.[59] Septimius Odaenathus wurde wohl gemeinsam mit dem designierten Thronfolger für Palmyra im späten Jahr 267 in Heraclea ermordet. Seine Witwe Zenobia übernahm die Herrschaft, und das palmyrenische Teilreich sollte noch zu einem größeren Problem für das *Imperium* werden.[60]

Der Verlauf der Kämpfe

Wahrscheinlich in die erste Jahreshälfte 267 gehört das große herulische Seeunternehmen, das sich bis in das Jahr 268 hinzog. Synkellos, Zosimos und die Vita des Gallienus berichten – basierend auf Dexippos – von Angriffen auf Gebiete um das Marmarameer und in der Folge auf das griechische Festland.[61] Dabei ist mit Emil Kettenhofen zu betonen, dass Synkellos eine Fülle an relativ genauen geographischen Angaben bieten kann und konsequent in der Regierungszeit des Gallienus bleibt. Zudem brechen in Olympia die Verzeichnisse in den fraglichen Jahren ab. Inschriften in Eleusis und Gytheion zeugen von lokalen Kämpfen.[62]

Nur Zonaras setzt die Eroberung und Zerstörung Athens durch die Heruler in die Regierungszeit des Claudius II. Gothicus (268–270). Bruno Bleckmann stellte fest, dass genannte Quellen »dem gleichen Quellenstrang zuzuweisen sind, dem auch Zonaras verpflichtet ist,« und dies beweise nur, »dass der Irrtum eine Fehlleistung nicht des Zonaras selbst, sondern seiner Leoquelle sein muss, was an der Singularität dieses Irrtums im Vergleich zu den Parallelquellen wenig ändert«. Johannes Zonaras schrieb im 12. Jahrhundert. In seinem Geschichtswerk gibt es mehrere Passagen, die keiner bekannten Quelle zugeordnet werden konnten. Cassius Dio endete nach 229, und von da an stützte sich Zonaras auf den sogenannten Anonymus post Dionem und Leon Grammatikos (frühes 11. Jahrhundert), diese wiederum auf die »Leoquelle«, die Bleckmann auf das fragmentarisch erhaltene Geschichtswerk des Petros Patrikios (6. Jahrhundert) und weiter auf ältere lateinische Vorlagen zurückführen konnte.[63]

Die Seeoperationen

Unter Führung von Herulern, Αἴρουλοι, sei im frühen Jahr 267 ein barbarischer Verband vom Nordrand des Asowschen Meeres mit angeblich 500 Schiffen aufgebrochen und vorbei an der Donaumündung durch den Bosporus gesegelt. Synkellos berichtet von diesem Seezug zeitgleich mit der Ermordung des Septimius Odaenathus.[64] Im Sommer 267 eroberten die Angreifer Byzanz und das auf der anderen Seite des Bosporus liegende Chrysopolis (Stadtteil Üsküdar Istanbuls). Kaiser Gallienus entsandte die beiden *duces* Athenaeus und Kleodamus aus Byzanz, die die Verteidigung organisieren sollten. Auf ihre Anweisung hin wurden Städte an den Küsten des Bosporus befestigt und Gegenangriffe vorbereitet. Auf dem Schwarzen Meer kam es zu mehreren kleineren Seeschlachten, die für die Römer siegreich endeten. Der eine Marineeinheit kommandierende *dux* Venerianus kam dabei ums Leben. Die Barbaren zogen sich vorerst zurück, allerdings nur um bei günstigen Winden wieder ins Marmarameer einzudringen. Erfolgreich griffen sie Cyzicus in Bithynien (Balız bei Erdek) an und eroberten die Stadt.[65]

Da offenbar keine römischen Seestreitkräfte zur Stelle waren, konnten die Barbaren ungestört in die Ägäis eindringen und der Reihe nach die Inseln Lemnos, Skyros und Imbros heimsuchen. Anschließend landeten sie in der Nähe von Sparta und zogen die Provinz Achaea ausplündernd durch die Peloponnes Richtung Attika. Nicht nur Sparta, auch Korinth und Argos wurden gebrandschatzt, wie auch das alte und reich ausgestattete Heiligtum von Olympia.[66]

Heruler vor Athen (267)

Von besonderem Interesse für die antiken Autoren war die Eroberung Athens durch die Heruler.[67] Die Eroberung ihrer Stadt konnten die Bürger zwar nicht verhindern, man stellte aber eine Miliz auf und versuchte, den abziehenden Barbaren die Beute wieder zu entreißen. Die Vita des Gallienus berichtet, der Historiker Dexippos sei an den erfolgreichen Abwehrkämpfen dieser »attischen Guerilla« persönlich beteiligt gewesen. Ohne Unterstützung durch kaiserliche Truppen mussten die athenischen Bürger gegen die Angreifer vorgehen. Viele Barbaren konnten sie dabei töten.[68] Eine in einem byzantinischen Exzerpt überlieferte Feldherrenrede könnte von Dexippos selbst gehalten worden sein. Offenbar nach dem Fall der Stadt wandte er sich an 2000 Athener, die an einem befestigten Punkt auf die Barbaren warteten, um Rache zu nehmen. In kleinen Gruppen sollen die Griechen aus dem Schutz ihrer Sperren ausbrechen und die Barbaren angreifen. Hinterhalte seien zu legen, um die Plünderer zu zermürben. Da die eigene Position erhöht liege und durch einen Wald geschützt sei, könne man von dort aus die Feinde gut und treffsicher beschießen. Und zuletzt betont Dexippos, dass die kaiserliche Flotte nicht mehr fern sei, man also mit Hilfe rechnen könne. Möglich, dass es sich hier um den Flottenverband des Kleodemos handelte.[69]

Ein gutes Argument dafür, dass tatsächlich der Historiker und Redner Dexippos eine militärische Anführerschaft übernommen hatte, ist die Einleitung zu einem weiteren Fragment. Gunther Martin hat darauf aufmerksam gemacht, dass in der Exzerptensammlung des Konstantinos VII. Porphyrogennetos aus dem 10. Jahrhundert Dexippos in einer militärischen Rolle namentlich erwähnt wird. Er verspricht einem größeren Kreis von Griechen, eben nicht nur den Athenern, die Rettung aus den Gefahren des Krieges. Hat Dexippos Athen vertreten oder eine besondere panhellenische Rolle gespielt? »Dexipp sagt in seiner Rede an die Griechen, πρὸς τοὺς Ἕλληνας: Und niemand soll auf die Idee kommen, dass (***) eurer Rettung, σωτηρία, (***) spät (***) das Recht. Denn wenn irgendjemand, so erkannte ich, was der Gemeinschaft nützt, nämlich zu tun, was beschlossen war. Die Tugend des Befehlshabers, ἄρχον, ist es, in seinem Verantwortungsbereich (***) darauf zu achten, was vorteilhaft ist, und dies auszuführen.«[70]

In einem der jüngst entdeckten Wiener Fragmente erscheint nun allerdings ein weiterer Mann namens Dexippos, der zum fünften Mal die *arche*, ἀρχή, bei den Böotern innehatte. Dieses Amt war bisher nicht bekannt und alles deutet darauf hin, dass es sich um einen Namensvetter des Historikers handelt. Dieser Dexippos hätte nicht lange nach der Eroberung der thrakischen Stadt Philippopolis durch die Goten im Sommer des Jahres 250 ein griechisches Heer an den Thermopylen gemeinsam mit zwei anderen Heerführern kommandiert.[71] Da der im Palimpsest erwähnte Dexippos nicht mit dem Historiker zu identifizieren ist, bleibt die Möglichkeit, dass der Redner des oben zitierten Fragments 26 c der Boiotarch Dexippos war. Die byzantinischen Exzerptoren könnten beide Personen vermischt oder verwechselt haben.

Wiener Palimpsest mit Fragmenten, wahrscheinlich Publius Herennius Dexippos. (1 Wien, Österreichische Nationalbibliothek, Cod. Hist. gr. 73, f. 192v, untere Schrift Spectral imaging by the Early Manuscripts Electronic Library. Processed image by Dave Kelbe. © Project FWF P 24523-G19)

Naulobatus: Ein Heruler wird Konsul (268)

Am Fluss Nestos (bulgarisch Mesta) im heutigen Bulgarien und Nordgriechen-
land konnte Kaiser Gallienus einen auf dem Rückzug befindlichen Verband der
Barbaren abfangen. Bei diesem befand sich eine größere Zahl von Herulern.
Mit dalmatinischen Verbänden der Schlachtenkavallerie konnte der Kaiser die
Plünderer schlagen. Die ältere Forschung schrieb Gallienus noch eine Heeresre-
form zu, deren zentraler Punkt die Aufstellung einer mobilen Feldarmee aus
Reiterregimentern gewesen sei. Tatsächlich waren diese Entwicklungen seit severischer Zeit in der Regierungszeit des Gallienus fortgeschritten. Wir wissen
von verstärkt aufgestellten berittenen Verbänden seit der Mitte des 3. Jahrhunderts. Erstens kämpften angreifende Barbaren, die ja nicht umsonst als Skythen
bezeichnet wurden, zusehends zu Pferd. Zweitens war die Verlegung größerer
berittener Armeeverbände schlicht schneller möglich, als der Marsch zu Fuß;
bei der Vielzahl an Fronten dieser Jahre eine verständliche Entwicklung. Ge-
panzerte Reiter, Kataphraktarier, sind bereits unter Philippus Arabs (244–249)
bezeugt. Gallienus verfügte nun über eine größere mobile Eingreiftruppe aus
schwerer Kavallerie. Die *equites Dalmatae* kamen gegen die Heruler zum Einsatz und werden besonders erwähnt. Zumindest diesen Verband dürfte Gallienus aufgestellt haben.[72] Die Kavallerieregimenter, *tagmata*, überrannten die
Barbaren am Nestos und sollen 3000 von ihnen auf dem Schlachtfeld niederge-
metzelt haben. Die Zahl könnte realistisch sein, und gleichzeitig wäre das ein
schlimmer Verlust für die Heruler gewesen. Ein größerer Teil ihrer Bewaffneten
dürfte gefallen sein.[73]

Nach dieser verheerenden Niederlage vollzog der herulische Anführer Naulobatus eine *deditio*. Das bedeutet, er unterwarf sich den Römern und bot diesen seine Dienste an. Dieser Naulobatus wird nun auch namentlich genannt.[74]
Im Gegenzug erhielt der Heruler die Konsularinsignien. »Naulobatus, der Anführer der Heruler ergab sich dem Kaiser Gallienus und wurde mit dem Rang
eines Konsuls geehrt.«[75] Naulobatus wäre damit der erste uns bekannte Barbar,
dem diese Ehre zuteilwurde.[76] Mit großer Wahrscheinlichkeit wurden die besiegten Heruler in die römische Armee aufgenommen, auch wenn keine Quelle
das explizit macht. Die Episode zeugt davon, wie schnell barbarische Feinde zu
römischen Soldaten werden konnten. Gallienus war direkt nach der Schlacht
nach Norditalien marschiert, um einen aufständischen Kavalleriegeneral zu
maßregeln. Die überlebenden Barbaren, die sich nicht unterworfen hatten, zogen sich in die Rhodopen zurück. Im Frühjahr und Sommer 268 griff sie der
dux Marcianus an und vertrieb sie aus dem Reichsgebiet.[77]

Gotisch-herulischer Seekrieg (269/270)

269/270 folgte ein weiterer Einfall über das Schwarze Meer, diesmal unter gotischer Führung. Die Angreifer verwüsteten die Balkanhalbinsel und Teile Griechenlands und Kleinasiens. 269 wurden sie von Kaiser Claudius bei Naïssus/ Niš geschlagen, um dann im Laufe des Jahres 270 über die Grenzen gedrängt zu werden.[78]

»Im Anschluss an [Andreas] Alföldi[79] wird in der Forschung der Herulerzug von 267/268 mit der Schlacht am Nestos und der Gotenzug von 269/270 mit der Schlacht bei Naïssus vielfach zu einem einzigen Ostgermaneneinfall zusammengefasst. Die Berichte über die beiden Züge weisen jedoch deutliche Unterschiede auf, so dass mit Kettenhofen und Kotula[80] hier eine Trennung vorzunehmen ist. Diese Unterscheidung betrifft aber in erster Linie die Itinerare der beiden Einfälle, sie impliziert keine strikte ethnische Trennung der Teilnehmer. Die Züge standen zwar unter unterschiedlicher Führung, angesichts der fließenden ethnischen Grenzen und der Kooperationswilligkeit der verschiedenen Verbände kann jedoch davon ausgegangen werden, dass an beiden Einfällen ethnisch stark gemischte Gruppen beteiligt waren.«[81]

In diesem Jahr 269/270 segelte dann eine große Anzahl von Skythen von ihren Wohnsitzen an der Mündung des Dnjestr durch den Bosporus. Der Angriff ist bei Zosimos und in der Vita des Claudius in der *Historia Augusta* ausführlicher beschrieben.[82] Die beiden (späten) Quellen sind sich einig darin, dass Heruler an dem Unternehmen beteiligt waren. In der Claudiusvita ist die Rede von einer großen Anzahl verschiedener skythischer Völker, *Scytharum diversi populi*, Peukiner, Greuthungen, Terwingen, Ostro- und Visigothen, Gepiden, Kelten und Heruler, *Peuci, Greutungi, Austrogothi, Tervingi, Visi, Gipedes, Celtae etiam et Eruli*. Die skythischen Barbaren seien auf 2000 Schiffen ins Reich eingedrungen.[83] Zosimus nennt zwar 6000 Schiffe, kennt aber ebenso die Zahl 320 000.

»Um diese Zeit vereinigten die übrig gebliebenen Skythen [...] Heruler, Peukiner und Goten. Sie sammelten sich am Fluss Tyres (Dnjestr), der sich in das Schwarze Meer ergießt. Hier bauten sie 6000 Schiffe, und bemannten sie mit 320 000 Kriegern. Sodann brachen sie über das Meer nach Tomoi/Tomis (Constantiana, heute Constanța, Rumänien) auf, einer ummauerten Stadt.«[84]

Schließlich berichtet Ammianus Marcellinus von einem Angriff mit 2000 Schiffen und »Scharen skythischer *gentes*«, *Scythicarum gentium catervae*. Allerdings hat Ammian wohl die Informationen zu mehreren Barbareneinfällen zusammengezogen.[85] Diese Zahlen sind ebenso übertrieben wie die Bemerkung bei Ammianus Marcellinus, unzählige Volksmassen, *innumerae gentium multi-*

tudines, seien ins Reich geströmt, als die Goten 376 über die Donau kamen. Ammianus verglich die Ereignisse dieses Jahres mit dem aus Herodot bekannten riesigen Perserheer des 5. vorchristlichen Jahrhunderts. Auch in der Vita des Claudius wird ein Vergleich mit dem Heer des Xerxes vollzogen.[86]

Kaiser Claudius, der Gotensieger

Nach seinem Sieg am Nestos war Gallienus nach Italien geeilt. In Mailand fiel er einer Verschwörung seiner Offiziere zum Opfer und wurde erschlagen. Claudius II. setzte sich als Kaiser durch und bestieg Ende August oder Anfang September 268 den Thron. Sogleich machte sich der neue Herrscher auf den Marsch, um den Barbareneinfall zu bekämpfen.[87] Die Angreifer waren die Schwarzmeerküste entlang gesegelt und versuchten zunächst, an den Küsten Mösiens bei Tomi und Marcianopolis zu landen. Diesesmal funktionierte die Verteidigung der Städte. Zudem hatten die Barbaren Probleme mit den Strömungen in der Propontis und erlitten Verluste. Nach der Durchfahrt durch den Hellespont teilten sich die Angreifer. Eine Gruppe operierte in der Nordägais und belagerte Thessaloniki, um dann auf dem Landweg nach Pelagonien zu ziehen. Dort konnte Claudius die Plünderer stellen. Wieder sollen die dalmatinischen Panzerreiter 3000 Barbaren getötet haben. Bei Naïssus (Niš) in Niedermösien kam es zur Entscheidungsschlacht, und es triumphierte erneut die römische Kavallerie. Auch wenn die von Zosimos genannte Zahl von 50 000 toten Skythen übertrieben sein mag, der Sieg war eindeutig. Claudius nahm als erster römischer Kaiser den Triumphalnamen *Gothicus Maximus* an. Nach ihm sollten noch Aurelian, Tacitus, Probus und die Kaiser der Tetrarchie diesen Titel führen.[88]

Erneut unterwarf sich ein herulisches Kontingent unter einem Andonnoballus den Römern.[89] Waren Heruler besonders geneigt, sich der Armee des Reichs anzuschließen? Zumindest fällt die zweimalige Nennung von Anführern in den Quellen auf. Wenn Naulobatus und Andonnoballus als Personen Erwähnung finden, ist davon auszugehen, dass ein größerer und kampfstarker Verband eine Unterwerfung, *deditio*, vollzogen hat. Denkbar, dass hier bereits die unten zu besprechenden herulischen Auxiliareinheiten entstanden.

Der zweite barbarische Verband war in südliche Richtung gesegelt. Auch diesen Truppen gelang es nicht, Städte zu erobern. Die römische Abwehr war wohl besser organisiert als noch wenige Monate zuvor. Allerdings griffen kleinere Trupps mit ihren Schiffen Rhodos, die Küsten Lykiens und Pamphyliens, Kreta und Zypern an.[90] Kaiser Claudius befahl im Frühjahr 270 den ägyptischen Präfekten mit seiner Flotte in die Ägäis, und diesem gelang es, die Piratenverbände zu besiegen. Offenbar konnte aber doch eine größere Zahl von Goten und Herulern in die Häfen der Krim zurückkehren.[91] Die bei Naïssus

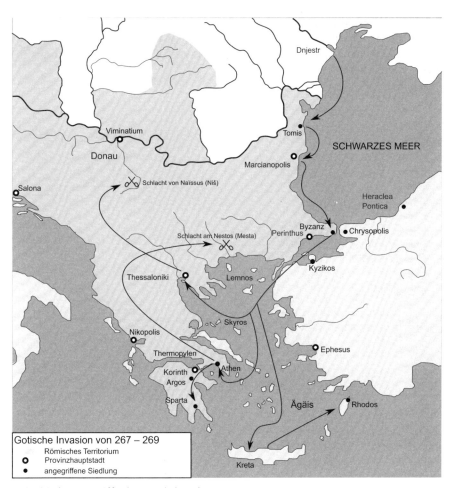

»Skythische« Angriffe des 3. Jahrhunderts.

geschlagenen Goten, Heruler und anderen Splittergruppen flohen nach Makedonien. Dort fehlte ihnen Nahrung und Erfolg, außerdem war Claudius in der Nähe und sandte seine Reiter gegen die Barbaren. Die Überlebenden flüchteten sich auf einen *mons Gessax*, der wohl in den Rhodopen zu suchen ist. Während der ersten Jahreshälfte 270 gelang es dem Kaiser, in mehreren Scharmützeln die verbliebenen Barbaren zu besiegen und aus dem Reichsgebiet zu vertreiben.[92]

Das Schicksal der Angreifer war unterschiedlich. Zosimos berichtet, die am *mons Gessax* eingeschlossenen Barbaren hätten schließlich aufgegeben. Entweder machte man sie nun zu römischen Soldaten oder siedelte sie südlich der Donau als Unterworfene an. Jene, die überlebt hatten, wurden entweder in die

Einheiten, *Tagmata*, der Römer eingereiht, oder mit Land, γῆ, versorgt, mit dessen Bewirtschaftung sie gänzlich beschäftigt waren.[93] Auch wenn es noch weitere Skythenangriffe bis 276 gab, der größere Teil des Problems war aus römischer Sicht beseitigt.

»Westheruler« als Piraten und römische Soldaten im 4. Jahrhundert

4.1 Heruler als römische Soldaten

Im Jahr 286 griffen Heruler und Chaiboner (Avionen?) Gallien an. In einem Lobgedicht, einem *Panegyricus*, auf Kaiser Maximian (286–305) wird berichtet, der Kaiser habe alle Angreifer töten lassen. Wahrscheinlicher jedoch ist, dass Maximian die Barbaren besiegte, die Überlebenden aber als römische Hilfstruppen verpflichtete.[1] Zumindest bestand während des 4. Jahrhunderts eine eigene herulische Einheit, der *numerus Erulorum seniorum*. Dieser Verband von Hilfstruppen, *auxilia*, war Teil der *auxilia Palatina* in Italien. Um das Jahr 325 hatte Konstantin I. (306–337) solche *auxilia* erstmals als Teil der neuen Feldarmee aufgestellt. Die älteren, schon bewährten und länger bestehenden Einheiten trugen Beinamen wie *Cornuti*, die Gehörnten,[2] oder *Brachiati*, was auf die militärischen Hosen, die *brachae* anspielte. Viele dieser Einheiten rekrutierte man im Ostteil Galliens oder jenseits des Rheins. Als palatinisch – also im Kernland stationiert – bezeichnete die römische Führung diese Einheiten endgültig nach um 365, als eine weitere Unterscheidung innerhalb des Feldheeres eingeführt wurde. Schätzungen bezüglich der Mannstärke schwanken zwischen 500 und 700 Soldaten pro Einheit.[3]

Die *Eruli seniores* standen nach der *Notitia Dignitatum*, einem spätrömischen Staatshandbuch vom Beginn des 5. Jahrhunderts, unter dem Kommando des *Magister Peditum*, dem Heermeister der Infanterie in Italien. Stationiert waren diese Heruler in der Nähe des norditalienischen Concordia, eines wichtigen militärischen Zentrums in der Provinz *Venetia et Histria*.[4] An der Zuverlässigkeit der *Notitia* wurde immer wieder gezweifelt. Wie weit die in den überlieferten Handschriften angegebene Sollstärke mit der Wirklichkeit übereinstimmt, ist umstritten. Eine extreme Position ist, im Text nur mehr eine ideologisierende oder reformistische Idealvorstellung zu sehen.[5] Auch wenn man nun die Aktualität der *Notitia* zum Zeitpunkt ihrer ersten Niederschrift nicht zu hoch einschätzen sollte,[6] vermittelt das Staatshandbuch trotz mancher Widersprüche eine gewisse Vorstellung und überliefert zuverlässig die Namen bestehender Einheiten. Über die Sollstärke aber werden keine Angaben gemacht.[7] Der herulische *numerus* wurde als leichtbewaffnete Infanterie eingesetzt. Oft wurden die Heruler gemeinsam mit den *Batavi seniores* erwähnt. Römische Offiziere scheinen diese leichten Fußsoldaten und ihre Kampfmoral geschätzt zu haben.[8] Das klingt auch bei Jordanes an, der erwähnt, die Heruler seien sehr stolz darauf, schnell und wendig im Kampf zu sein.[9]

Ein Mann aus dieser Einheit ist namentlich bekannt, denn er machte Karriere am kaiserlichen Hof. Ammianus Marcellinus berichtet von Vitalianus, einem Soldaten aus der Einheit der Heruler, *Erulorum e numero miles*. Seine Laufbahn begann als *domesticus* unter dem kurzlebigen Kaiser Jovian (Winter 363 auf 364), und er stieg bis zum *comes* auf. Ein *domesticus* – der Begriff ist mehrdeutig und hat eine längere Geschichte – war in der Spätantike ein Angehöriger einer Schutztruppe bei Hof, die in fünf bis sieben *scholae* gegliedert war. Oder er gehörte der kaiserlichen Leibwache, *protectores et domestici*, an, die von einem *comes* befehligt wurde. Diese Einheit ressortierte zum kaiserlichen Haushalt und genoss besondere Privilegien wie eine eigene Ausrüstung. Vitalianus bekleidete als erfolgreicher herulischer Soldat unter Valentinian I. (364–375) eine solche Offiziersstelle in der Nähe des Monarchen.[10]

Heruler und Bataver in Britannien

Anfang 360 befahl Kaiser Julian (360–363), die Heruler und Bataver nach Britannien zu verlegen. Diese Ereignisse müssen noch vor dem Tod des Constantius im Frühjahr 361 stattgefunden haben, denn Spannungen zwischen dem gemeinsam mit seinem Unterkaiser (*Caesar*) Julian regierenden Constantius sind der Hintergrund der Episode. Julian war seinem Augustus vielleicht militärisch zu erfolgreich.[11] Pikten und *Scoti* hatten im Norden Britanniens die römischen Grenzbefestigungen durchbrochen und mussten nun aufgehalten werden. Der Heermeister Lupicinus führte Heruler und Bataver über den Ärmelkanal nach Londinium (London).[12] Auf der Insel erreichte ihn der Befehl des Constantius II. (337–361), umgehend an die persische Front zu marschieren. Dort wollte der Augustus Heruler und Bataver im folgenden Jahr einsetzen. Der Grund für diese wenig effiziente Verlegung der *auxilia* sei, so behauptet es zumindest Ammianus Marcellinus, der Neid des Mitkaisers auf die militärischen Erfolge Julians gewesen.[13] Sein Misstrauen erwies sich jedenfalls als gerechtfertigt, denn der *Caesar* ließ sich nun gegen den Willen seines Cousins Constantius eigenmächtig zum *Augustus* ausrufen.

4.2 Das Beispiel des Charietto: Vom Räuber zum Offizier Julians

Zu Beginn des Jahres 366 kämpften Heruler unter einem Charietto gegen über den Rhein vorgestoßene alemannische Plünderer. Der hohe Offizier, *comes*, Charietto fiel, und die Alemannen konnten die Standarten der Heruler und Bataver erbeuten. Die Barbaren feierten diesen Triumph mit beleidigenden Schreien. Außerdem tanzten sie auch noch vor Freude, wobei sie die Feldzeichen immer wieder hochhielten und den römischen Truppen zeigten. Erst nach schweren Kämpfen gelang es Batavern und Herulern, ihr Feldzeichen und damit die Ehre der Einheit wiederzuerlangen.[14] Wir kennen die Karriere des Charietto, weil Ammianus näher darauf eingeht. Er sei ein Mann von beeindruckender Tapferkeit, *vir fortidudinis mirae*, gewesen. Julian beauftragte ihn 358 mit einer heiklen Mission. Der Caesar wollte zur Strafe für die Raubzüge der Barbaren deren Dorf finden und niederbrennen. Gemeinsam mit einem gewissen Nestica, Anführer von Hilfstruppen der *Scutarii*, wurde nun Charietto befohlen, einen Gefangenen hinter den feindlichen Linien zu machen. Dies gelang den beiden Männern auch. Ein junger Alemanne, der bereit war, den Römern den Weg zu weisen, sich aber im Anschluss seine Freiheit ausbedingte, führte die Soldaten zum fraglichen Dorf.[15]

Charietto erfreute sich im 4. Jahrhundert einer gewissen Bekanntheit. Auch wenn dieser Mann kein Heruler gewesen sein mag, lässt seine Lebensgeschichte manchen Einblick in das barbarische Milieu zu, in dem man schnell zwischen Räubertum und römischem Militärdienst wechseln konnte. Relativ ausführlich ist die Karriere des Charietto bei Zosimos überliefert. Zosimos verfasste um das Jahr 500 eine Geschichte der römischen Kaiser von Augustus bis Diokletian und führte seine Darstellung bis 410 weiter. Das Werk dürfte unvollendet geblieben sein und beruht auf der Benutzung einiger verlorener Quellen wie Eunapios von Sardes, Dexippos und Olympiodoros von Theben. Zwei Dinge sind zu bemerken, um die folgende Episode über Charietto besser einordnen zu können. Erstens sind bei Zosimos chronologische und sachliche Verwechslungen relativ häufig zu finden, und zweitens hatte er eine klare Haltung gegen das Christentum und somit eine Sympathie für Julian, der eine prominente Rolle in seiner Geschichte spielt.[16] Er berichtet:

»*Es gab einen Mann, der an Leibesgröße alle anderen übertraf. So groß wie sein Körper war auch seine Tapferkeit. Obwohl er ein Barbar war und gewohnt, sich mit den Seinen an Raubzügen zu beteiligen, kam er zu dem Entschluss, diese Sitten abzulegen und zu den Kelten, die den Römern unterstanden, zu gehen. Er lebte nun einige Zeit in Trier, der größten Stadt der transalpinen Provinzen, und beobachtete, wie die Barbaren von jenseits des Rheins die am Fluss gelegenen Städte überfielen und, ohne auf Widerstand zu stoßen, den Besitz der Einwohner plünderten. Das geschah zu der Zeit, als Julian noch nicht Caesar war. Nun beschloss der Barbar [Charietto], den Städten zu helfen. Doch er hatte nicht die nötige Vollmacht, und kein Gesetz hätte ihm ein solches Vorgehen erlaubt. Also wartete er zunächst allein im Wald, versteckt im dichten Unterholz, die Überfälle der Barbaren ab, machte sich dann bei Nacht, während sie schon von Trunk und Schlaf überwältigt waren, über sie her und schlug möglichst vielen Barbaren die Köpfe ab. Die Köpfe nahm er mit und präsentierte sie den Leuten in der Stadt. Da er von seinem Tun nicht abließ, jagte er den Barbaren einen ziemlichen Schrecken ein. Diese konnten sich nicht erklären, was vor sich ging, sondern merkten erst viel zu spät, dass sich beinahe täglich ihre Zahl verringerte. Mit der Zeit schlossen sich dem Mann [Charietto] noch andere Räuber [λῃσταὶ] an und bildeten bald eine beträchtliche Menge [πλῆθος]. Jetzt begab sich Charietto, so hieß dieser Mann, der begonnen hatte, gegen die Barbaren vorzugehen, zum Caesar und eröffnete ihm, was zuvor noch nicht Viele wussten. Für Julian war es gar nicht leicht, den heimlichen nächtlichen Barbarenangriffen etwas entgegen zu setzen. Nur in kleinen Gruppen gingen sie auf ihre Raubzüge, und wenn es hell wurde, war keiner mehr auffindbar. Denn da lagen sie schon in den Hecken um die Felder und fraßen auf, was sie erbeutet hatten. Der Caesar dachte nun darüber nach, wie er mit den Feinden fertig werden könnte. Er kam zu dem Schluss, gar nicht anders zu können, als die Räuber nicht nur alleine mit seinen Soldaten, sondern auch mit Hilfe der Bande Chariettos zu bekämpfen. So nahm er denn Charietto mitsamt seinen Kumpanen in Dienst und kommandierte noch zahlreiche Salier zu ihnen ab. Die erfahrenen Räuber sandte er nun bei Nacht gegen die plündernden Quaden, Κούαδοι, während des Tages aber postierte er seine Truppen auf offenem Gelände, um all jene niederzumachen, die dem Räuberkommando hatten entkommen können. Diese Maßnahmen setze Julian so lange fort, bis die Quaden in äußerste Bedrängnis geraten und nur noch wenige übrig waren. Der Rest schloss sich samt ihrem Anführer dem Caesar an, der zuvor schon bei den früheren Überfällen viele Gefangene gemacht hatte. Darunter war auch der Sohn des Quadenkönigs, den Charietto hatte fassen können.«*[17]

Als die Barbaren Julian Friedenszweige entgegenhielten, forderte der Römer die Stellung von Geiseln, um das Abkommen zu sichern. Der Quadenkönig aber beklagte unter Tränen, sein Sohn sei gefallen. Julian zeigte ihm darauf den wohlbehaltenen gefangenen Prinzen, denn er empfand Mitleid mit dem Vater und dessen persönlichem Schmerz. Nach Stellung der verlangten Geiseln wurde ein Friedensvertrag geschlossen und die Bedingung ausgesprochen, nie mehr gegen Rom die Hand zu erheben.[18] Wie schon einleitend bemerkt, hat Zosimos immer wieder Flüsse, Städte und Völkernamen verwechselt und das wohl nicht aus Absicht. In diesem Fall fällt der Quadenname, Κούαδοι, auf, der nicht so recht an den Rhein passen will.[19] Erwogen wurde, ob stattdessen Chauken, Καῦχοι, gemeint sein könnten, da dieses Volk zwischen Ems und Elbe gelebt hatte. Zosimos könnte die Chauken nämlich als Teil der Sachsen verstanden haben, wie aus der Erwähnung an einer anderen Stelle hervorgeht. Andere Forscher schlugen vor, gemeint seien Chamaver, weil andere Quellen wie etwa Ammian diesen Namen im fraglichen Gebiet genannt hatten, und die bei Zosimos folgenden Kapitel 6 und 7 sich auf den Sieg Julians über die salischen Franken und Chamaver im Jahr 358 beziehen.[20]

Was lässt sich nun aus dem Lebensweg des Charietto schließen? Nach Aufgabe der *agri decumates* waren die Flussgrenzen an Donau, Iller und Rhein die Grenzlinie des *Imperium* gegen die Barbarenländer. Schon im 3. Jahrhundert kam es oft zu Überfällen und Raubzügen kleiner, mobiler Banden auf römisches Gebiet. John Drinkwater dachte an Gruppen junger Krieger, die unerwartet zuschlagen konnten und sich schnell bewegten. Die Täter setzten sich bei Gefahr aus den Provinzen ab. Immer wieder liest man von Erfolgen der Armee gegen solche Plünderer, die sich mit Beute und Geiseln aus dem Staub hatten machen wollen. Eine auf das Jahr 260 datierbare Inschrift aus Augsburg, die von einem Raubzug einer Juthungengruppe berichtet, illustriert dieses Milieu.[21]

Um die Mitte des 4. Jahrhunderts residierte in Trier ein *Caesar* und hatte die Grenzverteidigung zu organisieren. Nach dem Tod Konstantins und den Machtkämpfen zwischen seinen Söhnen Constans (337–350) und Constantius II. (337–361) versuchten offenbar auch größere Verbände auf Reichsgebiet zu gelangen.[22] Die Bande Chariettos agierte jedoch in kleinem Maßstab und lokal begrenzt. Die Beziehungen zwischen den Provinzbewohnern und den Menschen auf der anderen Seite waren nicht auf Konflikte und Plünderungen beschränkt. Die Grenze war auch durchlässig für Handel, Verkehr und Menschen, die sich auf Reichsgebiet niederlassen wollten. Mannigfaltig ist der Wechsel belegbar, Austausch und Begegnungen waren alltäglich.[23] Das Beispiel des Charietto zeigt wie volatil soziale Positionen in diesen Gebieten zwischen den Provinzen und den Grenzländern waren. Barbarische Soldaten standen in regulären römischen Diensten. Während eines Lebens war es möglich, von der Rolle des Räubers zum Soldaten und wohl auch wieder zurück zu wechseln.

Karl-Wilhelm Welwei und Mischa Meier haben sich vor mehr als einem Jahrzehnt näher mit Charietto befasst. Dabei konnten sie beobachten, dass Zosimos und Eunapios von Sardes,[24] die beide dem Christentum und den christlichen Herrschern mehr als kritisch gegenüberstanden und davon überzeugt waren, die Herrschaft Kaiser Julians sei die letzte gute Epoche für das Reich gewesen, Charietto besondere Aufmerksamkeit schenkten.[25] Auch der Nichtchrist Eunapios berichtet, der Mann sei von eindrucksvoller Körpergröße gewesen und habe über großen Mut von geradezu »tierischer« Qualität verfügt. Außerdem sei Charietto weitaus klüger und listiger als alle anderen Mitglieder seiner Räuberbande gewesen.[26]

> *»Zwar enthält das diesbezügliche Eunapios-Fragment keine näheren Angaben über diese ›Tierhaftigkeit‹ Chariettos, doch weist ihre Andeutung in Verbindung mit der von Eunapios des weiteren erläuterten Form dieser Räubergemeinschaft auf ein spezifisches Phänomen hin; Eunapios schildert die Bande als einen von ihrem Anführer geformten exklusiven Bund.«*[27]

Neben der Beobachtung, dass die genannten Autoren eine subtile Kritik an den Kaisern dadurch transportieren konnten, dass Julian erfolgreich die Barbaren in Dienst nimmt, während andere daran scheitern, wollten Welwei und Meier die alte Debatte um die Existenz von Kriegerbünden am Beispiel des Charietto und seiner Truppe führen. Ob es sich bei dabei tatsächlich um Hinweise auf die Existenz solcher Bünde handelt, soll im Kapitel 13 weiter diskutiert werden. Auch den Herulern schrieb man in der älteren Forschung nämlich einen solchen Bund zu.

4.3 Räuber und Piraten: Das Problem der »West- und Ostheruler«

Während uns im 4. Jahrhundert Heruler meist als gute und verlässliche Soldaten in der römischen Armee entgegentreten, erscheinen sie in den Quellen wenige Jahrzehnte später als gefährliche Räuber und Piraten. Der Kirchenvater Hieronymus nennt die Heruler unter jenen Barbaren, die 406 den Rhein überschritten und gallische Städte verwüstet haben sollen.[28] Auch die Atlantikküsten Spaniens seien von Herulern angegriffen worden. Der spanische Chronist Hydatius berichtet von sieben Schiffen und 400 Kriegern, die in seiner Kindheit seine Heimatprovinz Gallaecia im Nordwesten der iberischen Halbinsel heimgesucht hätten. Daraufhin zogen die Angreifer weiter nach Cantabria.[29] Vier Jahre später traf ein noch schlimmerer Angriff die Küste der Baetica.[30]

Nun teilte die moderne Forschung die Heruler insgesamt traditionell in Ost- und Westheruler ein.[31] Schon im 18. Jahrhundert unterschied man zwischen »deutschen«, also westlichen, und »sarmatischen«, also östlichen, Herulern.

> *»Ein altes Teutsches Volk Gothischen oder Vandalischen Geschlechts, welches von undencklichen Zeiten um und neben denen Rügen, Gothen und Wandlen gewohnet. [...] Einige von denen Herulis seyn in ihren alten Sitzen zurückblieben, die meisten aber haben sich bey denen grossen Wanderungen derer Völcker auch daraus begeben und zwar haben sie sich in 2 Hauffen getheilet. Deren einer sich gegen Osten, der andere gegen Westen gewendet. Daher man*

sie billig in 2 Aeste den in Teutschland und den in Sarmatia abtheilet. Jene sind die ältesten, obwohl ihre Abkömmlinge, die Sarmatischen Heruli, denen Römern eher als sie bekannt worden, ihrer auch daher weder von Plinio noch von Tacito gedacht wird.«[32]

Eine andere Erklärung als die Wanderung zweier verschiedener Gruppen vor dem 3. Jahrhundert mit einer im Folgenden unterschiedlichen Geschichte erschien früheren Gelehrten nicht denkbar. Die Annahme eines eigenen westherulischen Volkes bedingt ein entsprechendes Siedlungs- oder Heimatgebiet nördlich der römischen Grenzen. Ludwig Schmidt beispielsweise meinte, ein solches sei eine Voraussetzung, um Rekruten für das herulische *auxilium* in römischen Diensten zu finden.[33] Jedoch hat diese moderne Unterscheidung, wie sich zeigen wird, keine Quellenbasis.

Eine Herulerheimat am Rhein?

Zwei Textstellen wurden zum Beweis einer Herulerheimat nördlich des unteren Rheins ins Treffen geführt. Es handelt sich um einen Brief Theoderichs des Großen aus dem 6. Jahrhundert an einen Herulerkönig im Norden, der in der Sammlung Cassiodors erhalten geblieben ist, und um eine Randbemerkung in einem Schreiben des gallischen Senatsaristokraten Sidonius Apollinaris. Theoderich wandte sich an die namentlich nicht genannten Könige der Thüringer, Heruler und Varnen. Diese sollten bei Friedensverhandlungen zwischen dem Frankenkönig Chlodwig und dem spanischen Goten Alarich II. vermittelnd eingreifen. Offenbar befand sich der Hof in Ravenna in regelmäßigem Austausch mit den *reges*. Das Schreiben ist als eine Art Rundbrief an verschiedene Könige im Einflussbereich Theoderichs zu sehen.[34]

Nun reicht es zum Verständnis des Briefes aus, das kleine Herulerreich an der Donau zwischen der Nedaoschlacht 454/455 und 508 anzunehmen. Zwischen den herulischen Herren und Ravenna bestanden enge Kontakte. In Italien sah man die Heruler an der Donau als italische Föderaten, vielleicht als Klientelkönigreich. Außerdem gibt es einen zweiten Brief in der Sammlung Cassiodors, der zweifelsfrei an die Donauheruler gerichtet war. Adressiert ist der Brief an einen ebenfalls nicht namentlich genannten Herulerkönig, *regi Erulorum Theodericus rex*.[35] Es wäre im Interesse Theoderichs gewesen, die Donaugrenze zur Sicherung Italiens unter Kontrolle zu halten. Gute Beziehungen zu einem Herulerkönig bedingten dessen Beauftragung mit der Führung weiterer gentiler Verbände. Wenn man in Ravenna die Varnen und Thüringer den Herulern gleichstellte, könnte das auch Wunsch und Planung gewesen sein. Jedenfalls belegt der Brief nicht mehr und nicht weniger als die bekannten und nicht überraschenden Kontakte zwischen dem herulischen *rex* an der Donau und dem großen Theoderich in Italien.

Der Senator Sidonius Apollinaris erwähnt in einem seiner Briefe verschiedene konkurrierende Gesandte am Hof des Westgotenkönigs Eurich. Unter diesen befand sich auch ein Heruler: »Hier treibt sich der Heruler mit seinen grünlichen Wangen herum, Bewohner des fernsten Strandes des Weltenmeers.«[36] Dieser am Strand des Weltenmeers lebende Heruler, *imos Oceani colens*, gilt vielfach als ein Beleg für ein herulisches Königreich an der Rheinmündung.[37] Solange es keine anderen Belege für eine herulische Präsenz in diesem Gebiet gibt, müssen aber auch andere Interpretationen erwogen werden. Erstens ist denkbar, dass es Kontakte und Beziehungen zwischen weiträumig agierenden Verbänden gegeben hat. Es wäre nicht das einzige Mal, dass ein antiker Autor die Heruler mit dem Hohen Norden in Verbindung brächte; Prokop tat dies Jahrzehnte später ausführlich. Zweitens werden die Heruler immer wieder als Seeräuber beschrieben. So wäre es nicht verwunderlich, wenn Sidonius auf solche Plünderungen vom Meer aus anspielte. Genauso berechtigt, wie ein westherulisches Volk mit einem Siedlungsgebiet in Skandinavien oder am unteren Rhein anzunehmen, ist es allerdings, die herulischen Piraten als auf eigene Rechnung agierende (ehemalige) Angehörige der römischen Auxiliareinheiten zu sehen. Ob für oder gegen den römischen Staat kämpfend, man hatte seine stolze Vergangenheit und konnte sich auf die Kameraden verlassen. Dass der Soldatenberuf und die Bindung an eine Einheit vom Vater auf den Sohn übergehen konnte, ist wenig überraschend und für die Spätantike gut bezeugt.

Krieger, die ihre Karriere in einer römischen Einheit begonnen hatten, konnten schnell Freibeuter werden, Piraten vielleicht, dann wieder Soldaten, je nachdem wo es mehr zu gewinnen gab. Verschiedene Herulergruppen operierten nahe des *Imperium* und zwar an weit voneinander entfernten Orten der West- und Ostgrenzen. Nur weil auch von Piratenzügen berichtet wird, haben die Heruler aber noch lange nicht die Rolle der Vorfahren der Wikinger einzunehmen, wie man das manchmal lesen kann. Die bei Jordanes und Prokop erwähnten Bezüge nach Skandinavien sind noch zu diskutieren. Wenn es solche gab, waren sie kein herulisches Spezifikum. Spekulationen mit Ethnonymen und Toponymen werden auch nicht weiterhelfen. Es bleibt der Schluss: Von See aus einen Raubzug zu unternehmen ist wenig spezifisch und immer wieder in den unterschiedlichsten historischen Kontexten zu beobachten. Das Anlanden ermöglicht einen Überraschungseffekt, der Rückzug und der Abtransport der Beute ist schneller und sicherer. Oft sind einfache Erklärungen und Überlegungen die bessere Lösung.

Das »Barbarenland« im 4. Jahrhundert

5.1   Das Schweigen der Quellen

Der amerikanische Historiker Thomas F. X. Noble hat die Probleme der spätantiken Quellen auf den Punkt gebracht: Die Welt außerhalb des Römerreichs
sei die *dark side of the moon*. Wir wissen meist fast nur durch archäologische
Befunde von den frühgeschichtlichen Gesellschaften in den Gegenden nördlich,
südlich und östlich der römischen Grenzen. Unsere *bright side of the moon* ist
hingegen der Gesichtskreis des *Imperium* mit seiner relativ dichten schriftlichen
Überlieferung.[1] Ähnliches meinte Walter Pohl mit der Metapher von einer »römischen Brille«, die wir nicht abnehmen könnten.[2]

Laterculus Veronensis

In einer Handschrift des 7. Jahrhunderts aus Verona ist uns ein Verzeichnis der
nach Diözesen gegliederten Reichsprovinzen überliefert, das wahrscheinlich aus
der Regierungszeit Diokletians (284–305) und Konstantins des Großen (306–
337) stammt. Dieser sogenannte *Laterculus Veronensis* erwähnt am Rand der
römischen Welt auch Rugier und Heruler. Das Verzeichnis listet 100 Provinzen
und zwölf Diözesen auf und gibt so einen Überblick über das Reich im beginnenden 4. Jahrhundert. Ganz selbstverständlich wurde anschließend an die
Verwaltungsgliederung eine Reihe von außerhalb der Grenzen lebenden Barbarenvölkern gestellt. Der Hintergrund solchen Vorgehens war, dass in der Sicht
der Beamten die Welt, *orbis terrarum*, und Rom, *orbis romanus*, ein und dasselbe waren. Klientelstaaten, aber auch *gentes*, die in einem Vertragsverhältnis
zu Rom standen, sah man als Teil des *Imperium*, mögen sie inner- oder außerhalb der Grenzen agiert haben. Im 13. Kapitel des *Laterculus* haben die unbe-
kannten Schreiber noch eine wichtige Bemerkung hinterlassen: *Gentes barbarae, quae pullulaverunt sub imperatoribus*: Die *gentes* haben sich unter den
Kaisern gebildet und sind aufgrund römischer Bedürfnisse entstanden. Es folgt
eine beeindruckende Aufzählung: Rugier, Heruler, Schotten, Pikten, Kaledo-
nier, Sachsen, Burgunden, Alemannen, Sueben, Franken, Juthungen, Marko-

mannen, Quaden, Taifalen, Hermunduren, Sarmaten, Skiren, Karpen, Skythen, Goten, Vandalen und einige andere Völkernamen, dann aber auch Inder, Armenier, Palmyrener und Perser. Über diese Barbaren musste ein Kaiser immer wieder triumphieren und sich dafür feiern lassen, er musste dafür Sorge tragen, dass das seit der frühen Kaiserzeit entstandene auf Rom bezogene *Barbaricum* ein solches blieb.[3]

Keine weitere Quelle des 4. Jahrhunderts erwähnt Heruler, Gepiden oder Rugier.[4] Ein Grund für diesen erstaunlichen Befund mag verlorene Überlieferung sein, wahrscheinlicher aber ist, dass andere barbarische Gruppen schlicht interessanter für die römischen Beobachter waren. Unsere Berichterstatter haben die kleineren Verbände nördlich der Reichsgrenzen einfach nicht mehr wahrgenommen. Im Vordergrund des Interesses standen die großen barbarischen Konföderationen. Gut denkbar, dass die Autoren auch Heruler, Rugier und Gepiden einfach einem der Großverbände, etwa den Goten oder Vandalen, zuordneten und sich nicht weiter für die Namen kleinerer Völker interessierten.

Heruler am Schwarzen Meer

Goten und später Hunnen brachten im 4. Jahrhundert jene Gebiete nördlich des Schwarzen Meeres unter ihre Kontrolle, von denen die Heruler Jahrzehnte zuvor gegen Griechenland gefahren waren. Erst als die hunnische Herrschaft nach dem Tod Attilas im Jahre 453 in sich zusammengebrochen war, findet sich auch der Rugier- und Herulername wieder auffallend häufig in der schriftlichen Überlieferung. Peter Heather hat das folgendermaßen auf den Punkt gebracht: Die Heruler und Rugier erschienen mit einem Schlag, *reappeared with a bang*, wieder auf der Bühne der Geschichte.[5] Was lässt sich aber nun über das dunkle 4. Jahrhundert in der herulischen Geschichte herausfinden?

Ob und in welcher Weise Heruler am Asowschen Meer eine Beziehung zu oder eine Kontrolle oder gar Herrschaft über Städte am Kimmerischen Bosporus ausgeübt haben, ist unklar. In den 330er und 340er Jahren endet jedenfalls die Münzprägung der Bosporanischen Könige. 900 Jahre und beinahe ohne Unterbrechung hatte man in den griechischen Städten dieser Gegend Münzen geprägt und auch eine eigene Ära zur Zeitzählung verwendet, die mit Mithridates dem Großen im Jahr 297 v. Chr. begann. Die letzten Prägungen stammen aus der Regierungszeit des Königs Rheskuporis V. aus der Dynastie der Aspurgiden aus den Jahren 608 bis 631 der bosporanischen Ära (311/12–334/35 n. Chr.).[6] Sicherlich zeugt das Ende einer so alten Prägetradition von einem gewichtigen politischen und ökonomischen Einschnitt. Jedoch finden sich noch mindestens 150 Jahre später inschriftliche Zeugnisse für ein Fortbestehen der bosporanischen Eliten. Auf einer nur mit Schwierigkeiten datierbaren Inschrift – die Vorschläge reichen von 483 bis nach 620 – einer Stele aus Pantikapaion (Kertsch/Керчь) erscheint ein König (Basileus) *Tiberios Ioulios Douptounos*. Dieser Herrscher führte die Beinamen »Freund der Römer«, φιλορώμαιος, und »Freund des Kaisers«, φιλόκαισαρ. Titulatur und Namen entsprechen jenen, die die Könige der Dynastie der Aspurgiden zwischen 40 und 340 n. Chr. geführt hatten.[7] Seit dem Ende des 19. Jahrhunderts kennt man daneben eine Inschrift in einer christlichen Grabkammer, die mit 788 der bosporanischen Ära (auf 491 n. Chr.) datiert.[8] Gut denkbar, dass zunächst Heruler und später Goten und Hunnen die Städte zwar beherrschten und sich ihrer Ressourcen, ihrer Handwerker und Seeleute bedienten, sie aber klugerweise nicht zerstörten.

5.2   Ermanarich und die Heruler

Häufig hat die Geschichtswissenschaft auf Jordanes und seine Gotengeschichte zurückgegriffen, um Informationen über die Situation nördlich und östlich der römischen Grenzen im 4. Jahrhundert zu erhalten. Jordanes verfasste sein Geschichtswerk allerdings zwei Jahrhunderte später in Konstantinopel. Außerdem, und das wiegt schwerer, hatte dieser lateinisch schreibende Gelehrte mit gotischer Verwandtschaft ganz bestimmte Interessen. Um seine Geschichte der amalischen Könige Italiens schreiben zu können, musste er an vielen Stellen Informationen, freundlich gesagt, glätten. Manche Handlung der Gotenkönige, die im Mittelpunkt der Darstellung stehen, wird so übertrieben, unlogisch oder verzerrt wiedergegeben. Zudem wollte Jordanes eine klare Abfolge gotischer Herrscher über viele Jahrhunderte konstruieren.[9] Das bedeutet aber nicht, dass man Jordanes grundsätzlich verwerfen sollte, denn offenbar verfügte er (bzw. Cassiodor, dessen heute verlorenes Werk ihm als Vorlage diente) teilweise auch über korrekte Informationen: Die jüngst in Wien identifizierten Teile der Skythengeschichte des Dexippos bestätigen so einige detaillierte Informationen zu einzelnen Personen, die auch Jordanes nennt. Im Zusammenhang mit den gotischen Kriegszügen des 3. Jahrhunderts kennt Jordanes den bereits erwähnten Goten Cniva als Nachfolger eines gewissen Ostrogotha, mit dem er jedoch nicht verwandt sei. Ostrogotha galt oft als fiktive Figur, doch beide Namen finden sich auch in den Wiener Palimpsesten.[10]

Die Unterwerfung der Heruler

Was berichtet Jordanes nun über die Unterwerfung der Heruler durch den halb mythisch gezeichneten Goten Ermanarich? Genannt wird ein herulischer Anführer Alarich, *Halaricus*. Da der Titel *rex* vermieden wird, lässt sich hiervon ausgehend schwer ein herulisches Königtum (*regnum*) nördlich des Schwarzen Meeres postulieren. Bei Jordanes ist nur zu lesen, der große Gote Ermanarich habe die Heruler, angeführt von einem Alarich, *quibus praeerat Halaricus*, seiner Herrschaft unterworfen.[11]

»*Hermanaricus [Ermanarich] unterwarf viele kriegsgewohnte Völker des Nordens, multas et bellicosissimas arctoi gentes, und zwang sie, sich seiner Herrschaft zu beugen. Manche unserer Vorfahren, maiores, haben ihn deshalb mit Alexander dem Großen verglichen. Mir erscheint das gerechtfertigt. [...] Aber obwohl er schon berühmt für seine Siege über so viele Völker war, gönnte er sich keine Ruhe. Er tötete manche in der Schlacht, bis er schließlich auch über die Heruler, gens Herulorum, gesiegt hatte, die von einem Halaricus (Alarich) beherrscht wurden. Die Überlebenden unterwarf er seiner Herrschaft. Wie der Historiker Ablabius schreibt, lebten diese Heruler nahe des Mäotischen Sees [Asowsches Meer] in sumpfigem Gelände. Da nun die Griechen solches hele nennen, erhielten sie so ihren Namen Eluri. Stolz waren sie, weil flink im Kampf zu Fuß. Zu dieser Zeit wollte nämlich kein Volk auf die leichtbewaffneten herulischen Kämpfer verzichten. Und obwohl ihre Schnelligkeit sie so oft im Krieg gerettet hatte, wurden sie nun gerade durch die Bedachtheit und Standhaftigkeit der Goten unterworfen. So entschied das Schicksal, dass sie wie die restlichen Völker der Geten auch dem König Hermanarich zu Diensten sein mussten.*«[12]

Zunächst zur Etymologie des Herulernamens und dem nur bei Jordanes genannten Ablabius. Die Herleitung des Namens *Elouroi*, Ελουροι, vom griechischen *helos* (τό ἕλος) für Sumpf und die Lokalisierung der Heruler an der Mäotis, dem Asowschen Meer, ist bereits durch Dexippos bekannt.[13] Theodor Mommsen nahm an, Ablabius könnte der Autor einer verlorenen Gotengeschichte sein. Die neuere Forschung beurteilte dies zunehmend vorsichtiger, manche haben gar die Existenz des sonst nicht belegten Autors bezweifelt. Der Hinweis auf einen gotischen Geschichtsschreiber sollte wohl die postulierte mündliche Überlieferung absichern und könnte tatsächlich freie Erfindung sein.[14] Wie dem auch sei, Jordanes bezieht seine Herleitung des Herulernamens und die Verortung nördlich der Mäotis auf Ablabius. Angeblich hatte er in Konstantinopel Zugang zu dessen Schrift.[15]

   Doch folgen wir weiter unserer Quelle. Nach seinem Herulersieg zog Ermanarich gegen die Venether. Eine oft diskutierte Stelle mit der Gleichsetzung von Venethern, Anten und Slawen und der Erstnennung des Slawennamens folgt.[16]

»*Nach dem Fall der Heruler, richtete Ermanarich seine Waffen gegen die Venether. Obwohl dieses Volk nicht sehr kriegstüchtig war, war es doch zahlenmäßig stark und versuchte Widerstand zu leisten. Nun ist aber eine große Zahl nicht im Krieg geübter Männer von wenig Nutzen, sed nihil valet multitudo inbellium, zumal wenn Gott es zulässt, dass sie von einer Übermacht Bewaffneter angegriffen werden. Diese waren, wie wir am Anfang unseres Berichts bzw. im Verzeichnis der Völker, catalogus gentium, gesagt haben, zwar aus einer Wurzel hervorgegangen, ab una stirpe exorti, haben aber heute drei Namen und zwar Venether, Anten und Slawen, Sclaveni. Und obwohl heutzutage diese Völker überall zur Bestrafung unserer Sünden plündernd herumziehen, hat damals Ermanarich sie alle beherrscht. Er unterwarf durch seine Weisheit und Macht auch die Aesti, Aestorum natio, die am äußersten Ufer des Ozeans Germaniens, Oceani Germanici, leben. Überhaupt regierte er alle nationes Scythiens und Germaniens, Scythiae et Germaniae, bloß durch seine Leistungen.*«[17]

Ermanarich ein gotischer Alexander?

Jordanes gibt Ermanarich die Rolle des bedeutendsten Vorläufers Theoderichs des Großen in der Ahnenreihe der Gotenkönige. Er macht den *rex* zu einem gotischen Alexander, der gleichzeitig aber wieder Züge des berühmten Hunnen Attila trägt.[18] Und doch verfügen wir über eine Parallelüberlieferung und somit einen Hinweis auf die Historizität Ermanarichs. Ammianus Marcellinus berichtet vom mächtigen, berühmten und kriegstüchtigen Gotenkönig, der den Hunnen unterlag und Selbstmord beging. Ermanarich ist somit der erste Gotenkönig, der nicht nur bei Jordanes erscheint, sondern auch in einer zeitgenössischen Quelle. Nachdem die Hunnen, so Ammianus, erste Vorstöße unternommen und die den Greuthungen benachbarten Alanen unterworfen hatten, drangen sie in die weiten und fruchtbaren Distrikte, *pagi*, Ermanarichs ein. Dieser war ein kriegsgeübter König, *bellicosissimus rex*, der durch seine zahlreichen edlen Handlungen bei allen benachbarten Völkern sehr geschätzt wurde.[19]

Ammianus weiß nicht sehr viel über das greuthungische Königtum zu berichten. Jordanes dagegen bietet eine lange Liste von Völkern, die Ermanarich angeblich beherrscht haben soll. Außerdem dehnt er sein Reich bis in den Norden des heutigen Russlands aus. Dabei sind Elemente klassischer Ethnographie greifbar, Versuche also, wenig bekannte Landschaften mit den exotischen Namen barbarischer Völker zu beschreiben. Michael Kulikowski meinte, zwischen dem Gotensieg Konstantins des Großen von 332 und jenem des Valens 369 sei es kaum möglich, gotische Geschichte einigermaßen verlässlich zu rekonstruieren. »Apart from the single line of Ammianus, the extent of Ermanaric's power must remain a mystery to us.«[20]

Da Ermanarich gerade wegen seiner Bekanntheit in der lateinischen Literatur eine Schlüsselrolle in der Konstruktion einer großen amalischen Vergangenheit bei Jordanes einnahm, musste seine Rolle und Bedeutung übertrieben werden. Und so haben auch Otto Maenchen-Helfen und Herwig Wolfram vorgeschlagen, die politische und ökonomische Rekonstruktion des angedeuteten Machtbereichs dieses Gotenherrschers bescheidener anzulegen. Anstelle eines mächtigen Gotenreichs, das große Teile Osteuropas umfassen soll, denkt man besser an ein System weitverzweigter Handelsbeziehungen und Verträge. In diesem Raum, der natürlich intensive Kontakte mit dem römischen Reich hatte, änderten sich Machtkonstellationen schnell. Konflikte und Kämpfe zwischen kleineren und größeren Verbänden waren häufig. Für die römischen Beobachter war es schwierig, den Überblick zu behalten.[21] Ermanarich war ohne Zweifel eine bedeutende Persönlichkeit in diesem Milieu. Jordanes hat ihn – wie gesagt – zu einem gotischen Alexander verklärt. Spätere mittelalterliche Literatur übersteigerte sein Bild dann noch weiter.[22]

Nationale Deutungen der modernen Forschung

Im national gesinnten 19. Jahrhundert stritten sich deutsche Gelehrte und Vertreter der jungen slawischen Nationen über das tatsächliche Ausmaß von Ermanarichs Herrschaft. Pavel Josef Šafařík (1795–1861), ein Gründervater der Slawistik, begann in der Mitte des 19. Jahrhunderts eine viel beachtete Auseinandersetzung zum Thema. In seinen 1844 erschienenen und bald auch ins Deutsche übersetzten *Slawischen Alterthümern* äußerte er Zweifel an der Glaubwürdigkeit der Berichte bei Jordanes. Die deutsche Antwort ließ nicht lange auf sich warten. Eduard von Wietersheim (1787–1865) machte sich große Mühe, Jordanes zu verteidigen und seine Glaubwürdigkeit zu untermauern. Das Bild eines großen Gotenreichs in ganz Osteuropa war vor den Schrecken des 20. Jahrhunderts noch weniger belastet und zeugte von der eigenen Identitätssuche in historischen Quellen. Bis in unsere Tage bestehen jedoch auch aus diesen Gründen große Unterschiede in den Einschätzungen gotischer Geschichte während des 4. Jahrhunderts.[23]

Die Hunnen unterwerfen die Goten

Wir verfügen über keine Details wie und wann genau Heruler, Gepiden und Rugier sich den Hunnen anschlossen, und ob dies freiwillig oder unfreiwillig geschah. Wie so oft stehen in den vorhandenen Quellen die kleineren Verbände im Schatten der Goten. Die greuthungischen Ostrogoten unter Ermanarich waren den Hunnen unterlegen. Um die Unterwerfung dieser Gotengruppen durch

die Hunnen zu erklären, erzählt Jordanes die Geschichte des untreuen Rosomo-
nenvolks, *Rosomonorum gens infida*. Da ein Rosomone sich gegen Ermanarich
verschworen hatte, ließ der Gote dessen Frau Sunilda grausam von Pferden zer-
reißen. Die Brüder der Getöteten, Ammius und Sarus, rächten sich wiederum,
indem sie Ermanarich ein Schwert in die Seite rammten. An dieser Wunde starb
der mutige König.[24] Die Sprachwissenschaft hat nun für den Rosomonennamen
den Bedeutungshorizont »die Raschen, Flinken« rekonstruiert. Dies erinnerte
manche Forscher an die Heruler, die für ihre Beweglichkeit im Kampf auch bei
Jordanes gelobt wurden. Nun ist *gens* gleichzeitig ein unscharfer und mehrdeu-
tiger Begriff, der eine Familie, einen Clan, eine Gruppe von Kriegern oder ein
Volk bezeichnen kann. Herwig Wolfram will in den Rosomonen die herulische
Königsfamilie sehen und deutete den Bericht des Jordanes als Kunde von einem
Aufstand der Heruler gegen die Goten.[25] Helmut Castritius dagegen sieht in
den *Rosomoni* lediglich eine hochrangige gotische Familie.[26]

5.3 Heruler, Gepiden und Rugier wählen die »hunnische Alternative«

Stereotype Hunnenbilder

Die osteuropäischen Räume, in denen Goten, Gepiden, Heruler, Rugier und so
viele andere Völker lebten, erfuhr durch die Ankunft der Hunnen in den 370er
Jahren einen bedeutenden Einschnitt. Viel wurde und wird darüber diskutiert,
wie entscheidend die Rolle der Reiter aus den asiatischen Steppen gewesen sein
mag, und zwar sowohl für den hier zu besprechenden Raum als auch für die
römische Geschichte insgesamt. Im letzten Viertel des 4. Jahrhunderts seien die
Hunnen aus den Steppen Asiens nach Europa gestürmt und durch ihren Druck
die Goten und kurz darauf weitere »Germanenstämme« ins Römerreich gedrängt worden. Das folgende Chaos »überschwemmte« das römische Reich mit
fliehenden »germanischen« Völkern. Peter Heather sprach von einem verzöger-
ten Prozess, *procrated process*, einer Schritt für Schritt fortschreitenden Desta-
bilisierung des Reichs, beginnend mit der Ankunft der Hunnen 375 und als
deren Folge; andere Gelehrte widersprachen.[27] Wie immer man nun die Bedeutung der Ankunft der Hunnen für die Veränderungen im lateinischen Westen
bewerten mag, Heruler, Rugier und Gepiden lebten für sieben Jahrzehnte in einem neuen, von den Hunnen beherrschten, System an den Reichsgrenzen.[28] Allerdings ist Vorsicht geboten bei der Beurteilung unserer Quellen. Gerade wenn

es um Hunnen geht, ist die Last der Werturteile und literarischen Bilder, gerade auch im 20. Jahrhundert, sehr groß.

Ammianus Marcellinus über die Hunnen

Das Buch 31 des Geschichtswerks des Ammianus Marcellinus ist die Hauptquelle für die Ereignisse, die in den 370er Jahren die Welt der Barbarenherrscher nördlich der Donau veränderten. Die Hunnen sollen die Alanen, auch Tanaiten genannt, die eben am Don lebten, unterworfen haben. Viele seien gestorben, bevor die Überlebenden mit den Hunnen ein Bündnis schlossen. Gemeinsam überfielen diese Reiter dann die von Ermanarich beherrschten Gebiete.[29] Ammianus gab den Ton vor: Die Hunnen seien kaum menschlich und ungeheuer hässlich. Sie kennen kein Feuer zum Zubereiten der Speisen, denn sie ernähren sich von Wurzeln und halbrohem Fleisch. Gebäude oder wenigstens Hütten sind ihnen fremd, sie leben auf dem Rücken ihrer Pferde und auf ihren Wagen. Dort werden die Kinder geboren und großgezogen. Ihre Kleidung besteht aus Leinen oder stinkenden Mäusefellen. Die Hunnen haben keine Religion, keine Könige oder irgendeine soziale Ordnung. Nur eine ständig zankende Versammlung ihrer führenden Männer lassen sie zu. Weil sie kein Gesetz haben sind sie treulos und unzuverlässig.[30]

Drei Völker-Konföderation

Nach Ermanarichs Suizid 375 spalteten sich die militärisch unterlegenen greuthungischen Goten. Ihre Mehrheit fand ein Auskommen mit den Hunnen und war diesen, wie Jordanes berichtet, »eidlich verpflichtet und treu ergeben«.[31] Zuvor war Vithimiris zum König der Greuthungen erhoben worden. Er kämpfte offenbar gemeinsam mit hunnischen Trupps noch teilweise erfolgreich gegen die angreifenden Alanen. Ammianus Marcellinus spricht von »anderen Hunnen«, *alii Huni*, die Vithimiris hatte anwerben können. Schließlich fand auch Vithimiris den Tod. Sein unmündiger Sohn Vidirich folgte ihm nach. Allerdings übernahmen die *duces* Alatheus und Safrax, ihres Zeichens erfahrene Anführer, die Regentschaft. Diesen *duces* gelang es erfolgreich, einen Heeresverband aus Goten, Alanen und Hunnen zu bilden, eine »Drei Völker-Konföderation«. Alatheus und Safrax führten ihre Reiter 376 zu den Terwingen und gemeinsam mit diesen über die Donau. Damit war der Verband aus dem gefährlichen Kampfgebiet gekommen, in dem sich die Verhältnisse schnell änderten. 378 spielte die schwere Kavallerie unter den beiden Goten eine entscheidende Rolle bei der Schlacht von Adrianopel.[32]

Auf heute rumänischem Gebiet im ehemaligen Dakien lebten nach der Mitte der 270er Jahre die »Waldgoten« (terwingisch-Terwingen) oder »weisen«, »tapferen« Wesu-Wisi-Goten.[33] Athanarich, ihr *iudex*, also Richter, verteidigte sich gegen die Hunnen.[34] Am Ufer des Dnjestr (Danaister/Danastius) und in der Nähe der sich zurückziehenden Greuthungen versuchte man unter seiner Führung, den Widerstand zu organisieren. Ammianus Marcellinus berichtet von Wagenburgen und Grabenstellungen, wie einem Lager, das die Römer nicht besser hätten errichten können. Eine Vorausabteilung sollte auf dem gegenüberliegenden Flussufer die Bewegungen der Hunnen erkunden. Doch die listigen hunnischen Reiter täuschten die Goten und fielen verheerend über die Hauptmacht her; eine Niederlage mit vielen Toten war die Folge. Einige der Überlebenden flohen nach Süden Richtung Karpaten. Der »größere Teil des Volkes«, *populi pars maior*, schloss sich Alaviv und Fritigern an und floh an die Donau. Am Ufer der Donau erschienen etwas später auch der Knabe Vidirich, der Greuthungenkönig, *Greuthungorum rex*, mit Alatheus und Safrax. Verzweifelt und hungrig, so berichtet Ammianus weiter, baten diese Barbaren demütig um den Übertritt ins Reich und um Zuweisung von Land in Thrakien.[35]

»Auf die Ostrogoten warteten acht bittere Jahrzehnte der Knechtschaft.«[36] Schon die zeitgenössischen Berichterstatter zeichneten die Vorgänge dramatisch, die moderne Geschichtswissenschaft zeigt diese Tendenz ebenso. Guy Halsall hat die starken Bilder aus Ammians Geschichtswerk mit dem zweiten Weltkrieg verglichen. Vom deutschen Angriff überrascht flüchten Franzosen mit den Resten ihrer Habe auf Karren und wenigen Stücken Vieh vor den Aggressoren. Ängstlich suchen sie den Horizont nach angreifenden Stukas ab. Die hunnischen Reiter spielen natürlich die Rolle der Deutschen, und der britische Historiker spielt damit augenzwinkernd auf die beliebte Gleichsetzung von Deutschen und Hunnen in der britischen Presse an.[37]

Die »hunnische Alternative«

Wurde den Hunnen noch bis vor wenigen Jahren ein Ursprung in Zentralasien oder China attestiert, ist die heutige Forschung sehr viel zurückhaltender. Der Wechsel von Selbst- und Fremdbezeichnungen ist ebenso zu beachten, wie der Hunnenname als ethnographischer Sammelbegriff. Die antiken Autoren waren, vereinfacht gesagt, recht großzügig mit der Bezeichnung »Hunnen«, die für verschiedenste Reitervölker benutzt werden konnte.[38] Alleine die wenigen sprachlichen Zeugnisse machen eine klare Zuordnung schwierig. Diskutiert wurde eine Turksprache oder eine nicht mehr zuordenbare.[39] Über ihre inneren Strukturen sind nur wenige Aussagen möglich. Die ältere Forschung dachte an einfache Verhältnisse, die nie weiterentwickelt worden seien, wie an eine Art Feudalisierung.[40] Die Herrschaft Attilas habe eine Stabilisierung gebracht, ja Ansätze

eines Beamtenapparats meinte man isolieren zu können. Die bei Priskos genannten *logades*, λογάδες, sollen eine solche Funktion ausgeübt haben. Doch ist
es zutreffender, diese *logades* als einen Personenkreis mächtiger Anführer mit
Beratungsfunktion im Umkreis Attilas anzusprechen.[41]

Der Erfolg der Hunnen lässt sich verhältnismäßig einfach erklären. Uldin,
Ruga, Bleda und Attila waren bereit und fähig, schnell und unkompliziert gemeinsam mit anderen Verbänden zu operieren. Erwartet wurde, gemeinsam zu
kämpfen, und die Beute untereinander und zum Vorteil der Mächtigsten und
Tapfersten zu teilen. Die Anführer der Hunnen sicherten ihren Angehörigen einen konstanten Fluss römischer Zahlungen, Güter und Nahrungsmittel. Die vereinigten Kriegerverbände konnten gut vom Reich leben, ohne es betreten zu
müssen.[42] Die »hunnische Alternative« bedeutete für Heruler, Gepiden und Rugier die Teilnahme an einem gemeinsamen Unternehmen mehrerer Verbände,
das aus einem »Wechsel von Kriegszügen und Verhandlungen, von Forderungen, Drohungen und Verträgen« bestand.[43]

Die andere Möglichkeit war, auf Reichsgebiet zu gehen, um dort mit oder
gegen römische Regierungen zu kämpfen. Diesen Weg hatten Vandalen, Alanen
und viele Goten gewählt. Innerhalb- wie außerhalb der Grenzen standen Rom
und die barbarischen Völker in einem Verhältnis zueinander, das man nicht auf
einfache Bilder von Angriff und Abwehr reduzieren kann. »Wie sich die Opposition als Teil der Verfassung darstellt, so gehören auch die barbarischen Völker zur spätrömischen Staatlichkeit.«[44] Walter Pohl sprach von einer »Ökonomie der Gewalt«, die Römer und Barbaren verband.[45] Die römischen Kaiser
bezahlten hohe Summen, um sich damit Stabilität und Ruhe an den Grenzen zu
erkaufen, große Heerzüge wären teurer gewesen und hätten viel mehr Menschenleben gekostet. Die barbarischen Potentaten wiederum konnten innere
Probleme und Spannungen in ihren Kriegerverbänden nach außen ablenken, sei
es durch drohende Worte und symbolische Handlungen, oder durch größere
und kleinere Angriffe auf Reichsgebiet.

Unter hunnischer Führung hatte sich ein Interessensverband spezialisierter
Kriegergruppen gebildet, der nur durch immer neue Erfolge und höhere Gewinne zusammenzuhalten war. Männer wie Uldin, Ruga und Attila waren dabei so
erfolgreich, dass es nördlich der Donau keine Alternative mehr zum hunnischen
System gab. Die Erpressung von Jahrgeldern und Geschenken und das Beute-
machen waren zentral. Waren die Gewinne jedoch zu gering, machten sich kleinere Gruppen auf eigene Faust auf den Weg in die »Vorratskammer mit Selbst-
bedienung«, als die ihnen das Reich erschien.[46]

Militärischer Konflikt als Dauerzustand

Das war nun weder im Interesse der barbarischen Kriegsherren noch der römischen Kaiser. Beide versuchten daher ständig, eine »gentile Anarchie« zu verhindern.[47] Der militärische Konflikt war nicht nur ein Dauerzustand, er war die Basis dieser Gesellschaften. Die Verteilung der Beute und der Jahrgelder festigte die Stellung des hunnischen Oberherrn über die beteiligten kleineren Verbände, aber nur so lange diese in ausreichender Menge eintrafen. Stabilität und Kontinuität waren im hunnischen Machtbereich wenig ausgeprägt. Uldin um 405, Rugas um 430, Attila und Bleda um 445 verfolgten ganz unterschiedliche Ziele. Keineswegs sollte man ihre jeweiligen Machtbildungen als ein stabiles Königtum sehen, das an eine klar abgrenzbare hunnische *gens* gebunden war. Viele verschiedene Potentaten, hunnische und andere, rangen um Einfluss und Macht und bekämpften sich gegenseitig. Die hunnischen Kriegszüge scheiterten auch häufig. »Das Hunnenreich war nicht der politische Monolith, als der es in manchen Quellen und noch in der modernen Literatur unter dem starken Eindruck der Persönlichkeit Attilas erscheint.«[48] Hunnen und ihnen folgende Verbände wie Heruler, Rugier und Gepiden kämpften nach dem Auseinanderbrechen der Konföderation Attilas unter römischem Kommando gegeneinander und plünderten dann wieder auf Reichsgebiet.

Der Großverband, den die Quellen Hunnen nennen, funktionierte unter ähnlichen Bedingungen wie Awaren, Ungarn oder Mongolen in späteren Jahrhunderten. Schnell konnte aus einer verhältnismäßig kleinen Kriegergruppe eine Armee mit überregionaler Schlagkraft werden. Die Fähigkeit, besiegte Verbände zu integrieren, war dabei zentral. Die Hunnen konnten wachsen, indem sie, wie oben geschildert, die barbarischen Konföderationen an den Rändern des Reichs zuerst besiegten und dann integrierten. Gute Kämpfer egal welcher Herkunft machten schnell Karriere.[49] Die ethnische Vielfalt dieser hunnischen Welt war auf allen Ebenen der Hierarchie prägend. Am Hof Attilas sprach man neben Hunnisch Gotisch, Griechisch und Lateinisch; Römer, Griechen und Barbaren traten als Berater und Sekretäre des Hunnenkönigs hervor.[50] Die barbarischen Militäreliten waren jedoch auf Untertanen und deren Nahrungs- und Handwerksproduktion angewiesen. Nur römische Provinzen mit einigermaßen funktionierenden Strukturen konnten diese zur Verfügung stellen. So kann es nicht überraschen, dass hunnische Krieger oft in römische Dienste traten, und ihre Anführer wiederholt in die Bürgerkriege eingriffen, die Westrom im 5. Jahrhundert plagten.

Die Gepiden treten aus dem Abseits

Im Kampf um bessere Positionen an den römischen Grenzen mit anderen *gentes* hatten die Gepiden keine gute Ausgangsposition. Sie standen im Schatten der

Goten, waren zahlenmäßig kleiner als andere Verbände oder begnügten sich mit einem Platz in der zweiten Reihe. Ammianus Marcellinus und Orosius erwähnen die Gepiden nicht mit einem Nebensatz. Und doch muss es während des 4. und 5. Jahrhunderts Kontakte zwischen römischen Diplomaten und gepidischen Großen gegeben haben.[51]

Die schriftlichen Quellen bieten keine Informationen über das Verhältnis von Hunnen und Gepiden. Manche Forscher nahmen an, eine Episode bei Jordanes könnte eine Spur solcher Vorgänge enthalten. Der Gotenkönig Thorismund, ein Enkel Ermanarichs, habe einen Sieg über die Gepiden errungen und sei dann von seinem Pferd gestürzt und zu Tode gekommen.[52] Da aber Jordanes stets bemüht war, eine klare Herkunftsgeschichte der in Italien regierenden Dynastie Theoderichs, der Amaler, zu bieten, sind Widersprüche und Glättungen im Text häufig. Die Gepidenschlacht und die Erzählung von Thorismund ist eher in die Zeit Valamirs zu datieren. Jordanes sah die Gepiden in diesem Fall lediglich als Platzhalter. Mit ihnen konnte man die Gotengeschichte ohne störende innere Kämpfe erzählen.[53]

Heruler und Gepiden werden als Teilnehmer des Angriffs auf den Rheinlimes im Jahr 406 genannt. Im 123. Brief des Sophronius Eusebius Hieronymus finden sie neben anderen angreifenden Völkern Erwähnung, wobei Vandalen, Alanen und Sueben die größten Kontingente waren.[54]

»Alle gallischen Provinzen zwischen den Alpen und den Pyrenäen, dem Rhein und dem Ozean haben unzählige und wilde Nationen besetzt. Der Quade, der Vandale, der Sarmate, die Alanen, Gepiden, Heruler, Sachsen, Burgunder und Alemannen und, wehe dem Gemeinwesen, auch noch die pannonischen Feinde, hostes Pannonii, haben die Provinzen verwüstet.«

Hieronymus listet hier eine bekannte Reihe barbarischer Völker und gefährlicher Romfeinde auf, wofür es in der lateinischen Literatur eine gewisse Tradition gab.[55] Die ersten vier Völker, die Hieronymus im 123. Brief nennt, kommen auch in anderen Quellen vor: Die Quaden galten den Römern ursprünglich als Sueben. Der Quadenname entwickelte sich erst in ihren norddanubischen, heute slowakischen Sitzen. Diejenigen Quaden, die ihre Heimat am Ende des 4. Jahrhunderts verließen und nach Pannonien übertraten, verloren ihren Namen und wurden von der römischen Berichterstattung wieder als Sueben bezeichnet. Mit den Sarmaten könnten entweder die jazygischen Völker aus dem Alföld gemeint gewesen sein oder sie bilden einen Überbegriff für die Alanen, die solange als Sarmaten galten, bis sie zu den gotischen Völkern gezählt wurden.[56]

Gepiden und Heruler am Rhein 406?

Etwas schwieriger ist nun die Einordnung von Gepiden und Herulern, die keine andere Quelle 406 am Rhein erwähnt. Die Gepiden waren aber im alten Dakien und an der oberen Theiß die Nachbarn der hasdingischen Vandalen vor deren Aufbruch in den Westen. Jedenfalls ist die Teilnahme herulischer und gepidischer Krieger an einem aussichtsreichen und gewinnbringenden Unternehmen vorstellbar. Heruler kämpften im 4. Jahrhundert am Rhein und in Britannien unter römischem Kommando.[57] Es ist denkbar, dass die von Hieronymus erwähnten Pannonier Provinzialen waren, die unter den gegebenen Umständen eine barbarische Lebensweise der römischen Staatlichkeit vorzogen. Diese Leute könnten ähnlich wie die Bagauden, bewaffnete Hirten und Bauern in Gallien und Spanien, agiert haben. So unklar der Begriff sein mag, eine lokale Organisation von Teilen der Bevölkerung gab es immer wieder. Auf dem Balkan erschienen im 6. Jahrhundert Skamaren, die meist als Räuber bezeichnet werden.[58] Auch vertragsbrüchige Föderaten aus dieser Gegend sind denkbar.[59] Am Beginn des 5. Jahrhunderts änderten sich die Verhältnisse an Donau und Theiß rasch. Das entstehende hunnische System bot sicher nicht allen ehrgeizigen barbarischen Anführern die gleichen Chancen. Vandalen, Alanen und Sueben suchten ihr Glück in Gallien und Spanien, manche Heruler, Sarmaten und Gepiden folgten ihnen. In den kommenden zwei Jahrhunderten zogen immer wieder kleinere Verbände, die ihren Namen noch trugen, auf eigene Faust ins Reich. Manche Heruler und Rugier schlossen sich vor 476 Odoaker an, während der größere Teil der Krieger an der Donau blieb. Die Dynamik ethnischer Prozesse war groß. Die nach Gallien gekommenen Heruler und Gepiden könnten zurück nach Pannonien gegangen sein, oder sie wurden Vandalen oder Sueben.

Heruler, Rugier und Gepiden unter hunnischer Herrschaft (406–454/455)

6.1 Die pannonischen Provinzen

Reichsverwaltung

Nach dem Ende der hunnischen Herrschaft 454/455 berichtet Jordanes von der Zuteilung Pannoniens an die Goten. Dieses Gebiet grenzt im Osten an Obermösien, im Süden an Dalmatien und im Westen an Noricum. Die Donau ist die Grenzlinie im Norden. Das Land sei von vielen Städten geschmückt, deren letzte Vindobona und deren erste Sirmium sei. Die intakten Städte waren das, was die Barbaren brauchten.[1] Seit der Mitte des 1. Jahrhunderts bestand die zunächst gemeinsam verwaltete Provinz Pannonien auf dem Gebiet der westlichen Hälfte des heutigen Ungarn bis zur Donau, dem österreichischen Burgenland und Teilen der Oststeiermark wie dem Wiener Becken, dem Norden Serbiens sowie dem Gebiet zwischen Drau und Save (heute Slowenien bzw. Kroatien). Während der Regierungszeit Trajans (98–117) teilte man die Provinz in einen westlichen (Oberpannonien mit den möglichen Hauptstädten Savaria/Szombathely, Carnuntum oder Poetovio/Ptuj) und einen östlichen Teil (Niederpannonien mit Aquincum/Budapest).[2] Gegen Ende des 3. Jahrhunderts unter Diokletian (284–305) fand eine erneute Teilung der pannonischen Provinzen statt. Es bestanden von nun an die vier Verwaltungseinheiten der *Pannonia prima* im Nordwesten (Vorort Savaria/Szombathely), der *Pannonia Valeria* entlang des Donauknies bis oberhalb der Draumündung (Sopianae/Pécs), der *Pannonia Savia* im Südwesten südlich der Drau (Siscia/Sisak) und schließlich der *Pannonia secunda* im Südosten (Sirmium/Sremska Mitrovica) grob auf dem Gebiet der heutigen Vojvodina in Serbien. Diokletians Regierung fasste die neuen, kleineren Provinzen zu Diözesen zusammen. Im Reich entstand somit eine neue Ebene der Verwaltung. Zunächst bildeten nun die genannten pannonischen Provinzen gemeinsam mit Dalmatien und den beiden Noricum eine Diözese, die *Diocesis Pannoniarum*, die später auch als *Illyricum occidentale* bezeichnet wurde.[3]

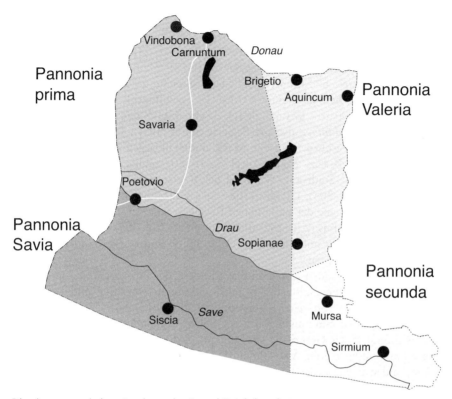

Die vier pannonischen Provinzen im 4. und 5. Jahrhundert.

Reichspräfekturen

Wahrscheinlich in der späten Regierungszeit Konstantins (306–337) entstand
eine weitere Ebene der Reichsverwaltung in Form von zunächst drei Reichsprä-
fekturen: Italien mit Nordafrika und Illyricum, Gallien mit Britannien und Spanien und schließlich Oriens. Während die gallische und die orientalische Präfektur unverändert blieben, änderte sich die Organisation der italischen Präfektur
häufig. Aus den pannonischen, dakischen und makedonischen Diözesen bildete
man die Präfektur Illyricum. Diese wurde entweder zeitweise selbstständig geführt oder aufgeteilt. 379 übernahm Theodosius I. (379–395) die beiden östlichen Diözesen, während Gratian (367–383) von Italien aus die pannonische
verwaltete. Unter den Söhnen des Theodosius verblieben die dakische und die
makedonische Diözese bei Konstantinopel, während die pannonische zur italischen Präfektur geschlagen und von nun an auch als »westillyrisch« bezeichnet
wurde. Sirmium behielt seine Stellung als Residenz des Präfekten. Über die Zu-

ständigkeit für die pannonischen und norischen Provinzen und Dalmatien gab es häufig Konflikte zwischen Ost und West.[4] Ein pannonischer *comes Illyrici* war für die der westlichen Reichshälfte angehörende Truppen zuständig. Konstantinopel ernannte einen Heermeister für das Illyricum, ein Posten, den immer wieder barbarische Anführer bekleiden sollten.[5]

Aquincum, das heutige Budapest, Mursa (Osijek/Esseg), Emona (Ljubljana), Poetovio (Ptuj), Savaria (Szombathely), Siscia (Sisak) und Sirmium (Sremska Mitrova) waren *coloniae*, also privilegierte Städte, deren Bewohner das römische Bürgerrecht besaßen.[6] Seit den Markomannenkriegen spielte Sirmium eine besondere Rolle. Bereits Mark Aurel (161–180) schlug sein Hauptquartier zeitweilig in dieser Stadt auf. Während der Regierungszeit der Kaiser Diokletian, Galerius (293–305), Licinius (308–324) und schließlich Konstantin (306–337) war Sirmium eine der kaiserlichen Residenzen. Valerian (249–251), Aurelian (270–275), Probus (276–282) und Maximian (286–305) wurden hier geboren.[7] Hunnen, Goten und Gepiden werden im 5. und 6. Jahrhundert um den Besitz der Stadt kämpfen.

Sarmaten und Quaden lebten an den Rändern der Provinzen, und mehrmals kam es in der ersten Hälfte des 4. Jahrhunderts zu Angriffen und Kämpfen, auch innerhalb der römischen Grenzen. Valentinian I. (364–375) operierte im Vorfeld der Donau und musste mit den Quaden Verhandlungen in Brigetio führen. Während dieser Gespräche starb der Augustus an einem Herzschlag. Sein kleiner unmündiger Sohn Valentinian II. (375–392) lebte noch bis 378 in Sirmium, und war damit der letzte römische Kaiser, der in diesem alten Zentrum vor Ort blieb.[8] Nach der römischen Niederlage 378 bei Adrianopel veränderten sich die Verhältnisse auch in Pannonien schnell, die Donaugrenze wurde durchlässig. 380 siedelte Kaiser Gratian (375–383) den alanisch-gotisch-hunnischen Verband unter Alatheus und Safrax auf dem Gebiet der pannonischen Provinzen Savia und Valeria als Föderaten an.[9] Gut möglich, dass eine einzelne Nachricht zu 427 darauf anspielt, wenn es heißt, die pannonischen Provinzen seien nach 50 Jahren wieder von den Römern zurück gewonnen worden.[10] Wohl stand Sirmium seit 427 unter Kontrolle der Armee des Ostens. In den 430er Jahren wurde die westillyrisch-pannonische Diözese als Verwaltungseinheit in Frage gestellt. Verschiedene Föderatenverbände, zunächst die Hunnen, dann die Goten und später, Rugier, Gepiden und Heruler, übten die reale Macht in Teilen Pannoniens aus, auch wenn das Reich nominell nie auf seine Gebietsansprüche verzichtet hätte. Bis in das 6. Jahrhundert sahen sich die illyrischen Präfekten zumindest theoretisch für die Gebiete zuständig, ungeachtet der barbarischen Kontrolle.[11] Poetovio (Ptuj) mit seinen Straßenknoten, Binnennoricum, Ufernoricum und Dalmatien blieben bei Italien. Odoaker und Theoderich beanspruchten die pannonischen Provinzen als Teil ihres Machtbereichs.[12]

6.2   Aëtius, Rom und die Hunnen (423–452)

Der neue starke Mann am Hof des Westens war Flavius Aëtius, und er hatte ganz spezielle Beziehungen an die Donau. Seine Rolle bei der Gestaltung der politischen Verhältnisse ist entscheidend für das hunnische Milieu, in dem Gepiden Heruler und Rugier lebten. Aëtius stammte aus einer niedermösischen Offiziersfamilie. Über seine Mutter war er mit der Hocharistokratie Italiens verbunden. Der junge Mann wuchs am Hof des Honorius (396–423) auf. Offenbar war er als Garant für den Frieden zuerst zwischen den Westgoten und später zwischen den Hunnen und Rom wertvoll genug. Einen Teil seiner Jugend verbrachte er als Geisel bei den Barbaren. In dieser Zeit hatte Aëtius sich gute Kontakte aufbauen können.[13] Als Aëtius schon Karriere gemacht hatte, griff er mit hunnischen Truppen in die hohe Politik ein. Kaiser Honorius war am 27. August 423 gestorben, und bald darauf wurde der Höfling Johannes zum neuen Westkaiser ausgerufen. Der Ostkaiser Theodosius II. (408–450) war damit nicht einverstanden und hatte daraufhin nach einigem Zögern den 5-jährigen Valentinian im Oktober 424 zum Kaiser des Westens bestimmt, verlobte ihn mit seiner 2-jährigen Tochter Licinia Eudoxia und sandte ihn und dessen Mutter Galla Placidia mit Elitetruppen unter dem Heermeister Ardabur und seinem Sohn Aspar nach Italien. Die beiden Alanen sollten dort die Usurpation des Johannes beenden. Dieser hatte wiederum Aëtius um seine Hilfe gebeten.[14]

Aëtius in Italien und Gallien

Als Aëtius mit einer großen hunnischen Armee im Mai 425 in Italien erschien, war die Usurpation des Johannes aber bereits gescheitert und der Gegenkaiser tot. Aëtius führte die hunnischen Söldner dennoch in ein blutiges Gefecht mit den oströmischen Truppen unter Aspar. Die Schlacht blieb ohne Sieger, die Machtverhältnisse aber waren klar: Aëtius wurde zunächst zum *comes*, dann zum *magister militum* ernannt, und Valentinian III. und Galla Placidia mussten mit untereinander konkurrierenden Heermeistern zurechtkommen. Felix dominierte in Italien, Aëtius in Gallien und Bonifatius begann, Afrika unabhängig von Ravenna zu regieren. Die drei Männer bekriegten sich offen.[15] Im Mai 430 wurde der Heermeister Felix gemeinsam mit seiner Frau Padusia von Soldaten in Ravenna erschlagen. Aëtius sei dafür verantwortlich gewesen, damit aber nur Mordplänen seines Gegners zuvorgekommen. Seine militärischen Erfolge in Gallien und Noricum hatten Aëtius militärisch zum Herrn des Westens gemacht. Ihm fehlte aber die Unterstützung Ravennas. Nur die unklare Lage in Nordafrika verhinderte einen offenen Ausbruch der Spannungen zwischen Aëtius und Galla Placidia, die sich wieder an Bonifatius annäherte.[16]

430/431 schlug Aëtius einen Aufstand in Noricum nieder. Die Bekämpfung der über die Donau vordringenden Alemannen war nur ein Problem. Gefährlicher waren Provinzialen, die nicht mehr unter der Herrschaft des Kaisers und ihrer Grundherren bleiben wollten. Solchen galt es mit aller Kraft entgegenzutreten, wollte man das römische System erhalten. Dazu bedienten sich Männer wie Aëtius barbarischer Föderaten. Die Grenze zwischen römisch und barbarisch war fließend. Schnell konnte ein Heermeister mit hunnischer Kavallerie einen Aufstand römischer Bürger niederschlagen.[17] Die Föderatenstaaten der Heruler, Gepiden und Rugier an der Donau nach der Nedaoschlacht 454/455 darf man auch vor diesem Hintergrund verstehen.

Die Flucht des Aëtius ins Hunnenreich

Ein zweites Mal kämpfte Aëtius mit hunnischen Truppen gegen seine römische Konkurrenz. In Italien wütete ein Machtkampf zwischen Bonifatius und Aëtius. Bei Rimini kam es im Winter 432 auf 433 zu einem Kampf, in dessen Verlauf Bonifatius zwar siegte, aber schwer verwundet wurde. Aëtius konnte sich auf seine befestigten Domänen retten. Bonifatius erlag zwei Monate später seiner Verwundung. Galla Placidia ernannte den Schwiegersohn des Bonifatius, Sebastianus, zum Reichsfeldherrn, der das Erbe des Bonifatius antrat und gegen Aëtius vorging. Dieser konnte sich über Dalmatien und Pannonien ins Hunnenreich durchschlagen. In dessen Zentrum zwischen Donau und Theiß schloss Aëtius mit Ruga einen Vertrag und erhielt erneut Militärhilfe gegen Bezahlung. Im selben Jahr 433 kehrte er mit einem Hunnenheer nach Italien zurück. Dieser schlagkräftigen Reiterarmee hatte Sebastianus nichts entgegenzusetzen. Nach einem erfolglosen Versuch, die Westgoten zu mobilisieren, floh er zu Kaiser Theodosius nach Konstantinopel. Aëtius hatte also mit hunnischer Hilfe den Bürgerkrieg entschieden und war nun nicht nur der dominierende Heermeister des Westens, sondern wurde bald darauf auch zum *patricius* ernannt.[18]

Aëtius wird *patricius* und Heermeister

Insgesamt übte Aëtius von nun an eine »vizekaiserliche Funktion« aus und war als *patricius et magister militum* das eigentliche Haupt der weströmischen Regierung. Ob er 433 als Gegenleistung für die hunnische Hilfe pannonisches Gebiet abgetreten hat oder nicht, ist umstritten. Generell ist ein Föderatenvertrag mit der Erlaubnis, sich in den besagten Provinzen aufzuhalten, deutlich wahrscheinlicher. Faktisch allerdings taten die Hunnen hier, was ihnen beliebte. Nach dem Tod des Rugas um 435 setzten sich Bleda und Attila durch. Aëtius erneuerte den schon mir Ruga geschlossenen Vertrag mit den Hunnen. Jedenfalls können nur Teile der Provinzen von diesem *foedus* betroffen gewesen sein, denn 441/442 eroberten Bleda und Attila mehrere bedeutende mösische und pannonische Städte, darunter Sirmium, die Hauptstadt der *Pannonia secunda*.[19] Unsere Quellen fassen die Aëtius folgenden Truppen als Hunnen zusammen, obwohl auch Gepiden, Heruler, Rugier, Alanen, Goten und andere Gruppen darunter fielen. Rugier griffen 435 mit ihren hunnischen Anführern römisches Gebiet an.[20] Heruler waren unter den Truppen, mit denen Aëtius 435 einen burgundischen Aufstand niederkämpfte.[21] Die Kontrolle von Teilen der pannonischen Diözese wurde Herulern, Rugiern und Gepiden zum Leitbild ihres zukünftigen Handelns.

Die Schlacht auf den Katalaunischen Feldern

Hatte in den ersten Jahrzehnten der hunnischen Expansion die Teilung der Macht noch funktioniert, kam es 444 zu einem Mord in der Führungsebene. Attila tötete seinen Bruder Bleda und vereinigte die Hunnen unter sich alleine. Theodosius II. bezahlte immer mehr Gold, um den Frieden zu halten. Als sein Nachfolger Markian (450–457) diese Zahlungen einstellte, brachte ihm das zwar viel Lob der Reichseliten ein, der Krieg war aber so zwangsläufig. Hinzu kam, dass eine Hofpartei in Ravenna die Hunnen nun offenbar herbeirief, um sie gegen den übermächtigen Aëtius zu unterstützen.[22] Zwei Feldzüge gegen das Westreich, die Attila anführte, waren die Folge. Unter Beteiligung der Gepiden unter Ardarich, der Heruler, Rugier, Sueben, Franken, Burgunder, der Ostgoten unter Valamir, Skiren und Langobarden zog Attila 451 nach Gallien, um Aëtius zu stellen.[23] Am 20. Juni des Jahres 451 trafen die beiden Heere auf den Katalaunischen Feldern (*Campi Catalauni*) in der Ebene zwischen Châlons-en-Champagne und Troyes im heutigen Nordostfrankreich aufeinander. Aëtius führte eine ähnlich gemischte Koalition. Diese bestand aus Westgoten, Franken, Bretonen, Sarmaten, Burgundern, Sachsen, Alanen und Römern. Die sich gegenüberstehenden Heere waren kaum voneinander zu unterscheiden, es war, wenn man so will, ein Krieg römischer Barbaren gegeneinander. Attila und Aëtius kämpften als Rivalen um die Macht im Westen. Ravennatische und westgotische Truppen mit kleineren Föderatenverbänden standen gegen den gleichsam anderen Teil der gentilen Welt, der sich unter hunnischer Führung versammelt hatte. Das Ergebnis der Schlacht war, dass Attila sich zurückziehen musste, der Gotenkönig Theoderich fiel und der westliche Reichsteil unersetzliche Verluste an Soldaten und Föderaten erlitt. Hervorgetan hatten sich Ardarichs Gepiden, wie im Schlachtbericht des Jordanes immer wieder betont wird.[24]

Nedao – Das Ende der hunnischen Vormachtstellung (454/455)

7.1 Das Ende der Expansion

Nach der Schlacht auf den Katalaunischen Feldern und dem gescheiterten hunnischen Italienzug des Folgejahres war die Stellung Attilas deutlich geschwächt. Es gelang Truppen Kaiser Markians (450–457), die Hunnen in ihrem Zentralgebiet anzugreifen. Blieben nun aber Beute und römische Gelder aus, stieg die Unzufriedenheit der anspruchsvollen und erfolgsverwöhnten Kriegerverbände, die sich den Hunnen angeschlossen hatten. Die Koalition der *gentes* unter hunnischer Führung wankte.[1] Noch im Herbst 452 versuchte Attila, Kaiser Markian unter Druck zu setzen und damit eine Lösung für die Verteilungsprobleme zu finden, also wieder römische Zahlungen und vielleicht Lebensmittellieferungen zu erhalten.[2]

Attilas Tod 453

Während Attila erneut zum Krieg gegen die Römer rüstete, starb er Anfang des Jahres 453. Kurz zuvor hatte er geheiratet, in der Hochzeitsnacht erlag der schon ältere Mann vermutlich einem Blutsturz; möglich ist aber auch, dass er im Auftrag des Aëtius ermordet wurde.[3] Attila war der uneingeschränkte Herrscher über die »skythischen und germanischen Königreiche«, so schreibt Jordanes. Auch stellt er fest, der Tod des Großkönigs sei »so banal wie sein Leben erstaunlich« gewesen. Das Begräbnis des Großkönigs war die letzte Gelegenheit, die hunnische Macht zu demonstrieren. Aufgebahrt auf Stoffen aus Seide präsentierte man den Leichnam. Die besten hunnischen Krieger ritten immer wieder um den Katafalk und sollen ihren König mit Liedern geehrt haben.

»Größter der hunnischen Könige, Attila, Sohn des Mundschuk, Herr und König der kampferprobtesten Völker, Du, der mit vorher nie gesehener Macht über skythische und germanische Reiche geherrscht hast, des römischen Weltkreises beide Imperien mit Schrecken erfüllt und deren Städte erobert hast. Und doch begnügtest Du Dich mit Jahrgeldern und erbarmtest Dich.«[4]

Die Bestattung Attilas

Die Umstände der Bestattung des großen Hunnen schmückte Jordanes mit legendenhaften Erzählelementen aus. Zunächst sei nur ein Grabhügel aufgeschüttet worden, auf dem die Gefolgsleute ein Gelage, eine *strava*, feierten. Dieser Hügel war jedoch ein Kenotaph und dazu gedacht, dem Toten im Rahmen eines Memorialkults Opfergaben zu bieten. Das tatsächliche Grab kannte nur ein kleiner Kreis Eingeweihter, denn die reichen Beigaben sollten vor Begehrlichkeiten geschützt werden. Die Schilderung der drei Särge ist als Symbol zu verstehen. Der erste Sarg sei aus Gold, der zweite aus Silber und der dritte aus Eisen gefertigt. So wollten die Hunnen die allumfassende Macht Attilas symbolisieren. Eisen war ein Symbol für die Unterwerfung vieler Völker mit Waffengewalt, Gold und Silber stand für die Ehrungen beider Römerreiche. Dazu kamen erbeutete Waffen, edelsteinprangende Pferdegeschirre und viel Schmuck und Ornament, das herrscherlichen Anspruch präsentierte. Zuletzt töteten die königlichen Verwandten alle, die die Arbeiten ausgeführt hatten.[5]

Warum darf man an Teilen dieser Erzählung zweifeln? Auch der Gotenkönig Alarich bekommt bei Jordanes ein geheimes Grab, geschützt durch die Wasser des Flusses Busento, den seine Leute aufgestaut haben sollen, um ihren Herrscher im Bett des Flusses zu begraben. Diese Erzählung erinnert wiederum allzu sehr an das bei Cassius Dio erwähnte Grab des von den Römern besiegten Dakerkönigs Decebalus im Flussbett des Sargetia. Dieses wurde trotz aller Mühe von den Siegern entdeckt. Wie faszinierend ein solches Motiv aus Jordanes auf Generationen von Lesern wirkte, lässt sich mit der 1820 entstandenen Ballade *Das Grab im Busento* des August Graf von Platen (1796–1835) illustrieren. Alle Motive einer idealisierten Völkerwanderung sind hier enthalten: tapfere, blonde und schöne Germanen, unvorstellbare Taten, wie das Umleiten eines ganzen Flusses, falsche und betrügerische Römer und im Ganzen ein heroisches Pathos. Bedeutende und reiche Begräbnisse mögen, wie uns die Bodenfunde zeigen, in dieser Zeit Realität gewesen sein, sie waren aber auch ein Faszinosum. So war und ist eines der populärsten Wissensfragmente einer breiteren Öffentlichkeit der Traum von den reich ausgestatteten Grüften der großen Männer der Völkerwanderungszeit.[6]

Konflikte in der hunnischen Gesellschaft

Attilas Tod löste rasch nachhaltige Konflikte aus, die seine charismatische Herrschaft zuvor unterdrückt hatte. Die politische Landschaft nördlich der römischen Grenzen an der unteren und mittleren Donau veränderte sich nachhaltig. Nach dem Begräbnis des Großkönigs brach unter seinen ambitionierten und machtbewussten Söhnen ein Streit um die Vorherrschaft aus. Jordanes stellt nicht ohne Ironie fest, diese seien wegen Attilas vielen Ehen sehr zahlreich gewesen, beinahe schon ein eigenes Volk, *pene populus*. Ellak, Ernak, Dengizich/Dintzic, Hormidac und Giesmos sind uns namentlich bekannt.[7]

Relief von der Ehrensäule Trajans (98–117 n. Chr.). Zu sehen sind sarmatische Panzerreiter, Kataphraktarier, die vor römischer Kavallerie fliehen. Charakteristisch sind die Spangenhelme und die Schuppenpanzer der Männer. Solche Ausrüstung kannte die spätrömische Armee wie die Verbände in Pannonien.

Nun beschlossen diese hunnischen Prinzen, die Herrschaft über die tributpflichtigen *gentes* durch Auslosung aufzuteilen. Kriegsgewohnte Könige samt ihren Gefolgsleuten, *bellicosi reges cum populis*, sollten also ohne ein Mitspracherecht wie Familienbesitz zugewiesen werden. Der am Hof Attilas einflussreiche Gepidenkönig Ardarich stellte sich als Erster gegen die Hunnen, denn er wollte nicht akzeptieren, dass stolze Gefolgsleute Attilas wie Leibeigene behandelt werden. Ardarich wurde Anführer einer Koalition, die befürchtete, zu kurz zu kommen. Andere *gentes* schlossen sich den Gepiden an, ergriffen die Waffen und stellten sich im Jahr 454 oder 455 an einem Fluss Nedao zur Schlacht.[8]

7.2 Die Schlacht am Nedao und die Auflösung des Hunnenreichs (454/455)

Ehemals verbündete und unter Attilas Herrschaft vereinte Krieger kämpften gegeneinander, die tapfersten Völker, *fortissimae nationes*, zerfleischten sich gegenseitig. Ein großartiges Spektakel – so berichtet Jordanes – sei das gewesen. Die Goten kämpften mit Lanzen, die Gepiden wüteten mit dem Schwert, die Rugier brachen Speere aus ihren eigenen Wunden, die Sueben stritten zu Fuß, die Hunnen mit ihren Bogen, die Alanen bildeten eine Schlachtreihe mit schweren Panzerreitern, die Heruler eine mit leichter Infanterie. Jordanes ordnet allerdings die genannten *gentes* nicht einer der beiden Kriegsparteien zu.[9]

Die Schlacht

Gegen die Söhne des kurz zuvor verstorbenen Attila traten unter Führung der Gepiden und ihres Königs Ardarich Sueben, Heruler, Rugier und Skiren an. Auf der Seite der hunnischen Prinzen kämpften Sarmaten, Alanen, Sadagaren und Zemandren. Allerdings waren die Fronten nicht eindeutig. Manche herulische, skirische, alanische und rugische Trupps wandten sich gegen ihre eigenen Leute, die es mit den Gepiden Ardarichs hielten, und die mit den Hunnen gekämpft hatten. Bis heute ist umstritten, auf welcher Seite jene Goten, die von Valamir, dem Onkel Theoderichs des Großen, geführt wurden, standen. Jordanes drückt sich in seinen *Getica* um eine eindeutige Aussage herum. Das legt den Verdacht nahe, dass die in den folgenden 50 Jahren so erfolgreichen und prestigeträchtigen Goten auf der Seite der Attilasöhne gekämpft hatten. Die positive Charakterisierung des gefallenen Ellak bei Jordanes weist ebenso in diese Richtung. Diesem ältesten Sohn Attilas wird sich zumindest ein großer Teil der Goten angeschlossen haben.[10]

Schließlich errangen die Gepiden den Sieg. 30 000 Mann sollen gefallen sein, Hunnen wie Angehörige anderer Verbände. Ellak, der älteste der Attilasöhne, blieb ebenfalls auf dem Schlachtfeld. Seine Brüder flohen an die Küsten des Schwarzen Meeres, dorthin, so Jordanes, wo die Goten vor einem Jahrhundert gelebt hatten. Der Geschichtsschreiber der Goten und die Mehrheit der modernen Forschung setzen an diesem Punkt das Ende der Hunnenherrschaft an. Kurz zuvor hatte man noch geglaubt, die ganze Welt müsse sich ihnen beugen, nun sehe man, was geschehe, wenn sich eine einst mächtige Gruppe teile. Im Folgenden sollen einige Völker Gesandte nach Konstantinopel geschickt und um Aufnahme ins Reich gebeten haben. Kaiser Markian habe dem zugestimmt und Wohnsitze angewiesen. Die Gepiden selbst übernahmen das hunnische Zentralgebiet an der Theiß. Der Kaiser sollte ihnen Frieden und Jahrgelder gewähren, was auch geschah. Bis in die Lebenszeit des Jordanes versorgte und bezahlte Konstantinopel die Gepiden.[11]

Die Besiegten

Die Besiegten – neben den Hunnen und Goten eben auch Teilverbände der Skiren, Alanen, Heruler und Rugier – gingen ins Reich und wurden dort als Föderaten angesiedelt. So ließen sich einige Sarmaten, Zemandren und Hunnen in der Gegend von Castra Martis (Kula) im heutigen Bulgarien nieder. Ebenfalls in die *Dacia ripensis* wurden zwei Verwandte der Söhne Attilas, Emnetzur und Ultzindur, aufgenommen. Ihre Leute hatten von nun an die Donaugrenze zu sichern. Noch im 6. Jahrhundert dienten diese Hunnen unter den lateinischen Namen *Sacromontisii* und *Fossatisii*. Die letztere Bezeichnung, die sich vom Wort für ein militärisches Lager, ein *fossatum*, ableitet, deutet auf die soldatischen Pflichten dieser Reiter gegenüber Konstantinopel. Verschiedene andere hunnische Gruppen operierten im Bereich der unteren Donau. Ernac war mit einem weiteren hunnischen Verband *in extrema minoris Scythiae* gegangen, an die Grenzen des Reichs im Gebiet der heutigen Dobrudscha. Auch Dengizich dürfte weiter westlich versucht haben, eine Herrschaft am Rand des *Imperium* zu begründen. Jedenfalls spielten beide Brüder weiter eine Rolle und griffen kurz nach der Nedaoschlacht die Goten in Pannonien an.

Jordanes kann Autobiographisches im Zusammenhang mit einer weiteren Gruppe von Flüchtenden berichten. Sein Großvater sei Sekretär, *notarius*, des alanischen Anführers Candac gewesen. Dieser führte gemeinsam mit seinem Schwager Andages, einem Amaler, Sadagaren, Skiren und eben Goten und Alanen nach Niedermösien und *Scythia Minor*, die heutige Dobrudscha. Ein Verband aus Rugiern und anderen Völker bekam Wohnsitze in Ostthrakien um die Städte Bizye (Vize) und Arcadiopolis (Lüleburgaz) zugewiesen. Noch 484 befahl Kaiser Zenon (474–491) diese rugischen Föderaten in Kampfeinsätze. Der größere Teil der Goten, die sich Valamir und seinen Brüdern zugehörig fühlten, war noch immer kampfstark genug, um von Kaiser Markian mit dem Schutz der Donaugrenze zwischen Vindobona (Wien) und Sirmium (Sremska Mitrovica) beauftragt zu werden.[12] Auch wenn diese Lösung das Ergebnis einer Niederlage war, saßen die Goten nun an einer Schlüsselstelle. Sie kontrollierten den Zugang in die Kernräume des Westreichs und konnten ihre barbarischen Konkurrenten vom einträglichen Geschäft der militärischen Dienstleistungen für die Römer fernhalten.[13]

Das »System Nedao« (455–469)

8.1 Pannonien als Exerzierfeld des *Imperium*

Die Goten und ein hunnischer Restaurationsversuch (455)

»Sieger wie Besiegte des Tags vom Nedao wurden in gleicher Weise römische Föderaten,« fasst Herwig Wolfram die Ausgangslage zusammen.[1] Da im Westen kaum Ressourcen und Bedarf an Soldaten gegeben waren, orientierten sich viele Nedaogruppen nach Konstantinopel. Nach der Ermordung des Aëtius 454 und des Valentinian III. und der Plünderung Roms durch die Vandalen 455, war Ravenna mit inneren Auseinandersetzungen und Machtkämpfen beschäftigt. Die »Sieger wie Besiegten« wandten sich der Reihe nach an Kaiser Markian (450–457). Je nach der Wichtigkeit der einzelnen *gentes* bewilligte die kaiserliche Regierung diesen einen Föderatenstatus, jeweils besser oder schlechter mit Jahrgeldern ausgestattet. Die Ostrogoten der Vatergeneration Theoderichs des Großen waren – neben den am Nedao siegreichen Gepiden – für knapp zwei Jahrzehnte die dominierende Gruppe im Donau- und Karpatenraum. Dabei teilten sich Goten und Gepiden das Karpatenbecken auf, diesseits der Donaugrenze saßen die Goten, außerhalb und im alten Dakien die Gepiden.[2]

455 soll der schwache und von den Westgoten ebenso wie den gallischen Eliten abhängige Westkaiser Avitus (455–456) versucht haben, seinen Einfluss in Pannonien noch einmal durchzusetzen. Eher handelte es sich bei diesem Unternehmen aber um einen Versuch, im Donauraum Truppen anzuwerben.[3] Der Einfluss Ravennas in den pannonischen Provinzen war in diesen Jahren beschränkt, und so waren auch die Valamirgoten, die größte gentile Gruppe, dem Kaiser in Konstantinopel verpflichtet. Herwig Wolfram nimmt 18 000 Mann unter Waffen, kommandiert von den amalischen Brüdern, an. Diese beachtliche Armee hätte in drei Abschnitten und unter der Oberhoheit Valamirs ein halbmondförmiges Gebiet in den Provinzen *Pannonia prima*, *Savia* und *Pannonia secunda* oder *Sirmiensis* zu kontrollieren gehabt, das sich vom südlichen Ende des Plattensees entlang der Drau flussabwärts bis zur Mündung der Karašica in der Nähe des römischen Kastells Mursa beim heutigen Osijek (Essek) und bis ins Gebiet von Sirmium (Sremska Mitrovica) erstreckte. Thiudimir, der Vater Theo-

derichs des Großen, kontrollierte den westlichsten Abschnitt und damit einen Teil des heutigen ungarischen Komitats Somogy und Nordostkroatiens. Vidimir saß mit seinen Leuten im oberen und Valamir im unteren Slawonien. Noch 456 kam es zu einem Restaurationsversuch nicht näher genannter Attilasöhne. Ob es sich um Ernac und Dengizich oder andere handelte, wird kaum zu klären sein. Die Hunnen griffen Valamirs Goten jedenfalls überraschend an, sie behandelten sie wie abgefallene Sklaven, so berichtet Jordanes. Valamir konnte die Attacke abwehren. Die Hunnen zogen sich bis an den Dnjepr zurück. Zum Zeitpunkt dieses Hunnensieges sei am Hof des Thiudimir Theoderich geboren worden. Dabei handelt es sich aber eher um eine literarische Setzung, und man darf mit Wolfram 451 als das Geburtsjahr des zukunftsträchtigen Gotenkönigs annehmen. Der neue Kaiser Leo trat am 7. Februar 457 die Nachfolge Markians an und strich den Goten in Pannonien zunächst die gewohnten Jahrgelder, *consueta dona*. Als Gesandtschaften und Bitten keine Reaktion erbrachten, griff Valamir nach gutem hunnischem Brauch im Jahr 459 das Reich an und marschierte in die Region Epirus. Nach der Plünderung von Dyrrhachium (Durazzo) lenkte die Regierung Leos ein, der Föderatenaufstand hatte ein aus gotischer Sicht zufriedenstellendes Ergebnis gebracht. 300 Pfund Gold jährlich war den Römern von nun an die Bewachung der pannonischen Grenzen wert. Attila hatte mit dem Vertrag von 447 noch 2100 Pfund bekommen. Als Unterpfand für den Vertrag ging der kleine Königssohn Theoderich in die Hauptstadt des Ostens und blieb dort in den Jahren 459 bis 469.[4]

Die Goten

Die Goten waren allerdings spätestens nach der Nedaoschlacht in verschiedene Fraktionen gespalten. Unter Triarius hatte sich eine gotische Föderatenarmee Konstantinopel unterstellt. Die Schwester dieses Triarius war mit dem einflussreichen oströmischen Heermeister Aspar verheiratet, der in den Jahren um 465 die Politik Konstantinopels bestimmte. Das Leben im Reich war bequemer und besser bezahlt. Jordanes berichtet von einer Gesandtschaft der in Pannonien Dienst tuenden Amalerbrüder nach Konstantinopel. Man wollte sich bei Kaiser Markian über nicht eingetroffene Prämien und Jahrgelder beschweren. Bei dieser Gelegenheit trafen die beiden gotischen Gruppen aufeinander, und nicht ohne Neid stellte man fest, dass die Leute des Triarius im Gegensatz zu den Pannoniern üppige *annua sollemnia* erhielten. In der zweiten Hälfte der 450er Jahre starb der Gotenkommandant Triarius und sein Sohn Theoderich Strabo trat sein Erbe an. Dieser Theoderich wurde dann zu einem Konkurrenten des gleichnamigen Gotenkönigs und zukünftigen Herrn Italiens.[5]

Insgesamt war die Position der Goten in Pannonien nicht einfach. Sie hatten die undankbare Aufgabe, die Zugänge nach Italien, Dalmatien wie in den Osten zu sperren und waren von ihren Gegnern am Nedao – Gepiden, Rugiern, Skiren, Sarmaten und Herulern – umgeben. Die ehemaligen hunnischen Herren versuchten mehrmals eine Restauration. Die Krieger an der Donau warfen neidische Blicke auf jene Goten, die gut bezahlt und versorgt in unmittelbarer Nähe des Kaisers im Osten als Soldaten dienten. Gleichzeitig waren Valamir und seine Brüder von Konstantinopel abhängig und gezwungen, sich der ständig wechselnden Taktik der Kaiser anzuschließen. »Die Ostgoten waren also zu einer aggressiven Haltung geradezu gezwungen, wenn sie sich behaupten wollten. Im scharfen Kontrast zur Stabilität des gepidischen Herrschaftsbereiches bildeten sie im exponierten pannonischen Raum einen Konfliktfaktor ersten Ranges.«[6]

Pannonien als Rekrutierungsraum (458)

Ende des Jahres 457 konnte der Heermeister Rikimer seinen alten Kameraden Flavius Julius Valerius Maiorianus mit Purpur kleiden. Der erst seit Februar 457 regierende Ostkaiser Leo I. gab dazu zumindest indirekt sein Einverständnis.[7] Erstmals seit Valentinian III. (423–455) war ein Westkaiser wieder vom Osten anerkannt worden, und er brauchte dringend Erfolge. Es war Maiorians erklärtes Ziel, das Westreich wiederherzustellen. Dazu musste er nicht bloß die Afrika beherrschenden Vandalen besiegen, sondern auch die Burgunder, Westgoten und Sueben zur Räson bringen.[8] Die Anwerbung einer großen barbarischen Armee durch den tatkräftigen Westkaiser im Jahr 458 zeigt die Bedeutung Pannoniens als Rekrutierungsraum. Wie auf einer Perlenkette gereiht saßen entlang der Donau Heruler, Gepiden, Rugier, Skiren, Sarmaten, Sueben, Alanen, Goten und Hunnen, allesamt Verbände mit hochspezialisierten, ehrgeizigen Kriegern, die nur auf eine Gelegenheit warteten, in den Kampf zu ziehen.

Ein namentlich nicht genannter Heermeister hatte die Aufgabe erhalten, dem Kaiser Soldaten aus Pannonien zu bringen. Ohne eine Anerkennung durch Leo wäre eine Rekrutierung dieses Ausmaßes kaum möglich gewesen. Sidonius Apollinaris hielt am Ende des Jahres 458 ein Lobgedicht (*panegyricus*) vor Maiorian in Lyon. Die militärische Unternehmung Maiorians verglich er vollmundig mit den Feldzügen Agamemnons, des Xerxes und des Antonius. Sidonius liefert dabei einen Völkerkatalog voller literarischer Anspielungen und Zitate, und man sollte diesen Text daher nicht für bare Münze nehmen. Jedoch zeigt die Liste, dass das donauländische Personal bereitwillig den Sold des Westkaisers annahm, um gegen seine Feinde in den Krieg zu ziehen. Genannt werden Bastarnen, Ostrogoten, Rugier, Sueben, Alanen, Sarmaten und Hunnen. Denkbar, dass sich gepidische Kontingente hinter der klassizierenden Bezeichnung *Dacus* verbergen. Nüchterner berichtet Priskos, Maiorian habe die seinem Machtbereich benachbarten Völker verpflichtet.[9]

Maiorians Spanienfeldzug

Maiorian führte diese Armee mitten im Winter 458 auf 459 über die Alpen nach Gallien und brach dort die Belagerung von Arles durch die Westgoten.[10] Es gab Schwierigkeiten mit der Disziplin und der Ausbildung der Truppen, schließlich musste auch eine Meuterei niedergeschlagen werden.[11] Im Mai 460 war Maiorian nach Spanien gekommen und über Saragossa nach Cartagena gezogen. Dort gelang es den Vandalen, einen großen Teil der für den Angriff auf Afrika vorbereiteten Schiffe zu kapern. Verräter in Spanien sollen ihnen Informationen zugespielt haben. Daraufhin kehrte der Kaiser, seines Schiffraums beraubt, nach Italien zurück.[12] Anfang des Jahres 461 war der Vandalenkrieg keine Option mehr. Maiorian musste seine angeworbenen kostspieligen Barbarentruppen entlassen. Die Niederlage überlebte der Kaiser nicht, Rikimer ließ ihn beseitigen.[13]

Die Völker an den Reichsgrenzen waren Spezialisten für den Kriegsdienst und die Grenzgebiete deshalb attraktiv, weil man dort gut bezahlte römische Aufträge annehmen und gleichzeitig von der Produktion landwirtschaftlicher und anderer Güter der Provinzen besser leben konnte. Sollte die Auftragslage schlecht sein, blieb immer noch ein größerer oder kleinerer Raubzug Richtung der nächsten wohlhabenden Siedlung südlich der Grenzlinie.[14] Die Verbände, die am Unternehmen Maiorians beteiligt waren, kehrten an die Donau zurück und hatten sich dort mit schmalen Ressourcen zu begnügen. Rugier, Gepiden und Heruler, Sarmaten, Skiren und andere blieben außen vor. Diese kleineren Völker, die sich keinem der Großverbände angeschlossen hatten und an den Grenzen des Reichs verblieben, hatten schlicht weniger Erfolg im Spiel um ein besseres Leben als Krieger. Während Westgoten, Burgunder, Franken und Vandalen römische Zentralräume übernehmen konnten, bekriegten sich die kleineren Verbände gegenseitig und mussten sich in Pannonien zudem der übermächtigen Goten erwehren.

Gepiden in römischen Diensten

Gepidische Soldaten dienten seltener als Angehörige anderer barbarischer Verbände in der römischen Armee. Zwei Männer, die beide den seltenen Namen Thraustila trugen, treten hervor. Der eine in der unmittelbaren Umgebung Valentinians III. im Jahr 455, der andere in jener des Ostkaisers Zenon (474–491) im Jahr 480. Waren diese Männer Gepide oder weist der so selten belegte Name zumindest in Richtung eines bestimmten Milieus von barbarischen Kriegern im pannonischen Raum? Personennamen wurden bewusst gewählt und signalisierten Zugehörigkeit, Herkommen und Verpflichtungen.[15] Als Beispiele für die Karrierechancen und die Bedeutung gepidischer Soldaten in römischen Diensten sei dem Lebensweg der beiden Männer kurz nachgegangen.

Thraustila, ein Gepide am Hof Valentinians III.

Valentinian III. hatte 454 mit seinem übermächtigen Heermeister Aëtius gebrochen und diesen nach Aussage mehrerer Quellen sogar selbst erdolcht. Mit Aëtius war eine bedeutende Konkurrenz für andere Barbarengruppen am kaiserlichen Hof ausgeschaltet. Geiserich, Maiorian und der Dalmatiner Marcellinus mochten hoffen, nun als Patrone weiterer Soldatenkreise in Frage zu kommen. Auch die kaiserliche Regierung versuchte, sich die Kontakte in die Rekrutierungsräume des Balkans und Pannoniens sowie zu den Hunnen zu erhalten. Valentinian III. sandte Gesandte zu jenen Barbaren, *gentes*, mit denen Aëtius gute Beziehungen hatte, um klar zu machen, dass sich die Außenpolitik Ravennas nicht ändern werde.[16]

Doch dies blieb vergebens. Am 16. März 455 nahm Valentinian an Waffenübungen nahe der kaiserlichen Villa an der *Via Labicana* teil. Zwei Leibwächter des Aëtius, Optila und Thraustila, verübten ein Attentat auf den Imperator und seine Minister. Dem Senator Petronius Maximus übergaben die Männer sogleich das kaiserliche Diadem. Vorherige Absprachen zwischen dem neuen Kaiser und Teilen des Senats wie der Armee sind anzunehmen.[17] Beim Heer war der Herrscher indessen unbeliebt. In kluger Einsicht dieser Tatsache erhob er den späteren Kaiser Maiorian zum *comes domesticorum*, dessen vordringliche Aufgabe es war, die schlagkräftigen Haustruppen des Aëtius zu gewinnen.[18]

An diesem Punkt kommen das hunnisch-pannonische Milieu und die Gepiden ins Spiel. Thraustila ist ein Personenname, den wir aus der gepidischen königlichen Familie kennen. Zumindest trug auch der Gepidenkönig, der 488 im Kampf gegen den nach Italien ziehenden Theoderich fiel, diesen Namen.[19] Der Mann, der an der Ermordung des Aëtius beteiligt war, könnte nach Aussage einer zeitgenössischen Chronik ein Schwiegersohn des Aëtius gewesen sein.[20] Thraustila und Optila waren Leibgardisten, Doryphoren, zuerst im Dienst des Aëtius und nach dessen Tod in Valentinians Garde. Sie werden als skythische Männer, ἄνδρες Σκύθες, bezeichnet, das bedeutet, sie könnten Hunnen, Goten, Vandalen oder eben Gepiden gewesen sein. Auch betont die Überlieferung, sie seien sehr erfahrene Soldaten, κατὰ πόλεμον ἄρίστοι.[21] Ihre Nähe zur geheiligten Person des Kaisers fällt auf. Die beiden Gardisten, *protectores*, ritten mit wenigen anderen gemeinsam mit Valentinian zum Marsfeld.[22] Thraustila war ein wichtiger und hochrangiger Soldat aus, wenn nicht gepidischem, dann doch pannonischem Milieu. Die Interessen dieser Männer waren durch die Ermordung ihres Patrons Aëtius gefährdet, und man scheute sich nicht, selbst Hand anzulegen, um dafür zu sorgen, dass weiter Militärs aus dem dakischen und pannonischen Raum ihre Karrierechancen und ihren Einfluss ausüben konnten.

Die Folgen ihres Anschlags auf Valentinian III. waren allerdings verheerend. Unter anderem nahm der Vandale Geiserich die Ereignisse in Rom zum Anlass, die Stadt zu plündern, vor allem aber seine dynastischen Interessen zu sichern.[23] Angeblich hatte ihn die Witwe des Ermordeten herbeigerufen.[24] Petronius Maximus fand den Tod und wurde zunächst vom bereits erwähnten Avitus beerbt, dem dann seinerseits Maiorian nachfolgen sollte.

Beide bemühten sich, die guten Kontakte des Aëtius zu den Hunnen und den ihnen folgenden Verbänden zu erhalten. Maiorian und Marcellinus setzten auf diese Karte, die ihr prominenter Vorgänger so oft erfolgreich bei den Machtkämpfen im Reichszentrum hatte ausspielen können. Marcellinus hatte unter Aëtius gedient und war von diesem als *comes* Dalmatiens eingesetzt worden, wo er nach dessen Ermordung sich gleichsam selbstständig machte. Marcellinus war von Ostrom mehr oder weniger geduldet, man vertraute von Seiten Konstantinopels jedenfalls auf seine Waffenhilfe im westlichen Mittelmeer und auf Sizilien gegen die Vandalen. Später konnte der Dalmatiner Kaiser Maiorian (457–461) wiederholt mit Geldzahlungen für die Truppenwerbung unterstützen. Solche Kräfte werden vor allem aus Hunnen und ihnen folgenden *gentes* bestanden haben. Die hunnischen Kontakte hatte Marcellinus von seinem Patron Aëtius geerbt. Man darf somit annehmen, dass ein wichtiger Weg in den Dienst innerhalb der Reichsgrenzen für Heruler, Rugier, Gepiden und Goten verschiedener Zugehörigkeit über Marcellinus offenstand. Kaiser Maiorian ernannte ihn zum dalmatinischen Heermeister. Diese Entscheidung anerkannte der Ostkaiser Leo I. (457–474). Gleichzeitig verhielt sich Marcellinus zumeist loyal gegenüber Ravenna. Nachdem der westliche Heermeister Ricimer seinen Kaiser Maiorian im August 461 ermordet hatte, verweigerte dessen Nachfolger Libius Severus Marcellinus das Heermeisteramt, worauf sich dieser in seinem Funktionsbereich endgültig selbstständig machte. Für die kommenden fast 30 Jahre fehlten dem Westen nun die Steuereinnahmen Dalmatiens, aber auch die so wichtigen Rekrutierungsgebiete der Balkan- und Donauprovinzen. Marcellinus hatte diese monopolisieren können.[25]

Ein zweiter Gepide mit dem Namen Thraustila diente wahrscheinlich als Heermeister in Konstantinopel. 480 wurde er hingerichtet, weil der Mann an einer Verschwörung gegen Kaiser Zeno beteiligt gewesen war. Gemeinsam mit dem Prätorianerpräfekten Dionysius und dem hohen Beamten Epinicus soll Thraustila einen Staatsstreich geplant haben.[26] Der zwei Mal belegte Name Thraustila für Offiziere, die Karriere an den Kaiserhöfen des Westens und des Ostens machten, ist auffällig. Der Gepidenprinz Mundus, der in der ersten Hälfte des 6. Jahrhunderts als Heermeister des Ostens hervortreten wird, lebte 504 in der Obhut seines Onkels Thraustila, König der sirmischen Gepiden. Mundus war auch mit Attila verwandt.[27] Die Beziehungen der gepidischen Führungsschicht zur hunnischen wie römischen Elite lassen sich somit ansatzweise skizzieren.

8.2   Regna am Rande des *Imperium*

Gepiden

Im Unterschied zu den Goten, die römisches Reichsgebiet zugewiesen bekommen hatten, blieben die Gepiden zunächst im ehemals hunnischen Zentralraum an der Theiß und in Dakien.[28] Die weiten Räume beschäftigten die gepidischen Krieger für Jahrzehnte. Wohl weil die Gepiden ein relativ großes Gebiet kontrollieren konnten und Rom sie als Partner brauchte, um das komplizierte und fragile gentile Gleichgewicht an der Donau einigermaßen aufrecht zu erhalten, verhielten sie sich bei den Kämpfen um die Macht im Karpatenbecken zurückhaltend. Walter Pohl hat in diesem Zusammenhang von einer »passiven Hegemonie« der Gepiden zwischen Donau und Karpaten gesprochen. Im Gegensatz zu den anderen gentilen Verbänden an der Donaugrenze ist bis in die 530er Jahre von keinem gepidischen Angriff auf Reichsgebiet zu lesen. Lediglich nach dem Abzug der pannonischen Goten 473 besetzten die Gepiden die Stadt Sirmium (Sremska Mitrovica). Gegen Ende des 5. Jahrhunderts hatten sich die gepidischen Großen und ihre bewaffneten Anhänger neben der Römerstadt Sirmium regionale Herrschaftszentren im heutigen Siebenbürgen geschaffen. Dass die Gepiden im Gegensatz zu Herulern und Rugiern sich außer Sirmium mit dem schon seit dem späteren 3. Jahrhundert als römische Provinz aufgegebenem Dakien und den Gebieten an der Theiß zufriedengaben und weit weniger als die anderen Verbände versuchten, sich im Reich zu etablieren, mag mit einer anderen sozialen Struktur erklärbar sein. Wohl war die gepidische Kriegerklasse kleiner und weit mehr Gepiden als Rugier oder Heruler bereit, selbst Landwirtschaft zu betreiben.[29]

Die Gepiden beriefen sich auch auf einen Vertrag mit dem *Imperium*, der sie als Föderaten verpflichtete. Die Rede ist von einer gepidischen Besetzung Dakiens. Jordanes meinte mit *Dacia* jedoch nicht die römische Provinz, die Trajan (98–117) eingerichtet hatte, sondern das gesamte Gebiet zwischen Theiß, Donau, Olt und Karpaten. Diese ehemalige *Gotia* war nun eine *Gepidia*. Das Land lag in Sichtweite der Donau und war von einem Kranz aus Bergen umringt. Im Osten grenzte dieses Gebiet an jenes der alten Roxolanen, im Westen an das der Jazygen, im Norden an Sarmaten und Bastarnen und im Süden an die Donau. Der Vertrag zwischen den Gepidenkönigen und Konstantinopel behielt beinahe ein Jahrhundert seine Gültigkeit. Erst unter Kaiser Justinian (527–565) suchte sich Ostrom andere Verbündete an der mittleren Donau, was den Gepiden zum Verhängnis werden sollte.[30]

Die Archäologie orientiert sich an historischen Nachrichten, um Grabfunde und seltener auch Siedlungen in Dakien, an der Theiß und im Gebiet von Sirmium den Gepiden zuzuordnen. Der Zeitraum 453/454 bis 567, also die Jahre

zwischen der Nedaoschlacht und der Niederlage der Gepiden gegen die Langobarden, bilden den chronologischen Rahmen. Dieter Quast hat jüngst kritisch
angemerkt, dass sich in Dakien das Ende der Hunnenherrschaft keineswegs
durch Brüche oder Wechsel abzeichnet.[31] Reiche Deponierungen von Schmuckstücken aus Siebenbürgen wurden immer wieder, wenn nicht der gepidischen
Königsdynastie, dann doch hochrangigen Aristokraten zugeordnet. Eine barbarische Dynastie müsste über mehrere Generationen die prestigeträchtigen Stücke angehäuft haben. 1797 und 1889 fanden Hirten im damals ungarischen
Szilágysomlyó (heute Şimleu Silvaniei, Rumänien) zwei Schätze, die heute im
Kunsthistorischen Museum Wien und im Ungarischen Nationalmuseum in Budapest verwahrt werden. Die hohe Qualität der Fibelpaare mit Almandinverzie-
rung, der goldenen Trinkgefäße, einer Schmuckkette und einer Onyxfibel sind
hervorzuheben. Die meisten dieser aufwendig gearbeiteten Objekte stammen
aus mediterranen Werkstätten. Besonders die Onyxfibel erinnert an römische
Offiziersinsignien. Auch fand sich ein Medaillon des Kaisers Valens (364–378)
mit hohem Goldwert bei den Stücken. Datierbar sind die einzelnen Objekte
zwischen dem letzten Viertel des 3. Jahrhunderts und dem mittleren Drittel des
5. Jahrhunderts. Wann und warum sie unter die Erde kamen, bleibt unklar, die
materielle Kultur aber belegt enge Kontakte mit der römischen Welt.[32]

Schatzfund von Szilágysomlyó (heute Şimleu Silvaniei, Rumänien), Kunsthistorisches Museum Wien. Die Onyxfibel erinnert an römische Offiziersinsignien.

Bekannt sind die reichen Gräber von Apahida im Tal des Someşul Mic (Kleiner
Somesch) und ein Hortfund bei Cluj. Die drei Gräber von Apahida brachte
man häufig mit Ardarich und seiner Familie in Zusammenhang. Sie datieren in

die Zeit um 470/480 und zeigen deutliche Bezüge zum berühmten Grab des fränkischen Königs Childerich I., der 481/482 verstarb. Die Parallelen sind bei den aufwendig gearbeiteten Gürtelschnallen mit Cloisonné-Verzierung besonders auffällig.[33] Mehrere Fingerringe lagen in den Gräbern, von denen einer den eingravierten Namen »Omharus« trägt. Auch Childerich hatte einen Ring mit seinem Namen bei sich. Eine goldene Zwiebelknopffibel, Tierkopfanhänger, silberne Kannen byzantinischer Herkunft und eine große Zahl von mit Almandinen besetzten Schmuckstücken, besonders charakteristisch die Adlerfiguren aus Grab II, vervollständigen das reiche Inventar der Gräber.[34] Besser als sich auf eine eindeutige Zuweisung festzulegen wäre es, diese Bestattungen als Zeugnisse einer Gesellschaft zu deuten, deren Eliten in engem Kontakt mit Rom standen und zu einigem Wohlstand gekommen waren.[35] Überregionaler Geschmack und eine Mode, die man vielleicht als barbarisch bezeichnen darf, verbanden die Eliten über weite Entfernungen.[36] Die möglicherweise gepidischen Großen, die mit den Bestattungen von Apahida ihre Macht demonstrierten, hatten ähnliche Ansprüche wie der Franke Childerich im Norden Galliens.

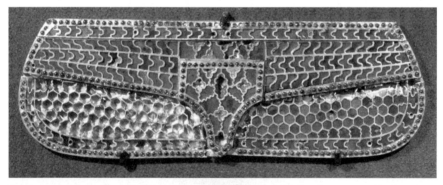

Taschenbeschlag mit aufwendig gearbeiteter Cloisonné-Verzierung, wellenförmigen Zellbegrenzungen und kleinen, halbkugelförmigen Granaten an den Rändern aus Apahida Grab II. Das Stück von hoher Qualität wurde vielleicht in einer kaiserlichen Werkstatt gefertigt. Dann hätte die Gemeinschaft von Apahida enge Beziehungen zum Hof unterhalten. (Muzeul Naţional de Istorie a României, Bukarest).

Im 6. Jahrhundert griff man in der pannonischen Tiefebene den Bestattungsbrauch der frühmittelalterlichen Reihengräberfelder mit zahlreichen Grabbeigaben wie Waffen oder Fibeln auf. Solche Reihengräberfelder wurden etwa in Szentes-Nagyhegy (bis in die Awarenzeit belegt) und in Hódmezővásárhely-Kishomok ausgegraben. Denkbar, dass sich so eine Westorientierung der barbarischen Verbände belegen lässt.[37]

Sarmaten

Im Vorfeld des gepidischen Hegemonialraumes an der unteren Theiß hatten
Sarmaten nach der Nedaoschlacht ein kleines *regnum* gebildet. Die Sarmaten
sind, wenn man so will, ein altes Volk. Schon Herodot erwähnte ihren Namen
im 5. vorchristlichen Jahrhundert im Bereich der südrussischen Steppen zwischen Don und der unteren Wolga. Die kaiserzeitlichen Geographen Pomponius Mela und Ptolemaios kannten eine *Sarmatia* mit der Weichsel als Westgrenze. Noch für Jahrhunderte sollte diese Bezeichnung eine wichtige geo- und
ethnographische Kategorie bleiben.[38] Bereits erwähnt wurden die sarmatischen
Jazygen und Roxolanen, die Jordanes zur Eingrenzung seiner *Dacia* aufzählt.
Schon im frühen 1. Jahrhundert waren Jazygen ins Alföld gekommen. Als römische Verbündete kämpften sie gegen die Daker. Die Roxolanen folgten ihnen
und griffen mit Bastarnen und Dakern seit dem 1. Jahrhundert immer wieder
römische Provinzen an. Von 166 bis 180 hatten sich Jazygen und Roxolanen
mit den Markomannen verbündet und erlitten mit diesen eine schwere Niederlage. Mark Aurel (161–180) und Commodus (180–192) waren, wie später
auch Diokletian, Sarmatensieger und führten einen entsprechenden Triumphaltitel. Jazygen wurden teilweise auf Reichsgebiet angesiedelt, und sarmatische
Reiter dienten häufig in der römischen Armee. Während des 3. und 4. Jahrhunderts setzte sich der Sarmatenname für die meisten dieser Gruppen durch.[39]

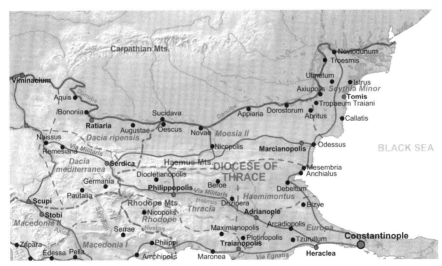

Diözese Thrakien (Dioecesis Thraciae) im 4. Jahrhundert: Sie umfasste vier thrakische Provinzen, sowie Untermösien und die Scythia minor.

Die Könige Beuca und Babai hatten ihre Sarmaten nach der Nedaoschlacht 454/455 ins obermösische Singidunum (Belgrad) geführt und konnten die Stadt besetzen und erobern. Wie für die Gepiden Sirmium wurde diese Stadt das sarmatische Zentrum. Im politischen Gefüge der neu entstandenen kleinen königlichen Herrschaften in den ehemaligen pannonischen Provinzen waren die Sarmaten klar positioniert und zwar deklariert antigotisch. 469 kämpften sie an hervorragender Stelle gegen den größten der Verbände und dessen hegemoniale Ansprüche. Die Reiter konnten sich nicht lange an ihrer Römerstadt erfreuen. 471 griff der junge Theoderich an, tötete Babai und nahm sich die Stadt und den Königsschatz. Der Gote zerschlug schnell und brutal das kleine *regnum*. Zwar liest man noch zu späterer Zeit von sarmatischen Verbänden, allerdings nicht mehr von Königen.[40]

Skiren

Weiter nördlich lag ein nach 455 gebildetes Territorium der Skiren um Edika (Edekon) und seine Söhne Odoaker und Onoulph (Hun(w)ulf). Der ungarische Archäologe István Bóna hat vorgeschlagen, die beiden prächtig ausgestatteten Frauengräber von Bákodpuszta (Dunapataj-Bödpuszta) zwischen den südungarischen Städten Solt und Kalocsa im Komitat Bács-Kiskun der skirischen Königsfamilie zuzuweisen.[41] Träfe dies zu, bestätigte das die Position der Skiren nördlich der Sarmaten und östlich der gotisch kontrollierten pannonischen Provinzen. Eine eindeutige Zuweisung eines Grabes ohne inschriftliches Material ist jedoch an sich problematisch und bleibt eine aufgrund des historischen Rahmens berechtigte Vermutung.

»Der den Skiren zugeschriebene Fundstoff kann vorerst überwiegend geographisch und nur in ganz geringem Maße aufgrund archäologischer Argumente umschrieben und vom benachbarten ostgotischen bzw. gepidischen Fundstoff getrennt werden.«[42]

Im südlichen Teil des Gebiets zwischen Donau und Theiß, dem ungarischen Alföld, versuchten die Skiren ihre Verbindungen zum Kaiser zu nutzen, um wieder eine ähnlich bedeutende Stellung wie unter Attila zu erlangen. Konflikte mit den mächtigen Goten waren bei solchen Bestrebungen unausweichlich.[43]
    Der nur in Fragmenten überlieferte byzantinische Geschichtsschreiber Priskos berichtet, die Skiren hätten in Konstantinopel um Hilfe gegen die Goten gebeten. Aspar wollte keine der beiden Seiten unterstützen, Kaiser Leo jedoch wies den illyrischen Heermeister an, Edika Truppen zu senden.[44] Die bruchstückhaften Informationen zeigen zweierlei. Erstens war das nach der Nedaoschlacht entstandene System äußerst labil und von gegenseitiger Konkurrenz ge-

prägt, die jederzeit in militärische Auseinandersetzungen kippen konnte. Die einzelnen Verbände waren den Römern vertraglich verpflichtet, wurden aber offenbar in unterschiedlicher Weise und Intensität unterstützt bzw. regelrecht gegeneinander ausgespielt. Zweitens verfügten die skirischen Großen der Familie Edikas über beste Beziehungen zur Reichszentrale. Die Karrieren Odoakers und Onoulphs (Hun(w)ulfs) sind in den Quellen angedeutet.

Sueben

Im Raum der heutigen Südslowakei bestand für wenige Jahrzehnte ein kleineres Suebenreich. Unter einem Anführer Hunimund wagten diese Sueben Raubzüge auf Reichsgebiet und griffen auch die Goten Thiudimirs an.[45] Der Suebenname bereitet Schwierigkeiten. Schon Caesar und Tacitus hatten sich seiner als Sammelbezeichnung oder besser als ethnographischer Kategorie bedient. Im beginnenden 5. Jahrhundert erlebte das Ethnonym eine Renaissance und wurde als Eigenbezeichnung einzelner Herrschaftsverbände gewählt. Zahlreiche Markomannen und Quaden des Donauraums hatten sich 406 den Vandalen und Alanen angeschlossen und waren nach Gallien gezogen. In Nordwestspanien konnten diese Auswanderer ein eigenes *regnum* begründen, das bis 585 Bestand haben sollte. Erst der Westgotenkönig Leovigild machte die Sueben der Galicia tributpflichtig. An der Donau unterstellten sich die zurückgebliebenen Kriegerverbände den Hunnen. Beide Gruppen wählten den alten Suebennamen.[46] Jordanes macht widersprüchliche Angaben über die Lokalisierung des kleinen Suebenreichs an der Donau. Wohl war auch er von der Bedeutungsbreite des Suebennamens irritiert. Am Unterlauf der slowakischen Flüsse Váh (Waag) und Ipe (Eipel) hatte Hunimund, der *Suavorum dux*, nach der Nedaoschlacht seine Herrschaft etablieren können. Andere Sueben dürften sich im Gebiet des niederösterreichischen Weinviertels den Herulern angeschlossen haben.[47]

Alle gegen die Goten – Die Schlacht an der Bolia (469)

Nach dem Abkommen zwischen Kaiser Leo und den Goten von 459 herrschte an der Donaugrenze relative Ruhe. 465/466 begannen Attilas Söhne Ernak und Dengizich Verträge mit dem Kaiser einzufordern. Unter anderem verlangten sie einen Markt an der Grenze. Dieses Privileg hatte schon ihr Vater genossen, wie die hunnische Seite betonte. Kaiser Leo sah sich in der stärkeren Position und wies alle Forderungen der Hunnen ab. Dengizich drängte aufs Losschlagen, Ernak wollte abwarten, war er doch auf seinem eigenen Territorium mit Krieg führen beschäftigt.[48] Mehrere hunnische Angriffe folgten, deren Chronologie jedoch unklar bleibt. 466 schlug der Heermeister Anthemius, der im folgenden

Jahr Kaiser des Westens werden sollte, Hormidac, einen weiteren Sohn Attilas. Diesem Hunnen war es gelungen, mit seinen Kriegern bis Serdica (Sofia) vorzustoßen.[49] Auch Verhandlungen wurden geführt. Dengizich ließ Leo ausrichten, wenn er und sein Heer nicht Geld und Land bekämen, würde man sofort wieder in den Krieg ziehen.[50]

Valamir hatte die Sagaden im Inneren Pannoniens angegriffen. Daraufhin sammelte der Hunnenkönig Dengizich, den Jordanes Dintzic nennt, die Völker, die ihm noch gehorchten, Ultzinzuren, Angisciren, Bitturguren und Bardoren, und zog gegen Pannonien. Der Hunne begann, die Stadt Bassianae zu belagern und ihr Gebiet zu plündern. Bassianae in der heutigen Vojvodina war nach Sirmium die zweitgrößte Stadt der *Pannonia secunda*. Valamir kehrte um, und es gelang ihm, die Hunnen zu schlagen. Ein letzter hunnischer Restaurationsversuch war gescheitert. Dengizich war es nicht gelungen, eine ausreichend schlagkräftige antigotische Koalition im ehemaligen Attilareich aufzubauen.[51] Offenbar hatte der Hunne nach der Niederlage gegen Valamir mit seinen Drohungen gegen die Römer ernst gemacht, scheiterte aber auch bei diesem Angriff. Im Jahr 469 brachte der Feldherr Anagastes Dengizichs Haupt nach Konstantinopel.[52]

Während Valamir die Hunnen abwehren musste, wandten sich die Sueben gegen Pannonien. Hunimund plünderte in der gotischen Savia und marschierte Richtung Dalmatien. Beutebeladen wollten die Sueben sogar noch die Herden der Goten in ihr Gebiet treiben, als Thiudimir sie am Plattensee abfangen und gefangen nehmen konnte. Der Suebenkönig musste sich unterwerfen und wurde ein Waffensohn Thiudimirs. Der Friede hielt nicht lange, denn die Sueben Hunimunds verschworen sich mit den Skiren Edikas, und gemeinsam griffen sie erneut die Goten an. Noch 468 oder im frühen Jahr 469 kam es zur Schlacht, in der Valamir den Tod fand. Thiudimir übernahm das Oberkommando über die Goten. Die Skiren und Sueben wurden empfindlich geschlagen. Jordanes stellt fest, nur wenige der Skiren seien am Leben geblieben. Nur einige, die den Namen trugen, überlebten, und dies nur mit Schande. Gut denkbar, dass hier schon eine Anspielung auf die Fronten in Italien zwischen Odoaker dem Skiren und Theoderich dem Goten eingebaut wurde.[53]

Die Scharmützel an der Donau stehen in einem größeren Zusammenhang. Der erfolgreiche Heermeister Anthemius, der schon bei Durazzo mit den Goten gekämpft hatte, war seit 467 als Kaiser in Ravenna eingesetzt. Nachdem ein großer Angriff des Westens und des Ostens gegen die Vandalen in Afrika 468 spektakulär gescheitert war, versuchten die Römer gegen die Goten in Spanien und Pannonien vorzugehen. So organisierte Anthemius 469 eine breite Front gegen die Westgoten. Burgunder, gallische Alanen, Franken und Sueben sollten gemeinsam mit römischen Truppen losschlagen.[54]

Gleichzeitig bildete sich eine antigotische Allianz mit römischer Unterstützung an der Donau. Generell war es römische Taktik, die Nedaogruppen gegeneinander auszuspielen, dadurch zu beschäftigen und vom Reich fernzuhalten. Die überlebenden Skiren unter Edika und Onoulph (Hun(w)ulf), die Sueben unter Hunimund und Alarich, die Sarmaten unter Beuka und Babai, die Gepiden, Rugier und wahrscheinlich auch die Heruler hatten sich gegen die Goten zusammengefunden. Im Rücken der Goten zogen die Oströmer Truppen zusammen. Kaiser Leo riskierte mit diesem Krieg den Bruch mit seinem Reichsfeldherrn Aspar, der sich selbst auf gotische Kontingente stützte. Am Fluss Bolia trafen die barbarischen Gegner im Jahr 469 aufeinander, als die römischen Kontingente noch in Dalmatien und Mösien lagen. Doch die Feinde der Goten hatten sich verschätzt. Der gotische Sieg an der Bolia war uneingeschränkt. Das römische Heer zog sich zurück, und Kaiser Leo bot Kompromisse an.[55]

Die Folgen der Schlacht

Der Kaiser entließ den jungen Theoderich, der als Geisel in der Hauptstadt gelebt hatte, nach Pannonien. Der etwa 18-jährige Sohn Thiudimirs griff sogleich mit den etwa 6000 Mann umfassenden Truppen seines gefallenen Onkels Valamir die Sarmaten in Singidunum an. König Babai wurde getötet, Singidunum erobert und auch der sarmatische Schatz fiel in die Hände der Goten. Theoderich hatte sich bewährt und einen ersten großen Sieg errungen.[56] Im Winter 469 auf 470 war Thiudimir wieder gegen die Sueben vorgegangen. Die Goten verheerten das Suebengebiet, und Hunimund musste nach Westen fliehen. Möglich, dass er mit dem alemannischen Räuberhauptmann identisch ist, der wenige Jahre später Passau überfiel.[57]

Trotz oder gerade wegen all dieser Siege und Erfolge war den Goten Pannonien nicht mehr genug. Man wollte offenbar auf der ersten Ebene der Reichspolitik mitspielen und entsprechende Gewinne einfahren. »Mit lautem Geschrei« forderten die Goten den Aufbruch von ihren Königen. Die amalischen Brüder und der junge Theoderich mussten die Forderungen ihrer Krieger erfüllen, und so zogen die Goten 473 nach Süden ab. Diese Entscheidung hatte auch damit zu tun, dass die gotische Konkurrenz auf dem Balkan gefährliche Erfolge zu verbuchen hatte. 471 war Aspar von Kaiser Leo gestürzt und ermordet worden.[58] Seine Nachfolge trat unter anderem sein gotischer Schwager an: Theoderich Strabo war von Leo als Alleinherrscher (*autokrator*) aller Goten anerkannt worden. Zudem erhielt er 2000 Goldpfund jährlich, also die siebenfache Menge dessen, was die Goten in Pannonien bekamen. Theoderich Strabo hatte versucht, ein gotisches Königtum nahe dem Kaiser in Konstantinopel zu monopolisieren. Für Thiudimir und seinen Sohn wäre dann nur mehr die Rolle der »armen Verwandten« geblieben. Genug Gründe also, um aus dem Spiel an der Donau auszusteigen. Für die Goten war noch viel mehr zu gewinnen.[59]

Rugier an der Donau

Nach der Nedaoschlacht hatte ein Verband Rugier von der kaiserlichen Regierung Wohnsitze in Ostthrakien um die Städte Bizye (Vize) und Arcadiopolis (Lüleburgaz) erhalten. Noch 484 kommandierte Kaiser Zenon (474–491) seine rugischen Föderaten zur Bekämpfung der Usurpation des Heermeisters Illus nach Kleinasien. Das Kommando führte ein Sohn Aspars namens Herminericus/Ermanarich.[60] Die Mehrheit der Rugier sammelte sich im Weinviertel und dem östlichen Waldviertel am linken Ufer der Donau. Ihr Herrschaftsmittelpunkt lag gegenüber dem römischen Kastell Favianis (Mautern) bei den heutigen Orten Krems und Langenlois. Die Rugierkönige Flaccitheus und Feletheus oder Fewa sind während der Anwesenheit des heiligen Severin zwischen 462 und 482 in Noricum namentlich bezeugt.[61]

Die westliche Mauer der römischen Befestigung von Favianis (Mautern) von Nordwesten.

Das von den Rugiern besetzte Gebiet befand sich zwar nördlich der Reichsgrenzen, jedoch in einem Gebiet, das lange aufs *Imperium* bezogen war. Eine barbarisch-römische Mischkultur lässt sich hier auch archäologisch greifen.[62] Am Oberleiser Berg wurde so nach römischem Vorbild ein Herrenhof errichtet, dessen Hauptgebäude im 4. und 5. Jahrhundert in vier Bauphasen Erweiterungen und Ausbauten erfuhren. Zu dem Ensemble gehörten mehrere Handwerksbauten und Backöfen. Alois Stuppner nimmt eine Schmiede an und stellte insgesamt Spuren von Textil- und Metallhandwerk fest. Das Plateau war durch einen Wall gesichert. Das Hauptgebäude hatte eine Halle und verfügte über eine Fußbodenheizung.[63] Ammianus Marcellinus berichtet von einem Befehl Valentinians I. (364–375), im Gebiet der Quaden nördlich der Donau Grenzfestungen, *praesidiaria castra*, zu errichten. Denkbar, dass die Anlage am Oberleiser Berg auf solchen römischen Aktivitäten beruhte.[64] Später wird sie dann ein rugischer Anführer übernommen haben, der seinem *rex* bei Mautern verpflichtet war. Ende des 5. Jahrhunderts wurde die Anlage aufgegeben. Das würde mit dem literarisch bezeugten Militärschlag Odoakers gegen die Donaurugier zusammenfallen.

Eine Gedenkschrift für den hl. Severin

Über das Zusammenleben von Rugiern und Provinzialen berichtet eine außergewöhnliche Quelle. Der Abt Eugippius verfasste 511 im ostgotischen Italien eine Gedenkschrift, *Commemoratorium*, als Lebensbeschreibung des Klostergründers Severin. Diese Schrift bietet erstaunlich detaillierte Informationen über Noricum am Ende der römischen Herrschaft und die Rugier an der Donau. Die Person Severins und der hagiographische Charakter des Werks wurden viel diskutiert. So sei Severin Mitglied einer hochrangigen senatorischen Familie und bereits zwischen 454 und 461 im Donauraum als Provinzgouverneur aktiv gewesen. Später als Mönch habe er dann seine Autorität erhalten können und die in der Vita beschriebene Rolle eingenommen.[65] Die Gleichsetzung des Heiligen mit anderen bekannten Personen gleichen Namens wurde jedoch zurückgewiesen. Die Zugehörigkeit zu einer senatorischen Familie ist plausibel, eine vorherige Karriere als römischer Beamter aber unsicher.[66] Die Vita konzentriert sich auf die Darstellung eines richtigen und wahrhaften Mönchtums und bietet Überlegungen zu Gemeinschaft und Gehorsam.[67] Man sollte den Text stets vor diesem Hintergrund lesen. Möglicherweise dachte der im ostgotischen Italien schreibende Mönch Eugippius auch über ein Leben unter barbarischer Herrschaft nach.[68] Der Text ist Teil christlicher kultureller Praxis und erinnert, erklärt und gestaltet Grenzerfahrungen.[69]

Rugier als italische Föderaten

Wahrscheinlich kamen die Rugier von Anfang an als Föderaten in das heutige Niederösterreich nördlich der Donau, um die Grenze zu sichern. Nach dem Ende ihrer hunnischen Option Mitte des 5. Jahrhunderts brauchten die Krieger neue Einnahmequellen. Dies lässt sich jedoch nur indirekt erschließen, die Quellen fehlen. So sind wir weder über die Zeit eines möglichen Vertrags noch über die handelnden Personen informiert, weder auf römischer noch auf rugischer Seite.[70] Die rugischen Könige waren nach Italien und Ravenna orientiert, von wo sie ihre Befehle empfingen. 458 erfüllten die Rugier als Teil des Aufgebots, das Maiorian im Donauraum zusammenzog, ihre Pflicht. 467/468 unterstützten sie Rikimer gegen die in Noricum eingedrungenen Goten. Diese waren mit ihren Jahrgeldern unzufrieden und begannen, die ihnen benachbarten Verbände anzugreifen und auszuplündern. Am 1. Januar 468 feierte man in Rom einen Sieg Rikimers, der Noricum gegen gotische Verbände gesichert hatte. Die Stadtoberen von Teurnia hatten sich selbst geholfen. Die Belagerung ihrer Stadt durch eine Schar Goten konnten sie durch ein *foedus* aufheben, das sich die Barbaren mit Kleidungsstücken bezahlen ließen.[71] Der Rugierkönig Flaccitheus und Rikimer dürften um 470 über einen Abzug der rugischen Kontingente nach Italien verhandelt haben. Die Goten wussten dies aber zu verhindern und waren daran interessiert, die barbarische Konkurrenz vom Reichszentrum fernzuhalten. 469/470 versuchte Flaccitheus mit Konstantinopel Kontakt aufzunehmen, und die Rugier schlossen sich dem Kampf gegen die Goten an der Bolia an. Nach dem gotischen Sieg einigte man sich dann aber. Im Gegensatz zu Sueben und Skiren gelang es den Rugiern, ihren Status und ihr Gebiet zu behaupten.[72]

In der Severinsvita wird berichtet, der heilige Mann habe Flaccitheus prophezeit, er werde den Abzug der pannonischen Goten überleben. Sein Sohn Feletheus-Fewa folgte ihm um 475 als König nach. Dieser war mit der Gotin Giso verheiratet, die aus der Dynastie der Amaler stammte, ein klarer Hinweis auf das rugisch-gotische Bündnis. Die Verpflichtung der Rugier gegenüber ihrer königlichen Familie war ausgeprägt und sollte das Ende ihres Donaureichs überstehen. Noch im 6. Jahrhundert gab es in Italien rugische *reges*. Die Rugier bekannten sich, wie die meisten barbarischen Militärs, zum homöischen Glauben. Dieses Glaubensbekenntnis war Teil ihrer Identität und diente auch der Abgrenzung von den katholischen Provinzialen.[73] Als 473 die Goten abzogen, konnte Flaccitheus in ufernorisches Gebiet expandieren. Das Donauufer zwischen der Ennsmündung und dem heutigen Wien wurde so Teil des rugischen Einflussgebiets. Wir wissen von einem Großen des jungen Rugierkönigs Feletheus, *unus ex optimatibus Felethei*, der für Comagenis (Tulln) zuständig war. Ferderuch, der Bruder des Königs, erhielt Favianis (Mautern).[74] Die Krieger trachteten, gewinnbringende römische Städte in ihren Besitz zu bringen und die Zahl ihrer Untertanen zu vergrößern. Die Städte waren den Königen tributpflichtig.[75]

Lauriacum (Lorch) an der Mündung der Enns in die Donau blieb jedoch außerhalb des rugischen Machtbereichs. Durch Zuzug von Flüchtlingen aus anderen römischen Kastellen und Siedlungen donauaufwärts hatte die Stadt ein gewisses Wehrpotenzial erreicht. Alemannen und Thüringer versuchten, sich dort festzusetzen, und das bedrohte die rugische Position. So marschierte Feletheus gegen Lauriacum, und Severin zog ihm entgegen. Der Kirchenmann stellte seine Leute unter den Schutz des Königs. Man einigte sich auf eine vertraglich festgelegte Ansiedlung von Provinzialen aus dem Gebiet westlich der Enns in rugisch kontrollierten Orten des Tullnerfelds. Eine »ägyptische Knechtschaft« unter rugischem Schutz war für die römische Bevölkerung offenbar attraktiver als der Menschenraub, die Plünderungen und Überfälle durch andere, kleinere barbarische Verbände.[76] Die Rugier wiederum sahen eine Vergrößerung der Bevölkerung in ihren Städten als Machterweiterung. Der König hatte eine Schwerpunktbildung an seiner Grenze durch andere Kriegergruppen unterbunden, die der rugischen Position hätte gefährlich werden können.[77] Das Land an der Donau konnte insgesamt einen gewissen Wohlstand bewahren, so schwierig die Verhältnisse auch waren.[78]

Das Leben unter den Rugiern war für die Provinzialen aber keineswegs mit Rechtssicherheit verbunden. Immer wieder griffen sich die Bewaffneten Römer und verschleppten sie auf ihre Herrensitze nördlich der Donau.[79] Auf einem Markttag der Barbaren, *nundinus Barbarorum*, der regelmäßig unter königlichem Schutz abgehalten wurde, verkauften rugische Krieger Gefangene aus den Donauorten als Sklaven.[80] Die Königin Giso antwortete dem für die Rechte der Betroffenen intervenierenden Severin, es sei den Barbaren doch wohl erlaubt, über ihre Diener zu verfügen, wie es ihnen gerade passe.[81] Ihr Schwager Ferderuch scheute nicht davor zurück, sich in Favianis an der Einrichtung der Kirchen und den Armenalmosen nach Gutdünken zu bedienen.[82] Die *reges* Flaccitheus und Feletheus wiederum ließen sich von Severin beraten, behandelten ihn als einigermaßen gleichberechtigtes Gegenüber und bemühten sich, die Rechte der ihnen Schutzbefohlenen zu wahren.[83] Natürlich ist bei der Beurteilung solcher Passagen in der Lebensbeschreibung eines Heiligen Vorsicht angebracht.

Den Königen selbst soll Severin ihr homöisches Bekenntnis vorgeworfen und ihnen gepredigt haben. Die Rugier werden an einer Stelle »häretische Feinde« genannt. Die sehr negativ gezeichnete Gotin Giso habe außerdem Zwangstaufen von Katholiken verlangt.[84] Auffallend ist, wie gering, verglichen mit anderen Texten der Zeit, die Rolle der unterschiedlichen christlichen Lehren ist.[85] Nach dem Tod Severins 482 plünderte Ferderuch, der Bruder des Königs Feletheus, sein Kloster in Mautern. Kurz darauf habe dann Friderich seinen Onkel erschlagen, so berichtet Eugippius. Die Vita behauptet, Odoaker sei aufgrund dieser Bluttat gegen die Rugier gezogen.[86] Aber diese Ereignisse datieren bereits in das Jahr 488.

Heruler an der Donau

»Wie Bestien brachten Franken, Heruler und Sachsen viel Unheil.«[87] So düster beschreibt der für Theoderich in Italien tätige Bischof von Pavia Ennodius die

Situation, bevor der neue Herr Italiens wieder Frieden und Wohlstand garantiert habe. Das sollte heißen, solange die barbarischen Militärs keine geregelte Versorgung und Bezahlung erhielten, herrschte Willkür. Ennodius hatte allen Grund, die Realität zu verzerren, wollte er doch Theoderich preisen. Mit aller gebotener Vorsicht darf man die Heruler im östlichen Weinviertel und südlichen Mähren bis an die Kleinen Karpaten und weiter südöstlich bis an den Plattensee verorten. Dort hatten herulische Anführer ihr *regnum* eingerichtet. Gleichzeitig müssen mannstarke Verbände mit Odoaker nach Italien gezogen sein. Offenbar gelang es den Herulern, Sueben, Gruppen von Alanen, Hunnen und anderen unter ihrer Führung zu vereinen. Ehemalige römische Provinzialen und Sueben bestellten den Boden und boten Ernährungssicherheit und einen kleinen Wohlstand für die Krieger.[88] Der Erfolg der Heruler bestand darin, zwischen den größeren und gefährlichen Verbänden operieren zu können. Gleichzeitig schafften sie es, andere kleinere Kontingente an sich zu binden. Der in der Mitte des 6. Jahrhunderts schreibende Prokop schilderte die Gründe für den Konflikt zwischen Herulern und Langobarden. Dabei machte er eine Aussage, die die Verhältnisse gut charakterisiert:

»Mit der Zeit wurden die Heruler all den Barbaren, die ihrer Nähe lebten, an Macht und zahlenmäßig überlegen. Natürlich überfielen sie ihre Nachbarn oft, besiegten sie und plünderten deren Besitztümer.«

Der Byzantiner betont noch, die Heruler seien schlicht die hemmungslosesten und brutalsten Barbaren gewesen und hätten sich deshalb durchsetzen können.[89]

Wir haben es mit der »Psychologie und Ökonomie einer Gemeinschaft hochspezialisierter Krieger, denen der Krieg sowohl Lebensgrundlage als auch Lebensinhalt geworden ist« zu tun.[90] Gleichzeitig war das System höchst instabil, basierte es doch auf ehrgeizigen Kriegern. Jeder für sich wollte Wohlstand und ein gutes Leben. Einen solchen Verband zu führen, war keine leichte Aufgabe. »Ein Heerkönigtum, das Habgier und Hochmut seines Exercitus, dessen Ansprüche auf Beute und Ehre, nicht befriedigen kann, ist in Gefahr.«[91] Trotzdem schafften es die herulischen Kleinkönige an der Donau, sich für mehr als ein halbes Jahrhundert zu behaupten. Man darf annehmen, dass es Kontakte und Informationsaustausch zwischen den in Italien unter Odoaker kämpfenden Herulern und jenen an der Donau gab. Der Dienst an einem überregional agierenden Kriegsherrn mag dann eine Alternative für jene Heruler gewesen sein, die an der Donau nicht mehr zum Zug kamen.

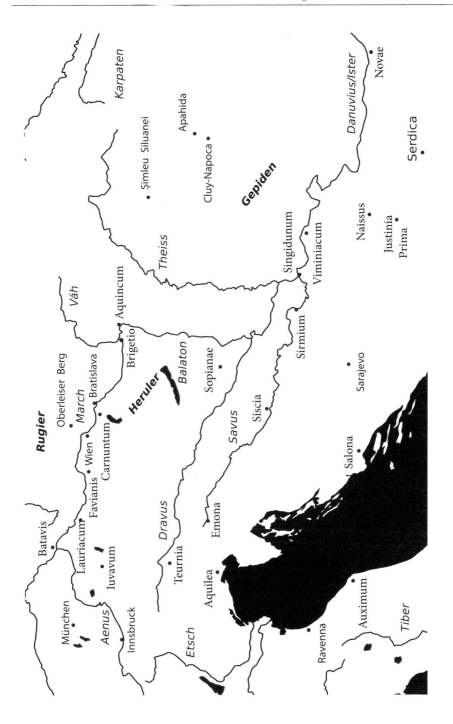

Wie von Priskos beschrieben war das Leben für die Krieger zwischen den Feldzügen durchaus angenehm. Nach dem Kampf genossen die Barbaren ihre Besitztümer und lebten ein ruhiges und entspanntes Leben. Zumindest berichtete das ein Grieche, der zunächst als Gefangener zu den Hunnen kam, dann aber als freier und gleichberechtigter Krieger aufgenommen worden war.[92] Die Donauheruler konnten eine kleine Armee aufbieten. Über einen ihrer Raubzüge sind wir Dank der Vita des heiligen Severin gut unterrichtet. Um 480 überraschten die Heruler die Einwohner von Ioviaco (nahe Batavia, Passau). Der heilige Severin hatte, wie es heißt, drei Mal versucht, die Bürger der Stadt zu warnen. In der Nacht nach der dritten Warnung fielen die Krieger über die Häuser her und führten viele Bewohner als Gefangene, *plurimi captivi*, ab. Den Ortspriester, einen Maximianus, erhängten sie an einem Kreuz. Ob das ein Opfer an Wotan war, ist fraglich. Zwar ist aus skandinavischen Kontexten der Brauch überliefert, Wotan mit an Bäumen gehängten Opfern zu huldigen, doch gibt es plausiblere Gründe: Eine lokale Autorität öffentlich hinzurichten bricht Widerstand und schreckt ab. Wir verfügen insgesamt über sehr wenige Informationen zu religiösen Hintergründen im Milieu der barbarischen *warlords* an der Donau.[93]

Die Episode zeugt in jedem Fall vom Bedarf der Kriegsherren an arbeitender Bevölkerung. Als herulischer Krieger wollte man ein angenehmes Leben in Wohlstand verbringen. Dazu brauchte man Untergebene, die Nahrung produzierten, als Handwerker tätig waren und Dienstleistungen erbrachten. Die im Süden gefangenen Provinzialen waren nördlich der Donau zu solchen Tätigkeiten verpflichtet. Wie die Rugier, die weiter westlich saßen, sahen die Heruler Teile von *Noricum Ripense* und die *Pannonia prima* als ihren Einflussbereich. Sie erweiterten schrittweise ihre Macht nach Süden Richtung Plattensee, als nacheinander das suebische und das skirische *regnum* von den pannonischen Goten zerschlagen worden waren. Insofern erscheinen die Heruler als Nutznießer der gotischen Aggression. Nach dem Abzug der Goten Richtung Balkan und Italien konnten sie zum Teil deren Erbe antreten. Als dann Odoaker das Rugierreich 488 zerschlug, wurden die herulischen Herren zum dominierenden Faktor im nördlichen Teil Pannoniens. Odoaker und später Theoderich verstanden die Heruler allerdings als italische Föderaten, denen die Kontrolle der Donaugrenze oblag. Die Heruler reüssierten erstens durch das Scheitern der anderen Donaureiche und zweitens durch ihr spätestens nach der Boliaschlacht passives Verhalten gegenüber den Goten. In den folgenden Jahrzehnten sollten sie gute Bündnispartner eines gotisch beherrschten Italiens werden.[94]

Barbaren als »Königsmacher« – Heruler und Rugier krönen Odoaker

9.1 Pannonier kämpfen um die Macht

Viele Heruler, Rugier und Skiren schlossen sich im Kernland des römischen Westens Odoaker an. Wieder ist es Jordanes, der vom Zug donauländischer Kriegerverbände nach Italien berichtet. Ähnlich wie ein römischer Kaiser im Donau- und Karpatenraum rekrutieren ließ, folgten die Verbände dem hoffnungsfrohen Mann aus Pannonien, der die Gunst der Stunde zu nutzen wusste. Wer an der Donau keine Chancen auf weiteren Reichtum und ein Leben als Kriegsherr sah, zog nach Italien.[1] Manche Quellen nennen Odoaker einen König der Rugier oder Heruler. Diese Titel mögen nicht offiziell gewesen sein, die Historiker, die sie überliefern, betonten dadurch aber die grundlegende Rolle, die ein Mann wie Odoaker für die rugischen und herulischen Krieger einnahm. An einem solchen militärischen Führer, den Barbaren und Römer einfach *rex* nannten, hingen die Hoffnungen der bewaffneten Verbände. Er sollte Beute, Reichtum und schließlich Privilegien und ein besseres Leben garantieren.[2]

Die Person Odoakers

Wer war dieser Odoaker? Seine Familie stammte aus Pannonien. Schon sein Vater Edika hatte unter Attila gedient. Somit war Odoaker an der Schnittstelle zwischen römischer und hunnischer Macht aufgewachsen. Seine Familie wusste die Chancen der Zeit und des Milieus zu nutzen.[3] Spätestens nach Attilas Tod hatte er die Führung der Skiren im Karpatenbecken übernommen. Odoakers und Onoulphs (Hun(w)ulfs) Vater Edika war in der Schlacht an der Bolia 469 gefallen. Jordanes nennt Vater und Sohn, Edika und Onoulph, als die Anführer der Skiren, die sich gemeinsam mit Gepiden und Rugiern gegen die Goten stellten.[4] Nachdem in Pannonien und bei den Barbarenverbänden alles verloren war, wurden die beiden Brüder römische Soldaten. Odoakers Bruder Onoulph hatte im Osten Karriere gemacht, während Odoaker selbst unter Rikimer in Italien kämpfte. Als es 471/472 zu einem Bürgerkrieg zwischen Kaiser Anthemius (467–472) und dem Heermeister Rikimer kam, blieb Odoaker seinem

Herrn treu und auf der Seite der Sieger. 479 schloss sich Onoulph seinem Bruder in Italien an, nachdem er als einflussreicher Militär bei Kaiser Zenon in Ungnade gefallen war.[5]

Verwandtschaft Odoakers

Stefan Krautschick hat, basierend auf einer Stelle bei Johannes von Antiochia, vorgeschlagen, den Kreis der Verwandtschaft Odoakers zu erweitern.[6] Der Heermeister und Konsul Armatus, der den Kaisern Leo und Zenon gedient hatte, es aber auch mit seinem Onkel Basiliskos hielt, sei der Bruder Onoulphs (Hun(w)ulfs) und Odoakers. Damit wären diese beiden ebenfalls Neffen des Basiliskos und der Verina, der Gattin Kaiser Leos. So bestünde eine Verwandtschaft mit dem Kaiserhaus des Ostens, und die Familie des Basiliskos sowie die der Verina hätte eine barbarische Herkunft. Da aber weder Johannes Malalas noch Malchus von Philadelphia diese einigermaßen bedeutende Beziehung kennen, haben sich Annahme und Lesung nicht durchgesetzt. Ähnliches gilt für die Gleichsetzung des jungen Odoaker mit einem bei den Sachsen aktiven Räuber in den 460er Jahren gleichen Namens.[7]

Die Severinsvita überliefert eine Episode über den sein Glück suchenden Odoaker. Einige Barbaren, die Richtung Italien zogen, besuchten den heiligen Mann, um seinen Segen zu erhalten. Unter ihnen war auch Odoaker, der später Italien regieren sollte, zu diesem Zeitpunkt aber noch in Felle gekleidet gewesen sein soll. Das Tragen einfacher Felle gehört zu den vielen Barbarenstereotypen der Spätantike. Severin ergriff die Gelegenheit und ließ sich seine günstige Prophezeiung mit der Begnadigung eines Gefolgsmannes des Orestes vergelten. Dem Barbaren wird eine Zukunft in der römischen Oberschicht und als Herrscher Italiens in Aussicht gestellt. Zu Severin kamen Menschen aus den verschiedensten Kontexten, sowohl aus den Barbarenländern wie aus den Zentren des Reichs. Flüchtlinge aus Italien suchten Asyl in der klösterlichen Gemeinschaft und Parteigänger des Orestes trafen auf Odoakers Leute.[8]

Orestes: Der Gegenspieler Odoakers

Auch Orestes, der große Gegenspieler Odoakers beim Kampf um die Macht in Italien, stammte aus den Donauprovinzen, genauer gesagt aus der *Pannonia secunda*. Der Name seines Vaters Tatulus ist überliefert, und ebenso wissen wir von einer Ehe mit der Tochter des *comes* Romulus aus Poetovio (Ptuj). Diese Herren hielten sich als Mitglieder einer Gesandtschaft des Westkaisers Valentinian III. am Hof Attilas auf. Bei ihnen waren ebenso ein ziviler und ein militärischer Vertreter aus Noricum. Promotus war wahrscheinlich *praeses* und Romanus *dux* der Provinz.[9] Priskos von Panion traf bei seinem Besuch im Jahre 448/ 449 auf diese Konkurrenz aus dem Westen, die als Vorwand Attila in verschiedenen heiklen Angelegenheiten zu beschwichtigen hatte, gleichzeitig aber Böses im Schilde führte. Orestes war zuvor gemeinsam mit Edika und einem von Aëtius dem Hunnenherrscher gestellten Sekretär namens Constantius nach Konstantinopel an den Hof des oströmischen Kaisers Theodosius II. gereist.[10] Edika hatte sich 448 während des Aufenthalts in der Hauptstadt vom Hofeunuchen Chrysaphius bestechen lassen und den Auftrag angenommen, seinen Herrn zu ermorden. Konstantinopel rechnete sich wohl aus, damit viel Geld zu sparen. Kaum war Edika aber wieder nördlich der Reichsgrenzen, berichtete er Attila von der Verschwörung. Orestes war in diese nicht eingeweiht gewesen. Priskos schreibt ausführlich über die Winkelzüge der Hunnen, am Ende seiner Erzählung wird der Plan und die Rolle der Protagonisten offenbar.[11]

Die Person Orestes

Orestes war Angehöriger der provinzialen römischen Führungsschicht. Nach der Übernahme der Macht an der Save durch die Hunnen nach 433 war es nicht verwunderlich, dass ein solcher Mann für die neuen Herren arbeitete. Die Quellen berichten, Orestes habe sich Attila angeschlossen und sei sein Sekretär, *hypographeus/notarius*, gewesen.[12] Trotzdem blieb er Teil beider Welten, seine engen Kontakte in die Reichselite sprechen für sich. Erwähnenswert ist das Urteil des Priskos. Orestes sei ein Untergebener und Sekretär Attilas, Edika dagegen ein bedeutender Krieger hunnischer Abstammung und jedenfalls weit ranghöher als der Römer. Trotzdem sind bei Priskos beide hunnische Würdenträger, *logades*.[13]

Beim Angriff Attilas auf Italien 452 war Orestes ebenfalls an der Seite des Hunnen. Nach Attilas Tod im folgenden Jahr verschwindet der Pannonier für mehr als zwei Jahrzehnte aus den Quellen. Es wurde vermutet, der Widersacher Odoakers in den 470er Jahren sei lediglich ein Namensvetter.[14] Wie dem auch sei, es bleibt unklar, ob Orestes 452 in Italien weiter Karriere machte, oder, was wahrscheinlicher ist, gemeinsam mit Julius Nepos im Auftrag Kaiser Leos erst 474 ins Zentrum des Westens kam.[15] Zudem ist es denkbar, dass Orestes in Dalmatien im Umfeld des Marcellinus und seines Neffen Nepos in den 460er Jahren aktiv war. Ein Bruder namens Paulus und vielleicht auch andere Mitglieder dieser pannonischen Familie begleiteten ihn. 475 übertrug Julius Nepos Orestes das gallische Regionalkommando und machte ihn zum Reichsfeldherrn im Rang eines *patricius* und damit zum ranghöchsten Militär Italiens.[16]

In Italien setzten sich die Machtkämpfe fort, die Mitte des Jahrhunderts in Pannonien begonnen hatten. Die Führungskräfte der Donauprovinzen bekriegten sich. Orestes stand gegen Edika, Odoaker und Onoulph (Hun(w)ulf). Nur ging es in Italien um ungleich mehr als in den Provinzen und deren Randzonen zu gewinnen gewesen wäre. Ob Römer oder Skiren, die Karrieren und politischen Ziele ähnelten sich. Diese Männer waren Militärs und hatten am hunnischen System ihren Anteil gehabt.

9.2   Odoaker – *rex Italiae* oder *rex gentium*?

Julius Nepos wurde 468 als Nachfolger seines Onkels Marcellinus Heermeister in Dalmatien.[17] Kaiser Leo förderte ihn durch eine Heirat mit einer seiner Nichten und der Verleihung des Patriziats 473. Entweder er oder der neue Kaiser Zenon (474–491) sandte Nepos dann mit einer Armee nach Italien, wo er den ehemaligen Gardekommandeur Glycerius absetzte und sich zum Augustus erheben ließ. Doch Nepos wurde bereits 475 von seinem Heermeister Orestes vertrieben: Nach kurzer Zeit als *patricius et magister militum* marschierte Orestes nach Ravenna und Nepos zog sich wieder nach Dalmatien zurück. Um die mächtige Funktion als *patricius* und Heermeister weiter selbst ausüben zu können, inthronisierte Orestes daraufhin kurzerhand seinen Sohn Romulus als Marionettenkaiser. Das »Nicht-Ende« des Weströmischen Reiches stand kurz bevor.[18] Julius Nepos blieb indessen, wenn auch durch die Adria von Italien getrennt, in den Augen der römischen Eliten und Konstantinopels der legitime Kaiser.[19]

Stabilität war nicht erreicht worden. Odoakers großer Tag kam, als die föderierten Soldaten der auswärtigen Völker, *externae gentes*, vom *patricius* Orestes gleiche Bezahlung wie die verbliebenen regulären Truppen forderten. Eine finanzielle Gleichstellung der Föderaten mit den römischen Soldaten wäre sehr teuer geworden und war angesichts leerer Kassen kaum machbar. Föderaten erhielten vertraglich festgelegte Entschädigungen, und die geschlossenen Verträge hatten ein Ablaufdatum. Man konnte also, wie das etwa Maiorian 460 mit seinen Barbaren getan hatte, seine Föderaten schnell entlassen und die Geldmittel anderweitig einsetzen.[20] Ein römischer Rekrut kostete 30 Solidi jährlich, während für einen ostgotischen Föderatenmann Theoderichs des Großen lediglich alle fünf Jahre fünf Solidi an Donativen aufzubringen waren.[21] Derartige Kostenunterschiede lassen die Vorgänge dieser Jahre und die Rolle wie das Selbstverständnis der Barbaren auf Reichsboden in einem anderen Licht erscheinen. Jeder, der im Römerreich seine Ansprüche durchsetzen wollte, musste seit Jahrzehnten zumindest im Westen auf preisgünstige Barbaren zurückgreifen. Diese selbst werden sich wiederum ihren Teil über die zu erringenden Reichtümer gedacht haben. Umso verlockender erschien nun die Übernahme der Macht. Die auswärtigen Soldaten strebten diese an, indem sie Odoaker akklamierten – wahrscheinlich als *rex*. Damit begann der Putsch.

Der Putsch Odoakers

In der Einleitung zu seinem Werk über die Gotenkriege unter Justinian (527–565) berichtet Prokop etwas ausführlicher über diesen Vorgang bzw. den Inhalt der Forderungen der föderierten Soldaten. Da dort von Grundstücken oder Äckern, ἀγροί, die Rede ist, wird die Stelle seit Jahren intensiv diskutiert.

»Unter ihnen befand sich ein Mann namens Odoaker, der zu den Leibwächtern, Doryphoren, des Kaisers gehörte. Dieser erklärte sich bereit, ihnen das Versprechen zu erfüllen, wenn sie ihn an die Macht brächten. Nachdem er so die Herrschaft als Tyrann übernommen hatte, tat er dem Kaiser, βασιλεύς, weiter nichts Schlimmes an, sondern ließ ihn als Privatmann weiterleben. Indem er den Barbaren den dritten Teil der Grundstücke, τριτημόριον τῶν ἀγρῶν, gewährte, band er sie dadurch ganz fest an seine Person; und so befestigte er die Herrschaft als Tyrann für zehn Jahre.«[22]

Hier ist nicht der Platz, um die komplexe Diskussion über die Zuteilung von Land oder Versorgungsansprüchen an Barbaren auf römischem Reichsgebiet erneut aufzugreifen.[23] Die erste Frage wäre, wie die neuen Herren Italiens mit den umfangreichen kaiserlichen Domänen verfuhren. Wurden diese zum Besitz Odoakers oder an die Truppen verteilt? Enteignungen von Landgütern haben sicher stattgefunden, alleine schon der Besitz der besiegten Gegner wird von Militärs nach entsprechenden Kämpfen eingezogen worden sein. Darauf bezogen sich dann ausgleichende spätere Bestimmungen über die Rückgabe von Eigentum.[24] Aber nicht jeder Soldat konnte sich Privatbesitz aneignen. Die zur Versorgung der Armee bestehenden römischen Verteilungsmechanismen haben in unterschiedlicher Form fortbestanden, in Italien anders als etwa in Afrika.[25] Insgesamt sind die Quellen diesbezüglich kompliziert und oft widersprüchlich, eine abschließende Klärung wird vielleicht nie möglich sein.

Orestes wies die Forderungen seiner Truppen als »oberster weströmischer Magistrat zurück, während Odoaker ihre Erfüllung versprach, sollte er übermagistratische Gewalt erlangen.«[26] Als Konsequenz erhoben die *externae gentes* den Skiren am 23. August 476 zum König.[27] Man kann die Ereignisse dieses Tages als Staatsstreich bezeichnen, als Putsch ausgeführt von einem Teil der bewaffneten Macht in Italien, die ihre eigenen Interessen verfolgte.[28] Ein kurzer Krieg in Norditalien folgte. Orestes wurde in Placentia (Piacenza) aufgegriffen und exekutiert.[29] Wenige Tage nach seiner Erhebung tötete Odoaker auch den Bruder des Orestes, Paulus, in Ravenna. In weniger als zwei Wochen war die Machtfrage in Italien entschieden.[30] »Auf den ersten Blick war Odoakers Machtergreifung eine Usurpation bisher unvorstellbaren Ausmaßes. Ein Barbar hatte im Kernland des Reichs den verhassten Königstitel angenommen und einen römischen Kaiser abgesetzt, um an dessen Stelle zu herrschen.«[31] Aber auch Romulus war ein von seinem Vater eingesetzter Usurpator und wäre vom Osten nicht anerkannt worden. Eine senatorische Gesandtschaft ging als letzte Amtshandlung des Romulus nach Konstantinopel und gab den Verzicht auf einen eigenen Kaiser im Westen bekannt. Odoaker sei ein geeigneter Mann, um den Staat glücklich zu erhalten. Zenon solle Odoaker zum *patricius* und obersten Heermeister erheben und die Verwaltung Italiens übergeben.[32] Münzprägungen in Italien erfolgten weiter im Namen des Nepos, bis dieser 480 starb. Erst nach dem Tod des legitimen Kaisers wurden dann Münzen mit der Legende FL(avius) OD(ov)AC(ar) geschlagen.[33]

Die am Putsch beteiligten Soldaten

Wer waren nun aber die Soldaten der auswärtigen Völker, der *externae gentes*, die Odoaker zum König erhoben hatten? Jordanes meint, obwohl Odoaker von Geburt ein Rugier sei, war er König der Torcilingen,[34] der gemeinsam mit Skiren, Herulern und Hilfstruppen anderer *gentes* seinen Sieg errungen habe. Der *Anonymus Valesianus* berichtet, Odoaker sei mit den Skiren nach Italien gekommen.[35] Quellen, die auf einer ravennatischen Chronik beruhen, unterrichten uns dagegen davon, dass die Heruler Odoaker zu ihrem König gemacht hätten, nicht ohne zu betonen, diese Heruler wären zu diesem Zeitpunkt römischem Recht unterstanden. Damit wird der illegale Akt gegen die rechtmäßige Regierung hervorgehoben.[36]

Felix Dahn meinte, Odoaker einen Herulerkönig, *rex Erulorum*, zu nennen, sei schlicht ein Irrtum.[37] Nimmt man die Quellen jedoch ernst, wird ein Blick in die Realitäten der barbarischen Kriegerverbände möglich. Zudem darf man mehrere parallel laufende Prozesse annehmen. Odoaker zu ihrem König auszurufen, bedeutete den für und mit ihm kämpfenden Herulern viel. Ein *rex* war nun für ihre Bedürfnisse und ihr Wohlergehen zuständig. Die Heruler in der italischen Föderatenarmee standen zudem in Konkurrenz zu etlichen anderen Verbänden, die jeweils Odoaker für sich beanspruchten und allesamt eine hegemoniale Position anstrebten. Verschiedene Gruppen konnten sich zu unterschiedlichen Zeiten aufspalten und eine neue Identität annehmen oder sich neu definieren. Deshalb überrascht es nicht, dass die Quellen verschiedene Bezeichnungen für Odoaker überliefern.[38] So wurde er als Gotenkönig, Rugierkönig oder einfach als *rex* angesprochen.[39] In ähnlicher Weise konnte Attila bei Malalas ein Gepide werden. Für römische und griechische Autoren war es eine Herausforderung, an Stelle der ihnen vertrauten Bezeichnungen Hunnen oder

Skythen genauere ethnische Namen zu verwenden und sich in der Vielfalt der Verbände zurecht zu finden.[40]

Odoakers Selbstdarstellung

Wir haben nur wenig Kenntnis über Odoakers Selbstdarstellung während der Machtkämpfe in Italien. Vielleicht war er sehr geschickt darin, keine zu klaren Festlegungen zu treffen und damit verschiedene Verbände für sich zu verpflichten. Es war sicherlich nicht von Nachteil, mehrere und unterschiedliche ethnische Identitäten bedienen zu können. Odoaker dürfte die Huldigung der Heruler, Rugier oder Goten weiter unkommentiert akzeptiert haben, um mit all diesen Kriegergruppen gleichzeitig zu operieren. Jedenfalls bediente sich der starke Mann in Italien verschiedener Sprachen der Macht. Gegenüber dem Hof in Konstantinopel und dem Senat wie der römischen Führungsschicht spielten andere Ansprüche und Legitimationen eine Rolle, als wenn der Heerführer mit seinen Soldaten zu tun hatte. Flavius Odoaker wandte sich an römische Aristokraten, ein König der Rugier versprach den rugischen Kriegern Ruhm, Beute und gute Bezahlung sowie ein angenehmes Leben in italischen Garnisonen. Jordanes machte Odoaker zu einem König der Völker, *rex gentium*, und beschrieb so treffend die Basis seiner Macht.

Wenn die Heruler und Rugier, die Odoaker zu ihrem König gemacht hatten, von einem sorglosen Leben in Italien träumten, wurden ihre Erwartungen nach eineinhalb Jahrzehnten enttäuscht. Namentlich die Heruler nahmen ihre Bindung an den neuen König ernst und gingen mit Odoaker unter. Als Ravenna bereits von Theoderichs Truppen belagert wurde, standen Heruler treu an der Seite ihres italischen *rex*. In der Nacht des 9. Juli 491 unternahm der Herr Italiens gemeinsam mit seinen Herulern einen letzten verzweifelten Ausbruchsversuch. Livila, ein General Odoakers und der Nachfolger Tufas, der 489 zu Theoderich übergelaufen war, fiel gemeinsam mit den besten herulischen Kämpfern.[41] Der Dichter Ennodius fragte Jahrzehnte später: »Wer vermag sich noch an die zerschlagenen Schlachtreihen der Heruler [zu] erinnern?«[42]

9.3 Odoaker und die Donaurugier (487/488)

Im rugischen Territorium nördlich der Donau gegenüber einer Linie zwischen den heutigen Städten Mautern (Favianis) und Tulln regierte der *rex* Feletheus seit etwa 475. Feletheus war mit der Amalerin Giso verheiratet, also einer Prinzessin aus dem gotischen Königshaus.[43] Alleine schon diese Ehe zeugt von der progotischen Position der Donaurugier seit dem Abzug des dominierenden Verbandes aus Pannonien 473. Die Bindungen waren jedenfalls so eng, dass Theoderich die spätere Ermordung Odoakers auch als Rache an seinen Verwandten rechtfertigte.[44] Die Notwendigkeit einer überregionalen politischen Orientierung spaltete allerdings die rugischen Militärs und machte es äußeren Feinden einfach einzugreifen. Die Lebensgeschichte des heiligen Severin berichtet – neben in Italien entstandenen Chroniken – einigermaßen ausführlich von den sich aufbauenden Spannungen, die auch die Gemeinde dieses Bischofs bedrohten. Im 8. Jahrhundert fasste Paulus Diaconus in seiner Langobardengeschichte das Schicksal der rugischen Konkurrenz prägnant zusammen.

Der Bericht des Paulus Diaconus

»*Zu dieser Zeit entlud sich die Spannung einer tiefen Feindschaft zwischen Odoaker, der in Italien schon seit Jahren regierte, und Feletheus, auch Fewa genannt, dem König der Rugier. Feletheus bewohnte damals das nördliche Ufer der Donau; es wird durch die Donau von Noricum getrennt. Im dortigen Bereich von Noricum lag in jenen Tagen das Kloster des heiligen Severin, eines Mannes von vorbildlicher Askese, der bereits durch zahlreiche Wundertaten berühmt war. Obwohl er sich in jenen Gegenden bis zu seinem Lebensende aufgehalten hatte, ruht sein Leib jetzt in Neapel. Severin hatte nun oft den Feletheus und dessen Frau Giso mit Himmelsworten dazu gemahnt, sich nichts zuschulden kommen zu lassen. Als sie aber gar nicht auf ihn hörten, hatte er ihnen ihr späteres Schicksal prophezeit. Odoaker zog die gentes, über die er gebieten konnte, die Turkilingen, Heruler und einen Teil der Rugier selbst wie auch italische Völker zusammen und zog ins Land der Rugier, Rugiland. Dort lieferte er sich Kämpfe mit den Rugiern und siegte. Feletheus, ihren König, vernichtete er. Odoaker verwüstete die ganze Provinz und führte viele Gefangene nach Italien. Dann zogen die Langobarden aus ihren Gebieten ins Rugiland, was auf Latein Heimat der Rugier, Rugorum patria, bedeutet. Dort lebten sie viele Jahre weil der Boden fruchtbar war.*«[45]

Die von Paulus Diaconus kurz wiedergegebene Geschichte bedarf einer Einordnung. Odoaker begann sich in die Politik des Ostens einzumischen und die Opposition gegen Kaiser Zenon (474–491) zu unterstützen. Dem östlichen Kaisertum und Zenon war es gelungen, eine Entwicklung wie im Westen zu verhindern. In Konstantinopel blieb der Augustus handlungsfähig und konnte die Militärs weitgehend unter seiner Kontrolle halten. Schon 471 hatte Kaiser Leo (457–474) den Heermeister Aspar ermorden lassen. Zenon hatte es mit dem isaurischen Militär Illus zu tun. Der Konflikt gipfelte in der Erklärung des

Illus zum *hostis publicus*, zum Staatsfeind (483), was zum offenen Bürgerkrieg und der Ausrufung eines Gegenkaisers führte. Nach 4-jährigen Kämpfen konnte der Kaiser sich wieder durchsetzen. Der Bruch mit dem Regime Odoakers jedoch war unumkehrbar.[46]

Rex Ferderuch

Auch an der Nordgrenze des Westreichs hatten diese Konflikte Auswirkungen. Bei den Rugiern an der Donau war der Bruder des *rex* Ferderuch von seinem Neffen Friderich ermordet worden. Die *Vita Severini* deutet dies als Grund für die Intervention Odoakers.[47] Der Mord in der Familie stand im Zusammenhang mit innerrugischen Auseinandersetzungen über die Positionierung gegen oder für Odoaker, den Kaiser in Konstantinopel und die mächtigen Goten Theoderichs. Zunächst begannen sich eine gotenfreundliche und eine antigotische Partei bei den Rugiern zu bekämpfen. Johannes Antiochenus berichtet, Zenon habe sich mit den Rugiern gegen Odoaker verbündet. Zenon fürchtete, der starke Mann in Italien könnte Illus unterstützen. Zur Abwehr eines drohenden Zweifrontenkrieges mobilisierte der Kaiser nun die Donauföderaten. Diese mögen sich als Belohnung den Abzug ins reiche Italien erwartet haben. Es war jedoch gefährlich, als kleinerer Verband auf dieser Ebene mitspielen zu wollen.[48]

Odoaker sah die Rugier als italische Föderaten und eine Kontaktaufnahme mit dem Osten als Verrat. Er reagierte rasch und »die letzten italischen Armeen marschierten an die norische Donau, um barbarische Föderaten zu züchtigen, zugleich aber auch, um die römische Opposition auszuschalten, die hier nach 476 eine Heimstatt gefunden hatte.«[49] In zwei Feldzügen zerschlugen die Brüder Odoaker und Onoulph (Hun(w)ulf) das Reich der Kremser Rugier. Entweder im November oder Dezember 487 fand die erste große Schlacht am rechten Donauufer im Gebiet des Tullnerfelds statt. Die Rugier und die mit ihnen kämpfenden Provinzialen wurden geschlagen, König Feletheus und seine Gemahlin Giso gefangen nach Italien geführt, wo man sie exekutierte.[50] Der Königssohn Friderich rettete Reste seiner Kampfverbände und konnte sich zum Goten Theoderich in Sicherheit bringen. Andere Rugier hatten auf der Seite Odoakers gekämpft. Diese Männer waren entweder die Parteigänger des ermordeten Ferderuchs, oder sie gehörten zu jenen Truppenteilen, die schon seit Jahren mit und unter Odoaker in Italien operiert hatten. Die Rückkehr des zu Theoderich geflohenen rugischen Thronprätendenten Friderich wurde durch die Entsendung einer neuen Armee unterbunden. Onoulph (Hun(w)ulf) führte im Frühsommer 488 diese Truppen an die Donau. Im selben Jahr 488 kam es dann zur Evakuierung der im Raum von Favianis konzentrierten Provinzbevölkerung. Odoaker befahl deren Abzug nach Italien, um den Donauföderaten die wirtschaftliche Basis zu entziehen. Außerdem hatte man in Ravenna kein Interesse an einer schwer kontrollierbaren Nordgrenze. Zu oft hatten sich gegen den neuen Herrn Italiens gesinnte Römer an die Donau geflüchtet.[51]

Odoaker hatte die Beute seines Rugiersiegs noch nach Konstantinopel gesandt und dem Kaiser gehuldigt, wie ein guter römischer Feldherr das tun sollte. Die Entsendung Theoderichs nach Italien durch Zenon, um Odoaker zu stürzen, war dadurch nicht mehr aufzuhalten.[52] Die Rugier dürften nicht viel schwächer als die Heruler gewesen sein, eine mittlere Macht an der Donau also. Geschätzt wird eine Stärke von 5000 bis 10 000 Mann, die mobilisierbar waren. Theoderich hatte erst die Vereinigung seiner amalisch geführten Gruppe mit den thrakischen Goten so handlungsfähig gemacht.[53] Man brauchte eine Armee von 15 000 bis 20 000 Soldaten, um überregional zu agieren. Ein Heer der Spätantike zählte insgesamt kaum je mehr als 30 000 Mann, eine barbarische *gens* im besten Fall an die 15 000 bis 20 000 Krieger und somit etwa 100 000 Menschen insgesamt. Dies würde auf große Verbände wie die Goten zutreffen.[54]

9.4 Die Gepiden von Sirmium und der Krieg mit den Goten (488)

Wenn Odoaker mit seinem Rugierkrieg verhindern wollte, dass sich an der norischen Donau ein kampfstarker Verband etablieren konnte, misslang dies. Unter einem *rex* Godeoc gelangten die Langobarden durch Böhmen und Südmähren in das ehemals rugische Gebiet und setzten sich dort fest. Weil Odoaker mit der Verteidigung Italiens beschäftigt war, kam es zu keiner Intervention und die Langobarden konnten wenigstens die Reste provinzialer Strukturen nutzen.[55] Zenon hatte sich inzwischen anderweitig arrangiert, um Odoaker loszuwerden. Jedenfalls wandte der Augustus die bewährte Taktik an, einen potentiell gefährlichen Heerführer gegen Italien zu senden, wo er entweder scheitern oder reüssieren konnte, beides im kaiserlichen Interesse. In diesem Fall handelte es sich um Theoderich und seine Goten. Seit 481 hielt sich der inzwischen zum Konsul und Heermeister ernannte Gotenkönig mit seinen Truppen auf dem Balkan auf. Die Regierung Zenons sah sich mit gotischen Forderungen nach einem *foedus*, Land und der Zuweisung von *annona* (jährliche Nahrungsmittelzuweisungen) konfrontiert. Der Kaiser hätte vielleicht einen Krieg im eigenen Land führen müssen.[56]

»Zeno dankte also Theoderich mit Wohltaten; er erhob ihn zum Patricius und Konsul, machte ihm große Geschenke und sandte ihn nach Italien. Theoderich vereinbarte mit ihm, dass er, falls Odoaker besiegt werde, als Lohn für seine Anstrengungen wenigstens bis zur persönlichen Ankunft Zenos an des Kaisers Stelle regieren dürfe. Und so kam der Patricius Theoderich aus der Stadt Novae (Svištov, Bulgarien) mit den Goten, cum gente Gothica, heran, vom Imperator Zeno aus dem Osten geschickt, um Italien für ihn zu verteidigen.«[57]

Die Gepiden waren im hunnischen Gebiet geblieben und nicht wie die Ostgoten ins Reich gekommen oder wie Teile der Rugier und Heruler mit Odoaker nach Italien gegangen. Allerdings gelang es ihnen, die von den Goten aufgegebene ehemalige Kaiserstadt Sirmium (Sremska Mitrovica) zu besetzen. Dort fanden nun auch die stets am Rande des Geschehens gebliebenen Gepiden eine würdige Residenz für ihre Könige und römische Infrastruktur.[58] Große Speicher, gefüllt mit Nahrung für die Städte, waren das, was die Barbaren brauchten.[59] Und doch gelang es den gepidischen *reges* nicht, ihren Herrschaftsbereich zu konsolidieren. Das lag vor allem daran, dass das Gebiet von Sirmium am Schnittpunkt der Interessen großer Mächte lag.

Im Herbst 488 marschierte die gotische Armee über Singidunum nach Sirmium, das auf der Donaustraße Richtung Italien lag. Es ist denkbar, dass die Gepiden Odoaker gegenüber eine Bündnispflicht hatten und deshalb mit den Goten kämpften. Es reicht aber als Erklärung für die Auseinandersetzungen, dass Theoderich auf dem Weg nach Italien sein Heer zu versorgen hatte und das mit den Vorräten Sirmiums zu bewältigen gedachte. Von einem Kampf um Sirmium ist in den Quellen jedenfalls nichts zu lesen. Die Gepiden räumten ihre Königsstadt und verschanzten sich in den benachbarten Sümpfen. Vielleicht dachten sie daran, die Goten auszuhungern. Am Fluss Ulca (Vuka) im sumpfigen Gelände kam es dann doch zur für die Goten siegreichen Schlacht. Der Gepidenkönig Thraustila fiel. Theoderich konnte die gepidischen Nahrungsvorräte requirieren und seine Leute versorgen. Man wartete noch die Ernte im Sommer 489 ab, um dann weiter nach Italien zu ziehen. Eine größere Zahl rugischer Flüchtlinge schloss sich in diesem Sommerquartier Theoderich an, um mit nach Italien zu kommen. Der Trupp unter Friderich war ja im Jahr zuvor schon bei der römischen Festung Novae (Svištov) zum Gotenkönig gestoßen.[60] Den Rugiern hatte sich niemand entgegen gestellt, und man darf vermuten, dass »Konstantinopel unsichtbare Regie geführt hatte.«[61] Die Rugier schlossen sich den Goten an und sollten Teil des italischen Regnums werden.

In Sirmium regierte eine gepidische Dynastie, die mit großer Wahrscheinlichkeit von Ardarich begründet worden war. Beim gefallenen Thraustila befand sich sein Neffe Mundus (Mundo), der noch eine große Karriere in gotischen und später byzantinischen Diensten vor sich haben sollte. Die siegreichen Goten Theoderichs verschonten den Jungen und nahmen ihn mit nach Italien.[62] Jordanes weiß über Mundus zu berichten, er stamme von den Attilianern ab, *de Attilanis quondam origine descendens.*[63] Mundus Eltern stammten aus der Führungsschicht des hunnischen Reichs. Eine Tochter Ardarichs, der bald nach der Schlacht am Nedao 454/455 gestorben war, und Schwester Thraustilas dürfte den Attilasohn Giesmos geheiratet haben.[64] Nach dem Tod seines Vaters Giesmos befand sich Mundus in der Obhut seines Onkels Thraustila und war wohl zu jung, um König zu werden. Wir kennen zwei Gepidenkönige in der folgenden Generation: Thrasarich in Sirmium und Gunderith an der Theiß. Möglich, dass die Teilung des gepidischen Herrschaftsbereichs schon älter war, und Giesmos bereits neben seinem Schwager regiert hatte. Entweder war ein Teil des gepidischen Königshauses tatsächlich mit der Familie Attilas verschwägert oder man empfand die Nähe von Gepiden und Hunnen als so eng, dass die Quellen dies als direkte Verwandtschaft beschrieben. Der griechische Überlieferungsstrang bei Johannes Malalas und Theophanes betont die gepidische Herkunft, der lateinische die hunnische. Mundus hätte dann in Italien und bei den Goten seine hunnische Herkunft und bei seinen späteren griechischen Arbeitgebern seine gepidische betont.[65]

Am 28. August 489 überschritten ostgotische und verbündete Truppen den Isonzo. Nahe des Grenzflusses besiegten sie Odoakers Heer zum ersten Mal. Ennodius hebt hervor, wie viele Könige und Völker Theoderich gefolgt seien. Vielleicht war das eine Spitze gegen Odoaker, dessen Truppen ebenso aus *universae nationes* bestanden. Denkbar auch, dass es in Italien um neue Loyalitäten ging. Tufa, ein Heermeister Odoakers, schloss sich dem Goten an, nur um kurz darauf erneut die Seiten zu wechseln. Nun kam es darauf an, wer den Soldatenverbänden das bessere Angebot machen konnte. Umso größer musste der Sieger Theoderich später erscheinen.[66] Es folgten dreieinhalb Jahre Krieg in Italien. 493 endete der Konflikt mit dem Sieg Theoderichs. Während dieser Kämpfe unter Beteiligung von Rugiern, Westgoten, Burgundern und Vandalen gab es keine Interventionen an der Donau und in Pannonien. Erst in den kommenden Jahren und nach der Festigung seiner Herrschaft kümmerte sich Theoderich wieder um die rätischen, norischen und westillyrischen Provinzen, die nach wie vor als Teil Italiens gesehen wurden.[67] Die Heruler breiteten nach dem Abzug der Rugier ihren Herrschaftsbereich nach Noricum und Oberpannonien aus. Die sirmischen Gepiden kehrten ohne Weiteres in die alte Hauptstadt der *Pannonia secunda* zurück und setzten dort ihre Herrschaft fort.

Heruler, Rugier und Gepiden zwischen Ostrom und Italien

10.1 Rugier in Italien (490–541)

Theoderich hatte 489 Mailand und Verona besetzen können und war von der römischen Bevölkerung und den Bischöfen als Beauftragter des Kaisers in Konstantinopel empfangen worden. Odoakers Heermeister Tufa unterstellte sich mit einem großen Teil der Armee Italiens zunächst ebenfalls dem Goten und damit der kaiserlichen Autorität. Ihm und seinen Soldaten wurde befohlen, Odoaker in Ravenna zu belagern. Tufa jedoch muss daraufhin von Odoaker ein besseres Angebot erhalten, Theoderich verraten und ihm unterstellte gotische Offiziere, *comites*, dem Feind ausgeliefert haben. Odoaker konnte in die Offensive gehen.[1]

Ein Bericht des Ennodius

In der Biographie des Epiphanius, seines Vorgängers als Bischof von Pavia, berichtet Ennodius von einer Gruppe Rugier. Während der Kampfhandlungen in Italien belagerte Odoaker Theoderich 490 in Ticinum (Pavia), wohin sich der Gote nach Tufas Verrat zurückgezogen hatte. Nachdem mit westgotischer Hilfe die Belagerung gebrochen war, setzte Theoderich seinerseits zur Offensive an, und es gelang ihm, Odoaker in Ravenna einzuschließen. Einem rugischen Kontingent, wohl einem Teil der Streitkräfte Friderichs, wurde Pavia anvertraut. Ennodius schreibt:

»*Die Rugier sind Menschen von ungeheurer Wildheit, deren unbeugsames und grausames Wesen sie täglich zu Verbrechen antrieb. Sie hielten jeden Tag für verloren, an dem sie nicht durch irgendeinen Zufall den Einwohnern von Ticinum Leid zugefügt hatten. Dennoch besänftigte sie der selige Bischof Epiphanius durch die Süße seiner Reden, sodass sie ihre wilden Herzen der Autorität des Bischofs unterwarfen und zu lieben lernten. Ungewöhnlich für Barbaren, deren Herzen immer nur mit Hass gefüllt waren. Epiphanius änderte ihr grundschlechtes Wesen, indem er ihrem widerspenstigen Geist eine ihnen fremde*

Leidenschaft anerzog. Wer möchte ohne großes Staunen glauben, dass die Rugier, die es kaum für würdig hielten, Königen zu gehorchen, einen katholischen und römischen Bischof ehrten und achteten. Fast zwei volle Jahre verbrachte er mit ihnen. Weinend gingen sie von ihm, als sie zu ihren Eltern und Familien zurückkehrten.«[2]

Von Plünderungen und Übergriffen der 2-jährigen rugischen Besatzung berichtet auch Paulus Diaconus.[3] Die Probleme der Bürger von Pavia mit der militärischen Besatzung waren gravierend. Ennodius zeichnet Epiphanius als erfolgreichen Seelsorger, der die primitiven Barbaren missioniert, ein häufiges Motiv.[4] Denkbar, dass hinter den Problemen auch die homöische Konfession der rugischen Soldaten stand. Diese werden ihre eigenen arianischen Feldprediger mitgebracht haben. Epiphanius musste also nicht nur besänftigen und Frieden stiften, sondern die »Wüteriche« auch zum rechten Glauben bekehren. Gut möglich, dass der im Dienst Theoderichs schreibende Ennodius diesen Aspekt vorsorglich verschwieg, hatte man in Italien doch zwischenzeitlich ein gutes Einvernehmen mit der barbarischen Armee und deren arianischen Geistlichen gefunden.[5]

Theoderich erschien in Pavia und wies die Rugier in die Schranken. Friedrich und seine Leute erhofften sich offenkundig ein ähnliches Leben wie an der Donau – in Italien, dem weströmischen Kernland, waren die Regeln jedoch andere. Die enttäuschten Erwartungen führten zum Bruch zwischen Rugiern und Goten. Friedrich schloss sich nun Tufa an, und gemeinsam besetzten sie Gebiete nördlich von Verona, zunächst im Auftrag Odoakers, dessen nördliche Flanke sie zu sichern hatten. Tufa versuchte jedoch bald, eine partikulare Herrschaft zu errichten. Darüber entzweite er sich nun wiederum mit Friedrich. Ende 492 oder Anfang 493 standen sich Rugier und die Soldaten Tufas zwischen Verona und Trient in offener Feldschlacht gegenüber. Viele Barbaren fielen, unter ihnen auch Tufa.[6] Lange konnte der Rugierprinz seinen Sieg nicht genießen, die militärische Lage in Italien hatte sich eindeutig zum Vorteil der Goten verschoben. Ob sich Friedrich Theoderich nun unterwarf oder nach einer weiteren Niederlage seiner Rugier hingerichtet wurde, bleibt unklar.[7] Die rugischen Kontingente beließ das Regime Theoderichs jedenfalls in Norditalien, wahrscheinlich in Venetien nördlich von Verona oder in Trient.[8]

Rex Erarich

Prokop kennt beinahe ein halbes Jahrhundert später den Rugier Erarich, der sich 541 kurz zum *rex* der Goten und Rugier erheben ließ. Dabei geht der Geschichtsschreiber auf die besondere Stellung der Rugier ein. Die Rugier seien zwar ein gotisches Volk, lebten aber seit langem unabhängig. Theoderich habe sie mit anderen Völkern seiner Herrschaft zugeordnet. Die Rugier schlossen sich den Goten an und führten mit diesen alle Kriege. Jedoch heirateten sie keine anderen Frauen, und so erhielten sie den Namen des Volkes für sich und sicherten eine klare Erbfolge.[9] Auch ohne ein eigenes Herrschaftsgebiet legten die Rugier Wert auf ihre Eigenständigkeit. Interessant ist dabei, dass gentile Identität auch innerhalb Italiens bewahrt werden und bei gegebener Gelegenheit ein Rugier sogar den Anspruch auf das Königtum erheben konnte. Ohne eine königliche Dynastie oder zumindest Erinnerung und Anspruch an diese, wäre solches kaum möglich.[10] Eine rugische Elite bewahrte somit trotz militärischer Niederlagen ihre politische Identität, die wahrscheinlich auf die königliche Familie des Flaccitheus, Feletheus, Ferderuchs und Friderichs zurückging. An diesen Anspruch konnte Erarich zumindest anknüpfen.

Der jahrelange Krieg gegen die Truppen Justinians hatte die Gotenherrschaft zu diesem Zeitpunkt massiv geschwächt und Italien ins Chaos gestürzt. Nachdem Justinians Feldherr Belisar die ihm angetragene Kaiserkrone des Westens ausgeschlagen und den ostgotischen *rex* Vitigis 540 gefangen nach Konstantinopel geführt hatte,[11] war die Halbinsel in verschiedene Bereiche gespalten, die von kaiserlichen Truppen und verschiedenen Gotenfraktionen gehalten wurden. Nördlich des Po konnten sich mehrere Städte – Pavia, Verona, Trient und die Festung Treviso – behaupten. Die kleineren Gentilverbände in Italien witterten augenscheinlich Morgenluft. Eine gotische Fraktion bestehend aus der Familie des Vitigis verbündete sich mit Rugiern und Gepiden gegen Hildebald, einen Neffen des spanischen Gotenkönigs Theudis. Hildebald wurde 541 von einem Gepiden aus seiner eigenen Leibwache ermordet. Kurz darauf riefen die Rugier Erarich zum König aus. Gotische Fraktionen trugen die Entscheidung in Ermangelung besserer Alternativen mit, nur um nach wenigen Monaten einen besseren Kandidaten zu unterstützen. Die Rugier in Venetien hatten ebenso wenig wie die gepidischen Verbände das Potenzial, die gotische Herrschaft zu übernehmen. Der Kurzzeitkönig Erarich sandte zunächst Gesandte nach Konstantinopel, die dem Kaiser anboten, gegen eine hohe Geldsumme und die Erhebung zum *patricius* Frieden zu schließen. In Norditalien änderten sich jedoch die Bedingungen rasch. Die gotische Besatzung von Pavia machte Totila, der gerade Verhandlungen mit dem kaiserlichen Befehlshaber in Ravenna führte, im Herbst 541 zum Gotenkönig. Der Festungskommandant von Treviso wollte sich der neuen gotischen Bewegung nur anschließen, wenn Erarich getötet würde. Schnell war daher der rugische Traum von neuer Größe und Unabhängigkeit ausgeträumt.[12] Mit der politischen und militärischen Rolle in Norditalien hatte auch die rugische Identität ausgedient. Nichts mehr verlautet von den Kriegern und ihren Königen. Der alte Rugiername fand allerdings in den folgenden Jahrhunderten noch Verwendung, um slawische Gruppen an der Donau und die Russen in ein mittelalterliches Geschichtsbild einzuordnen.

10.2 Theoderich zerschlägt das Gepidenreich von Sirmium (504)

Spätestens nach dem Abzug der Goten Richtung Italien waren die Gepiden in zwei Herrschaftsbereichen organisiert. In Sirmium residierte um 500 der Gepidenkönig Thrasarich, der Sohn des 488 gefallenen Thraustila, gemeinsam mit seiner Mutter. An der Theiß regierte ein König Gunderith die anderen Gepiden, *alii Gepidi*. Denkbar, dass nach der Niederlage von 488 die Goten eine Vorherrschaft über Sirmium und das Königtum Thrasarichs beanspruchten. Die für den Militärschlag von 504 genannten Gründe bleiben jedenfalls sehr vage.[13] Daneben hatte sich der junge Mundus, der bei der gepidischen Thronfolge nicht berücksichtigt worden war, eine eigene Gefolgschaft und einen kleinen Herrschaftsbereich jenseits der Donau in unbewohnten Gebieten gesichert. Über eine Schar zusammengelaufener Gesetzesloser herrschte er als König und plünderte seine Nachbarn aus. Nach einem kurzen Aufenthalt in Italien war Mundus nach Obermösien zurückgekehrt. Dort schloss er sich nicht einem der Gepidenkönige an, sondern verhielt sich ganz wie seine Vorfahren nach der Nedaoschlacht. Die abschätzigen Worte bei Jordanes sollten nicht zu ernst genommen werden. Es ist nämlich gut denkbar, dass sich um Mundus gepidische Überläufer scharten, die von der Politik Thrasarichs und Gunderiths enttäuscht waren. Vielleicht darf man so weit gehen, in ihm eine Alternative zum gepidischen Verharren außerhalb der Reichsgrenzen zu sehen. Die ihm folgenden Gepiden verlangten mehr, und sie bekamen es. Zunächst spielten sie ihr eigenes Spiel als Kriegerverband an der Moravamündung, dann gemeinsam mit den Goten in Italien. Nach dem Tod Theoderichs 526 zog Mundus schließlich mit seinen Leuten nach Konstantinopel, um dort noch eine glänzende Karriere als Heermeister zu machen.[14]

Thrasarich und seiner Mutter wurde die gotische Politik ein zweites Mal zum Verhängnis. Wie schon Odoaker versuchte Theoderich das Vorfeld Italiens zu sichern. Cassiodor, der Prätorianerpräfekt des Patricius des Westens, schrieb dem Militärbefehlshaber der beiden rätischen Provinzen, diese seien »Bollwerk und Mauer Italiens«. Dem *dux* wird aufgetragen, »mit den ihm unterstellten Einheiten unsere Grenzen sorgsam zu bewachen«. Cassiodor nahm mit seiner Wortwahl – *munimina, claustra* – zwar einen schon seit Cicero bekannten literarischen Topos wieder auf, der die Alpen als Sperriegel zeichnet.[15] Tatsächlich war der Alpenbogen alleine nicht von zentralem militärstrategischem Interesse. Angestrebt wurde eine großräumige Kontrolle der Gebiete bis hin zur mittleren Donau und Pannonien. Diese Grenzprovinzen hatten in Teilen eine besondere Verwaltung. In den beiden rätischen Provinzen amtierte ein *dux*, in der *Pannonia Sirmiensis*, *Dalmatia* und der *Pannonia Savia* Provinzgouverneure, *comites provinciae.* Diese Männer hatten zivile und militärische Kompetenz, saßen also etwa Prozessen vor, an denen Goten beteiligt waren.[16]

Pannonien

Während Kaiser Anastasios (491–518) im Osten gegen die Perser Krieg führte,[17] schien Theoderich die Gelegenheit günstig, in der *Pannonia secunda* und in Sirmium Tatsachen zu schaffen.[18] Zunächst war es für das gotische Regime Italiens von entscheidender Bedeutung, die einigermaßen kampfstarken Barbarenverbände an der Schnittstelle zwischen Ost und West am Donauknie im heutigen Ungarn unter Kontrolle zu bringen. Das Bündnis mit den Herulern zwischen Plattensee und March war Teil dieser Strategie. Aus diesem Gebiet waren schon mehrere erfolgreiche Feldherren nach Italien, dem Herz des Westreichs, gelangt: Alarich, Radagais, Attila, Odoaker und nicht zuletzt Theoderich selbst. Herwig Wolfram bezeichnete den gotischen Feldzug des Jahres 504 deshalb als »Präventivschlag gegen denselben gentilen Ballungsraum, woraus Theoderich selbst hervorgegangen war.«[19] Cassiodor meinte, die alten Sitze der Goten in der *Pannonia* um Sirmium seien zurückerobert worden, *ad Sirmiensem Pannoniam, quondam sedem Gothorum.*[20] Gleichzeitig war es möglich, eine römische Legitimation für diesen Krieg zu formulieren. Cassiodor und Ennodius betonten denn auch, Theoderich habe ganz rechtmäßig die Kontrolle Italiens über eine alte Grenzlinie wiederhergestellt, die sich gepidische Barbaren widerrechtlich angeeignet hatten. So führte der Gotenkönig seinen »einzigen Angriffskrieg als Herr des Westreichs«.[21] Er agierte als *patricius* in Italien und ließ sich für die militärische Sicherung der Grenzen feiern.

Ein für Theoderich geschriebener Panegyricus fasst die Kriegsgründe aus gotisch-italischer Sicht zusammen. Nach einer Zeit ungetrübten Friedens, so Ennodius, wenden wir uns wieder dem Krieg zu. Die Stadt Sirmium bildete einst die Grenze Italiens, *olim limes Italiae fuit.* Dort hielten ihre früheren Herren, *seniores domini*, Wache, damit die Angriffe der benachbarten *gentes* an dieser Flanke nicht tiefer ins Reich eindringen konnten. Die Stadt geriet später durch die Nachlässigkeit der Regierenden, sprich Odoaker, unter die Botmäßigkeit der Gepiden, *iura Gepidarum.* Seitdem gebe es tägliche Provokationen, an denen auch mehrere Gesandtschaften nichts ändern konnten. Schmeicheleien von trügerischer List schmerzten den Herrscher Theoderich und ebenso die Freundschaft Thrasarichs mit den anderen Gepiden, deren Anführer Gunderith war. Der Dichter deutet mit diesen Worten die Vorbereitung einer antigotischen Allianz zwischen den beiden gepidischen Königen an, wobei Gunderith nur als *ductor* und nicht als *rex* bezeichnet wird. Legitimiert wird der gotische Militärschlag gleichzeitig mit römischen territorialen Ansprüchen auf die pannonischen Provinzen.[22]

Es ist denkbar, dass es Plünderungen gepidischer Verbände in der von Italien aus verwalteten Savia gab, diese können aber kaum bedrohliche Dimensionen angenommen haben. Gepidische Expansionsbestrebungen und Gebietsforderungen scheinen ebenso unwahrscheinlich. Derartige Vorhaben unterschieden sich zu sehr vom bisherigen gepidischen Verhalten, und auch gemeinsam hätten Gunderith und Thrasarich kaum genug Bewaffnete aufbringen können, um Italien ernsthaft herauszufordern. Wahrscheinlicher ist, dass Theoderich ein geeintes und von kaiserlichen Diplomaten instrumentalisiertes Gepidenreich als Gefahr für seine gentile Bündnispolitik sah. Ostrom, das unter der Regierung des Kaisers Zenon (474–491) und in den ersten Jahren des Anastasios I. (491–518) mit inneren Konflikten und der Abwehr der Bulgaren beschäftigt war, begann in den ersten Jahren des 6. Jahrhunderts wieder aktiv Politik auf dem Balkan und an der Donau zu betreiben. Mit kaiserlicher Unterstützung wäre die gepidische Streitmacht dann doch groß genug gewesen, um von Konstantinopel gegen die Goten als Bedrohungspotenzial eingesetzt zu werden. Auch wollte Theoderich den Großmachtsanspruch Italiens demonstrieren, gegenüber Konstantinopel wie gegenüber kleineren gentilen Herrschern.[23]

Die Gepiden von Sirmium hatten 504 gegen die Goten eigentlich keine Chance. Der gotische *comes* Pitzia marschierte mit einer Armee die Save abwärts. Thrasarich floh ohne Widerstand zu leisten zu Gunderith an die Theiß. In der Königsstadt Sirmium nahmen die gotischen Soldaten die Mutter des geflohenen Thrasarich gefangen. Die gepidische Gefolgschaft des Königs dürfte schnell einen neuen Herrn akzeptiert haben. In der nun wieder errichteten Provinz *Pannonia Sirmiensis* verblieben die gepidischen Krieger als Sicherung gegen ihre eigene *gens* an der Theiß. Sie wurden gleichsam »innere Föderaten des italischen Gotenreichs«.[24] Diese nun von Ravenna aus kommandierte gepidische Streitmacht, *felicissimus exercitus [...] multitudo Gepidarum*, wurde dann 523 nach Gallien verlegt.[25] Ravenna konnte zufrieden sein. Die pannonischen Grenzen waren durch die Heruler vom Plattensee bis an die March im Norden und das erneut unter gotischer Kontrolle stehende Gebiet von Sirmium im Südosten gesichert. Der gentilen Konkurrenz, so schien es fürs Erste, war der Weg nach Italien versperrt.

Das Heer des gotischen *comes* Pitzia traf an der mittleren Donau auf die immer größer werdende Gefolgschaft des allein operierenden Gepidenprinzen Mundus. Mundus folgte ein oströmisch-bulgarischer Verband unter dem illyrischen Heermeister Sabinianus. Pitzia half mit seinen Leuten nun seinem alten Kameraden Mundus aus der Patsche. Denkbar, dass Theoderich einschlägige Befehle mit dem Hintergedanken gegeben hatte, dass ein gepidischer Königssohn bei gegebener Lage ein guter Verbündeter sein könnte. Das bulgarische Korps wurde bei Horreum Margi an der Morava (Ćuprija, Serbien) von 2500 Goten und der Truppe des Mundus aufgerieben. Sabinianus floh nach Konstantinopel. Die Goten scheuten eine offene Konfrontation mit dem Osten nicht, man befand sich im Kriegszustand mit Anastasios.[26] Mundus wandte sich wieder seinem alten Herrn Theoderich zu, und das kleine von ihm besetzte Gebiet im Bereich der Mündung der Morava in die Donau bei der Festung Herta wurde für kurze Zeit Ravenna unterstellt.[27]

Der Fund des Epitaphs des Gepidenkönigs Thrasarich in der Vefa Kilise Moschee im heutigen Stadtgebiet von Istanbul, wenige hundert Meter vom Aquädukt des Valens entfernt, ergänzt seine Biographie um einen wesentlichen Aspekt.[28] Sechs Zeilen einer sorgfältig gravierten Inschrift berichten vom weiteren Schicksal des von Theoderich vertriebenen Königs von Sirmium. »Hier liegt Thra[sarich] in (ehrenwertem) Andenken, *comes domesticorum*, König der Gepiden, (Sohn des?) Thraustila in (ehrenwertem) Andenken, der (...) (Jahre) (...) sechs (...) gelebt hat.«[29] Thrasarich machte nach seiner Flucht zu Gunderith eine zweite Karriere als Befehlshaber der kaiserlichen Leibwache in der Hauptstadt. Genauso wie sein Cousin Mundus ging er in den Osten und konnte dort einen hohen Rang mit entsprechender Bezahlung erlangen. Denkbar, dass ihm gepidische Krieger gefolgt waren, immerhin nennt der Grabstein seinen gentilen Königstitel. Die kaiserliche Regierung hatte großes politisches Interesse, die Völker an der Donau an sich zu binden, gerade während und wegen der Spannungen mit Italien. Den Nachfolgern Thraustilas wurde dann diese Orientierung gegen Osten zum Verhängnis.

10.3 Die Donauheruler und die Langobarden (508)

Theoderichs Grenzsicherung und ein herulischer »Waffensohn«

Die Donauheruler waren, ganz im Gegensatz zu den sirmischen Gepiden, gute Verbündete des gotischen Italien. Ob Ravenna sie als Föderaten betrachtete oder als gleichberechtigte Partner, ist wohl eine Frage der Perspektive. Ein römischer Beamter definierte den Status dieser Krieger an March und Donau anders als ein gotischer Offizier. Der König Theoderich selbst wusste, wie man mit einem stolzen Anführer der Heruler umzugehen hatte. Er untermauerte ein geschlossenes Bündnis durch die Annahme eines namentlich nicht genannten Herulerkönigs zu seinem Waffensohn. Der lateinische Begriff dafür war *adoptio per arma*. Pferde, Schilde und andere Prunkwaffen, *reliqua instrumenta bellorum*, sandte Ravenna an die Donau. Der namenlose Herulerkönig war nun der bedeutendste barbarische Anführer an der Donau.[30]

Denkbar, dass die Annahme als Waffensohn ein weiteres Beispiel für die Adaption barbarischer Sitten durch das byzantinische Militär ist. Justin I. (518–527) wollte jedenfalls den Prinzen und späteren Großkönig Chosrau I. (531–579) ebenfalls als Waffensohn annehmen. Henning Börm gibt allerdings zu bedenken, dass man durch diese Form der Adoption nicht nur eventuelle Nachfolgeansprüche des Sasaniden auf den Kaiserthron vermeiden wollte,[31] sondern auch das Gegenüber regelrecht demütigen konnte: Die Perser sahen offenbar die Annahme als Waffensohn als Sitte an, die »Barbaren« vorbehalten war, und hätten ihr keinesfalls zugestimmt. Nur eine vollgültige Adoption wäre in Frage gekommen.[32] Im Westen war man hier offenbar weniger empfindlich: Kaiser Zenon hatte Theoderich zum *patricius* erhoben und ihn nach Malchos adoptiert, nach Jordanes aber ebenfalls als Waffensohn angenommen. Eutharich, der Schwiegersohn Theoderichs, bekleidete zusammen mit dem oströmischen Kaiser Justin I. 519 das Konsulat und wurde Waffensohn des Kaisers.[33] Im römischen Recht verstand man ein solches Vorgehen als Teil des Verhältnisses zwischen Klient und Patron.[34]

Rex Rodulf

Der Herulerkönig Rodulf ist bei Prokop und Paulus Diaconus während der Regierungszeit des Anastasios (491–518) belegt. Oft wurde angenommen, es handle sich bei ihm und dem Waffensohn Theoderichs um ein und dieselbe Person, was denkbar, aber nicht beweisbar ist.[35] Die *adoptio per arma* eines Herulerkönigs, der ein Gebiet zwischen dem Plattensee und der niederösterreichischen Donau kontrolliert, illustriert jedenfalls die außenpolitischen und militärstrategischen Ziele Theoderichs. Ein Brief des Gotenkönigs an die namentlich nicht genannten Könige der Thüringer, Heruler und Varnen dürfte ebenso in diesen Kontext gehören. Der Heruler und die anderen *reges* sollten bei – letztlich vergeblichen – Friedensverhandlungen zwischen dem Frankenkönig Chlodwig und dem spanischen Goten Alarich II. vermittelnd eingreifen. Offenbar befand sich der Hof in Ravenna in regelmäßigem Austausch mit ihnen.[36]

Krieg zwischen Herulern und Langobarden

Die oströmische Diplomatie arbeitete gegen Theoderichs Bündnispolitik. In der letzten Reihe der Gentilverbände standen die Langobarden, die bisher kaum die römischen Grenzen erreicht hatten. Dieser Verband war begierig, es den barbarischen Konkurrenten gleichzutun und somit ein dankbarer Ansprechpartner für die Gesandten aus Konstantinopel. Die Donauheruler und Jahrzehnte später die Gepiden gerieten so in die Mühlen der byzantinischen Politik und des langobardischen Expansionsdrangs.[37] Prokop und Paulus Diaconus berichten vom Krieg zwischen Herulern und Langobarden. Eine römische Beteiligung erwähnen beide Autoren nicht. Prokop erzählt, die Heruler hätten alle benachbarten Völker unterworfen und nun gab es nichts mehr zu tun. Die Langobarden und einige andere waren den Herulern tributpflichtig, und daran war man unter Barbaren nicht gewöhnt. Außerdem seien die Langobarden im Unterschied zu ihren herulischen Herren bereits Christen gewesen. Die Leser Prokops wussten nun, dass die Heruler nicht nur gierig waren, sondern auch als angebliche Heiden Christen unterdrückten.

»Drei Jahre lebten sie so in Frieden, waren aber mit diesem Zustand ganz und gar nicht zufrieden. Sie überhäuften daher ihren König Rodulfus mit bitteren Vorwürfen; ständig wurden sie bei ihm vorstellig, nannten ihn feige und weibisch und schleuderten ihm höhnisch noch andere Schimpfworte entgegen. Rodulfus konnte diese Schmähungen nicht hinnehmen, und so zog er gegen die Langobarden, obwohl diese gar nichts getan hatten.«[38]

Das Motiv der aufsässigen Krieger, die ihren König zum Losschlagen drängen, erinnert an die Schilderung des Abzugs der Ostgoten 473 aus Pannonien. Mit lautem Geschrei forderten die Männer von ihren Anführern den Aufbruch, es gab in den besetzten Provinzen nichts mehr zu gewinnen. Krieg war eine elementare Grundlage der barbarischen Verbände an den Reichsgrenzen, wenn ein König keine Beute mehr bieten konnte, war er in Gefahr, schnell zu stürzen.[39] Die römische Diplomatie konnte mit einem gut berechenbaren Gegenüber verhandeln.

Prokop wird nicht müde, die Aggression der Heruler hervorzuheben. Nicht nur sei der Angriff auf die Langobarden ohne jeden Grund erfolgt, auch habe man sich von langobardischer Seite bemüht, den Krieg zu vermeiden. Drei Mal gingen Gesandte zu Rodulf, um den Frieden zu erhalten. Schließlich konnten die friedliebenden und christlichen Langobarden nur noch betonen, im Falle des Kampfes werde Gott schon auf der richtigen Seite stehen. Als sich die beiden Heere gegenüberstanden war der Himmel über den Langobarden verdunkelt, jener über dem herulischen Aufgebot aber hell. Dies sei ein schlechtes Vorzeichen bei den Barbaren, aber auch darauf achteten die blutrünstigen Heruler nicht. Die Schlacht verloren sie, viele kamen ums Leben, darunter auch der König Rodulf.[40]

Der Bericht des Paulus Diaconus

200 Jahre nach Prokop schrieb Paulus Diaconus seine Variante der Ereignisse nieder. Die schwankhaften Erzählelemente in seinem Bericht weisen darauf hin, wie wichtig die oft in Handschriften genannten barbarischen Gentilverbände des 5. bis 7. Jahrhunderts für die mittelalterliche Literatur waren. Paulus gab den Herulern zwar einen legitimen Kriegsgrund, machte König Rodulf aber zu einem Narren.[41] Die Langobarden lebten schon seit drei Jahren im alten Rugierland, als ein Streit zwischen Tato und dem Herulerkönig entbrannte.[42] König Rodulfs Bruder war als Gesandter zu Tato gegangen, um einen bestehenden Friedens- und Freundschaftsvertrag, *foedus*, zu verlängern. Von Tributen berichtet Paulus nichts. Während seines Aufenthalts am langobardischen Hof beleidigte eine Prinzessin namens Rumetruda den Heruler wegen seiner Körpergröße. Dieser verteidigte sich und die Prinzessin geriet darüber in Wut. Anstatt Versöhnung zu suchen, ermordeten ihre Leute den Gesandten hinterrücks:

»*Als das König Rodulf gemeldet wurde, trauerte er über den entsetzlichen Mord an seinem Bruder und brannte voller Schmerz darauf, den Tod des Bruders zu rächen. Er brach den Vertrag mit Tato und erklärte ihm den Krieg. Was geschah dann? In der Ebene trafen beide Heere aufeinander. Rodulf blieb im Lager bei einem Würfelspiel, denn am Sieg der Heruler zweifelte er nicht. Die Heruler waren nämlich im Krieg bestens geübt und durch die Niederlage vieler ihrer Gegner sehr bekannt. Sie kämpften nackt und trugen nur einen Lendenschurz, entweder weil sie in der Schlacht beweglich bleiben wollten, oder weil ihnen Verwundungen egal waren. Ihr König ließ, während er voll Vertrauen auf ihre Kräfte Würfel spielte, einen seiner Männer auf einen Baum klettern, um ihm den Sieg schnellstmöglich zu verkünden. Der König drohte dem Mann den Kopf abzuschlagen, wenn er melden sollte, dass die Schlachtreihe der Heruler wanke. Obwohl nun der Mann im Baum das Heer der Heruler weichen, und sie von den Langobarden bedrängt sah, antwortete er, vom König wiederholt gefragt, wie die Heruler sich hielten, dass sie vorbildlich kämpften. Und er ließ aus Angst, den Mund aufzutun, nicht eher etwas von dem Unheil verlauten, das sich vor seinen Augen anbahnte, als bis das gesamte Heer vor den Feinden die Flucht ergriff. Da entfuhr ihm, spät aber schließlich doch, die Bemerkung: ›Oh je, armes Herulien, der Zorn des Herrn im Himmel kommt über Dich!‹ Hierauf der König erschreckt: ›Fliehen etwa meine Heruler?‹ Jener aber erwiderte: ›Nicht ich, Du selbst mein König, hast das ausgesprochen!‹ Wie es in solchen Momenten oft geschieht, gerieten der König selbst und alle anderen in Panik und wurden hilflos von den hereinbrechenden Langobarden erbarmungslos niedergemacht. Selbst der König fiel in erfolglos tapferer Gegenwehr. Während aber das Heer der Heruler nach allen Seiten floh, kam der Zorn des Himmels über sie. Sie hielten die grünenden Flachsfelder vor*

*ihren Augen für Wasser, in dem man schwimmen könne, und während sie wie
zum Schwimmen die Arme ausbreiteten, wurden sie grausam durch die feindlichen Schwerter hingemetzelt. Damals nach diesem Sieg verteilten die Langobarden unter sich große Beute, die sie im Lager vorgefunden hatten. Tato aber
nahm das Feldzeichen Rodulfs, das sie Banner, bandum, nannten, und den
Helm, den dieser im Kampf getragen hatte, an sich. Und von da brach der Mut
der Heruler dermaßen ein, dass sie in Zukunft gar keinen König mehr über sich
hatten.«*[43]

Der Langobardenkönig Wacho soll drei Mal geheiratet haben. Seine zweite
Frau Austrigusa war eine gepidische Prinzessin und Tochter Turisinds, seine
dritte, Salinga (Silinga), die Tochter des Herulerkönigs. Der Heruler wird nicht
namentlich genannt, wahrscheinlich meinte Paulus Diaconus den kurz zuvor
gefallenen Rodulf. Deren Sohn Walthari folgte dann seinem Vater als König
der Langobarden nach und war der letzte aus der Lithingi/Lethingerdynastie.
Audoin ließ ihn beseitigen. Ob die herulische Verwandtschaft eine Rolle bei
diesen Vorgängen spielte, etwa als nicht mehr relevant oder gar politisch bedenklich gesehen wurde, ist auch wegen der späten Überlieferung kaum zu beurteilen.[44]

Das Königtum war ein zentraler Bestandteil des politischen Selbstbewusstseins einer *gens*. Nach einer Niederlage und dem Scheitern des Königstums löste sich ein barbarischer *exercitus* schnell in einzelne Teile auf. Räuberbanden
bildeten sich, andere ehemalige Mitglieder des Verbands gingen ins Reich, um
dort unter römischem oder barbarischem Kommando zu kämpfen. Genau dies
widerfuhr nun den Donauherulern. Eine Wiedererichtung des *regnums* war
sinnlos, das zentrale Moment des Zusammenhalts verschwunden und die langobardische Konkurrenz zu stark. Es galt auszuweichen. Ethnische Zugehörigkeiten konnten sich zudem rasch wandeln, manche der Besiegten schlossen
sich den Langobarden an, andere gingen nach Italien, die größte Gruppe floh
ins Reich. Immerhin bewahrten viele Heruler ihre Identität für weitere sechs
Jahrzehnte und, wenn wir Prokop glauben dürften, auch eine königliche Dynastie.[45]

Heruler auf dem Balkan und in Justinians Armeen: 6. Jahrhundert

11.1 »Ein Hauch herulischer Geschichte« (512–561)

Nach dem Langobardenkrieg spalteten sich die Heruler in verschiedene Gruppen.[1] Einige gingen nach Italien, um sich Theoderich anzuschließen.[2] Vor 511 wies der Gotenkönig die zivilen und militärischen Amtsträger, *comites*, *defensores* und *curiales*, von Ticinum (Pavia) an, einer Gruppe Heruler, die ein Anliegen am Hof in Ravenna vorbringen wollte, *supplices Heruli*, für fünf Tage ein Taggeld auszuzahlen, damit sie mit dem *cursus publicus* per Schiff auf dem Padus und auf Kanälen in die Hauptstadt reisen konnten.[3] Weitere Details fehlen, aber die Wortwahl des Briefes macht klar, dass die Bittsteller sich in einer schlechten Position befanden. In Italien sollen diese Männer nicht mehr darben wie in ihrem Land, es soll ihnen an nichts fehlen, denn sie haben ein ausgehungertes Land verlassen. Ticinum (Pavia) war die dritte Residenzstadt Theoderichs mit einer starken gotischen Besatzung. Die Stadt erhielt neue Thermen, ein Amphitheater, neue Stadtmauern und einen Königspalast.[4]

Der größere Teil der besiegten Krieger bewegte sich zunächst in ehemals rugisches Gebiet, um dann Richtung Dakien zu den Gepiden zu gehen. Möglich, dass damit nicht das ehemalige Rugiergebiet an der Donau gemeint war, sondern mösisches Territorium, in das die 488 von Odoaker besiegten Rugier zunächst flohen.[5] Prokop berichtet von einer weiteren Gruppe, die an den Rand der bewohnten Welt auf die Insel Thule gezogen sei. Diese schwierige Passage wird weiter unten zu besprechen sein.[6]

Heruler und Gepiden

Die Unterwerfung unter gepidische Herrschaft machte den stolzen Herulern Probleme. Die Gepiden, so berichtet Prokop, behandelten die Heruler schlecht. Die Rede ist von Viehdiebstahl, Vergewaltigungen, anderen Übergriffen und Attacken.[7] Der Hintergrund dieser Konflikte dürfte jedoch ein anderer gewesen sein. Die Heruler wollten sich nicht »gepidisieren«, sondern auf Basis der Provinzbevölkerung ein eigenes Machtzentrum aufbauen, ganz wie sie es von ihrem alten Machtbereich nördlich des Plattensees gewohnt waren. Die Gepiden konnten diese Konkurrenz wiederum nicht akzeptieren, eine gefährliche Konstellation war entstanden.[8]

Schließlich nahm Kaiser Anastasios I. (491–518) die Heruler ins Reich auf. »Das Herulervolk wurde auf Geheiß des Caesars Anastasios in das Land und die Städte der Römer geführt«, berichtet der Zeitzeuge Marcellinus Comes in seiner Chronik.[9] Dagegen meint Prokop etwas später, die Heruler seien einfach südlich der Donau erschienen, und Anastasios habe dies nachträglich anerkannt.[10] Spannungen mit Theoderichs Italien waren kaum zu vermeiden, zog man doch mit dieser Maßnahme die zuvor verbündeten Heruler auf oströmische Seite. Allerdings hatte Theoderich den Herulern auch nicht gegen die Langobarden helfen können und musste nun deren Seitenwechsel hinnehmen.[11] Zunächst erhielten sie die Stadt Bassianae in der südöstlichen *Pannonia Sirmiensis*. Der Ostteil der Sirmiensis war, obwohl sozusagen altes Gotenland, 510 von Theoderich an Konstantinopel übergeben worden.[12] Vielleicht diente die neue Föderatenansiedlung auch als Sicherung gegen die Gepiden. Wieder gab es Probleme. Die Heruler begannen nämlich sogleich mit Raubzügen in die benachbarten Provinzen, wo sie sich holten, was sie glaubten, dass ihnen zustand. Anastasios sandte ein Heer und die Heruler wurden nicht nur besiegt, sondern wie eine meuternde Truppe dezimiert. Durch Flehen und Bitten wollten die Barbaren Schonung und schworen, künftig treue Bundesgenossen, ξυμμάχοι, des Kaisers sein zu wollen. Die Überlebenden vollzogen eine Unterwerfung, *deditio*, und wurden wieder als Föderaten akzeptiert. Prokop betont noch den Verlust an Menschenleben bei den Herulern durch die Kämpfe mit Langobarden, Gepiden und Römern.[13] Anastasios hat die Heruler »nicht aus Barmherzigkeit begnadigt, sondern weil das Reich der Hilfe germanischer Soldaten nicht entbehren konnte.«[14] Dass die Begriffe Föderaten und Bundesgenossen, ξυμμάχοι, parallel Verwendung finden, zeugt von der Ambiguität der herulischen Stellung im Reich. Manche Verbände kämpften als Bundesgenossen unter ihren eigenen Anführern, andere erfüllten die vertraglich festgelegte Föderatenpflicht.[15] Insgesamt waren diese Termini um die Mitte des 6. Jahrhunderts jedoch, wie Prokop selbst ausdrücklich bezeugt,[16] bereits anachronistisch und wurden nicht mehr trennscharf gebraucht, und es ist daher fraglich, wie präzise seine Angaben sind. Die imperiale Propaganda erhielt die Illusion ewiger Siege der Kaiser aufrecht.[17]

527 bestieg Justinian den Thron in Konstantinopel und machte den Herulern ein neues Angebot.

»Als Kaiser Justinian die Regierung übernahm, beschenkte er sie mit fruchtbarem Land und anderen Gütern und es gelang ihm gänzlich, deren Freundschaft zu gewinnen. Außerdem überzeugte er sie, alle Christen zu werden. Aus diesen Gründen begannen sie nun ruhiger zu leben und beschlossen, sich den christli-

*chen Gesetzen zu unterwerfen. Sie hielten sich an ihre Pflichten als Bundesge-
nossen und halfen den Römern gegen ihre Feinde. Jedoch sind sie diesen gegenüber immer noch unzuverlässig, und weil sie der Habgier erliegen, sind sie
erpicht darauf, ihren Nachbarn Gewalt anzutun und schämen sich nicht einmal
dafür.«*[18]

Malalas berichtet, der Herulerköng Grepes sei im Jahr 528 mit zwölf Verwandten und einigen seiner Großen in Konstantinopel zum rechten – katholischen –
Glauben übergetreten. Justinian selbst fungierte als Taufpate.[19] Mit solchen in-
szenierten Konversionen versuchte der Kaiser, barbarische Verbände an sich zu
binden. Ein ähnlicher Fall ebenfalls im Jahr 528 war die Taufe des Hunnenfüh-
rers Grod, der mit seinen Leuten auf der Krim operierte.[20]

Justinian entließ Grepes und sein Gefolge reich beschenkt mit den Worten,
»wann immer ich Euch brauche, ich werde es Euch wissen lassen.« Der neue
Kaiser wollte den durch Anastasios geschlossenen Vertrag fortsetzen und noch
erweitern.[21] Er übergab den Herulern zudem zusätzliches Gebiet, wahrscheinlich Territorium westlich von Singidunum (Belgrad) und südlich der Save, also
benachbart dem Stadtbezirk von Bassianae in der *Pannonia Sirmiensis*. Jedenfalls würde die Nachricht Prokops, die Heruler hätten Städte in Dakien vom
Kaiser als Geschenk erhalten und zwar bei Singidunum, wo sie auch heute
noch leben, dazu passen.[22]

Alexander Sarantis hat diese Maßnahmen überzeugend in die Militärstrate-
gie Justinians für die Donaugrenze und die illyrische Präfektur einordnen können. Singidunum war der Endpunkt einer römischen Verteidigungslinie, die bis
an die Küste des Schwarzen Meers reichte.[23] Diese befestigte Linie schützte die
Balkanprovinzen vor Angriffen aus Dakien. Die alten pannonischen Provinzen
waren in justinianischer Zeit jedoch von den Goten in Italien, den Gepiden und
Langobarden besetzt. Obermösien war somit gegen Angriffe aus der *Pannonia*
und Dalmatien kaum geschützt. Die genannten barbarischen Verbände hätten
einen Angriff Richtung Balkan selbst durchführen oder für andere ermöglichen
können. Genau an dieser Achillessehne der Donaugrenze siedelte Justinian die
Heruler an. Ihre Aufgabe war es, eine der Hauptachsen zwischen Pannonien
und Obermösien zu verteidigen.[24]

Justinian und das Illyricum

Die Bemühungen des justinianischen Regimes um die oströmische Präfektur *Illyricum* und die Sicherung der Grenzen waren bemerkenswert. Ein neues kirch-
liches und politisches Zentrum, Justiniana Prima (Caričin Grad, Serbien), wurde oberhalb der Flusstäler der Pusta Reka und Jablanica in einer bedeutenden
Bergbauregion errichtet.[25] Die neue Hauptstadt lag in der *Dacia Mediterranea*

nahe der Provinz *Dardania* und nicht weit von Naïssus (Niš), dem Sitz des illyrischen Heermeisters. Der Präfekt Illyriens residierte dort, und der Erzbischof von Thessalonice wurde angewiesen, seinen Sitz nach Justiniana zu verlegen.[26] Justiniana Prima bildete nun gemeinsam mit Naïssus und Serdica (Sofia), der Hauptstadt der *Dacia Mediterranea*, ein Städtedreieck, das die Straßen ins Innere Illyriens und die Balkanroute nach Süden in die thrakische Diözese und weiter nach Konstantinopel kontrollierte. Die Heruler wurden im Norden dieses Dreiecks als Puffer gegen mögliche Angriffe anderer Barbarenverbände strategisch platziert.[27]

Für eine Generation funktionierte das System. Die Heruler saßen bei Singidunum und Bassianae als Föderaten und stellten Truppen für die Armeen Justinians. Im folgenden Kapitel wird die Geschichte der herulischen Einheiten in den 30 Jahre dauernden Kriegen gegen Perser, Vandalen und Goten wie auch im Inneren darzustellen sein. Kein anderes barbarisches Volk stellte so oft Männer für Justinian und seine Heermeister.[28] Gleichzeitig hielten sich die Heruler nicht zurück, wenn es die Chance auf Beute und zusätzliche Einkünfte gab. Bei einem großen Raubzug im Jahr 530 werden sie neben Gepiden und Bulgaren als Übeltäter genannt.[29] Prokop ließ keine Gelegenheit aus, ihre Schlechtigkeit zu betonen. Für ihn waren die Heruler Teil eines Westens, der aufgrund der Fehler der Kaiser in die Hände der Barbaren geraten war. Alle auf Reichsboden gelangten Barbarenverbände waren für Prokop ähnlich problematisch, und er gab Justinian persönlich die Schuld an diesen Zuständen. Die Langobarden zogen demnach ständig nach Süden, um zu plündern, und Ähnliches taten eben die Heruler in Thrakien und im *Illyricum*. Justinian finanzierte in Prokops Augen die schlimmsten Feinde der Römer.

»Während die Mehrzahl von ihnen Illyrien und die Städte Thrakiens ständig ausraubt, sind einige Heruler auch römische Soldaten geworden und dienen bei den sogenannten Föderaten. Kommen nun Gesandte der Heruler nach Byzanz, so erhalten sie für die gleichen Leute, welche die römischen Untertanen ausplündern, vom Kaiser ohne weiteres die gesamten Jahrgelder und können dann wieder nach Hause gehen.«[30]

Die Heruler im Territorium von Singidunum

Die weitere Geschichte der Heruler im Territorium von Singidunum bei Prokop bietet einerseits viele Informationen und Details, bereitet aber auch Schwierigkeiten. 20 Jahre nach der Taufe des Grepes und seiner Verwandten ist keine Rede mehr von diesen Männern. Vielleicht fielen sie der großen Pestepidemie von 541/542 zum Opfer.[31] Prokop will nun erklären, warum die Mehrheit der Heruler ihre Bündnispflichten dem Kaiser gegenüber gebrochen hatte. Aller-

dings betont er auch, dass einige weiterhin verlässlich in den römischen Truppen dienten. Die Heruler auf Reichsgebiet zeigten, so Prokop, ihr tierisches und
unberechenbares Wesen dadurch, dass sie ihren König Ochus einfach umbrach-
ten. Es gab nicht einmal einen bestimmten Grund für diese Tat, die Barbaren
wollten einfach von nun an ohne König leben. Prokop verwendet einmal das
Wort *rex*, um die Position des ermordeten Ochus zu bezeichnen, und dann wieder den griechischen Begriff *basileus* (βασιλεύς).[32] Das sei nur schwer zu verstehen, denn der Herulerkönig habe sich wenig von seinen Leuten abgehoben. Die
Heruler hätten immer schon verlangt, mit ihrem König gemeinsam zu speisen
und sich bei ihm aufzuhalten, ihn sogar beschimpft, wenn ihnen danach war.
Bald aber, so Prokop, bereuten sie ihre Tat und sahen doch ein, dass sie nicht
ohne Anführer sein konnten. Sie erinnerten sich an ihre Verwandten, die nach
Norden gegangen waren, und sandten Gesandte auf die Insel Thule.[33]

Prokops Herulergeschichte

Prokop unterbricht an dieser Stelle die Erzählung und erklärt, was es mit der
Insel Thule auf sich habe. Nach der Niederlage gegen die Langobarden seien
nämlich einige Heruler, darunter Angehörige des königlichen Geschlechts, an
den Rand der Welt, τὰς ἐσχατιὰς τῆς οἰκουμένης, auf die Insel gewandert, um
sich dort niederzulassen. Ein ausführlicher geographisch-ethnographischer Ex-
kurs über Thule folgt.[34]

Die Abgesandten sollten nun geeignete Kandidaten königlichen Bluts, αἵμα-
τος τοῦ βασιλείου, finden und zu den Herulern an die Donau führen. Während
die Gesandtschaft auf ihrer langen Reise war, bewiesen die Heruler erneut ihre
Wankelmütigkeit. Sie baten nun nämlich auch noch den Kaiser Justinian, ihnen
einen König zu geben. Dieser sandte den Heruler Suartuas, einen verlässlichen
Militär, der lange im kaiserlichen Dienst gestanden und in Konstantinopel gelebt hatte.[35] Als sich die Gesandten aus Thule wieder dem Gebiet von Singidunum näherten, gab es Verwirrung. Denn man hatte tatsächlich einen König aus
dem Norden mitgebracht. Dieser hieß Datius und wurde von seinem Bruder
Aordus und 200 jungen Kriegern begleitet.[36] Suartuas befahl, den Konkurrenten töten zu lassen, die Heruler aber weigerten sich, und er musste nach Konstantinopel fliehen. Daraufhin wandte der Kaiser seine Macht, δύναμις, an, um
Suartuas wiedereinzusetzen. Da die Heruler die Macht der Römer fürchteten,
unterwarfen sie sich lieber den Gepiden. Dies sei der Grund für ihren Abfall.[37]

An späterer Stelle in seinem Gotenkrieg setzt Prokop die Erzählung fort.
Zwei Drittel der Heruler schlossen sich den Gepiden an, die in den Langobarden einen neuen gefährlichen Gegner in Pannonien hatten. Die kaiserliche Politik unterstützte diese neue Macht an der mittleren Donau gegen die verbliebenen Heruler und Gepiden. Der mit den Gepiden kämpfende Heruler Aordus,

Nordostmauer der Festung von Belgrad aus dem frühen 15. Jahrhundert. Die unteren Mauerteile sind römisch und byzantinisch.

der Bruder des Königs Datius, fiel 547 in einem Gefecht mit einem römischen Detachement.[38] Einige Jahre später gelang es dann dem Reichsfeldherrn Narses, das letzte Drittel der verbliebenen Heruler für seinen Italienkrieg zu rekrutieren. 3000 Reiter zogen 551/552 mit ihm und kämpften auf der Apenninenhalbinsel.[39] Um 561 liest man zum letzten Mal vom Herulergebiet an der Donau. Justinian bot den Awaren einen *foedus* und die Ansiedlung auf diesem Land an. Die Heruler waren aus der Geschichte der Donauländer verschwunden.[40]

11.2 Thule und *Scandza*: Wanderungen der Heruler?

Was aber könnte es mit dem Bericht vom Zug der Heruler an den Rand der Welt nach Thule auf sich haben? Jakob Ecker hat festgestellt, dass Prokop bei der Schilderung der Heruler mit einer dreifachen Brechung operierte. Es war ihm ein Anliegen, die besondere Natur dieser Krieger hervorzuheben, um zu zeigen, dass mit diesen Barbaren kein Staat zu machen ist. Nun beschränkte er sich nicht auf die Schilderung der Probleme mit den immer wieder Verträge

brechenden Herulern, sondern stilisierte sie zu einem exotischen Sonderfall. Die
Insel Thule im Nordmeer nördlich von Britannien war Teil dieser Strategie.
Thule dürfte nur wenigen und sehr gebildeten Lesern bekannt gewesen sein.
Zudem hatte schon Strabon die Existenz der Insel in Frage gestellt. Die Topoi
und Völkernamen, die Prokop Thule zuordnet, erinnern nun in vielen Details
an die Schilderung Skandinaviens bei Jordanes. Im Gegensatz zum zuerst von
Pytheas von Massilia im 4. vorchristlichen Jahrhundert beschriebenen Thule
»kannte« man Skandinavien durch die Schriften des Pomponius Mela, des Plinius und des Ptolemaios. Auch war es im Konstantinopel des 6. Jahrhunderts
allgemein bekannt und akzeptiert, dass viele Barbaren aus der Völkerwerkstatt
im Norden Europas stammen würden. In Anlehnung an Herodot betonte Prokop dann auch noch sein Bemühen, Augenzeugen zu finden oder selbst Thule
zu besuchen.[41] Die eigentliche Aussage Prokops war es, gegen eine Zusammen-
arbeit mit barbarischen Verbänden am Balkan zu votieren. Dies betrifft nicht
nur die Heruler, sondern auch Gepiden und Langobarden. Offene Kritik an der
justinianischen Gentilpolitik wäre jedoch gefährlich für den Autor gewesen.
Deshalb versuchte Prokop mit raffinierten literarischen Anspielungen (Thule)
und dem gleichzeitigen Einsatz plausibler geographischer und ethnographischer
Informationen (Skandinavien) die Heruler als Ausnahmefall und als besonders
gefährliche und seltsame Barbaren darzustellen.[42]

Die ältere Forschung hatte keinerlei Zweifel an einer Herkunft der Heruler
aus Skandinavien, denn Prokops Bericht von der Wanderung einiger Heruler
nach Thule schien Jordanes zu bestätigen. Kurz erwähnte er in seinen *Getica*,
dass die Heruler in *Scandza* gelebt hatten.[43] Walter Goffart deutet diese Jordanesstelle als Replik auf Prokop, denn beide Texte, die *Getica* wie die Gotenkriege, entstanden um 550 in Konstantinopel. Auch die Heruler waren in den
Augen der Römer ein gotisches Volk. Mit dieser Assoziation habe Prokop gespielt und den Zug der Heruler zurück in ihre Heimat an die Ränder der Welt,
τὰς ἐσχατιὰς τῆς οἰκουμένης, als Anregung verstanden, wie man mit den Goten
nach deren Niederlage in Italien verfahren sollte. Die Barbaren sollten dorthin
zurück, woher sie gekommen waren.[44] Ein direkter Bezug zwischen Prokop
und Jordanes ist an einer Stelle herstellbar. Jordanes meint, in Konstantinopel
seien unsinnige Gerüchte über eine Herkunft der Goten aus Britannien im Un-
lauf, die er ausführlich zu widerlegen trachtet. Außerhalb der *Getica* wird solches nie erwähnt.

Doch bringt eine Passage in den Gotenkriegen Prokops die Goten in Verbindung mit Britannien. Bei der Belagerung Roms 538 bieten die Goten Belisar Sizilien als Tauschobjekt an, der kaiserliche Feldherr wiederum den Goten Britannien als mögliches Exil. Britannien sei eine größere Insel als Sizilien und war
auch einmal römisch. Das Motiv erscheint nur dieses eine Mal. Gut denkbar,
dass sich Jordanes auf eine missverstandene Variante dieser Episode oder auf
Prokop selbst bezieht. Insgesamt finden sich verschiedene Parallelen in den ein-

leitenden Teilen der *Getica* und Prokops Geschichtswerk, wie Goffart betont. Manche dieser Informationen wirken wie ins Gegenteil verkehrt und könnten tatsächlich auf einer Auseinandersetzung der beiden Autoren und jeweils unterschiedlichen Ansichten beruhen. Bei Prokop wandern die Heruler von der Donau nach Thule durch viele Länder und vorbei an den Völkern, die *Dani* genannt werden, ohne von diesen behelligt zu werden. Thule sei zehn Mal so groß wie Britannien und dort leben 13 große Völker, von denen jedes einen König hat. Dort lassen sich die Heruler neben dem zahlenmäßig stärksten Volk, den *Gauti*, nieder. Über Thule scheint in den Sommernächten die Mitternachtssonne, im Winter ist es dauernd finster. Nur ein Volk, die *Scritiphini*, ist wild und besonders gefährlich. Die anderen Völker leben wie Menschen, nur sind sie alle Heiden und verehren verschiedene Götter, von denen Ares der wichtigste ist. Für all dieses Wissen bezieht sich Prokop auf keinen anderen Autor, möchte aber selbst nach Thule reisen, um das Berichtete zu prüfen.[45]

Jordanes und Thule

Jordanes kennt Thule und erwähnt die mythische Insel neben Britannien und *Scandza*. Für ihn ist nun aber *Scandza* die größte Insel, auf der 27 Völker leben. Die Bedingungen dort sind hart, nicht nur wegen der seltsamen Nachtsonne und der winterlichen Finsternis, sondern auch wegen den wilden *Screrefennae*, die Prokop *Scritiphini* nennt. Die *Dani* sollen die Heruler aus ihren Wohnsitzen verdrängt haben. Am Ende einer längeren Völkerliste erscheint der König der *Ranii* Roduulf, der zu Theoderich floh. Der Abschnitt schließt mit der Feststellung, alle diese Völker überträfen die Bewohner Germaniens an Körpergröße und Mut und kämpften mit tierischer Wildheit.[46] Die Goten (*Gauti*) sind lange vor Roduulf nach Süden gezogen. Nach der Landung auf dem Kontinent besiegten sie die Ulmerugi und nahmen deren Land in Besitz. In ihren skythischen Wohnsitzen huldigten die Goten dem Mars (Ares), den sie schon immer verehrt hatten.[47] Tatsächlich liest sich Jordanes wie eine Umdrehung der Motive Prokops. Die Heruler wanderten wie die Goten Richtung Süden, hatten das gegenteilige Verhältnis zu den *Dani* und wenig Interesse an ihrer menschenfeindlichen Heimat auf der Insel *Scandza*.

»*Jordanes, as a prelude to his story of Roman-Gothic fusion, stood the Procopian narrative on its head, turning the facts around in both time and space. Regardless of the silly tales in circulation – such as the Herules migrating from the Danube to Thule – the Goths were in the Roman orbit to stay. There was nowhere else in the world for them to go.*«[48]

Teile der Informationen, die Prokop über Kontakte und Auswanderungen von Herulern nach Norden wiedergibt, mögen jedoch zutreffen. Der Herulerkönig Rodulf ist bei Prokop und Paulus Diaconus während der Regierungszeit des Anastasios (491–518) belegt.[49] Jordanes nennt einen *Roduulf rex*, der um Asyl in Italien bat. Oft wurde angenommen, Rodulf sei erstens jener Herulerkönig, den Theoderich als Waffensohn angenommen hatte und zweitens identisch mit dem aus Skandinavien nach Italien geflohenen Ranenkönig. Zudem wurde vorgeschlagen, dieser Flüchtling sei eine wertvolle Auskunftsperson für Cassiodor geworden, als dieser seine Gotengeschichte verfasste.[50] Das Schicksal des Ranen Rodulfs wurde in einen Zusammenhang mit dem späteren Bericht Prokops gebracht, eine Gruppe Heruler sei nach ihrer Niederlage gegen die Langobarden an den Rand der bewohnten Welt auf die Insel Thule gezogen.[51] Möglich, dass der Hof in Ravenna ein Anziehungspunkt für barbarische Gruppen bis ins Baltikum und Skandinavien geworden war. Zu Beginn des 6. Jahrhunderts interessierte man sich in Italien jedenfalls für den Norden als mythischen Raum, aus dem angeblich die Goten und viele andere Völker stammten. Wenn tatsächlich ein hochrangiger Barbar aus einem Ostseeland nach Italien geflohen war, bleibt offen, ob er eine skandinavische Herkunft angedichtet bekam, oder diese tatsächlich selbst benannte.[52] Wenn die Kontakte der herulischen Krieger über viele hunderte Kilometer reichten und es Verbindungen ins heutige Jütland gab, war das Jordanes und wenig später Prokop ein willkommenes Motiv, um die barbarischen Ursprünge im Norden zu belegen. Vorsicht ist angebracht, wenn wir mit Informationen arbeiten, die literarisch verarbeitet wurden. Die Möglichkeit, dass ein Roduulf von der Ostsee nach Italien ging, besteht ebenso, wie es denkbar ist, dass der Donauheruler Rodulf gemeint war.[53] Wenn tatsächlich eine Gruppe Heruler Kontakte nach Norden hatte, und der Bericht Prokops von der Suche nach möglichen Königen ernst zu nehmen ist, erhalten wir Einblick in weitgespannte Netzwerke professioneller Krieger. Das bedeutet aber noch lange nicht, dass die literarische Konstruktion der barbarischen Ursprünge in Skandinavien plötzlich einen realen Kern bekäme.[54]

11.3 Heruler in Justinians Armeen (530–566)

Justinian brauchte Soldaten für seine Kriege gegen die Perser, die Goten und die Vandalen. Viele dieser Truppen wurden auf dem Balkan rekrutiert. Als Prokop Belisars Armee beschreibt, die Richtung Afrika aufbricht, bemerkt er, fast alle Männer stammten aus Thrakien.[55] Der archäologische Befund für die erste Hälfte des 6. Jahrhunderts zeigt ebenso eine stark militarisierte Landschaft.

Zwei Armeeverbände des östlichen Bewegungsheeres, der thrakische und der illyrische, waren dort stationiert. Die Konzentration bewaffneter Macht in den Balkanprovinzen war immens.[56] Neben den wehrfähigen Bewohnern der Balkanprovinzen spielten Föderatenverträge mit Barbarenverbänden innerhalb und außerhalb der Reichsgrenzen eine wichtige Rolle bei den justinianischen Bemühungen, die Balkanhalbinsel unter römischer Kontrolle zu halten.[57] Zunächst standen Heruler und Gepiden, später die Langobarden im Mittelpunkt dieser Strategie.[58]

Heruler im Dienst des Kaisers

Die professionellen herulischen Krieger waren jedenfalls in den 530er Jahren wieder gefragt und konnten an vielen Fronten mit kaiserlicher Genehmigung Beute und Gefangene machen. Jordanes betont die Qualität der Heruler im Kriegsdienst. Meist traten sie als leichte Infanterie hervor, was an die herulischen Auxilien des 4. und 5. Jahrhunderts erinnert.[59] Allerdings ist bei Prokop und Agathias dann auch von herulischen Kavallerieverbänden die Rede.

530 führte der Heruler Pharas den linken Flügel der kaiserlichen Armee, die in der Schlacht von Dara-Anastasiopolis (Daras) über die Truppen des Sassanidenkönigs Kavadh I. siegte.[60] 532 führte der Gepide Mundus als illyrischer Heermeister, *magister militum per Illyricum*, einen Trupp Heruler in die Hauptstadt Konstantinopel, um den Nika-Aufstand im Hippodrom blutig niederzuschlagen.[61] Im Zusammenhang mit einer Strafaktion gegen aufständische Armenier im Jahr 539, bei der der Reichsfeldherr Sittas den Tod fand, berichtet Prokop von einem ungeschickten herulischen Reiter. Der Mann ritt zurück zu den Römern, nachdem er einen feindlichen Trupp verfolgt hatte. Dabei übersah er die in die Erde gerammte Lanze des Sittas, und sein Pferd stürzte über diese. Der Unglücksrabe zog damit die Aufmerksamkeit der Armenier auf sich, die Sittas nun erst erkannten, ihn umzingelten und töteten.[62] Bemerkenswert an der Episode ist, dass Heruler offenbar nicht ausschließlich als Infanterie eingesetzt waren.

Heruler im afrikanischen Vandalenkrieg

Nachdem der Kaiser im Herbst 532 mit den Persern einen »ewigen Frieden« geschlossen hatte und so weitere Truppen frei geworden waren,[63] beauftragte Justinian seinen Heermeister Belisar mit der Aufstellung eines Expeditionsheeres gegen die afrikanischen Vandalen und erteilte ihm alle Vollmachten. Das an der persischen Front bewährte herulische Korps war mit dabei. Als Bundesgenossen wurden 400 Heruler unter Pharas und 600 Hunnen unter zwei Anführern aufgeboten.[64] Bekanntlich konnten die Byzantiner in Afrika schnell Erfolg vermelden. Nachdem die vandalische Sache verloren war, erfuhr Belisar, dass der Vandalenkönig Gelimer sich in den Süden Numidiens geflüchtet und dort bei befreundeten Mauren verschanzt hatte. Da der Winter bevorstand, gab Belisar selbst die Verfolgung auf und beauftragte den Heruler Pharas, mit seinen Leuten den Vandalen zu stellen.[65] Pharas und seine Heruler belagerten mehrere Monate lang Gelimer mit seiner Familie und wenigen Getreuen auf der schwer einnehmbaren Bergfestung Pappua. Der Kommandeur soll Gelimer einen Brief gesandt haben, um ihn zum Aufgeben zu überreden. Der Heruler betonte in der Einleitung, doch auch nur ein Barbar zu sein, der nicht richtig lesen und schreiben könne. Damit stellt Prokop den vandalischen *rex* und den herulischen Föderaten auf eine Stufe. Es sei doch erstrebenswerter, so Pharas in Prokops Erzählung weiter, ebenso wie er selbst ein Knecht der Römer zu sein, als ein Tyrann ohne Reich auf einem Berg und bei den Mauren.[66] Kein anderer Heruler erhält so viel Aufmerksamkeit in Prokops Erzählung.

Gelimer antwortete dem Heruler und erbat sich, wie Prokop berichtet, einen Schwamm, ein Stück Brot und eine Leier. Den Schwamm zum Trocknen seiner Tränen, das Brot, weil er so lange keines mehr gegessen hatte, und die Leier, weil er Lieder schrieb und sich beim Vortragen seiner Klagen begleiten wollte. Gelimer war nämlich ein begabter Sänger und Dichter. Möglich, dass der Topos vom singenden skythischen Barbaren eine Rolle spielte, wenn ein Vandale und ein Heruler sich über Instrumente austauschen. Als der König der Vandalen dann eines Tage sah, dass ein Vandalenkind und ein Maurenkind sich um ein Stück Brot zankten, gab er auf und kapitulierte im Frühjahr 534.[67] Pharas brachte Gelimer zu Belisar, vor dem der geschlagene Vandalenkönig in irres Gelächter ausgebrochen sein soll. Prokop machte den gescheiterten Herrscher zu einem Beispiel für das Walten des Schicksals.[68]

Meuterei in Afrika

Nachdem Belisar aus Afrika nach Italien abkommandiert worden war, kam es zu einem Aufstand unter den römischen Truppen gegen seinen Nachfolger Solomon. Stotzas, ein ehemaliger Leibwächter im kaiserlichen Heer, führte diesen an – die Unruhen dauerten zwei Jahre. Barbarische Soldaten und Föderaten, darunter viele Heruler, waren die Urheber. Sie hatten – offenkundig in großer Zahl – Vandalinnen geheiratet und beanspruchten für sich und ihre Frauen die Güter, die diese mit ihren toten oder deportierten vandalischen Ehemännern und Vätern besessen hatten. Einen weiteren Grund für die Meuterei bildete das religiöse Bekenntnis. Nicht wenige Soldaten unter den in Afrika stehenden Truppen waren Arianer. Prokop spricht von mindestens tausend Mann. Zu Ostern 536 durften die arianischen Soldaten Solomons das Hochfest nicht nach ihrem Ritus feiern. Außerdem wurde ihnen verboten, ihre Kinder arianisch taufen zu lassen. Zu verlockend war die Aussicht auf ein »vandalisches« Leben in den afrikanischen Provinzen. Arianische Kleriker, »Priester der Vandalen«, sollen die Soldaten aufgestachelt haben.[69] Pharas (Faras), so berichtet Jordanes in seiner römischen Geschichte, kam bei dem Aufstand ums Leben. Neben anderen *iudices*, vielleicht in diesem Fall als Offiziere gemeint, töteten ihn die Leute des Stotzas. Es ist gut denkbar, dass Pharas der Meuterei seiner eigenen Heruler zum Opfer fiel.[70]

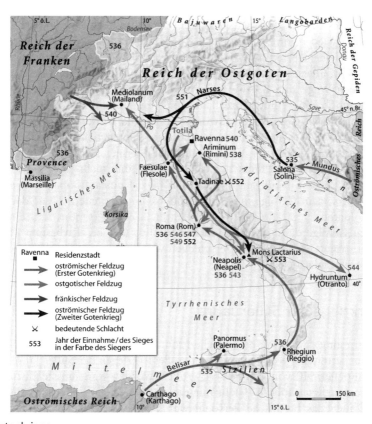

Die Gotenkriege

Heruler in Italien

In Justinians Armeen kämpften verschiedene Herulerverbände. Bei der Belagerung Roms 537 bis 538 durch die Goten versuchten die Kaiserlichen mehrere Ausfälle. Belisar befahl einem Gontharis mit einem Trupp Heruler die Stadt der Albaner an der *Via Appia* zu besetzen. Kurz darauf wurde diese Einheit von den Goten aber aus der Stadt vertrieben.[71] Im Frühjahr 538 landeten 2000 Heruler mit dem neuen Reichsfeldherrn Narses in Italien. Angeführt wurden diese Männer von drei namentlich genannten Kommandeuren, Phanitheus, Wisandus und Aluith.[72] Phanitheus fiel bereits im Dezember 538 bei einem Angriff auf Caesena (Cesena, Emilia-Romagna) und wurde von Philemuth abgelöst. Als Narses 539 wieder von Belisar ersetzt wurde, weigerte sich das Herulerkorps in Italien zu bleiben. Prokop betont, Belisar habe ihnen zwar viele Versprechungen gemacht, aber es passte zu den störrischen und gierigen Herulern, dass sie ihre eigenen Wege gingen. Also marschierten sie nach Ligurien und verkauften dort den gotischen Feinden ihre Beute und ihre Gefangenen. Obwohl sie den Goten vor diesem Geschäft geschworen hatten, nie wieder gegen sie zu kämpfen, überlegten sie es sich doch wieder anders. In Venetien traf die Truppe auf den illyrischen Heermeister Vitalius, und die Heruler bekamen ein schlechtes Gewissen, weil sie ihre Pflicht dem Kaiser gegenüber nicht eingehalten hatten. Aluith und Philemuth führten ihre Heruler nach Konstantinopel, während Wisandus mit seinem Gefolge in Venetien blieb, um die weitere Treue der herulischen Soldaten zu garantieren.[73] 540 kämpfte dieser Wisandus mit seinem herulischen Gefolge dann im Verband des Vitalius, der bei Tarbesium (Treviso) vom gotischen General Ildibad zerschlagen wurde. Wisandus und viele der ihm folgenden Heruler fielen.[74]

Perserkriege der 540er Jahre

Philemuth ging danach an die östliche Front und erscheint dort gemeinsam mit Verus als herulischer Kommandeur in den Perserkriegen der 540er Jahre. Nachdem Antiochia 540 von den Persern erobert worden war, musste Justinian an zwei Fronten Krieg führen. Nicht nur die prominenten Feldherren Belisar und Narses, auch das herulische Personal war an beiden Kriegsschauplätzen präsent. 542 drang Belisar in Mesopotamien ein. 543 griffen die Römer jenen Teil Armeniens an, der Ende des 4. Jahrhunderts unter sassanidische Kontrolle geraten war. Prokop verwendete den Begriff Persarmenien für dieses Gebiet. Bei dem Ort Anglon erlitten die kaiserlichen Truppen eine schwere Niederlage. Ein herulisches Kontingent unter Philemuth und Verus und ein zweites, das unter Narses kämpfte, sind bekannt.[75] Als Narses mit Römern und Herulern einen Angriff bei Anglon begann, erlitten die Heruler durch die persischen Bogenschützen erhebliche Verluste. Prokop erklärt dies damit, dass sie weder Helme, Panzer noch andere Schutzwaffen benutzten, sondern nur Schilde und ein dickes Lederhemd.[76] In der Schilderung des Perserkriegs erzählt Prokop außerdem, wie Belisar seine Föderatentruppen präsentierte. Der Feldherr ließ ein Zelt errichten, um einen Gesandten des persischen Großkönigs Chosrau I. zu empfangen. Links und rechts von diesem Zelt stellten sich Thraker, Illyrer, Goten, Heruler und schließlich Vandalen und Mauren auf.[77]

Auch im folgenden Jahrzehnt kämpften Heruler gegen die Perser. Im Krieg um das Königreich Lazika auf dem Gebiet des heutigen Georgiens operierte der Herulergeneral Uligang um 550.[78] 551 kommandierte dieser Uligang gemeinsam mit Benilus das kaiserliche Interventionsheer in der Lazika, das 9000 Mann stark war.[79] Agathias berichtet dann für 555 von ihm als Kommandeur einer Herulertruppe.[80] Im Zusammenhang mit der Schlacht am Fluss Phasis, dem heutigen Rioni in Georgien, 556 ist die Rede von einem weiteren herulischen Anführer, der den Namen Gibrus trug.[81]

Rekrutierung von Herulern an der Donau

Narses rekrutierte mehrmals größere Herulerverbände. Um 545 reiste er – von Justinian beauftragt – zu den Herulerfürsten, Ἐρούλων ἄρχοντες, mit dem Auftrag, die Mehrzahl von ihnen für den Feldzug nach Italien zu gewinnen. Zahlreiche Heruler schlossen sich ihm an, unter anderen angeführt vom schon bekannten Philemuth. Den Winter 545/546 wollte der Verband in Thrakien verbringen, um von dort aus nach Italien zu ziehen. Auf dem Marsch stießen sie aber mit Sklavenen, Slawen zusammen, die die Donau überquert und viele Römer gefangen hatten. Diese Plünderer stellten und besiegten die Heruler *en route*.[82]

Ein Teil der Heruler unter Philemuth erreichte Italien erst 552, ein Trupp von 300 Mann unter Verus stieß 547/548 zu Belisars Armee. Als sie bei Hydrus (Otranto) anlandeten, wurden sie in Kämpfe mit den Goten unter Totila verwickelt. Anstatt nämlich, wie es vernünftig gewesen wäre, so Prokop, im Lager bei den Armeniern und anderen Kompanien zu bleiben, ritt Verus abenteuerlustig ins Landesinnere. Er war nämlich ein leichtsinniger Charakter, der zu viel trank. Bei Brundisium (Brindisi) errichteten die Heruler ein Lager, was den Leuten Totilas auffiel. Sogleich griffen die Goten an und machten 200 von Verus Leuten nieder. Er selbst versteckte sich mit seiner Leibwache in dornigem Gebüsch und konnte nur mit knapper Not den Goten entgehen. Denn im letzten Moment landeten an der Küste Schiffe mit armenischen Soldaten des Kaisers, und die Heruler konnten sich im Laufschritt an Bord retten.[83] Ein weiteres herulisches Korps unter einem Arufus wird in Kämpfen gegen Truppen Totilas 547 erwähnt.[84]

Weitere Kämpfe in Italien

549 führte Philemuth 1500 Heruler gegen die Gepiden. Diese Abteilung blieb der kaiserlichen Sache treu, 3000 andere Heruler schlossen sich den Feinden an. Aordus, der Bruder des herulischen Anführers, wurde von römischen Truppen in den folgenden Kämpfen getötet. Wir erfahren aber an dieser Stelle nicht mehr über die Spaltung der Heruler.[85] Suartuas, der kurz Archon der Heruler von Justinians Gnaden gewesen war und nach Konstantinopel hatte fliehen müssen, war inzwischen zum Heermeister aufgestiegen. 552 kommandierte er gemeinsam mit anderen Generälen ein Heer, das den Langobarden gegen die Gepiden beistehen sollte. Ob dieses Mal herulische Kämpfer dabei waren, wird nicht erwähnt. Der Zweck des Zuges wurde nicht erreicht, man kam gar nicht ins Gepidenland. Aus Konstantinopel war nämlich der Befehl eingetroffen, einen Aufstand im illyrischen Ulpiana in Obermösien (nahe Priština im Kosovo) niederzuschlagen.[86]

In Italien und an der persischen Front kämpften weiter herulische Truppen. 3000 Reiter unter Philemuth und ein zweites Korps unter Aruth kamen 552 mit Narses nach Italien. Aruth war zwar gebürtiger Heruler, aber nach römischer Sitte erzogen. Er hatte eine Enkelin des illyrischen Heermeisters Mundus geheiratet, die Tochter des Mauricius, der ebenfalls Heermeister war und in Italien gekämpft hatte. Eine gepidisch-herulische Militäraristokratie wird in Ansätzen greifbar.[87] Wieder bleibt darauf hinzuweisen, dass es auch herulische Berittene gab. Während dieses Krieges nahmen Heruler den gotischen General Usdrilas bei Ariminum (Rimini) gefangen und enthaupteten ihn. Bei der entscheidenden Schlacht von *Busta Gallorum*/Taginae stellten langobardische und herulische Reiter, die Narses hatte absitzen lassen, gemeinsam mit der Infanterie die Mitte der Schlachtordnung.[88] Später spielten Philemuths Heruler eine wichtige Rolle bei der Belagerung Roms und in der Schlacht am Vesuv. In der Toskana suchten diese Kavalleristen nach dem flüchtenden Gotenkönig Teja.[89]

Für das Frühjahr 553 berichtet der Prokop fortsetzende Historiker Agathias vom Tod Philemuths. Während der Belagerung von Cumae in Kampanien erkrankte der Herulergeneral und verstarb. Sein Nachfolger als Kommandeur, *hegemon*, der Heruler wurde Fulcaris. Dieser war wiederum ein Neffe des bereits 538 gefallenen Phanitheus. Narses selbst ernannte Fulcaris. Agathias bezeichnet dabei sowohl den verstorbenen Philemuth als auch Fulcaris als *strategos*. Das würde nach damaligem Sprachgebrauch bedeuten, beide Heruler hätten den Heermeistertitel geführt.[90] Noch im selben Jahr beorderte Narses Fulcaris nach Norditalien, um gegen die Franken vorzugehen. Bei Parma befehligte er seine Heruler und ihm zugewiesene andere Einheiten bei einer schlecht geplanten Attacke. Die Kaiserlichen gerieten in einen Hinterhalt, und die meisten ergriffen die Flucht. Nur Fulcaris und seine Doryphoren verteidigten sich.

Alle fielen in diesem Kampf gegen die Franken. Narses bedauerte den Tod des von ihm sehr geschätzten Kommandeurs.[91]

Narses musste sich nun bei der Übergabe des Kommandos über die bewährten Heruler zwischen Aruth und Sindual(d) entscheiden.[92] Die Wahl fiel auf den Letzteren. Er konnte 554 in der Schlacht am Casilinus (Volturno) bei Capua in Kampanien die herulischen Kameraden rächen, denn eben jener Franke Butilinus, der Fulcaris in einen Hinterhalt gelockt hatte, war der Gegner.[93] Das Kommando über das Herulerkorps scheint in diesen Jahren mit dem Heermeistertitel verbunden gewesen zu sein, denn auch Sinduald rangiert bei Agathias als *strategos*. Im Herbst des Jahres 554 half er dabei, eine Revolte der Heruler zu unterdrücken. Diese brach los, als einer der Ihren wegen eines kleineren Vergehens exekutiert wurde. Sinduald konnte seine Soldaten jedoch überzeugen, die römische Schlachtreihe bei Capua nicht zu verlassen. Der Heruler scheint sich nicht nur bei dieser Gelegenheit bewährt zu haben. Immer wieder lobt Agathias ihn als fähigen und umsichtigen Kommandeur.[94] Sinduald spielte im Folgenden eine bedeutende Rolle bei der Neuordnung Italiens als einer der Heermeister des Narses. Papst Pelagius richtete 559 zwei Briefe an ihn und erteilte ihm Auskünfte in Rechtsangelegenheiten.[95]

Ein herulischer Putsch in Norditalien

Ein Jahr nach dem Tod Kaiser Justinians 566 putschte die herulische Besatzung im Trentino. Die Heruler erhoben Sinduald zu ihrem *rex*. Die Erhebung wurde schnell niedergeschlagen, und Narses ließ Sinduald exekutieren.[96] Gut denkbar, dass sie die Verhältnisse der Zeit falsch einschätzten und glaubten, in einem Teil Italiens das gotische Modell in kleinerem Maßstab nachahmen zu können. Vielleicht liegt die relativ häufige Erwähnung der Person und Erhebung Sindualds an seiner Nähe zu den italischen und kirchlichen Eliten. Selbst der *Liber Pontificalis* berichtet kurz von den Ereignissen in Norditalien.[97] Paulus Diaconus weiß, dass die Heruler einst Odoaker gefolgt waren. Sinduald stamme aus der Herulersippe, *stirps Herulorum*, die in Italien geblieben war. Paulus widmet dem König der Brentonen, *Brentorum rex*, Sinduald mehrere Zeilen. Rechtgläubig und barmherzig, stets um das Wohl der heiligen Kirche bemüht, sei er gewesen und ein verlässlicher Gefolgsmann des Narses. Der Reichsfeldherr habe ihn geschätzt und gefördert. Mit den sonst nirgends belegten *Brenti* versuchte Paulus eine geographische Präzisierung. Wohl bezieht sich der Völkername auf den Fluss Brenta und die Brentaberge bei Trient.[98] Euagrios Scholastikos nennt in seiner Kirchengeschichte den Kaiser Justin II. (565–578) einen Herulersieger, *Erulikos*. Der Triumphaltitel ist inschriftlich allerdings nicht belegt. Wieder weist die besondere Aufmerksamkeit kirchlicher Quellen auf die Erinnerung an die Rolle und Bedeutung Sindualds in den Jahren nach den Gotenkriegen.[99]

Die ältere Forschung machte sich ausführlich Gedanken über einen möglichen Verbleib der Heruler in den Tiroler Tälern.[100] Nur zu gerne wollte man in einem nach dem Ersten Weltkrieg zu Italien geschlagenen Südtirol eine alte germanische Bevölkerung nachweisen.[101] Doch auch der Vorschlag, anstatt *Brenti Breoni* in den Handschriften der Langobardengeschichte zu lesen, ändert wenig. Im Tiroler Inn- und Eisacktal stand eine von Cassiodor erwähnte lokale Miliz, die den schon frühkaiserzeitlich belegten Breonennamen führte. Denkbar ist es, dass es sich tatsächlich um eine Verschreibung handelt, und Sinduald auch weiter nördlich in den Wirren nach den langen Kriegen kurzfristig lokale Anerkennung gefunden hat.[102] Die Heruler verschwanden jedoch so oder so aus der Geschichte Italiens.

Gepiden im 6. Jahrhundert

12.1 Die Verlegung der sirmischen Gepiden nach Gallien (523/526)

Nach dem Krieg von 504 stand eine gepidische Besatzung unter gotisch-italischem Kommando in Sirmium.[1] Aus Cassiodors Briefsammlung, den *Variae*, sind wir über eine aufwendige Verlegung dieser Truppen nach Südostgallien unterrichtet. Auf Theoderichs Befehl marschierte die kleine Armee mit ihrem Tross aus dem sirmischen Pannonien westwärts durch die oberitalischen Provinzen Venetien und Ligurien über die Westalpen bis an die Burgundergrenze. Dort sollten sie zwischen den Flüssen Druentia (Durance) und Isara (Isère) Stellung beziehen. Die Regierung in Ravenna hatte Sorgen über das korrekte Verhalten der Soldaten auf dem Marsch. War die Versorgung nicht aureichend, bestand stets die Gefahr von Übergriffen und Plünderungen selbst auf eigenem Gebiet. Der gotische Militärbeamte, *saio*, Veranus war für den sicheren und ruhigen Durchzug durch Venetien verantwortlich. Explizit wurde ihm befohlen, jeder Gewalt vorzubeugen. Zwei zivile Amtsträger hatten für die Verteilung von Nahrungsmitteln an die Gepiden zu sorgen, um jede Belästigung der Provinzbevölkerung zu vermeiden. Die Sorgen der Ravennater über das Verhalten der barbarischen Truppen sind augenscheinlich.[2]

Jeder gepidische Soldat erhielt schließlich die hohe Summe von drei Solidi, um sich von den Gutsbesitzern, *possessores*, Nahrung und Kleidung kaufen zu können. Der *saio* sollte zudem dafür Sorge tragen, dass erschöpfte Zugtiere zu fairen Bedingungen getauscht werden konnten. Sollte ein Wagen beschädigt werden, sei auch dies mit den Gutsbesitzern vor Ort zu regeln. Den Gepiden selbst wird genau erklärt, wie man sie zu versorgen gedenke, die Ansprüche der Soldaten treten durch solche Details hervor. Zunächst hatte Theoderich geplant, den marschierenden Trupp direkt mit Nahrungsmitteln und Tierfutter zu versorgen. Da dies aber schwierig wäre, hatte der König sich zur Ausgabe der erwähnten Summe von drei Solidi entschieden. Bei dieser Gelegenheit erscheint der Terminus *condama*. Das Geld sollte nämlich *per (unamquamque) condamam* ausgezahlt werden, damit jeder Krieger samt Begleitung während der Reise die Orte für Ruhepausen selbst auswählen und das Tierfutter sowie das Notwendige von den *possessores* kaufen könne. Die Gutsbesitzer, so versichert der König, werden sich bemühen ihr Geschäft zu machen und nach Marktpreisen alles Benötigte zur Verfügung stellen.[3]

Rajko Bratož versucht, den Begriff der *condama* (*conduma* oder *condoma*) zu erklären. In den Quellen seit Cassiodor und bis in das 6. Jahrhundert finden sich verschiedene Bedeutungshorizonte, die in zivilen, militärischen und kirchlichen Kontexten zu verorten sind. Eine der Möglichkeiten ist ein landwirtschaftlicher Betrieb unter der Verwaltung eines *conductor* (*domus cum curia* oder *villa indominicata*), der durch Kolonen und Sklaven bewirtschaftet wurde.[4] Theodor Mommsen interpretierte den Begriff als Bestandteil der militärischen Organisation des gotischen Italien, wonach eine *condama* eine bestimmte Anzahl von Soldaten versorgte.[5] Ähnlich sah das Ludo Moritz Hartmann, der an eine Hausgemeinschaft, die zugleich eine militärische Einheit sei, dachte.[6] *Condamae* hat auch Antoninus von Piacenza als Pilger um 570 auf dem Sinai beschrieben. Staatlich mit Pferden, Waffen und Kleidung versorgte Soldaten lebten mit ihren Familien und leisteten Militär- und Polizeidienste.[7]

12.2 Die Gepiden zwischen Langobarden, Konstantinopel und den Awaren

Nach dem Tod Theoderichs 526 versuchten die Gepiden aus Dakien und von der Theiß, Sirmium zurückzuerobern. 530 konnte der Gote Vitigis die Angreifer noch zurückschlagen und die Stadt unter Kontrolle halten.[8] Als jedoch in Italien der große Krieg ausgebrochen war, standen Ravenna keine ausreichenden Truppen zum Schutz Pannoniens mehr zur Verfügung. Wir hören nun, dass in Sirmium wieder Gepiden saßen und sich sogleich die Raubzüge in die römischen Balkanprovinzen vermehrten. Prokop erwähnt die drei barbarischen Gruppen, die die Probleme verursachten: Gepiden, Langobarden und Heruler. Justinian habe die Langobarden als Gegengewicht zu den Gepiden und Herulern aufzubauen versucht, sie herbeigerufen und ihnen jene Jahrgelder gegeben, die er den Gepiden verweigert hatte.[9]

Schlaglichter auf die politischen Möglichkeiten der zweiten Hälfte des 6. Jahrhunderts

Die Schicksale von Einzelpersonen und die dynastische Politik der Heruler, Gepiden und Langobarden werfen Schlaglichter auf die politischen Möglichkeiten der zweiten Hälfte des 6. Jahrhunderts. Einerseits wollten die drei Verbände untereinander durch Heiraten die Verhältnisse stabilisieren, andererseits suchte man Anschluss an den Westen, begannen dort doch Franken und Baiovaren die Nachfolge der Goten als Hegemonialmacht anzutreten. Im Einzelnen sind wir über zwei Ehen des Langobardenkönigs Wacho (Vaces) informiert. In einer Ehe war er mit der Herulerin Salinga verbunden, und aus dieser Verbindung stammte der Thronfolger Walthari. Nach dem Tod Wachos 539/540 trat Audoin als Regent für den unmündigen Walthari auf und ließ den Knaben wenige Jahre später beseitigen, um selbst die Macht zu übernehmen. Gegen Audoin stand ein gewisser Hildigis aus der Familie Wachos und Waltharis, der schließlich zu den Gepiden floh.[10] Der Gepidenkönig Turisind verheiratete wiederum seine Tochter Austrigusa um 515 mit Wacho. Die aus der Verbindung mit dieser gepidischen Prinzessin hervorgegangenen Töchter wurden schließlich mit fränkischen Königen verheiratet: Wisigarda mit Theudebert und Walderada mit Theudebald. Als Theudebald 555 gestorben war, ehelichte Walderada Theudebalds Nachfolger und Großonkel Chlothar I. Da der fränkische Klerus die Ehe nicht akzeptierte, kam es zu einem bairisch-langobardischen Bündnis, und Walderada verband sich mit dem *dux* Garibald. Auch Audoin verheiratete seinen Sohn Alboin mit einer Tochter Chlothars I. Nach dem Ende der Donauheruler verfolgte die langobardische Königsdynastie also bereits weitreichende und zukunftsträchtige Pläne.[11]

Den gepidischen Angriffen auf Reichsgebiet trat 539 der römische Heermeister Calluc entgegen. Eine Schlacht gegen die Plünderer konnte er gewinnen, in einer zweiten fiel er.[12] Zunehmend spielte die kaiserliche Politik nun durch Verhandlungen und Zusagen die Langobarden und Gepiden gegeneinander aus. Prokop berichtet detailliert über die langen diplomatischen Gespräche barbarischer Gesandter mit dem kaiserlichen Hof. So forderten gepidische Emissäre weitere Städte, denn auch Langobarden, Franken und Heruler hätten solche erhalten. Doch die Lage hatte sich zugunsten der neuen Macht an der Donau verschoben. Dem Langobarden Audoin erlaubte der Kaiser 546/547, Teile von Pannonien und Noricum zu besetzen.[13] Die Situation an der Donau war auch deshalb unübersichtlich und konfliktgeladen, da ein gepidischer und ein langobardischer Thronanwärter auf der jeweils anderen Seite Zuflucht gesucht hatten. Der Gepide Ostrogotha (Ustrigotthus), Sohn eines Königs Elemund, war vor dem Usurpator Turisind (Thorisin) geflohen. Detaillierter sind die dynastischen Verhältnisse bei den Gepiden nicht zu erschließen. Auf der anderen Seite lebte der Langobarde Hildigis am gepidischen Hof und erhob Anspruch auf das Königtum Audoins.[14]

Krieg zwischen Gepiden und Langobarden

Im Jahr 549 brach zwischen Gepiden und Langobarden offener Krieg aus. Justinian war vor allem daran interessiert, die Gepiden als störenden Faktor an der Donaugrenze durch die Präsenz einer weiteren gentilen Koalition zu neutralisieren. Ein Beispiel für die Probleme zwischen Gepiden und Römern gibt Prokop. Gegen ein Entgelt von einem Solidus pro Mann sollen die Gepiden slawische Räuberbanden über die Donau gebracht haben.[15] Nach mehreren kleineren Gefechten erlitten die Gepiden 552 in einer entscheidenden Schlacht eine schwere Niederlage. Der Königssohn Turismod fiel, Jordanes berichtet von 60 000 Toten, was sicher übertrieben ist, jedoch von der Intensität der Kämpfe zeugt. König Turisind konnte trotzdem mit kaiserlicher Hilfe eine Einigung mit den Langobarden unter Audoin erreichen, wenn auch ein Friedensvertrag nach dem großen Töten nur eine kurzfristige Lösung war und die Spannungen bestehen blieben.[16] Nur ein barbarischer Verband konnte letztendlich mit den knappen Ressourcen Pannoniens operieren. Das Motiv, der Gepide Turisind habe auf dem Schlachtfeld den Langobardenprinzen Alboin als Waffensohn angenommen, ist eine erzählerische Zuspitzung des geschlossenen Friedens.[17]

Das fragile System bestand noch für ein Jahrzehnt, dann entluden sich die Spannungen. Um 560 starben beide Könige, Audoin und Turisind. Der Sohn und Nachfolger Audoins als langobarischer *rex*, Alboin, betrieb wieder eine expansive Politik gegenüber den Gepiden. Kunimund, der Sohn Turisinds, folgte seinem Vater. Zudem traten auch in Konstantinopel neue Akteure auf. Nach dem Tod Justinians setzte sein Nachfolger Justin II. (565–578) auf neue Verbündete und Konstellationen an der Donau. Ein erster langobardischer Angriff auf die Gepiden 565/566 scheiterte noch, da Justin II. zugunsten der Gepiden intervenierte. Nachdem diese jedoch Sirmium nicht, wie eigentlich zugesagt, abtraten, entzog Konstantinopel den Gepiden die Unterstützung. Der neue Langobardenkönig Alboin schmiedete nun ehrgeizige Pläne.[18]

Langobaren, Awaren und das Ende der Gepiden

Ein neuer Großverband erschien Mitte des 6. Jahrhunderts an der römischen Donaugrenze. Bereits 558 war eine awarische Gesandtschaft nach Konstantinopel gekommen, und Kaiser Justinian hatte mit den Vertretern des Khagans einen Vertrag geschlossen, der Tribute gegen Frieden beinhaltete. Die Awaren begannen, ihren Platz an der Donau einzunehmen, wobei sie nicht nur die ehemaligen hunnischen Zentralräume besetzten, sondern auch eine Politik machten, die an Attila erinnerte.[19] Mit den Awaren schloss Alboin nun ein Bündnis, das sich gleichermaßen gegen Konstantinopel wie gegen die gepidische Konkurrenz richtete. Gegen die Abgabe eines Zehntels des langobardischen

Viehs, der Hälfte der Beute und vor allem des gepidischen Territoriums, war der awarische Khagan Baian bereit, mit seinen Reitern die Langobarden zu unterstützen. Um einen Zweifrontenkrieg zu vermeiden, griffen 567 die Gepiden die Langobarden an. König Kunimund wurde von den Langobarden vernichtend geschlagen, angeblich soll Alboin selbst seinen Gegner auf dem Schlachtfeld getötet haben. Die Awaren hatten nicht einmal in die militärischen Aktionen eingegriffen.[20] Tatsächlich überließen nach ihrem Sieg die Langobarden den Awaren das gepidische Territorium und dazu noch die eigenen pannonischen Gebiete, denn sie zogen 568 nach Italien ab. Schon seit einer Generation hatten langobardische Verbände in Italien gekämpft.[21]

Die eigenständige politische Organisation der Gepiden war beendet, die Chronistik vermerkte diese Tatsache recht nüchtern. Das Reich der Gepiden fand sein Ende, sie wurden von den Langobarden im Kampf überwunden. *Gepidorum regnum finem accepit, qui a Longobardis proelio superati.*[22] Allerdings darf man die Bemerkung, die Gepiden seien nun vernichtet worden, *a Langobardis Gipides extinguuntur*, nicht zu ernst nehmen.[23] Ein größerer Verband und die Tochter des toten Kunimund, Rosamunde, zogen mit den Langobarden nach Italien ab. Viele Gepiden blieben unter awarischer Herrschaft in ihren Wohnsitzen, schließlich gingen einige ins Reich. Wohl hatte Alboin den Zug nach Italien schon seit längerem geplant, und der Militärschlag gegen Kunimund diente der Ausschaltung gentiler Konkurrenz, nicht zuletzt um die eigenen Truppen mit den Kriegerverbänden von der Donau und aus dem Karpatenbecken zu verstärken. Außerdem war so der pannonische Raum von den Awaren, mit denen man ja verbündet war, kontrolliert und keine weiteren ehrgeizigen Verbände würden den neuen Herren Italiens in den Rücken fallen.[24]

Sirmium fiel kampflos in die Hand der Römer, der Kaiser legte eine Besatzung in die offensichtlich funktionstüchtige Stadt.[25] Der gepidische Stadtkommandant Usdibad sowie Kunimunds Neffe Reptila und der arianische (homöische) Bischof Thrasarich hatten sich mit dem gepidischen Königsschatz nach Konstantinopel abgesetzt.[26] Der Awarenkhagan Baian nahm nicht nur das gepidische Territorium in Besitz, sondern belagerte auch Sirmium und forderte vom Kaiser nun die Herausgabe des Schatzes sowie der prominenten Flüchtlinge. Schließlich habe er die Gepiden unterworfen und somit das Recht des Eroberers, über die Stadt und die Geflohenen zu verfügen. Baian drohte den Römern offen. Er sah Usdibad, Thrasarich und Reptila als seine Untertanen und Sirmium als seinen Besitz.[27] Die vor Sirmium gescheiterten Verhandlungen sollten sich noch über Jahre hinziehen, kurz vor dem Regierungsantritt des Maurikios (582–602) konnten die Awaren schließlich gemeinsam mit slawischen Verbänden die Stadt einnehmen. Alboin eroberte 569 Mailand und in Konstantinopel mag sich mancher Römer gefragt haben, wofür man 20 Jahre um Italien Krieg geführt hatte. Awaren und Slawen übernahmen derweil die Rolle der Gepiden und Langobarden an der Donau.[28]

Durch verschiedene symbolische Handlungen versuchte Alboin die Loyalität der gepidischen Krieger zu gewinnen. Wie berichtet, hatten sich die Träger der gepidischen Königsherrschaft nach Konstantinopel geflüchtet. Der ehrgeizige und selbstbewusste Kern der gepidischen Militärmacht wird sich Alboin angeschlossen haben. Es bleibt die Beobachtung, dass im Gegensatz zu Skiren, Rugiern und Herulern, die noch jahrzehntelang ein Königtum aufrechterhalten wollten, die Gepiden ohne besondere eigene Identität sich Römern, Awaren oder Langobarden anschlossen. Die Heirat Alboins mit der gepidischen Prinzessin Rosamunde gehört sicherlich in diesen Zusammenhang. Paulus Diaconus überliefert eine bekannte Episode, die einen Einblick in den Grad der Gewaltbereitschaft der Kriegergesellschaft gibt. Angeblich habe Alboin aus dem Schädel des getöteten Kunimunds einen Trinkbecher anfertigen lassen. Als er in Italien seine junge Frau zwingen wollte, aus diesem grausigen Gefäß zu trinken, habe Rosamunde ihn ermorden lassen und sei zu den Römern geflohen. Nach Ravenna werden der Königin auch gepidische Krieger gefolgt sein.[29]

Der Tod des Königs Alboin änderte am langobardischen Erfolg wenig. Das gepidische Königtum hatte schlicht keine Zukunftsperspektiven mehr geboten, es war attraktiver nach Italien zu gehen oder mit den Awaren zu kämpfen. Nur mehr im großen Stil lohnte sich gentile Politik. Die Balkanprovinzen hatten schwer unter den justinianischen Kriegen gelitten, der daraus resultierende Mangel an Ressourcen die gentile Konkurrenz verschärft. Bis zu einem gewissen Grad wiederholte sich die Geschichte. Ähnlich wie 473, als die Goten ihre Konkurrenten der Reihe nach besiegt und das Potenzial der Verbände an der Donau vereinigt hatten, musste Alboin danach trachten, möglichst viele Männer für seinen Italienzug zu gewinnen. Nur ein unter langobardischer Krone vereinigter »donauländischer Kriegeradel« war stark genug, um nun größere Teile des Zentrums des römischen Westens zu kontrollieren.[30]

Nachleben der Gepiden

Im 8. Jahrhundert gab es noch gepidische Dörfer, *vici*, in Italien.[31] Vielleicht hielten sich solche Bezeichnungen, weil gepidische Kontingente bestimmte Aufgaben zugewiesen bekamen, ähnlich wie die Rugier im 6. Jahrhundert unter gotischem Kommando. Aber auch in den alten Zentralräumen lässt sich noch für zwei Jahrhunderte eine Kontinuität verbliebener Gepiden feststellen. Mehrfach erwähnen unsere Quellen Gepiden unter awarischer Herrschaft, die an der Seite der Khagane kämpften, etwa 626 vor Konstantinopel. Auch unter den neuen Herren blieb man Gepide. Paulus Diaconus berichtet jedenfalls als Zeitgenosse auch für das spätere 8. Jahrhundert von Gepiden in der pannonischen Tiefebene.[32]

13

Barbarenstereotypen: Die Heruler als Kulturzerstörer, unerschrockene Kämpfer und als »Männerbund«

Kurz vor dem Ende der Regierungszeit des Gallienus im Jahr 268 war Athen gefallen. Ein herulischer Trupp nützte das militärische und allgemeine Chaos aus, um die Stadt rasch einzunehmen und gründlich zu plündern. Klar ist, dass Heruler die Akteure waren, denn keine Quelle nennt andere barbarische Verbände in diesem Zusammenhang.[1] Die Folgen dieses Ereignisses für die Stadt mögen überbetont worden sein, war doch das kulturelle und intellektuelle Leben Athens nicht nachhaltig beeinträchtigt.[2]

Mittelalterliche byzantinische Überlieferung bietet eine Episode zu den Herulern und Athen. Einige Barbaren waren gerade dabei, einen großen Scheiterhaufen aus Papyrusrollen in Brand zu setzen. Doch einer ihrer Anführer ging dazwischen und untersagte seinen Leuten, die Bücher zu verbrennen. Das Argument des Barbaren ist bedenkenswert: Man solle doch den Griechen ihre Bücher lassen, denn wenn sie sich mit diesen beschäftigten, dann bliebe keine Zeit ihre Armeen zu trainieren, und so habe man stets leicht zu besiegende Opfer.[3] Griechische Autoren zeichneten die Heruler häufig als besonders gewalttätige und kampfbereite Krieger. Gleichzeitig sind sie hemmungslos und stark, faszinierend und schrecklich. Prokops Herulerbild hatte ältere Vorlagen.

Prokop und die Heruler

Im 6. Jahrhundert beschäftigte sich Prokop intensiv mit den Herulern. »Ganz besonders zuwider ist ihm der germanische Stamm der Heruler: er findet gar nicht Worte genug, sie herunterzusetzen, geräth in eine leidenschaftliche Heftigkeit.«[4] Der Byzantiner habe als Teilnehmer der Feldzüge Justinians gegen die Perser nach Afrika und Italien mit herulischen Truppen zu tun gehabt und diese aufgrund persönlicher Erfahrungen besonders kritisiert. Beinahe entmenschlicht und mit Zügen, die an Tiere erinnern, stellt er die Barbaren dar. Sie kämpften nackt und waren bereit, ihre Alten zu töten, wenn diese nicht mehr von Nutzen waren. Außerdem – so Prokop – zwangen sie die Witwen gefallener Krieger zum Selbstmord. Als Heiden verehren sie mehrere Götter, denen sie auch Menschenopfer bringen.[5] Ein Offizier herulischer Herkunft mit dem Namen Pharas (Faras) in Belisars Afrikaarmee hatte die Aufgabe, den letzten Vandalenkönig

Gelimer zu belagern und für seine Gefangennahme zu sorgen. In diesem Zusammenhang lobt Prokop Pharas. Er sei zwar ein geborener Heruler, wäre aber
trotzdem verlässlich und würde nicht zu exzessiv trinken.[6]

Eine paternalistische Sicht des Römers auf die barbarischen Truppen wäre
nun allerdings nichts Ungewöhnliches. An dieser Stelle sei auf die einleitenden
Bemerkungen dieses Buches verwiesen. Denkbar, dass Prokop darüber hinaus
mit den Herulern schlechte Erfahrungen gemacht hatte. Und doch sind viele
der berichteten Eigenschaften, Sitten und Kampftaktiken der Heruler an älterer
Literatur orientiert, die die Autoren des 6. und des 8. Jahrhunderts kannten
und geschickt einsetzten. Prokop und Paulus Diaconus berichten von der
Schlachtbekleidung der Heruler. Ob nun herulische Krieger tatsächlich ohne
Helme und Panzer, sondern bloß mit einem Schild und einem dicken Rock am
Schlachtfeld erschienen, wie Prokop meint, bleibt fraglich. Die Knechte oder
Sklaven, δοῦλοι, der Heruler sollen sogar ganz ohne Schild in den Kampf gezo-
gen sein. Ein Schild wurde ihnen erst verliehen, wenn sie sich durch eine tapfere
Tat auszeichneten. Schon Hans Delbrück bemerkte, dass diese »Knechte« ohne
Schild keine Kombattanten gewesen seien, sondern lediglich zum Tross gehör-
ten und eventuell später, nach Verleihung des Schildes, in die Reihen der
Kämpfenden aufgenommen wurden. Beinahe 200 Jahre später als Prokop
meinte Paulus Diaconus, die Heruler sollen wegen der besseren Bewegungsfä-
higkeit nur mit einem Schurz bekleidet kämpfen. Vielleicht aber auch, so Paulus, weil sie einfach keine Angst vor Wunden hätten.[7]

Kriegerstereotypen

Schon von den Galatern im 3. Jahrhundert v. Chr. wird erzählt, dass sie ohne
Kleidung in die Schlacht gezogen seien. Tacitus berichtete von den mangelhaften Schutzwaffen der Germanen, die übrigens auch nackt oder nur mit einem
Umhang bekleidet kämpfen sollen.[8] Die Nacktheit und die Verwendung einfacher Kleidung oder von Fellen sind häufige Barbarenstereotypen. Bei Agathias
tragen auch Franken nur einen Lendenschurz.[9] Manche Barbaren sind wilder
als andere, sie bleiben oft zumindest bis zur Taille unbekleidet oder sind nur
mit Tierhäuten umhängt. Wenn diese Wilden dann auch noch nackt kämpfen,
betont es das barbarische Wesen und kann dem Leser einen Schauer abrin-
gen.[10] Da Prokop gelegentlich bei der Vorstellung wichtiger gotischer Kämpfer
explizit deren Panzer und Helm erwähnte, wollte man daraus einen Sonderfall
guter Bewaffnung barbarischer Krieger ableiten.[11] Doch ist anzunehmen, dass
reiche und erfolgreiche gotische Krieger über eine dem Stand der Wehrtechnik
entsprechende Panzerung verfügten, zumal wenn sie zu Pferd kämpften. Jedoch
ist denkbar, dass zumindest einige Heruler tatsächlich schlechter gerüstet waren
als Perser, Goten oder Römer, denn ihnen fehlte es an den nötigen Ressourcen

und Werkstätten. Da selbst einfache Metallpanzer extrem aufwendig in der Herstellung waren, ist es möglich, dass viele Heruler einfache Schutzkleidung aus organischem Material, also etwa aus dickem mehrlagigen Leinen, verwendeten. Im Falle reicher Kriegsbeute werden sich dann einzelne Heruler mit hochwertigen Schutzwaffen versehen haben, wobei gleichzeitig zu bedenken steht, dass mobile Infanterie im Gelände ohne schwere Panzer beweglicher bleiben konnte. Solche Beobachtungen wären dann gemeinsam mit den genannten literarischen Bildern die Grundlage für die Berichte bei Prokop und Paulus. Zuletzt ist zu bedenken, dass auch herulische Kavallerie zum Einsatz kam, eindeutige und generalisierende Aussagen bleiben somit schwierig.

Umgang mit Alten und Witwen

Wenig lässt sich über die Religion der Heruler und ihren Umgang mit Alten und Witwen herausfinden. Dass Barbaren Menschen opfern, berichtete Prokop keineswegs nur über die Heruler. Die Franken seien zwar schon seit längerem Christen geworden, wenn es aber darauf ankomme, griffen sie auf die alten Bräuche zurück und opferten auch Menschen.[12] Herodot berichtet von vier Völkern, die Menschen opfern. Strabon weiß solches von den Kelten und, Poseidonios zitierend, von den Kimbern.[13] Vorsichtig darf man annehmen, dass es bei den germanischsprachigen Völkern nördlich der Donau und östlich des Rheins zur Opferung von Menschen kam, allerdings nicht sehr häufig oder als gängige Praxis. Die vorhandenen Befunde sind insgesamt schwer zu deuten. Das archäologische Material zeigt die Seltenheit von Menschenopfern. Die in Norddeutschland und Dänemark gefundenen Moorleichen können nur bisweilen mit einem kultischen Hintergrund erklärt werden. In den Mooren von Nydam und Thorsberg und an anderen Orten in Skandinavien deponierte man vor allem im 3. Jahrhundert n. Chr. große Mengen von Waffen und anderen Gegenständen, oft aus römischer Produktion. Gelegentlich wurden auch Menschen und Pferde geopfert. Solche Fundkonzentrationen sind jedoch für weiter südlich gelegene Gebiete oder gar für den Donauraum unbekannt.[14] Herodot, Diodor und Strabon kennen Alten- und Krankentötung sowie eine Totenfolge von Witwen bei barbarischen Völkern. Ein direkter literarischen Bezug Prokops auf diese Autoren ist jedoch nicht nachweisbar.[15]

Ein Kriegerbund?

Die bereits besprochene Behauptung Prokops, die herulischen Knechte oder Sklaven, δοῦλοι, würden ohne Schild in die Schlacht ziehen und müssten sich diesen erst durch Bewährung im Kampf verdienen, wurde als Initiationsritual in einen Kriegerbund interpretiert.[16] Diese Annahme ist mit dem Namen Otto Höflers (1901–1987) verbunden. Er sammelte Quellenmaterial zu ekstatischen Männer- oder Geheimbünden und postulierte solche als tragenden Faktor germanischer Gesellschaften. Methodisch problematisch war dabei, antike, mittelalterliche und neuzeitliche Zeugnisse aus teilweise weit entfernten Räumen gemeinsam zu befragen. So versuchte Höfler manchmal, die hochmittelalterliche Edda und Tacitus in eine Verbindung zu bringen.[17] Die Frage, ob es Männer- oder Kultbünde gegeben hat, ist nicht eindeutig zu beantworten. Manche Indizien in der *Germania* des Tacitus etwa für Harier und Chatten sind freilich vorhanden. Es könnte Verbände gegeben haben, die auf »altersklassenabhängigen Übergangsriten basierten oder sich aus solchen entwickelt haben«.[18] Nun wäre der Vergleich mit antiken Gesellschaften im Mittelmeerraum weiterführend. Strabon berichtet von Jagd- und Lebensgemeinschaften kretischer Männer und Jugendlicher. Nach einer Bewährung sei durch die Verleihung der Rüstung die Probezeit der Jungen abgeschlossen. Ammian weiß von den Taifalen, dass junge Krieger homosexuelle Beziehungen mit Erwachsenen zu führen hatten. Durch eine mutige Tat seien diese dann beendet worden.[19] Die zentrale Bedeutung, die Krieg und Soldatentum für die Heruler hatten, mag in solchen oder ähnlichen Eingangritualen in die *gens* zum Ausdruck gebracht worden sein. Alvar Ellegård hat vorgeschlagen, die Heruler gar nicht als Volk, sondern als Kriegergruppe zu definieren. Hier stellt sich die Frage, wo der Unterschied liegt.[20]

14

Abkürzungen

AAntHung	Acta antiqua Academiae Scientiarum Hungaricae
AE	L'Année épigraphique
AHR	The American Historical Review
AntTard	Antiquité Tardive
ANRW	Aufstieg und Niedergang der römischen Welt
BAR	British Archaeological Reports
BJ	Bonner Jahrbücher des Rheinischen Landesmuseums in Bonn und des Rheinischen Amtes für Bodendenkmalpflege
BZ	Byzantinische Zeitschrift
CAH	Cambridge Ancient History
CCSL	Corpus Christianorum, Series Latina
CFHB	Corpus fontium historiae Byzantinae
CIL	Corpus Inscriptionum Latinarum
CQ	Classical Quarterly
CT	Les cahiers de Tunisie
CSEL	Corpus Scriptorum Ecclesiasticorum Latinorum
CSHB	Corpus Scriptorum Historiae Byzantinae
CSMLT	Cambridge Studies in Medieval Life and Thought, Fourth Series
CUF SL	Collection des universités de France, Série latine
CUF SG	Collection des universités de France, Série grecque
DFW	Deutsches Fremdwörterbuch
DHGE	Dictionnaire d'histoire et de géographie ecclésiastique
DNP	Der Neue Pauly
DOP	Dumbarton Oaks Papers
DWB	Deutsches Wörterbuch von Jacob Grimm und Wilhelm Grimm
EHR	English Historical Review
EME	Early Medieval Europe
FGrH	Die Fragmente der griechischen Historiker
FMSt	Frühmittelalterliche Studien
GCS N. F.	Die griechischen christlichen Schriftsteller der ersten Jahrhunderte, Neue Folge
GRBS	Greek, Roman and Byzantine Studies
HZ	Historische Zeitschrift
IG	Inscriptiones Graecae
JHS	Journal of Hellenic Studies
JLA	Journal of Late Antiquity
JRGZ	Jahrbuch des Römisch-Germanischen Zentralmuseums Mainz
JRS	Journal of Roman Studies
LMA	Lexikon des Mittelalters

LRE	Arnold Hugh Martin Jones, The Later Roman Empire 284–602. A Social, Economic and Administrative Survey 1–3 (Oxford 1964–1973).
LSJ	Liddell-Scott-Jones Greek-English Lexicon
MEFR	Mélanges de l'École Française de Rome
MGH	Monumenta Germaniae Historica
	Auct. ant. Auctores antiquissimi
	Capit. Capitularia regum Francorum
	DD Diplomata
	Epp. Epistolae (in Quart)
	SS Scriptores (in Folio)
	SS rer. Germ. Scriptores rerum Germanicarum in usum scholarum separatim editi
	SS rer. Germ. N. S. Scriptores rerum Germanicarum, Nova series
	SS rer. Lang. Scriptores rerum Langobardicarum
	SS rer. Merov. Scriptores rerum Merovingicarum
MIÖG	Mitteilungen des Instituts für Österreichische Geschichtsforschung
ODB	The Oxford Dictionary of Byzantium, 3 Bde., ed. A. P. Kazhdan, (Oxford 1991).
ÖAW Dph	Österreichische Akademie der Wissenschaften. Denkschriften der philosophisch-historischen Klasse
PBSR	Papers of the British School at Rome
PCBE	Prosopographie chrétienne du Bas-Empire
P.Ital.	Papyri Italiae
PG	Patrologiae cursus completus series Graeca
PL	Patrologiae cursus completus series Latina
PIR²	Prosopographia Imperii Romani (zweite Auflage)
PLRE	The Prosopography of the Later Roman Empire
RAC	Reallexikon für Antike und Christentum
RE	Pauly/Wissowa – Realencyclopädie der classischen Altertumswissenschaft
REB	Revue des études byzantines
RGA	Reallexikon der Germanischen Altertumskunde
RGA Erg. Bd.	Reallexikon der Germanischen Altertumskunde, Ergänzungsband
RH	Revue historique
RIC	Roman Imperial Coinage
SC	Sources Chrétiennes
TLL	Thesaurus Linguae Latinae
TTH	Translated Texts for Historians
TRE	Theologische Realenzyklopädie
TRW	The Transformation of the Roman World
VIÖG	Veröffentlichungen des Instituts für Österreichische Geschichtsforschung
VuF	Vorträge und Forschungen, ed. Konstanzer Arbeitskreis für mittelalterliche Geschichte
ZfA	Zeitschrift für Archäologie
ZPE	Zeitschrift für Papyrologie und Epigraphik
ZRG (GA/RA)	Zeitschrift der Savigny-Stiftung für Rechtsgeschichte (Germanistische Abteilung/Romanistische Abteilung)

15

Quellen- und Literaturverzeichnis

15.1 Quellen

Lateinische Autoren werden hier nach den Siglen des TLL = Thesaurus Linguae Latinae. Index librorum scriptorum inscriptionum ex quibus exempla afferuntur. Editio altera (München [5]1990) zitiert. Griechische Quellen sind nach Wolfgang Schule, Bibliographie der Übersetzungen griechisch-byzantinischer Quellen, Glossar zur frühmittelalterlichen Geschichte im östlichen Europa. Beihefte 1 (Wiesbaden 1982) abgekürzt. Die maßgeblichen Textausgaben sind in den genannten Werken verzeichnet. Die biblischen Bücher werden nach dem ÖVBE = Ökumenisches Verzeichnis der biblischen Eigennamen nach den Loccumer Richtlinien zitiert. Um die Benutzung zu erleichtern werden im Folgenden möglichst gängige Editionen und/oder Übersetzungen angeführt.

Adam von Bremen, *Gesta Hammaburgensis ecclesiae pontificum*, in: ed. und dt. Übers. Werner Trillmich/Rudolf Buchner/Volker Scior, Quellen des 9. und 11. Jahrhunderts zur Geschichte der Hamburgischen Kirche und des Reiches, Ausgewählte Quellen zur deutschen Geschichte des Mittelalters 11 (Darmstadt 2000) 137–499.

Addit. Prosp. Havn. chron. = Additamenta ad Prosperum Havniensia, ed. Theodor Mommsen, MGH Auct. ant. 9, Chronica Minora 1 (Berlin 1892, ND 1981) 298–339.

Agathias, Ἱστορίαι / Περί τῆς Ἰουστινάνου βασιλείας/*Historiarum*, ed. und engl. Übers. Joseph D. Frendo, The Histories (CFHB Series Berolinensis 2a, Berlin 1975).

Aischyl. Pers. = Aischylos, Perser, ed. und dt. Übers. Petrus Groeneboom/Helga Sönnichsen, Aischylos' Perser. 1. Einleitung, Text, kritischer Apparat (Göttingen 1960).

Amm. = Ammianus Marcellinus, *Res Gestae*, ed. und dt. Übers. Wolfgang Seyfart, Ammianus Marcellinus Römische Geschichte. Lateinisch und Deutsch und mit einem Kommentar versehen 1–4, Schriften und Quellen der alten Welt 21, 1–4 (Berlin 1968–1971).

Annales Magdeburgensis, ed. Georg Heinrich Pertz, Annales aevi Suevici, MGH SS 16 (Hannover 1859, ND 1980) 107–196.

Annalista Saxo, ed. Georg Heinrich Pertz, Chronica et annales aevi Salici, MGH SS 6 (Hannover 1844, ND 1980) 542–777.

Anon. Vales. = *Anonymus Valesianus pars posterior* (Chronica Theodericiana) – Consularia Italica, ed. Theodor Mommsen, MGH Auct. ant. 9, Chronica Minora 1 (Berlin 1892, ND 1981) 249–336; ed. und dt. Übers. Ingemar König, Aus der Zeit Theoderichs des Großen. Einleitung, Text, Übersetzung und Kommentar einer anonymen Quelle (Darmstadt 1997).

Aristot. pol. = Aristoteles, *Politika*, dt. Übers. mit Kommentar, Ernst Grumach/Hellmut Flashar/Eckart Schütrumpf, Aristoteles: Politik. Buch I (Band 9/1, Berlin 1991), Buch II–III (Band 9/2, Berlin 1991), Buch IV–VI (Band 9/3, Berlin 1996), Buch VII–VIII (Band 9/4, Berlin 2005).

R. Gest. div. Aug. = Augustus, *Res gestae*, ed. und dt. Übers. Ekkehard Weber, Augustus. Meine Taten nach dem monumentum Ancyranum, Apolloniense und Antiochenum (Darmstadt [6]1999).

Aur. Vict. Caes. = Sextus Aurelius Victor, *Liber de Caesaribus*, ed. und dt. Übers. Kirsten Groß-Albenhausen/Manfred Fuhrmann, S. Aurelius Victor, Die römischen Kaiser. Liber de Caesaribus (Darmstadt [2]2002).

Beda chron. = Beda Venerabilis, *Chronica*, ed. Theodor Mommsen, Bedae chronica maiora ad a. 725/Bedae chronica minora ad a. 703., MGH Auct. ant. 13, Chronica Minora 3 (Berlin 1898, ND 1981) 223–354.

Beda hist. = Beda Venerabilis, *Historia ecclesiastica gentis Anglorum*, ed. und dt. Übers. Günther Spitzbart, Beda der Ehrwürdige. Kirchengeschichte des Englischen Volkes, 1/2 (Darmstadt 1982).

Cassiod. chron. = Cassiodorus, *Chronica*, ed. Theodor Mommsen, MGH Auct. ant. 11, Chronica Minora 2 (Berlin 1894, ND 1981) 109–162.

Cassiod. var. = Cassiodorus, *Variae*, ed. Theodor Mommsen, Cassiodori Senatoris Variae, MGH Auct. ant. 12 (Berlin 1894, ND 1981); dt. Übers. (teilweise) Peter Dinzelbacher, Briefe des Ostgotenkönigs Theoderich der Große und seiner Nachfolger. Aus den »Variae« des Cassiodor (Heidelberg 2010); engl. Übers. (teilweise) Sam J. B. Barnish, Cassiodorus: Variae, TTH 42 (Liverpool 1992); ed. und ital. Übers. Andrea Giardina/Giovanni Alberto Cecconi/Ignazio Tantillo, Flavio Magno Aurelio Cassiodoro Senatore Varie I–VI: II. Libri III–V, III. Libri VI–VII, V. Libri XI–XII (Rom 2014–2015, bisher Bände II, III und V erschienen).

Cass. Dio = Cassius Dio Cocceianus, Ῥωμαϊκὴ ἱστορία, ed. Ursulus Philippus Boissevain, Historiarum Romanorum quae supersunt 1–4 (Berlin 1895–1900, 1926); ed. und dt. Übers. Leonhard Tafel, bearbeitet von Lenelotte Möller, Cassius Dio: Römische Geschichte (Wiesbaden 2012); ed. und dt. Übers. Otto Veh, Cassius Dio Römische Geschichte 1–5, Sammlung Tusculum (Düsseldorf 2007).

Chron. Gall. 452/511 = *Chronica Gallica* 452/511, ed. Theodor Mommsen, MGH Auct. ant. 9, Chronica Minora 1 (Berlin 1892, ND 1981) 615–666; ed. Richard W. Burgess, The Gallic Chronicle of 452/511: A New Critical Edition with a Brief Introduction, in: Society and Culture in Late Antique Gaul. Revisting the Sources, ed. Ralph W. Mathisen/Danuta Shanzer (Aldershot 2001) 52–100.

Cod. Iust. = *Codex Justinianus*, ed. Theodor Mommsen/Paul Krüger, Corpus Iuris Civilis 2 (Berlin 1887, ND Hildesheim 1988).

Cod. Theod. = *Codex Theodosianus*, ed. Theodor Mommsen/Paul Krüger/Paul M. Meyer, Theodosiani libri XVI cum constitutionibus Sirmondianis et leges novellae ad Theodosianum pertinentes: 1.1. Prolegomena, 1.2. Textus cum apparatu, 2. Leges novellae ad Theodosianum pertinentes (Berlin 1905, ND 1990); engl. Übers. Clyde Pharr, The Theodosian Code. And Novels. And the Sirmondian Constitutions. A Translation with Commentary, Glossary, and Bibliography (Princeton 1952).

Continuatio Reginonis, ed. und dt. Übers. Albert Bauer/Reinhold Rau, Quellen zur Geschichte der sächsischen Kaiserzeit, Ausgewählte Quellen zur deutschen Geschichte des Mittelalters 8 (Darmstadt 2002) 190–231.

Conversio Bagoariorum et Carantanorum, ed. und dt. Übers. Herwig Wolfram, Conversio Bagoariorum et Carantanorum. Das Weißbuch der Salzburger Kirche über die erfolgreiche Mission in Karantanien und Pannonien, herausgegeben, übersetzt, kommentiert und um die Epistola Theotmari wie um gesammelte Schriften zum Thema ergänzt, Zbirka Zgodovinskega časopisa 44. Dela/Slovenska Akademija Znanosti in Umetnosti, Razred za Zgodovinske in Družbene Vede 38 (Klagenfurt [3]2013).

Cosmogr. geogr. Ravenn. = Geograph von Ravenna – Ravennas Anonymus *Cosmographia*, ed. Joseph Schnetz, Ravennatis Anonymi cosmographia et Guidonis Geographica, Itineraria Romana 2 (Leipzig 1940, ND Stuttgart 1990).

Dexipp. frg. = Publius Herennius Dexippus, *Fragmente*, ed. Felix Jacoby, Excerpta de legationibus gentium ad Romanos, Skythika, FGrH II A, 100 (Berlin 1926) 452–480; ed. und dt. Übers. Gunther Martin, Dexipp von Athen. Edition, Übersetzung und begleitende Studien, Classica Monacensia 32 (Tübingen 2006); ed. und ital. Übers. Laura Mecella, Dexippo di Atene. Testimonianze e frammenti, I frammenti degli storici greci 6 (Rom 2013).

Ennod. epist. = Magnus Felix Ennodius, *Epistulae*/Briefe, ed. Friedrich Vogel, Magni Felicis Ennodi Opera, MGH Auct. ant. 7 (Berlin 1885, ND München 1995); ed. Wilhelm von Hartel, Magni Felicis Ennodii opera omnia, CSEL 6 (Wien 1882).

Ennod. paneg. Theod. = Magnus Felix Ennodius, *Panegyricus Theoderico regi dictus*, ed. Christian Rohr, Der Theoderich-Panegyricus des Ennodius, MGH Studien und Texte 12 (Hannover 1995).

Ennod. V. Epif. = Ennodius, Vita Epifa ed. Friedrich Vogel, Magni Felicis Ennodi Opera, MGH Auct. ant. 7 (Berlin 1885, ND München 1995) 84–109; ed. und dt. Übers. Frank M. Ausbüttel, Ennodius, Heiligenviten: Epiphanius von Pavia/Antonius von Lérins, Texte zur Forschung 109 (Darmstadt 2016).

Etymologicum Magnum = ed. François Lasserre/Nikolaos Livadaras, Etymologicum Magnum Genuinum, Symeonis Etymologicum una cum Magna Grammatica, Etymologicum Magnum Auctum 1 (Rom 1976), 2 (Athen 1992).

Euagrios = Euagrius Scholasticus, *Historia ecclesiastica*, ed. und dt. Übers. Adelheid Hübner, Evagrius Scholasticus: Historia ecclesiastica – Kirchengeschichte. Griechisch-deutsch 1–2, Fontes Christiani 57 (Turnhout 2007); engl. Übers. Michael Whitby, The Ecclesiastical History of Evagrius Scholasticus. TTH 33 (Liverpool 2000).

Eugipp. V. Sev. = Eugippius, *Vita Sancti Severini*, ed. und dt. Übers. Theodor Nüsslein, Lateinisch/Deutsch (Stuttgart 1999); ed. Hermann Sauppe, MGH Auct. ant. 1,2 (Berlin 1877).

Eun. frg. = Eunapius, *Fragmenta*, ed. und engl. Übers. Roger C. Blockley, The Fragmentary Classicising Historians of the Later Roman Empire. Eunapius, Olympiodorus, Priscus and Malchus, ARCA Classical and Medieval Texts, Papers and Monographs 10 (Liverpool 1983) 2–151; Die Zählung der Fragmente erfolgt nach Blockley: vgl. dort die Konkordanz zu anderen Editionen 485–489.

Fasti Vind. post./prior. = *Fasti Vindobonenses posteriores/priores* – Consularia Italica, ed. Theodor Mommsen, MGH Auct. ant. 9, Chronica Minora 1 (Berlin 1892, ND 1981) 263, 274–298, 274–336.

Greg. Tur. Franc. = Gregor von Tours, *Decem libri historiarum*, ed. Bruno Krusch/Wilhelm Levison, Gregorii Turonensis Opera 1: Libri historiarum X, MGH SS rer. Merov. 1, 1 (Hannover 1937, ND 1951); ed. und dt. Übers. Rudolf Buchner, Gregor von Tours, Zehn Bücher Geschichten, Ausgewählte Quellen zur Deutschen Geschichte des Mittelalters 2–3 (Darmstadt [9]2000).

Hdt. = Herodot, *Historien*, ed. und dt. Übers. Josef Feix, Herodot Historien, Sammlung Tusculum (Düsseldorf [6]2004).

Herodian = Ab excessu divi Marci libri octo, ed. Kurt Stavenhagen, Bibliotheca scriptorum Graecorum et Romanorum Teubneriana (Stuttgart 1967); ed. und dt. Übers. Friedhelm L. Müller, Herodian. Geschichte des Kaisertums nach Marc Aurel (Stuttgart 1996).

Hier. epist. = Hieronymus, *Epistulae*/Briefe, ed. Isidor Hilberg, Sancti Eusebii Hieronymi Epistulae, CSEL 54–56/1, 2 (Wien 1910–1918, [2]1996); dt. Übers. Ludwig Schade, Des heiligen Kirchenvaters Eusebius Hieronymus ausgewählte Briefe 1–3, Bibliothek der Kirchenväter 2. Reihe 15, 16 und 18 (Kempten/München 1914, 1936–1937).

Historia Langobardorum codicis Gothani, ed. Georg Waitz, MGH SS rer. Lang. (Hannover 1878, ND Stuttgart 1988) 7–11.

Hyd. chron. = Hydatius, *Continuatio Chronicorum*, ed. Theodor Mommsen, Hydatii Lemici Continuatio chronicorum Hieronymianorum, MGH Auct. ant. 11, Chronica Minora 2 (Berlin 1894, ND München 1981) 11–36; ed. und engl. Übers. Richard W. Burgess, The Chronicle of Hydatius and the Consularia Constantinopolitana. Two Contemporary Accounts of the Final Years of the Roman Empire (Oxford 1993); ed. Alain Tranoy, Hydace Chronique 1–2, SC 218–219 (Paris 1974).

Inquisitio de theloneis Raffelstettensis, ed. Alfred Boret/Viktor Krause, MGH Capit. II (Hannover 1897, ND 2001) No. 253, 249–252. ed. Lorenz Weinrich, Quellen zur deutschen Verfassungs-, Wirtschafts- und Sozialgeschichte bis 1250, Ausgewählte Quellen zur deutschen Geschichte des Mittelalters 32 (Darmstadt 1977) Nr. 4, 14–19.

Ioh. Bic. chron. = Iohannes Biclarensis, *Continuatio chronicorum Victoris Tonnennensis*, ed. Theodor Mommsen, Iohannis abbatis monasterii Biclarensis chronica, MGH Auct. ant. 11, Chronica Minora 2 (Berlin 1894, ND München 1981) 207–220.

Io. Ant. frg. = Johannes von Antiochia, *Fragmenta*, ed. Karl Müller, FGrH I, 4 (Paris 1885) 535–622; ed. und engl. Übers. Sergei Mariev, Ioannis Antiocheni fragmenta quae supersunt omnia recensuit, anglice vertit indicibusque instruxit S. Mariev, CFHB 47 (Berlin/New York 2008); ed. und ital. Übers. Umberto Roberto, Ioanni Antiocheni Fragmenta ex Historia Chronica. Introduzione, edizione critica e traduzione, Texte und Untersuchungen zur Geschichte der altchristlichen Literatur 154 (Berlin 2005). Die Zählung der Fragmente erfolgt nach Müller und Mariev: vgl. Mariev 2008 die Konkordanz zu anderen Editionen 503–602.

Io. Mal. chron. = Johannes Malalas, Χρονογραφία/*Chronographia*, ed. Johannes Thurn, Ioannis Malalae Chronographia, CFHB 35 (Berlin 2000); engl. Übers. Elizabeth Jeffrey/Michael Jeffrey, The Chronicle of John Malalas, Byzantina Australiensia 4 (Sydney, 1986); dt. Übers. Hans Thurn/Mischa Meier, Johannes Malalas: Weltchronik. Mit einer Einleitung von Claudia Drosihn, Mischa Meier und Stefan Priwitzer und Erläuterungen von Claudia Drosihn, Katharina Enderle, Mischa Meier und Stefan Priwitzer (Stuttgart 2009).

Io. Zon. hist. Ann. = Johannes Zonaras, Ἐπιτομὴ Ἱστοριῶν/*Epitome Historion*, ed. Moritz Pinder/Theodor Büttner-Wobst, Ioannis Zonarae epitome historiarum 1–3, CSHB 50 (Bonn 1841–1845); dt. Übers. Erich Trapp, Militärs und Höflinge im Ringen um das Kaisertum. Byzantinische Geschichte von 969 bis 1118, Byzantinische Geschichtsschreiber 16 (Graz 1986); engl. Übers. von Teilen, Thomas M. Banchich/Eugene N. Lane, The History of Zonaras. From Alexander Severus to the Death of Theodosius the Great. Introduction and commentary (London u. a. 2009).

Iord. Get. = Jordanes, *De origine actibusque Getarum/Getica*, ed. Theodor Mommsen, MGH Auct. ant. 5 (Berlin 1882, ND 1982) 53–138; dt. Übers. Lenelotte Möller, Jordanes: Die Gotengeschichte (Wiesbaden 2012).

Iord. Rom. = Jordanes, *De summa temporum vel origine actibusque gentis Romanorum/Romana*, ed. Theodor Mommsen, MGH Auct. ant. 5 (Berlin 1882, ND 1982) 1–52.

Isid. chron. = Isidor von Sevilla, *Chronica Maiora*, ed. Theodor Mommsen, Isidoris Iunioris episcopi Hispalensis chronica maiora, MGH Auct. ant. 11, Chronica Minora 2 (Berlin 1894, ND München 1981) 393–506.

Isid. Hist. Goth. Vand. Suev. = Isidor von Sevilla, *Historia Gothorum Wandalorum Sueborum*, ed. Theodor Mommsen, MGH Auct. ant. 11, Chronica Minora 2 (Berlin 1894, ND München 1981) 241–303.

Isid. orig. = Isidor von Sevilla/Isidorus Hispalensis, *Origines (Etymologiae)*, ed. Wallace Martin Lindsay, Isidori Hispalensis Episcopi Etymologiarum sive Originum libri XX,

1–2 (Oxford 1911); dt. Übers. Lenelotte Möller, Die Enzyklopädie des Isidor von Sevilla (Wiesbaden 2008); engl. Übers. Stephen A. Barney/W. J. Lewis/J. A. Beach/Oliver Berghof, The Etymologies of Isidore of Seville (Cambridge 2006).

Iulius Honorius, *Cosmographia*, ed. Alexander Riese, Geographi Latini minores (Heilbronn 1878) 21–108.

Georg. Kedr. = Georgios Kedrenos, Chronik, ed. Immanuel Bekker, Compendium historiarum, a mundo condito usque ad Isaacium Comnenum Imperatorem a Dn. Georgio Cedreno ex diversis libris collectum 1–2, CSHB 44–45 (Bonn 1838–1839).

Lib. pontif. = *Liber pontificalis*, ed. Louis Duchesne, Le Liber pontificalis. Texte, introduction et commentaire 1–2, Bibliothèque des Écoles Françaises d'Athènes et de Rome. Série 2, 3, 1–2 (Paris 1886–1892).

Liv. ab urbe condita = Titus Livius, *Ab urbe condita libri CXLII*, ed. und dt. Übers. Hans Jürgen Hillen/Josef Feix, Römische Geschichte. Lateinisch–deutsch, Sammlung Tusculum (Darmstadt 1974–2000); Otto Güthling/Lenelotte Möller, Römische Geschichte – Von der Gründung der Stadt an (Wiesbaden 2009).

Malch. frg. = Malchus, *Fragmenta*, ed. und engl. Übers. Roger C. Blockley, The Fragmentary Classicising Historians of the Later Roman Empire. Eunapius, Olympiodorus, Priscus and Malchus, ARCA Classical and Medieval Texts, Papers and Monographs 10 (Liverpool 1983) 402–473; ed. und ital. Übers. Lia Raffaella Cresci, Malco di Filadelfia Frammenti. Testo critico, introduzione, traduzione e commentario, Byzantina et Neo-Hellenica Neapolitana 9 (Neapel 1982). Die Zählung der Fragmente erfolgt nach Blockley: vgl. dort die Konkordanz zu anderen Editionen 493–494.

Marcell. chron. = Marcellinus Comes, *Chronicon*, ed. Theodor Mommsen, MGH Auct. ant. 11, Chronica Minora 2 (Berlin 1894, ND 1981) 37–108; engl. Übers. Brian Croke, The Chronicle of Marcellinus, Byzantina Australiensia 7 (Sydney 1995).

Mar. Avent. chron. = Marius von Avenches, *Chronica*, ed. Theodor Mommsen, MGH Auct. ant. 11, Chronica Minora 2 (Berlin 1894, ND 1981) 225–240; ed. und franz. Übers. Justin Favrod, La chronique de Marius d'Avenches 455–581 (Lausanne 1991).

Menander frg. = Menander Protector, Fragmente, ed. und engl. Übers. Roger C. Blockley, The History of Menander the Guardsman (Liverpool 1985).

Not. dign. orient./occ. – Not. dign. laterc. Veron. = *Notitia dignitatum orientis/occidentis* – *Notitia dignitatum Laterculi Veronensis*, ed. Otto Seeck, Notitia dignitatum. Accedunt notitia urbis Constantinopolitanae et laterculi provinciarum (Berlin 1876, ND Frankfurt/Main 1962); ed. Concepción Neira Faleira, La Notitia dignitatum. Nueva edición crítica y comentario histórico, Consejo Superior de Investigaciones Científicas, Nueva Roma 25 (Madrid 2005); Laterculus Veronensis: ed. Alexander Riese, Geographi Latini minores (Heilbronn 1878) 127–129; ed. Timothy David Barnes, The New Empire of Diocletian and Constantine (Cambridge MA 1982) 201–208.

Nov. Maiorian = *Novellae Maioriani*, vide Cod. Theod., ed. Mommsen/Krüger/Meyer 2.

Novell. Valent. = *Novella Valentiniani*, vide Cod. Theod., ed. Mommsen/Krüger/Meyer 2.

Olymp. frg. = Olympiodorus, *Fragmenta*, ed. und engl. Übers. Roger C. Blockley, The Fragmentary Classicising Historians of the Later Roman Empire. Eunapius, Olympiodorus, Priscus and Malchus, ARCA Classical and Medieval Texts, Papers and Monographs 10 (Liverpool 1983) 152–221. Die Zählung der Fragmente erfolgt nach Blockley, vgl. dort die Konkordanz zu anderen Editionen 489–490.

Origo gentis Langobardorum, ed. Georg Waitz, MGH SS rer. Lang. (Hannover 1878, ND Stuttgart 1988) 1–6; ed. Annalisa Bracciotti, Origo gentis Langobardorum. Introduzione, testo critico, commento, Biblioteca di cultura romanobarbarica 2 (Rom 1998).

Paneg. Lat. = *Panegyrici Latini*, ed. und dt. Übers. Brigitte Müller-Rettig, Panegyrici Latini. Lobreden auf römische Kaiser. Lateinisch und deutsch. Eingeleitet, übersetzt und kommentiert, 1: Von Diokletian bis Konstantin, 2: Von Konstantin bis Theodosius (Darmstadt 2008, 2012); Paneg. Lat. 11: Claudius Mamertinus, *Panegyricus Maximiano Augusto dictus*, ed. und franz. Übers. Édouard Galletier, Panégyriques Latins I (Paris, 1949) 24–37.

P. Ital. = Jan-Olof Tjäder, Die nichtliterarischen Papyri Italiens aus der Zeit 445–700, 1–3, Skrifter utgivna av Svenska Institutet i Rom: Series in 4 19 (Stockholm 1954/1955/1982).

Paulus Diaconus hist. Lang. = Paulus Diaconus, *Historia Langobardorum*, ed. Georg Waitz, MGH SS rer. Lang. (Hannover 1878, ND 1988) 12–187; ed. Lidia Capo, Paolo Diacono: Storia dei Longobardi (Milano ⁴1998); ed. und dt. Übers. Wolfgang F. Schwarz, Paulus Diaconus. Geschichte der Langobarden. Historia Langobardorum (Darmstadt 2009).

Paulus Diaconus hist. Rom. = Paulus Diaconus, *Historia Romana*, ed. Hans Droysen, MGH SS rer. Germ. 49 (Berlin 1879).

Petr. Patr. frg. = Petrus Patricius Fragmente, ed. Karl Müller, FGrH 4 (Paris 1868) 184–199; engl. Übers. Thomas M. Banchich, The Lost History of Peter the Patrician (New York 2015).

Plin. nat. = C. Plinius Secundus Maior, *Naturalis historia*, ed. Roderich König, C. Plinius Secundus d. Ä.: Naturalis historia/Naturkunde 1–37 (Zürich 1973–2004).

Pol. = Ἱστορίαι/*Historíai*, dt. Übers. Hans Drexler, Polybios: Geschichte 1–2, Bibliothek der alten Welt (Zürich 1961–1963).

Priskos frg. = Priscus, *Fragmenta*, ed. und engl. Übers. Roger C. Blockley, The Fragmentary Classicising Historians of the Later Roman Empire. Eunapius, Olympiodorus, Priscus and Malchus, ARCA Classical and Medieval Texts, Papers and Monographs 10 (Liverpool 1983). Die Zählung der Fragmente erfolgt nach Blockley, vgl. dort die Konkordanz zu älteren Editionen 491–493; teilweise eigene Zählung: ed. Pia Carolla, Priscus Panita. Excerpta et fragmenta, Bibliotheca scriptorum Graecorum et Romanorum Teubneriana (Berlin 2008); engl. Übers. nach ed. Carolla John Given, The Fragmentary History of Priscus. Attila, the Huns and the Roman Empire AD 430–476 (Merchantville, NJ 2014); dt. Übers. in Auswahl: Ernst Doblhofer, Byzantinische Diplomaten und östliche Barbaren. Aus den Excerpta de legationibus des Konstantinos Porphyrogennetos ausgewählte Abschnitte des Priskos und Menander Protektor, Byzantinische Geschichtsschreiber 4 (Graz 1955).

Prok. Kais. hist. = Προκόπιος Καισαρεὺς, Ὑπέρ τῶν πολέμων λόγοι / Prokopios von Kaisareia, *Bella / Historien* 1–8, ed. und dt. Übers. Otto Veh, Prokop Werke 2–4: 2. Gotenkriege, 3. Perserkriege, 4. Vandalenkrieg, griechisch und deutsch, Sammlung Tusculum (München 1966–1971); ed. und engl. Übers. Henry B. Dewing, History of the Wars 1–5: 1. I–II The Persian War, 2. III–IV The Vandalic War, 3. V–VI The Gothic War, 4. VI–VII The Gothic War, 5. VII–VIII The Gothic War, Loeb Classical Library 48, 81, 107, 173, 217 (Cambridge, Mass./London 1914–1940, ND 2000/2001); Anthony Kaldellis/Ian Mladjov, Prokopios. The Wars of Justinian. Translated by H. B. Dewing, Revised and Modernized with an Introduction and Notes (Indianapolis 2014); Vandalenkrieg: ed. und franz. Übers. Denis Roques, Procope. La guerre contre les Vandales, CUF SG 6 (Paris 1990/³2009).

Prok. Kais. an. = Προκόπιος Καισαρεὺς, Ἀπόκρυφη Ἱστορία/Prokopios von Kaisareia, *Anekdota*/Geheimgeschichte, ed. und dt. Übers. Otto Veh, Prokop Werke 1, griechisch und deutsch, Sammlung Tusculum (München 1970, ²Düsseldorf/Zürich 2005); ed. und engl. Übers. Henry B. Dewing, 6. The Anecdota or Secret History (Cambridge, Mass./London 1935); ed. und engl. Übers. Anthony Kaldellis, Prokopios The Secret History with Related Texts Edited and Translated, with an Introduction (Indianapolis 2010).

Prok. Kais. ktis. = Προκόπιος Καισαρεὺς, Περί Κτισμάτων/Prokopios von Kaisareia, *De Aedificiis*/Bauten, ed. und dt. Übers. Otto Veh, Prokop Werke 5, griechisch und deutsch, Sammlung Tusculum (München 1977, ²Berlin 2014); ed. Henry B. Dewing,

Procopius VII Buildings, Loeb Classical Library 343 (Cambridge, Mass./London 1940, ND 2002).

Prosper chron. = Prosper Tiro, *Epitoma Chronicon*, ed. Theodor Mommsen, MGH Auct. ant. 9, Chronica Minora 1 (Berlin 1892, ND 1981) 341–499; Prosper chron. Addit. Africana = *Epitoma Chronicon Additamenta Africana*, ed. Mommsen, MGH Auct. ant. 9, 486–487; Epitome Carthaginiensis 1321, MGH Auct. ant. 9, 493–497; Addit. Prosp. Continuatio Cod. Alcobaciensis = *Additamenta Prosperi Continuatio Codicis Alcobaciensis*, MGH Auct. ant. 9, 487–488.

Ptol. = Klaudios Ptolemaios, *Geographika*, ed. Carl F. A. Nobbe (Leipzig 1843–1845, ND Hildesheim 1990); ed. und dt. Übers. Alfred Stückelberger/Gerd Graßhoff, Ptolemaios, Handbuch der Geographie griechisch-deutsch (Basel 2006).

Sen. dial. = Seneca, *Dialogi*, ed. und dt. Übers. Otto Apelt, Philosophische Schriften. 1. Dialoge I–VI. 2. Dialoge VII–XII (Hamburg 1993).

S.H.A. = *Scriptores historiae Augustae* I, II, ed. Ernst Hohl, Bibliotheca scriptorum Graecorum et Romanorum Teubneriana 1–2 (Stuttgart/Leipzig 1997); dt. Übers. Ernst Hohl/Johannes Straub/Elke Merten/Alfons Rösger, Historia Augusta. Römische Herrschergestalten 1–2 (Zürich/München 1976, 1985).

Sidon. epist./carm. = Sidonius Apollinaris, *Epistulae/Carmina*, ed. Christian Luetjohann, Gai Solii Apollinaris Sidonii Epistulae et carmina, MGH Auct. ant. 8 (Berlin 1887, ND 1961) 1–264; ed. und franz. Übers. André Loyen, Sidoine Apollinaire 1–4, CUF SL 161, 174, 198, 199 (Paris 1960–1970).

Sokr. hist. eccl. = Sokrates Scholastikos, *Historia ecclesiastica*, ed. Günther Christian Hansen, Sokrates Scholasticus, Historia ecclesiastica, GCS N. F. 1 (Berlin 1995).

Stephan von Byzanz, *Ethnika* – Ἐθνικά, ed. und dt. Übers. Margarethe Billerbeck, Stephani Byzantii Ethnica, CFHB 43, 1–4 (Berlin 2006–2015).

Strab. = Strabon, Γεωγραφικά – *Geographika*, ed. und dt. Übers. Stefan Radt, Strabons Geographika 1–10 (Göttingen 2002–2010).

Suid. = *Suda*, ed. Ada Adler, Suidae lexicon 1–5 (Leipzig 1928–1938, ND 1994–2001); SOL = The Suda Online, Adler: Suda online: http://www.stoa.org/sol/.

Synk. = Georgios Synkellos, *Chronographia*, ed. Alden A. Mosshammer, Georgii Syncelli Ecloga chronographica (Leipzig 1984); engl. Übers. William Adler/Paul Tuffin, The Chronography of George Synkellos. A Byzantine Chronicle of Universal History from the Creation (Oxford 2002).

Tac. ann. = Publius Cornelius Tacitus, *Annales*, ed. Erich Köstermann, Cornelius Tacitus, Annalen, Wissenschaftliche Kommentare zu griechischen und lateinischen Schriftstellern (Heidelberg 1963–1968); ed. und dt. Übers. Erich Heller, Annalen. Lateinisch-Deutsch. Mit einer Einführung von Manfred Fuhrmann, P. Cornelius Tacitus, Sammlung Tusculum (Düsseldorf/Zürich ³1997).

Tac. Germ. = Publius Cornelius Tacitus, *Germania*, ed. Allan A. Lund, P. Cornelius Tacitus, Germania, Wissenschaftliche Kommentare zu griechischen und lateinischen Schriftstellern (Heidelberg 1988); ed. und dt. Übers. Gerhard Perl, Griechische und lateinische Quellen zur Frühgeschichte Mitteleuropas bis zur Mitte des 1. Jahrhunderts, 2: Schriften und Quellen der Alten Welt 37, 2 (Berlin 1990); ed. und dt. Übers. Alfons Städele, Sammlung Tusculum (München 1991).

Theoph. Conf. = Theophanes Confessor, *Chronographia*/Θεοφάνης Ὁμολογητής, Χρονογραφία, ed. Karl de Boor, Theophanis chronographia 1–2 (Leipzig 1883/1885, ND Hildesheim/New York 1980); eng. Übers. Cyril Mango/Roger Scott, The Chronicle of Theophanes Confessor. Byzantine and Near Eastern History A. D. 284–813 (Oxford 1997).

Theophyl. Sym. = Theophylaktos Simokates, *Historien*, ed. Carl de Boor, Theophylacti Simocattae historiae/Neu bearbeitet von Peter Wirth (Leipzig 1887, Stuttgart 1972);

dt. Übers. Peter Schreiner, Theophylaktos Simokates Geschichte, Bibliothek der griechischen Literatur 20 (Stuttgart 1985).

Vegetius, *De re militari*, ed. Friedhelm L. Müller, Publius Flavius Vegetius Renatus. Abriß
des Militärwesens lateinisch und deutsch mit Einleitung, Erläuterungen und Indices
(Stuttgart 1997).

Verg. Aen. = P. Vergilius Maro, *Aeneis*, ed. Gian Biagio Conte, P. Vergilius Maro. Aeneis,
Bibliotheca Teubneriana (Berlin/New York 2009; ed. und dt. Übers. Johannes Götte,
Aeneis. Lateinisch-deutsch, Sammlung Tusculum (Düsseldorf/Zürich [10]2002).

Vict. Tonn. = Victor Tonnennensis/Victor von Tunnuna, *Chronica*, ed. Theodor Mommsen, MGH Auct. ant. 11, Chronica Minora 2 (Berlin 1894, ND 1981) 163–206; ed.
Carmen Cardelle de Hartmann/Roger Collins, Victor Tunnunensis Chronicon cum
reliquiis ex Consularibus Caesaraugustanis et Iohannis Biclarensis Chronicon, CCSL
173 A (Turnhout 2001); ed. und ital. Übers. Antonio Placanica, Vittore da Tunnuna.
Chronica. Chiesa e impero nell'età di Giustiniano, Per verba 4 (Florenz 1997).

Vict. Vit. = Victor von Vita, *Historia persecutionis Africanae provinciae sub Geiserico et
Hunirico regibus Wandalorum*, ed. Karl Halm, MGH Auct. ant. 3, 1 (Berlin 1879,
ND 1993) 1–59; ed. Michael Petschenig, Historia persecutionis Africanae provinciae,
CSEL 7 (Wien 1881); ed. Serge Lancel, Histoire de la persécution vandale en Afrique
suivie de La passion des sept martyrs, Registre des provinces et des cités d'Afrique,
CUF SL 368 (Paris 2002); ed. und ital. Übers. Salvatore Costanza, Testi patristici 29
(Rom 1981); ed. und dt. Übers. (teilweise) Konrad Vössing, Victor von Vita. Kirchen-
kampf und Verfolgung unter den Vandalen in Africa. Lateinisch und deutsch. Herausgegeben, eingeleitet und übersetzt, Texte zur Forschung 96 (Darmstadt 2011).

Zos. = Zosimos/Zosimus, Ιστορία Νέα/Neue Geschichte, dt. Übers. Otto Veh durchgese-
hen und erläutert von Stefan Rebenich, Zosimos. Neue Geschichte, Bibliothek der
Griechischen Literatur 31 (Stuttgart 1990); ed. Ludwig Mendelssohn, Zosimi comitis
et exadvocati fisci Historia nova (Leipzig 1887, ND Olms/Hildesheim 2003); ed. und
franz. Übers. François Paschoud, Zosime Histoire Nouvelle 1–4, CUF SG 267, 307,
326, 401 (Paris 1971–1989).

15.2 Literatur

Agustí Alemany, Sources on the Alans. A critical compilation, Handbook of Oriental Stu-
dies/Handbuch der Orientalistik Section 8, Central Asia 5 (Leiden/Boston/Köln 2000).

Andreas Alföldi, Der Untergang der Römerherrschaft in Pannonien, 1/2, Ungarische Bibliothek für das ungarische Institut an der Universität Berlin 10/12 (Berlin/Leipzig
1924/1926).

Andreas Alföldi, Cornuti: A Teutonic Contingent in the Service of Constantine the Great
and its Decisive Role in the Battle at the Milvian Bridge, in: DOP 13 (1959) 169–183.

Andreas Alföldi, Studien zur Geschichte der Weltkrise des 3. Jahrhunderts nach Christus
(Darmstadt 1967).

José Miguel Alonso-Nunez, Jordanes and Procopius on Northern Europe, in: Nottingham
Medieval Studies 31 (1987) 1–16.

Franz Altheim, Geschichte der Hunnen 1–5 (Berlin 1959–1962).

Patrick Amory, People and Identity in Ostrogothic Italy 489–554, CSMLT 33 (New
York/Cambridge 1997).

Thomas Andersson, Goten § 1. Philologisches, in: RGA 2. Aufl. 12 (Berlin/New York 1998) 402–403.

Thomas Andersson/Walter Pohl, Rugier, in: RGA 2. Aufl. 25 (Berlin/New York 2003) 452–458.

Clifford Ando, Imperial ideology and provincial loyalty in the Roman Empire (Berkeley 2000).

Clifford Ando, Imperial Rome AD 193 to 284. The Critical Century, The Edinburgh History of Ancient Rome 6 (Edinburgh 2012).

Stanko Andrić, Južna Panonija u doba velike seobe narodâ [Southern Pannonia during the Age of the Great Migrations], in: Scrinia Slavonica 2 (2002) 117–167.

Bodo Anke/Walter Pohl, Hunnen, in: RGA 2. Aufl. 15 (Berlin/New York 2000) 246–261.

Hans Hubert Anton, Burgunden. II. Historisches, in: RGA 2. Aufl. 4 (Berlin/New York 1981) 235–248.

Hans Hubert Anton, Troja-Herkunft, *origo gentis* und frühe Verfasstheit der Franken in der gallisch-fränkischen Tradition des 5.–8. Jahrhunderts, in: MIÖG 108 (2000) 1–30.

Hans Hubert Anton/Matthias Becher/Walter Pohl/Herwig Wolfram/Ian N. Wood, Origo gentis, in: RGA 2. Aufl. 22 (Berlin/New York 2003) 174–210.

Frank M. Ausbüttel, Die Verwaltung der Städte und Provinzen im spätantiken Italien, Europäische Hochschulschriften Reihe 3. Geschichte und ihre Hilfswissenschaften 343 (Frankfurt/Main 1988).

Frank M. Ausbüttel, Ennodius, Heiligenviten: Epiphanius von Pavia/Antonius von Lérins, Texte zur Forschung 109 (Darmstadt 2016).

Mircea Babeş, Die Poieneşti-Lukaševka-Kultur. Ein Beitrag zur Kulturgeschichte im Raum östlich der Karpaten in den Jahrhunderten vor Christi Geburt, Saarbrücker Beiträge zur Altertumskunde 30 (Bonn 1993).

Wilhelm Backhaus, Der Hellenen-Barbaren-Gegensatz und die Hippokratische Schrift Περὶ ἀέρων ὑδάτων τόπων, in: Historia 25 (1976) 170–185.

Ernst Badian, Deditio, in: DNP 3 (Stuttgart/Weimar 1997) 361.

Janos M. Bak, Ungarn, in: LMA 8 (München/Zürich 1997) 1223–1234.

Lothar Bakker, Raetien unter Postumus – Das Siegesdenkmal einer Juthungenschlacht im Jahre 260 n. Chr. aus Augsburg, in: Germania 71 (1993) 369–386.

Lothar Bakker, Der Siegesaltar aus AVGUSTA VINDELICVM/Augsburg von 260 n. Chr., in: Niederbieber, Postumus und der Limesfall. Stationen eines politischen Prozesses. Bericht des ersten Saalburgkolloquiums, Saalburg-Schriften 3, ed. Egon Schallmayer (Bad Homburg 1996) 7–13.

John Percy Vyvian Dacre Balsdon, Romans and Aliens (London 1979).

Timothy D. Barnes, The sources of the Historia Augusta, Collection Latomus 155 (Brüssel 1978).

Sam Barnish, The Variae, TTH 12 (Liverpool 1992).

Sam J. Barnish, Old Kaspars: Attila's invasion of Gaul in the literary sources, in: Fifth-Century Gaul: A Crisis of Identity?, ed. John F. Drinkwater/Hugh Elton (Cambridge 1992) 38–48.

Bernard Bavant, Caričin Grad and the changes in the nature of urbanism in the central Balkans in the sixth century, in: The Transition to Late Antiquity: On the Danube and Beyond, ed. Andrew Poulter (Oxford 2007) 337–374.

Hans-Georg Beck, Kaiserin Theodora und Prokop. Der Historiker und sein Opfer, Serie Piper 5221 Porträt (München 1986).

Heinrich Beck, Otto Höfler, in: RGA 2. Aufl. 15 (Berlin/New York 2000) 30–34.

Heinrich Beck, Germanische Menschenopfer in der literarischen Überlieferung, in: Vorgeschichtliche Heiligtümer und Opferplätze in Mittel- und Nordeuropa: Bericht über ein Symposium in Reinhausen bei Göttingen in der Zeit vom 14. bis 16. Oktober 1968, ed. Herbert Jankuhn, Abhandlungen der Akademie der Wissenschaften in Göttingen, philolog.-hist. Klasse 3/74 (Göttingen 1970) 240–258.

Heinrich Beck/Torsten Capelle/Karl Kroeschell/Bernhard Maier/Rosemarie Müller/Helmut Roth/Elmar Seebold/Heiko Steuer/Dieter Timpe, Germanen, Germania, Germanische Altertumskunde, in: RGA 2. Aufl. 11 (Berlin/New York 1998) 181–483.

Heinrich Beck/Herwig Wolfram, Ermanarich, in: RGA 2. Aufl. 7 (Berlin/New York 1989) 510–515.

Guido M. Berndt, Beute, Schutzgeld und Subsidien. Formen der Aneignung materieller Güter in gotischen Kriegergruppen, in: Lohn der Gewalt. Beutepraktiken von der Antike bis zur Neuzeit, ed. Horst Carl/Hans-Jürgen Bömelburg, Krieg in der Geschichte 72 (Paderborn 2011) 121–147.

Guido M. Berndt, Aktionsradien gotischer Kriegergruppen, in: FMSt 47 (2013) 7–52.

Guido M. Berndt/Roland Steinacher, The *ecclesia legis Gothorum* and the Role of ›Arianism‹ in Ostrogothic Italy, in: Arianism: Roman heresy and barbarian creed, ed. Guido M. Berndt/Roland Steinacher (Farnham 2014) 219–230.

Annemarie Bernecker, Die Feldzüge des Tiberius und die Darstellung der unterworfenen Gebiete in der »Geographie des Ptolemaeus« (Bonn 1989).

Brill's Companion to Ancient Geography. The Inhabited World in Greek and Roman Tradition, Brill's Companions in Classical Studies, ed. Serena Bianchetti/Michele R. Cataudella/Hans-Joachim Gehrke (Leiden 2016).

Gheorge Bichir, The archaeology and history of the Carpi from the second to the fourth century a. D. 1/2 (Oxford 1976).

Volker Bierbrauer, Zur chronologischen, soziologischen und regionalen Gliederung des ostgermanischen Fundstoffes des 5. Jahrhunderts in Südosteuropa, in: Die Völker an der mittleren und unteren Donau im fünften und sechsten Jahrhundert, ÖAW Dph 145, Veröffentlichungen der Kommission für Frühmittelalterforschung 4, ed. Herwig Wolfram/Falko Daim (Wien 1980) 131–142.

Volker Bierbrauer, Die Goten vom 1.–7. Jahrhundert n. Chr.: Siedelgebiete und Wanderungen aufgrund archäologischer Quelle, in: Peregrinatio Gothica III. Fredrikstad, Norway, 1991, Universitetets Oldsaksamlings Skrifter Ny rekke 14, ed. Eldrid Straume/Ellen Skar (Oslo 1992) 7–75.

Volker Bierbrauer, Archäologie und Geschichte der Goten vom 1.–7. Jahrhundert. Versuch einer Bilanz, in: FMSt 28 (1994) 51–171.

Volker Bierbrauer, Goten II. Archäologisches, in: RGA 2. Aufl. 12 (Berlin/New York 1998) 407–427.

Volker Bierbrauer, Zur ethnischen Interpretation in der frühgeschichtlichen Archäologie, in: Die Suche nach den Ursprüngen. Von der Bedeutung des frühen Mittelalters, ÖAW Dph 322, Forschungen zur Geschichte des Mittelalters 8, ed. Walter Pohl (Wien 2004) 45–84.

Volker Bierbrauer, Wandalen § 2. Archäologisch, in: RGA 2. Aufl. 33 (Berlin/New York 2006) 209–217.

Bruno Bleckmann, Die Reichskrise des III. Jahrhunderts in der spätantiken und byzantinischen Geschichtsschreibung. Untersuchungen zu den nachdionischen Quellen der Chronik des Johannes Zonaras, Quellen und Forschungen zur antiken Welt 11 (München 1992).

Bruno Bleckmann, Bemerkungen zu den Annales des Nicomachus Flavianus, in: Historia 44 (1995) 83–99.

Bruno Bleckmann, Der Bürgerkrieg zwischen Constantin II. und Constans (340), in: Historia 52 (2003) 225–250.

Bruno Bleckmann, Die Germanen. Von Ariovist bis zu den Wikingern (München 2009).

Bruno Bleckmann, Fragmente heidnischer Historiographie zum Wirken Julians in: Jenseits der Grenzen. Beiträge zur spätantiken und frühmittelalterlichen Geschichtsschreibung, ed. Andreas Goltz/Hartmut Leppin/Heinrich Schlange-Schöningen (Berlin 2009a) 61–77.

Jobst Blischke, Die Wielbark-Kultur und die Problematik der Gotenwanderung, in: Archäologische Informationen 19 (1996) 117–123.

Dieter Bohnsack/Albert B. Follman, Bernstein und Bernsteinhandel, in: RGA 2. Aufl. 2 (Berlin/New York 1976) 288–298.

István Bóna, Die pannonischen Grundlagen der langobardischen Kultur im Licht der neuesten Forschungen in: Problemi della civiltà e dell'economia longobarda. Scritti in memoria di Gian Piero Bognetti, ed. Amelio Tagliaferri (Milano 1964) 71–93.

István Bóna, Ein Vierteljahrhundert Völkerwanderungszeitforschung in Ungarn, in: Acta archaeologica Academiae Scientiarum Hungaricae 23 (1971) 265–336.

István Bóna, Der Anbruch des Mittelalters. Gepiden und Langobarden im Karpatenbecken (Budapest 1976).

István Bóna, Das Hunnenreich (Stuttgart 1991).

Henning Börm, Prokop und die Perser. Untersuchungen zu den römisch-sasanidischen Kontakten in der ausgehenden Spätantike, Oriens et Occidens 16 (Stuttgart 2007).

Henning Börm, Die Herrschaft des Kaisers Maximinus Thrax und das Sechskaiserjahr 238. Der Beginn der »Reichskrise«?, in: Gymnasium 115 (2008) 69–86.

Henning Börm, Hydatius von Aquae Flaviae und die Einheit des Römischen Reiches im 5. Jahrhundert, in: Griechische Profanhistoriker des fünften nachchristlichen Jahrhunderts, Historia Einzelschriften 228, ed. Bruno Bleckmann/Timo Stickler (Stuttgart 2014) 195–214.

Henning Börm, Westrom. Von Honorius bis Justinian (Stuttgart 2013).

Henning Börm, Born to Be Emperor. The Principle of Succession and the Roman Monarchy, in: Contested Monarchy. Integrating the Roman Empire in the Fourth Century AD, Oxford Studies in Late Antiquity, ed. Johannes Wienand (Oxford 2015) 239–264.

Henning Börm, A Threat or A Blessing? The Sasanians and the Roman Empire, in: Diwan. Untersuchungen zu Geschichte und Kultur des Nahen Ostens und des östlichen Mittelmeerraumes im Altertum. Festschrift für Josef Wiesehöfer zum 65. Geburtstag, ed. Carsten Binder/Henning Börm/Andreas Luther (Duisburg 2016) 615–646.

Helga Botermann, Wie aus Galliern Römer wurden. Leben im römischen Reich (Stuttgart 2005).

Wolfram Brandes, Thüringer/Thüringerinnen in byzantinischen Quellen, in: Die Frühzeit der Thüringer, RGA Erg. Bd. 63, ed. Helmut Castritius (Berlin/New York 2009) 291–327.

Karl Georg Brandis, Bosporos 3, in: RE 3, 1 (Stuttgart 1897) 757–789.

Hartwin Brandt, Dexipp und die Geschichtsschreibung im 3. Jh. n. Chr., in: Geschichtsschreibung und politischer Wandel im 3. Jh. n. Chr., Historia-Einzelschriften 127, ed. Martin Zimmermann (Stuttgart 1999) 169–182.

Sebastian Brather, Archäologie der westlichen Slawen. Siedlung, Wirtschaft und Gesellschaft im früh- und hochmittelalterlichen Ostmitteleuropa, RGA Erg. Bd. 30 (Berlin/New York 2001).

Sebastian Brather, Ethnische Interpretationen in der frühgeschichtlichen Archäologie. Geschichte, Grundlagen und Alternativen, RGA Erg. Bd. 42 (Berlin/New York 2004).

Rajko Bratož, Severinus von Noricum und seine Zeit. Geschichtliche Anmerkungen (Wien 1983).

Rajko Bratož, Pannonien, in: RGA 2. Aufl. 22 (Berlin/New York 2003) 469–483.

Rajko Bratož, Med Italijo in Ilirikom. Slovenski prostor in njegovo sosedstvo v pozni antiki, Zbirka Zgodovinskega časopisa 46. Dela I. razreda SAZU 39 (Ljubljana 2014).

Rajko Bratož, Zur Präsenz und Mobilität ethnischer Kleingruppen im Alpen-Adria-Raum während der Ostgotenherrschaft, in: Akten des Symposiums AD AMUSSIM. Festschrift für Franz Glaser, Kärtner Museumsschriften (Klagenfurt 2017).

David Braund, Rome and the Friendly King: The Character of the Client Kingship (London 1984).

Iris v. Bredow, Tanais, in: DNP 12/1 (Stuttgart/Weimar 2007) 7.

Peter Brennan, The Notitia Dignitatum, in: Les littératures techniques dans l'antiquité romaine: statut, public et destination, tradition. Sept exposés suivi de discussions, Entretiens sur l'Antiquité Classique 42, ed. Claude Nicolet/Pierre Gros (Genf 1996) 147–178.

Peter Brennan, The User's Guide to the Notitia Dignitatum, in: Antichthon 32 (1998) 34–49.

Hanns Christof Brennecke, Lateinischer oder germanischer ›Arianismus‹? Zur Frage einer Definition am Beispiel der religiösen Konflikte im nordafrikanischen Vandalenreich, in: Collatio Augustini cum Pascentio. Einleitung, Text. Übersetzung, Sitzungsberichte der phil.-hist. Klasse 779. Veröffentlichungen der Kommission zur Herausgabe des Corpus der lateinischen Kirchenväter 24, ed. Hildegund Müller/Dorothea Weber/Clemens Weidmann (Wien 2008) 125–144.

Jürgen Breuer, Burgund vom Rhein aus gesehen, in: Die Burgunder. Ethnogenese und Assimilation eines Volkes. Dokumentation des 6. wissenschaftlichen Symposiums veranstaltet von der Nibelungenliedgesellschaft Worms e. V. und der Stadt Worms vom 21. bis 24. September 2006, Schriftenreihe der Nibelungenliedgesellschaft Worms e. V. 5, ed. Volker Gallé (Worms 2008) 355–378.

Klaus Bringmann, Kaiser Julian. Der letzte heidnische Herrscher (Darmstadt 2004).

Dariusz Brodka, Ammianus Marcellinus. Studien zum Geschichtsdenken im vierten Jahrhundert n. Chr. (Krakau 2009).

Dariusz Brodka, Einige Bemerkungen zum Verlauf der Schlacht bei Adrianopel (9. August 378), in: Millenium. Jahrbuch zu Kultur und Geschichte des ersten Jahrtausends n. Chr. 6 (2009a) 265–280.

Robert Browning, Bulgaria/Bulgars, in: ODB (London 1999) 332–334.

Richard Brzezinski/Mariusz Mielczarek/Gerry Embleton, The Sarmatians. 600 B.C.–A.D. 450 (Oxford 2002).

Denise Buell, ›Why this New Race‹: Ethnic Reasoning in Early Christianity (New York 2005).

Johannes Bugenhagen, Oratio de gentibus quae dilacerarunt imperium Romanum in Occidente (Wittenberg 1566).

Thomas S. Burns, A History of the Ostrogoths (Bloomington/Indianopolis 1984).

Thomas S. Burns, Barbarians within the Gates of Rome. A Study of Roman Military Policy and the Barbarians ca. 375–425 A.D. (Bloomington, Ind. 1994).

John B. Bury, The Nika Riot, in: JHS 17 (1897) 92–119.

Alan Cameron, Circus factions. Blues and Greens at Rome and Byzantium (Oxford 1976).

Averil Cameron, Procopius and the sixth century, The Transformation of the classical heritage 10 (Berkeley 1985).

Averil Cameron, Gelimer's Laughter: The Case of Byzantine Africa, in: Tradition and Innovation in Late Antiquity, ed. Frank M. Clover/Steven Humphreys (London 1989) 171–190.

Helmut Castritius, Nedao, in: RGA 2. Aufl. 21 (Berlin/New York 2002) 49–51.

Helmut Castritius, Skiren § 2 Historisches, in: RGA 2. Aufl. 28 (Berlin/New York 2005) 640–645.

Helmut Castritius/Günter Neumann, Rosomonen, in: RGA 2. Aufl. 25 (Berlin/New York 2003) 353–358.

Helmut Castritius/Ludwig Rübekeil/Ralf Scharf, Sweben, in: RGA 2. Aufl. 30 (Berlin/ New York 2005) 184–212.

Bogdan Cătăniciu, Nouvelles recherches sur le Limes du sud-est de la Dacie, in: Limes: Akten des XI internationalen Limeskongresses Székesfehérvár 1976, ed. Jenő Fitz (Budapest 1977) 333–354.

Halûk Çetinkaya, An Epitaph of a Gepid King at Vefa Kilise Camii in Istanbul, in: REB 67 (2009) 225–229.

Karl Christ, Römer und Barbaren in der Hohen Kaiserzeit, in: Saeculum 10 (1959) 273– 288.

Karl Christ, Tacitus und der Prinzipat, in: Historia 27 (1978) 449–487.

Arne Søby Christensen, Cassiodorus Jordanes and the History of the Goths. Studies in a Migration Myth (Copenhagen 2002).

Euangelos K. Chrysos, Legal Concepts and Patterns for the Barbarians' Settlement on Roman Soil, in: Das Reich und die Barbaren, VIÖG 29, ed. Euangelos K. Chrysos/Andreas Schwarcz (Wien/Köln 1989) 13–24.

Euangelos K. Chrysos, Conclusion: *De foederatis iterum*, in: Kingdoms of the Empire. The Integration of Barbarians in Late Antiquity, TRW 1, ed. Walter Pohl (Leiden/Boston/Köln 1997) 185–206.

Adam Cieśliński, Kulturelle Veränderungen und Besiedlungsabläufe im Gebiet der Wielbark-Kultur an Łyna, Pasłeka und Oberer Drweca, Berliner Beiträge zur Vor- und Frühgeschichte N. F. 17 (Berlin 2010).

Simon Esmonde Cleary, Rome in the Pyrenees. Lugdunum and the Convenae from the first century B.C. to the seventh century A.D., Routledge Monographs in Classical Studies (London 2008).

Frank M. Clover, Geiseric the Statesman. A Study of Vandal Foreign Policy (Dissertation, University of Chicago 1966).

Frank M. Clover, The Family and Early Career of Anicius Olybrius, in: Historia 27 (1978) 169–196.

Maurizio Colombo, *Constantinus rerum nouator*: dal comitatus dioclezianeo ai palatini di Valentiniano, in: Klio 90 (2008) 124–161.

Magali Coumert, Origines des peuples. Les récits du Haut Moyen Âge occidental (550– 850), Collection des Études Augustiniennes. Série Moyen Âge et Temps modernes (Paris 2007).

Pierre Courcelle, Histoire littéraire des grandes invasions germaniques, Collection des Études Augustiniennes. Série Antiquité 19 (Paris 1964).

Brian Croke, Mundo the Gepid: from freebooter to Roman general, in: Chiron 12 (1982) 125–135.

Brian Croke, Count Marcellinus and his chronicle (Oxford 2005).

Florin Curta, Hiding behind a piece of tapestry: Jordanes and the Slavic Venethi, in: Jahrbücher für Geschichte Osteuropas 47 (1999) 321–340.

Florin Curta, The making of the Slavs. History and archaeology of the Lower Danube Region, c. 500–700, CSMLT 52 (Cambridge 2001).

Florin Curta, Frontier ethnogenesis in Late Antiquity: the Danube, the Tervingi, and the Slavs, in: Borders, Barriers and Ethnogenesis. Frontiers in Late Antiquity and the Middle Ages, ed. Florin Curta (Turnhout 2005) 173–204.

Florin Curta, Southeastern Europe in the Middle Ages 500–1250, Cambridge Medieval Textbooks (Cambridge 2006).

Katarzyna Czarnecka, Zum Totenritual der Bevölkerung der Przeworsk-Kultur, in: Die Vandalen: Die Könige, die Eliten, die Krieger, die Handwerker. Ausstellungskatalog Weserrenaissance-Schloß Bevern, ed. Andrzej Kokowski/Christian Leiber (Nordstemmen 2003) 273–294.

Bela Czúth, Die Quellen der Geschichte der Bagauden Acta Universitatis de Attila József Nominatae. Acta antiqua et archaeologica 9 (Szeged 1965).

Teresa Dąbrowska, Frühe Einflüsse der Przeworsk-Kultur auf die Jastorfkultur, in: ZfA 22 (1988) 191–210.

Teresa Dąbrowska, Bemerkungen zur Entstehung der Przeworsk-Kultur, in: Prähistorische Zeitschrift 63/1–2 (2009) 53–80.

Teresa Dąbrowska/Magdalena Mączyńska, Przeworsk-Kultur, in: RGA 2. Aufl. 23 (Berlin/New York 2003) 540–567.

Werner Dahlheim, Struktur und Entwicklung des römischen Völkerrechts im dritten und zweiten Jahrhundert v. Chr., Vestigia 8 (München 1968).

Felix Dahn, Die Könige der Germanen. Das Wesen des ältesten Königthums der germanischen Stämme und seine Geschichte bis zur Auflösung des karolingischen Reiches. 2. Die kleineren gothischen Völker (München 1861).

Felix Dahn, Prokopius von Cäsarea. Ein Beitrag zur Historiographie der Völkerwanderung und des sinkenden Römerthums (Berlin 1865).

Paul Damerau, Kaiser Claudius II Gothicus (268–270 n. Chr.), Dieterich, 1934, Klio Beihefte 33 (Leipzig 1934).

Hans Delbrück, Geschichte der Kriegskunst im Rahmen der politischen Geschichte 2. Germanen (Berlin 1901/1921, ND 1966/2000).

Anouk Delcourt, Lecture des »Antiquités romaines« de Denys d'Halicarnasse: un historien entre deux mondes, Academie Royale de Belgique, Classe des Lettres. Mémoires de la Classe des Lettres Collection in-8, Série 3 34 (Brüssel 2005).

Alexander Demandt, Magister militum, in: RE Suppl. 12 (Stuttgart 1970) 554–790.

Alexander Demandt, Der spätrömische Militäradel, in: Chiron 10 (1980) 609–636.

Alexander Demandt, Die Spätantike. Römische Geschichte von Diocletian bis Justinian 284–565 n. Chr., Handbuch der Altertumswissenschaft, Abt. 3/6 (München 2. Aufl. 2007).

Émilienne Demougeot, La formation de l'Europe et les invasions barbares, 1/2 (Paris 1969/79).

Émilienne Demougeot, La Notitia Dignitatum et l'histoire de l'Empire d'Occident au début du Ve siècle, in: Latomus 34 (1975) 1079–1134.

Émilienne Demougeot, Le partage des provinces de l'Illyricum entre la pars Occidentis et la pars Orientis, de la tétrarchie au règne de Théodoric, in: La géographie administrative et politique d'Alexandre à Mahomet. Actes du colloque de Strasbourg 14–16 juin 1979 (Leyden 1981) 229–253.

Émilienne Demougeot, A propos des Solidi gallici au Ve siècle apr. J. C., in: RH 270 (1984) 3–30.

Jehan Desanges, La dernière retraite de Gélimer, in: CT 7 (1959) 429–435.

Herrmann Dessau, Über Zeit und Persönlichkeit der Scriptores historiae Augustae, in: Hermes 24 (1889) 337–392.

Stefanie Dick, Der Mythos vom »germanischen« Königtum: Studien zur Herrschaftsorganisation bei den germanischsprachigen Barbaren bis zum Beginn der Völkerwanderungszeit, RGA Erg. Bd. 60 (Berlin/New York 2008).

Harald Dickerhof, De institutio sancti Severini. Zur Genese der Klostergemeinschaft des Heiligen Severin, in: Zeitschrift für bayerische Landesgeschichte 46 (1983) 3–36.

Maximilian Diesenberger, Topographie und Gemeinschaft in der Vita Severini, in: Eugippius und Severin. Der Autor, der Text und der Heilige, ÖAW Dph 297, Forschungen zur Geschichte des Mittelalters 2, ed. Maximilian Diesenberger/Walter Pohl (Wien 2001) 77–98.

Hans-Joachim Diesner, protectores (domestici), in: RE Suppl. 11 (Stuttgart 1968) 1114–1123.

Ursula-Barbara Dittrich, Die Beziehungen Roms zu den Sarmaten und Quaden im vierten Jahrhundert n. Chr. (nach der Darstellung des Ammianus Marcellinus), Habelts Dissertationsdrucke Reihe Alte Geschichte 21 (Bonn 1984).

Gerhard Dobesch, Das europäische ›Barbaricum‹ und die Zone der Mediterrankultur. Ihre historischen Wechselwirkungen und das Geschichtsbild des Poseidonios, Tyche Supplementband 2 (Wien 1995).

Árpád Dobó, Die Verwaltung der römischen Provinz Pannonien von Augustus bis Diocletianus. Die provinziale Verwaltung (Amsterdam 1968).

Michael H. Dodgeon/Samuel N. C Lieu, The Roman Eastern Frontier and the Persian Wars AD 226–363. A Documentary History (London/New York 1991).

Stefan Donecker/Roland Steinacher, Der König der Schweden, Goten und Vandalen. Königstitulatur und Vandalenrezeption im frühneuzeitlichen Schweden, in: Vergangenheit und Vergegenwärtigung. Frühes Mittelalter und europäische Erinnerungskultur, ÖAW Dph 373, Forschungen zur Geschichte des Mittelalters 14, ed. Helmut Reimitz/Bernhard Zeller (Wien 2009) 169–204.

John F. Drinkwater, The Gallic Empire: separatism and continuity in the north-western provinces of the Roman Empire A.D. 260–274, Historia Einzelschriften 52 (Stuttgart 1987).

John F. Drinkwater, The Bacaudae of Fifth-Century Gaul, in: Fifth-Century Gaul: A Crisis of Identity?, ed. John F. Drinkwater/Hugh Elton (Cambridge 1992) 208–218.

John F. Drinkwater, The Germanic Threat on the Rhine Frontier: A Romano-Gallic Artefact, in: Shifting Frontiers in Late Antiquity, ed. Ralph W. Mathisen/Hagith S. Sivan (Aldershot 1996) 20–30.

John F. Drinkwater, The Usurpers Constantine III (407–411) and Jovinus (411–413), in: Britannia 29 (1998) 269–298.

John F. Drinkwater, Maximinus to Diocletian and the ›crisis‹ in: The Crisis of Empire. AD 193–337, CAH 12, ed. Alan K. Bowman/Averil Cameron/Peter Garnsey (Cambridge 2005) 28–66.

John F. Drinkwater, The Alamanni and Rome 213–496. Caracalla to Clovis (Oxford/New York 2007).

Ivan Dujčev, Bulgarien, in: LMA 2 (München/Zürich 1983) 914–928.

Jean Durliat, Le salaire de la paix sociale dans les royaumes barbares Ve–VIe siècles, in: Anerkennung und Integration. Zu den wirtschaftlichen Grundlagen der Völkerwanderungszeit 400–600, ÖAW Dph 193, Veröffentlichungen der Kommission für Frühmittelalterforschung 11, ed. Herwig Wolfram/Andreas Schwarcz (Wien 1988) 21–72.

Noël Duval, L'urbanisme de Caričin Grad. Une ville artificielle et ses bâtiments d'apparat: une specificité locale ou une étape decisive dans la typologie des principia militaires, in: AntTard 4 (1996) 325–339.

Jakob Ecker, Der Herulerexkurs im VI. Buch der ›Kriege‹ Prokops von Kaisareia: Historiographie, Ethnographie und politische Diskussion in Konstantinopel um die Mitte des sechsten Jahrhunderts (Masterarbeit, Freie Universität Berlin 2016).

Josef Egger, Die Barbareneinfälle in die Provinz Rätien und deren Besetzung durch Barbaren, in: Archiv für österreichische Geschichte 90 (1901) 77–222, 321–400.

Martin Eggers, Lemovii, in: RGA 2. Aufl. 18 (Berlin/New York 2001) 258–259.

Martin Eggers/Ion Ioniţă, Sarmaten § 1. Historisches § 2. Archäologisches, in: RGA 2. Aufl. 26 (Berlin/New York 2004) 503–512.

Alvar Ellegård, Who were the Eruli?, in: Scandia. Tidskrift för historisk forskning 53 (1987) 5–34.

Hugh Elton, Warfare in Roman Europe AD 350–425, Oxford classical monographs (Oxford 1996).

Hugh Elton, Illus and the imperial aristocracy under Zeno, in: Byzantion 70 (2000) 393–407.

Wilhelm Enßlin, Orestes 12, in: RE 18/1 (Stuttgart 1939) 1012–1013.

Wilhelm Enßlin, Zu den Kriegen des Sassaniden Schapur I., Sitzungsberichte der Bayerischen Akademie der Wissenschaften, phil.-hist. Klasse 1947, 5 (München 1949).

Wilhelm Enßlin, Theoderich der Große (München 2. Aufl. 1959).

James A. S. Evans, The Age of Justinian. The circumstances of imperial power (London/New York 1996).

Hubert Fehr, Germanische Einwanderung oder kulturelle Neuorientierung? Zu den Anfängen des Reihengräberhorizonts, in: Zwischen Spätantike und Frühmittelalter. Archäologie des 4. bis 7. Jahrhunderts im Westen, RGA Erg. Bd. 57, ed. Sebastian Brather (Berlin/New York 2008) 67–102.

Otto Fiebiger, Inschriftensammlung zur Geschichte der Ostgermanen, Akademie der Wissenschaften, phil.-hist. Klasse, Denkschriften 70, 3 (Leipzig/Wien 1939).

Otto Fiebiger/Ludwig Schmidt, Inschriftensammlung zur Geschichte der Ostgermanen, Kaiserliche Akademie der Wissenschaften in Wien, phil.-hist. Klasse, Denkschriften 60, 3 (Wien 1917).

Jenő Fitz, Die Verwaltung Pannoniens in der Römerzeit 1–4 (Budapest 1993–1995).

Jürgen Flick, Die Integration barbarischer Randvölker an der mittleren Donau im 5. und 6. Jahrhundert. Am Beispiel der Rugier, Eruler und Langobarden (Diplomarbeit, Universität Wien 2000).

Peter M. Fraser, Greek ethnic terminology (Oxford 2009).

Emilio Gabba, Dionysius and »The history of archaic Rome«, Sather classical lectures 56 (Berkeley 1991).

Viktor Francevič Gajdukevič, Das Bosporanische Reich (Berlin 1971).

Florian Gauß, Definition und Abgrenzung der kaiserzeitlichen Przeworsk- und Wielbark-Kultur: Ein »ethnographisches Bild«?, in: Das Reich der Vandalen und seine (Vor-)Geschichten, ÖAW Dph 366, Forschungen zur Geschichte des Mittelalters 13, ed. Guido M. Berndt/Roland Steinacher (Wien 2008) 43–58.

Patrick J. Geary, Ethnic Identity as a Situational Construct in the Early Middle Ages, in: Mitteilungen der anthropologischen Gesellschaft in Wien 113 (1983) 15–26.

Patrick J. Geary, Before France and Germany: The Creation and Transformation of the Merovingian World (New York 1988).

Patrick J. Geary, Barbarians and Ethnicity, in: Late Antiquity. A Guide to the Postclassical World, ed. Glenn Warren Bowersock/Peter Robert Larmont Brown/Oleg Grabar (Cambridge, Mass./London 1999) 107–129.

Patrick J. Geary, Europäische Völker im frühen Mittelalter. Zur Legende vom Werden der Nationen (Frankfurt/Main 2002).

Ludwig Albrecht Gebhardi, Geschichte aller Wendisch-Slavischen Staaten. Erster Band, welcher die älteste Geschichte der Wenden und Slaven, und die Geschichte des Reichs der Wenden in Teutschland enthält (Leipzig 1790).

Dieter Geuenich, Geschichte der Alemannen, Kohlhammer-Urban-Taschenbücher 575 (Stuttgart 2005).

Andrea Giardina, Livelli di regalità, in: Cassiodoro politico, Saggi Di Storia Antica, ed. Andrea Giardina (Rom 2006) 101–159.

Flavio Magno Aurelio Cassiodoro Senatore Varie II: Libri III–V, Istituto italiano per la storia antica, ed. Andrea Giardina/Giovanni Alberto Cecconi/Ignazio Tantillo (Rom 2014).

Flavio Magno Aurelio Cassiodoro Senatore Varie III: Libri VI–VII, Istituto italiano per la storia antica, ed. Andrea Giardina/Giovanni Alberto Cecconi/Ignazio Tantillo (Rom 2015).

Andrew Gillett, The Date and Circumstances of Olympiodorus of Thebes, in: Traditio 48 (1993) 1–29.

Andrew Gillett, Rome, Ravenna, and the Last Western Emperors, in: PBSR 69 (2001) 131–167.

Andrew Gillett, Was Ethnicity Politicized in the Earliest Medieval Kingdoms?, in: On Barbarian Identity. Critical approaches to ethnicity in the early Middle Ages, Studies in the early Middle Ages 4, ed. Andrew Gillett (Turnhout 2002) 85–122.

Andrew Gillett, Envoys and Political Communication in the Late Antique West: 411–533, CSMLT 55 (Cambridge 2003).

Hansgerd Göckenjan, Skythen, in: LMA 7 (München/Zürich 1995) 1999.

Kazimierz Godłowski, Die Przeworsk-Kultur, in: Beiträge zum Verständnis der Germania des Tacitus 2: Bericht über die Kolloquien der Kommission für die Altertumskunde Nord- und Mitteleuropas im Jahre 1986 und 1987, ed. Günter Neumann/Hennig Seemann (Göttingen 1992) 9–90.

Kazimierz Godłowski/Tomasz Wichman, Chmielów Piaskowy. Ein Gräberfeld der Przeworsk-Kultur im Świętokrzyskie-Gebirge, Monumenta archaeologica barbarica 6 (Kraków 1998).

Hans-Werner Goetz/Karl-Wilhelm Welwei, Altes Germanien. Auszüge aus den antiken Quellen über die Germanen und ihre Beziehungen zum Römischen Reich. 1/2. Quellen der alten Geschichte bis zum Jahre 238 n. Chr, Ausgewählte Quellen zur deutschen Geschichte des Mittelalters 1a (Darmstadt 2013).

Walter Goffart, Does the Vita Severini have an underside?, in: Eugippius und Severin. Der Autor, der Text und der Heilige, ÖAW Dph 297, Forschungen zur Geschichte des Mittelalters 2, ed. Maximilian Diesenberger/Walter Pohl (Wien 2001) 33–40.

Walter A. Goffart, Zosimus. The First Historian of Rome's Fall, in: AHR 76 (1971) 412–441.

Walter A. Goffart, Barbarians and Romans A.D. 418–584. The Techniques of Accommodation (Princeton 1980).

Walter A. Goffart, The Narrators of Barbarian History (A.D. 550–800). Jordanes, Gregory of Tours, Bede, and Paul the Deacon (Princeton 1988).

Walter A. Goffart, Barbarian Tides. The Migration Age and the Later Roman Empire, The Middle Ages series (Philadelphia 2006).

Walter A. Goffart, The Technique of Barbarian Settlement in the Fifth Century. A Personal, Streamlined Account with Ten Additional Comments, in: JLA 3/1 (2010) 65–98.

Andreas Goltz, Barbar – König – Tyrann. Das Bild Theoderichs des Großen in der Überlieferung des 5. bis 9. Jahrhunderts, Millennium-Studien zu Kultur und Geschichte des ersten Jahrtausends n. Chr. 12 (Berlin/New York 2008).

Andreas Goltz, III. 2. Die Völker an der mittleren und nordöstlichen Reichsgrenze (Mittlere und untere Donau sowie Schwarzmeergebiet), in: Die Zeit der Soldatenkaiser. Krise und Transformation des Römischen Reiches im 3. Jahrhundert n. Chr. Band I, ed. Klaus-Peter Johne (Berlin 2008) 449–464.

Andreas Goltz/Udo Hartmann, II. 2. Valerianus und Gallienus, in: Die Zeit der Soldatenkaiser. Krise und Transformation des Römischen Reiches im 3. Jahrhundert n. Chr. Band I, ed. Klaus-Peter Johne (Berlin 2008) 223–296.

Die Sîntana de Mureş-Černjachov-Kultur: Akten des internationalen Kolloquiums in Caputh vom 20. bis 24. Oktober 1995, Kolloquien zur Vor- und Frühgeschichte 2, ed. Gudrun Gomolka-Fuchs (Bonn 1999).

Richard Goulet, Sur la chronologie de la vie et des œuvres d'Eunape de Sardes, in: JHS 100 (1980) 60–72.

Geoffrey B. Greatrex, The Nika Riot: A Reappraisal, in: JHS 117 (1997) 60–86.

Geoffrey B. Greatrex, Roman identity in the sixth century, in: Ethnicity and Culture in Late Antiquity, ed. Stephen Mitchell/Geoffrey B. Greatrex (London 2000) 267–292.

Erich Gruen, Rethinking the Other in Antiquity, Martin Classical Lectures (Princeton 2011).

Erich Gruen, Did Ancient Identity Depend on Ethnicity? A Preliminary Probe, in: Phoenix 67, No 1/2 (2013) 1–22.

Thomas Grünewald, Kimbern, in: RGA 2. Aufl. 17 (Berlin/New York 2000) 493–500.

Jana Gruskova/Gunther Martin, »Dexippus Vindobonensis«(?). Ein neues Handschriftenfragment zum sog. Herulereinfall der Jahre 267/268, in: Wiener Studien. Zeitschrift für Klassische Philologie, Patristik und lateinische Tradition 127 (2014) 101–120.

Jana Gruskova/Gunther Martin, Ein neues Textstück aus den »Scythica Vindobonensia« zu den Ereignissen nach der Eroberung von Philippopolis, in: Tyche 29 (2014a) 29–43.

Jana Gruskova/Gunther Martin, ›Scythica Vindobonensia‹ by Dexippus (?): New Fragments on Decius' Gothic Wars in: GRBS 54 (2014b) 728–754.

Jana Gruskova/Gunther Martin, Zum Angriff der Goten unter Kniva auf eine thrakische Stadt (Scythica Vindobonensia, f. 195v) (Taf. 9–11), in: Tyche 30 (2015) 35–54.

Nicolae Gudea, Der Dakische Limes. Materialien zu seiner Geschichte, in: JRGZ 44/2 (1997) 1–113.

Rudolf Haensch, Capita Provinciarum – Statthaltersitze und Provinzialverwaltung in der römischen Kaiserzeit, Kölner Forschungen 7 (Mainz 1997).

Peter W. Haider, »Vandalen« in Polen: Kulturkontakt, Kulturtransfer und Ethnogenese zwischen ca. 100 v. und 200 n. Chr, in: Das Reich der Vandalen und seine (Vor-) Geschichten, ÖAW Dph 366, Forschungen zur Geschichte des Mittelalters 13, ed. Guido M. Berndt/Roland Steinacher (Wien 2008) 15–42.

John Haldon, Warfare, State, and Society in the Byzantine World, 565–1204 (London 1999).

Guy Halsall, Movers and Shakers. The barbarians and the Fall of Rome, in: EME 8 (1999) 131–145.

Guy Halsall, Warfare and society in the barbarian west 450–900, Warfare and History (London 2003).

Guy Halsall, The Barbarian invasions, in: The New Cambridge Medieval History 1 c. 500–c. 700, ed. Paul Fouracre (Cambridge 2005) 35–55.

Guy Halsall, Barbarian migrations and the Roman West, 376–568, Cambridge medieval textbooks (Cambridge 2007).

Guy Halsall, Gräberfelduntersuchungen und das Ende des römischen Reichs, in: Zwischen Spätantike und Frühmittelalter. Archäologie des 4. bis 7. Jahrhunderts im Westen, RGA Erg. Bd. 57, ed. Sebastian Brather (Berlin/New York 2008) 103–118.

Günther Chr. Hansen, Klaudius Ptolemaios, in: Griechische und lateinische Quellen zur Frühgeschichte Mitteleuropas bis zur Mitte des 1. Jt.s u. Z. 3: Von Tacitus bis Ausonius (2. bis 4. Jh. u. Z.), Schriften und Quellen der Alten Welt 37/3, ed. Joachim Herrmann (Berlin 1991) 553–589.

Ludo Moritz Hartmann, Geschichte Italiens im Mittelalter 1–4 (Leipzig 1897–1915).

Udo Hartmann, Das palmyrenische Teilreich, Oriens et Occidens. Studien zu antiken Kulturkontakten und ihrem Nachleben 2 (Stuttgart 2001).

Udo Hartmann, II. 3. Claudius Gothicus und Aurelianus, in: Die Zeit der Soldatenkaiser. Krise und Transformation des Römischen Reiches im 3. Jahrhundert n. Chr. Band I, ed. Klaus-Peter Johne (Berlin 2008) 297–323.

François Hartog, Le miroir d'Hérodote. Essai sur la représentation de l'autre (Paris 1980).

Hans Wilhelm Haussig, Die Geschichte Zentralasiens und der Seidenstraße in vorislamischer Zeit (Darmstadt 1992).

Peter J. Heather, Goths and Romans 332–489 (Oxford 1991).

Peter J. Heather, The Historical culture of Ostrogothic Italy, in: Teodorico il Grande e i Goti d'Italia, Atti del XIII Congresso internazionale di studi sull'Alto Medioevo (1992) 317–353.

Peter J. Heather, The Huns and the End of the Roman Empire in Western Europe, in: EHR 110 (1995) 4–41.

Peter J. Heather, The Goths, The peoples of Europe (Oxford/Cambridge, Mass. 1996).

Peter J. Heather, *Foedera* and *foederati* of the fourth century, in: Kingdoms of the Empire. The Integration of Barbarians in Late Antiquity, TRW 1, ed. Walter Pohl (Leiden/Boston/Köln 1997) 57–74.

Peter J. Heather, Disappearing and reappearing tribes, in: Strategies of Distinction. The Construction of Ethnic Communities 300–800, TRW 2, ed. Walter Pohl/Helmut Reimitz (Leiden/Boston/Köln 1998) 95–112.

Peter J. Heather, The late Roman art of client management. Imperial defence in the fourth century west, in: The Transformation of frontiers from late antiquity to the Carolingians, TRW 10, ed. Walter Pohl/Ian Wood/Helmut Reimitz (Leiden/Boston/Köln 2001) 15–68.

Peter J. Heather, Der Untergang des römischen Weltreichs (Stuttgart 2005).

Peter J. Heather, The fall of the Roman Empire. A New History of Rome and the Barbarians (Oxford/New York 2005).

Peter J. Heather, Empires and Barbarians. Migration, Development and the Birth of Europe (London 2009).

Peter J. Heather/John Matthews, The Goths in the fourth century, TTH 11 (Liverpool 1991).

Uta Heil, The Homoians, in: Arianism: Roman heresy and barbarian creed, ed. Guido M. Berndt/Roland Steinacher (Farnham 2014) 85–116.

Christian Heitz, Die Guten, die Bösen und die Hässlichen – Nördliche ›Barbaren‹ in der römischen Bildkunst, Antiquitates – Archäologische Forschungsergebnisse 18 (Hamburg 2009).

Crises and the Roman Empire. Proceedings of the seventh workshop of the International Network Impact of Empire (Nijmegen, June 20–24, 2006), Impact of Empire 7, ed. Olivier Hekster/Gerda de Kleijn/Daniëlle Slootjes (Leiden 2007).

Dirk Henning, *Periclitans res publica*. Kaisertum und Eliten in der Krise des Weströmischen Reiches 454/5–493 n. Chr, Historia Einzelschriften 133 (Stuttgart 1999).

Griechische und lateinische Quellen zur Frühgeschichte Mitteleuropas, Schriften und Quellen der alten Welt 37, ed. Joachim Herrmann (Berlin 1988–1992).

Richard Heuberger, Rätien im Altertum und Frühmittelalter. Forschungen und Darstellung, Schlern-Schriften. Veröffentlichungen zur Landeskunde von Südtirol 20 (Innsbruck 1932).

Richard Heuberger, Das Burggrafenamt im Altertum, Schlern-Schriften 28 (Innsbruck 1935).

Dietrich Hoffmann, Das spätrömische Bewegungsheer und die Notitia Dignitatum, 1/2 (Düsseldorf 1969/1970).

Otto Höfler, Kultische Geheimbünde der Germanen I (Frankfurt/Main 1934).

Kurt Horedt/Dumitru Protase, Das zweite Fürstengrab von Apahida (Siebenbürgen), in: Germania 50 (1972) 174–220.

David Hunt, Julian, in: The Late Empire AD 337–425, CAH 13, ed. Averil Cameron/Peter Garnsey (Cambridge 1998) 44–77.

Ulrich Huttner, II. 1. Von Maximinus Thrax bis Aemilianus, in: Die Zeit der Soldatenkaiser. Krise und Transformation des Römischen Reiches im 3. Jahrhundert n. Chr. Band I, ed. Klaus-Peter Johne (Berlin 2008) 161–221.

Philip Huyse, Die dreisprachige Inschrift Šabuhrs I. an der Ka'ba-i Zardušt (ŠKZ) 1–2, Corpus Inscriptionum Iranicarum III/I, Text I, 1–2 (London 1999).

Max Ihm, Bastarnae, in: RE 3, 1 (Stuttgart 1897) 110–113.

Max Ihm, Borani, in: RE 3, 1 (Stuttgart 1897) 719.

Max Ihm, Borani, in: RE 13 (Stuttgart 1910) 1230–1232.

Ion Ioniţă, Sântana-de-Mureş-Černjachov-Kultur, in: RGA 2. Aufl. 26 (Berlin/New York 2004) 445–455.

Martin Jahn, Die Wandalen, in: Vorgeschichte der deutschen Stämme. Germanische Tat und Kultur auf deutschem Boden. 3. Ostgermanen und Nordgermanen, ed. Hans Reinerth/Reichsbund für Deutsche Vorgeschichte/Reichsamt für Vorgeschichte der NSDAP (Leipzig 1940) 943–1032.

Jörg Jarnut, Geschichte der Langobarden, Kohlhammer-Urban-Taschenbücher 339 (Stuttgart 1982).

Jörg Jarnut, Wacho, in: RGA 2. Aufl. 33 (Berlin/New York 2006) 6–7.

Hyun Jin Kim, The Huns, Rome and the Birth of Europe (Cambridge 2013).

Klaus-Peter Johne, Kaiserbiographie und Senatsaristokratie. Untersuchungen zur Datierung und sozialen Herkunft der Historia Augusta (Berlin 1976).

Klaus-Peter Johne, Historia Augusta, in: DNP 5 (Stuttgart/Weimar 1998) 637–640

Klaus-Peter Johne, I.1.2. Die Historia Augusta, in: Die Zeit der Soldatenkaiser. Krise und Transformation des Römischen Reiches im 3. Jahrhundert n. Chr. Band I, ed. Klaus-Peter Johne (Berlin 2008) 45–51.

Deleto paene imperio Romano. Transformationsprozesse des Römischen Reiches im 3. Jahrhundert und ihre Rezeption in der Neuzeit, ed. Klaus-Peter Johne/Udo Hartmann/ Thomas Gerhardt (Stuttgart 2006).

Arnold H. M. Jones, The Later Roman Empire. A Social, Administrative and Economic Survey, 1–3 (Oxford 1964).

Christopher P. Jones, ἔθνος and γένος in Herodotus, in: CQ 46 (1996) 315–320.

Julius Jüthner, Hellenen und Barbaren. Aus der Geschichte des Nationalbewußtseins, Das Erbe der Alten 8 (Leipzig 1923).

Walter Emil Kaegi, Arianism and the Byzantine Army in Africa, 533–546, in: Traditio 21 (1965) 23–53.

Georg Kappelmacher, Jordanes, in: RE 9, 2 (Stuttgart 1916) 1908–1929.

Michel Kazanski, Les Goths (IIer–VIIe siècles ap. J.C.) (Paris 1991).

Michel Kazanski/René Legoux, Contribution à l' étude des témoignages archéologiques des Goths en Europe orientale à l' époque des Grandes Migrations. La chronologie de la culture de Černjahov récente, in: Archéologie Médiévale 18 (1988) 7–53.

Hagen Keller, Alamannen und Sueben nach den Schriftquellen des 3. bis 7. Jahrhunderts, in: FMSt 23 (1989) 89–111.

Emil Kettenhofen, Die Einfälle der Heruler ins Römische Reich, in: Klio 74 (1992) 291–313.

Ariane Kiel-Freytag, Betrachtungen zur Usurpation des Illus und des Leontius (484–488 n. Chr.), in: ZPE 174 (2010) 291–301.

Ewald Kislinger, Sizilien zwischen Vandalen und Römischem Reich im 5. Jahrhundert: Eine Insel in zentraler Randlage, in: Millenium. Jahrbuch zu Kultur und Geschichte des ersten Jahrtausends n. Chr. 11 (2014) 237–259.

Attila Kiss, Ein Versuch die Funde und das Siedlungsgebiet der Ostgoten in Pannonien zwischen 456–471 zu bestimmen, in: Acta archaeologica Hungarica 31 (1979) 329–339.

Attila Kiss, Die Skiren im Karpatenbecken, ihre Wohnsitze und ihre materielle Hinterlassenschaft, in: Acta archaeologica Academiae Scientiarum Hungaricae 35 (1983) 95–131.

Attila Kiss, *Per arma adoptio.* Eine gotische Sitte in den frühmittelalterlichen schriftlichen Quellen, in: Romania Gothica II. The Frontier World Romans, Barbarians and Military Culture, ed. Tivadar Vida (Budapest 2015) 95–108.

Arnaud Knaepen, L'image du roi vandale Gelimer chez Procope de Césarée, in: Byzantion 71 (2001) 383–403.

Peter Kneißl, Die Siegestitulatur der römischen Kaiser. Untersuchungen zu den Siegerbei-namen des ersten und zweiten Jahrhunderts, Hypomnemata 23 (Göttingen 1969).

Johannes Koder, Sklavinien, in: LMA 7 (München/Zürich 1995) 1988.

Andrzej Kokowski, Die Przeworsk-Kultur. Ein Völkerverband zwischen 200 vor Chr. und 375 nach Chr., in: Die Vandalen: Die Könige, die Eliten, die Krieger, die Handwerker. Ausstellungskatalog Weserrenaissance-Schloß Bevern, ed. Andrzej Kokowski/Christian Leiber (Nordstemmen 2003) 77–138.

Andrzej Kokowski, Vandalen – Lugier – Przeworsk-Kultur, in: Die Vandalen: Die Könige, die Eliten, die Krieger, die Handwerker. Ausstellungskatalog Weserrenaissance-Schloß Bevern, ed. Andrzej Kokowski/Christian Leiber (Nordstemmen 2003) 39–48.

Titus Kolník/Andreas Hofeneder/Günter Neumann, Quaden, in: RGA 2. Aufl. 23 (Berlin/New York 2003) 624–640.

Ingemar König, Aus der Zeit Theoderichs des Großen. Einleitung, Text, Übersetzung und Kommentar einer anonymen Quelle, Texte zur Forschung 69 (Darmstadt 1997).

Józef Kostrzewski, Zur Frage der Siedlungsstätigkeit in der Urgeschichte Polens von der Mitte des II. Jahrtausends v. u. Z. bis zum frühen Mittelalter (Wroclaw/Warszawa/Krakow 1965).

Tadeusz Kotula, Cesarz Klaudiusz II i »Bellum Gothicum« lat 269–270 (Kaiser Claudius II und sein bellum Gothicum in den Jahren 269–270), Acta Universitatis Wratislaviensis. Antiquitas 1612/20 (Wrocław 1994).

Claus Krag, Rodulf, in: RGA 2. Aufl. 25 (Berlin/New York 2003) 58–59.

Johannes Kramer, Von der Papyrologie zur Romanistik, Archiv für Papyrusforschung und verwandte Gebiete. Beihefte 30 (Berlin 2011).

Stefan Krautschick, Zur Entstehung eines Datums: 375 – Beginn der Völkerwanderung, in: Klio 82 (2000) 217–222.

Stefan Krautschick, Cassiodor und die Politik seiner Zeit, Habelts Dissertationsdrucke. Reihe Alte Geschichte 17 (Bonn 1983).

Stefan Krautschick, Zwei Aspekte des Jahres 476, in: Historia 35 (1986) 344–371.

Christopher B. Krebs, Negotiatio Germaniae. Tacitus' Germania und Enea Silvio Piccolomini, Giannantonio Campano, Conrad Celtis und Heinrich Bebel, Hypomnemata. Untersuchungen zur Antike und zu ihrem Nachleben 158 (Göttingen 2005).

Christopher B. Krebs, A Most Dangerous Book. Tacitus's Germania from the Roman Empire to the Third Reich (London 2011).

Bruno Krüger/Autorenkollektiv, Die Germanen. Geschichte und Kultur der germanischen Stämme in Mitteleuropa. 1. Von den Anfängen bis zum 2. Jahrhundert unserer Zeitrechnung. 2. Die Stämme und Stammesverbände in der Zeit vom 3. Jahrhundert bis zur Herausbildung der politischen Vorherrschaft der Franken, Veröffentlichungen des Zentralinstituts für Alte Geschichte und Archäologie der Akademie der Wissenschaften der DDR 4, 1/2 (Berlin 1979/1983).

Julian Kulakowsky, Eine altchristliche Grabkammer in Kertsch aus dem Jahre 491, in: Römische Quartalschrift für christliche Altertumskunde und Kirchengeschichte 8 (1894) 309–328.

Michael Kulikowski, The Notitia Dignitatum as a Historical Source, in: Historia 49 (2000) 358–377.

Michael Kulikowski, Marcellinus of Dalmatia and the Fall of the Western Empire, in: Byzantion 72 (2002) 177–191.

Michael Kulikowski, Rome's Gothic Wars. From the third century to Alaric, Key conflicts of classical antiquity (Cambridge 2007).

Michael Kulikowski, Barbarische Identität. Aktuelle Forschungen und neue Interpretationsansätze in: Römische Legionslager in den Rhein- und Donauprovinzen: Nuclei spätantik-frühmittelalterlichen Lebens?, Bayerische Akademie der Wissenschaften phil.-hist. Klasse Abhandlungen NF 138, ed. Michaela Konrad/Christian Witschel (München 2011) 103–112.

Pál Lakatos, Quellenbuch zur Geschichte der Gepiden, Acta Universitatis de Attila József nominatae: Acta antiqua et archaeologica 17, Opuscula Byzantina 2 (Szeged 1973).

Pál Lakatos, Quellenbuch zur Geschichte der Heruler, Acta Universitatis de Attila József nominatae: Acta antiqua et archaeologica 21, Opuscula Byzantina 6 (Szeged 1978).

Avshalom Laniado, Ethnos et droit dans le monde protobyzantin, Ve–Vie siècle. Fédérés, paysans et provinciaux à la lumière d'une scholie juridique de l'époque de Justinien, Hautes Etudes du monde gréco-romain 52 (Genf 2014).

Wolfgang Lazius, De aliquot gentium migrationibus sedibus fixis, reliquiis, linguarumque, initiis immutationibus ac dialectis libri XII, Basel 1557 u. 1572: Oporinus, Frankfurt 1600: Wechels Erben, Marne und Aubry (Basel/Frankfurt 1557/1572/1600).

Noel Lenski, Captivity among the Barbarians and Its Impact on the Fate of the Roman Empire, in: The Cambridge Companion to the Age of Attila, ed. Michael Maas (Cambridge 2015) 230–246.

Hartmut Leppin, Orestes, in: DNP 9 (Stuttgart/Weimar 2000) 19.

Hartmut Leppin, Justinian. Das christliche Experiment (Stuttgart 2011).

Achim Lichtenberger, Severus Pius Augustus. Studien zur sakralen Reprasentation und Rezeption der Herrschaft des Septimius Severus und seiner Familie 193–211 n. Chr. (Leiden 2011).

John Hugo Wolfgang Gideon Liebeschuetz, Cities, taxes and the accommodation of the barbarians. The theories of Durliat and Goffart, in: Kingdoms of the Empire. The Integration of Barbarians in Late Antiquity, TRW 1, ed. Walter Pohl (Leiden/Boston/Köln 1997) 135–152.

John Hugo Wolfgang Gideon Liebeschuetz, Pagan Historiography and the Decline of the Empire, in: Greek and Roman Historiography in Late Antiquity. Fourth to Sixth Century A. D., ed. Gabriele Marasco (Leiden 2003) 177–218.

Angelika Lintner-Potz, Die Eruler. Eine misslungene Ethnogenese (Diplomarbeit, Universität Wien 2006).

Adolf Lippold, Theodosius I., in: RE Suppl. 13 (Stuttgart 1973) 837–961.

Adolf Lippold, Theodosius der Große und seine Zeit (München 1980).

Adolf Lippold, Die Historia Augusta. Eine Sammlung römischer Kaiserbiographien aus der Zeit Konstantins (Stuttgart 1998).

Friedrich Lotter, Severinus und die Endzeit römischer Herrschaft an der oberen Donau, in: DA 24 (1968) 309–338.

Friedrich Lotter, Zur Rolle der Donausueben in der Völkerwanderungszeit, in: MIÖG 76 (1968) 275–298.

Friedrich Lotter, Severinus von Noricum, Legende und historische Wirklichkeit: Untersuchungen zur Phase des Übergangs von spätantiken zu mittelalterlichen Denk- und Lebensformen, Monographien zur Geschichte des Mittelalters 12 (Stuttgart 1976).

Friedrich Lotter, Die germanischen Stammesverbände im Umkreis des Ostalpen-Mitteldonau-Raumes nach der literarischen Überlieferung zum Zeitalter Severins, in: Die Bayern und ihre Nachbarn Teil 1. Berichte des Symposions der Kommission für Frühmittelalterforschung 25. bis 28. Oktober 1982, Stift Zwettl, Niederösterreich, ÖAW Dph 179, Veröffentlichungen der Kommission für Frühmittelalterforschung 8, ed. Herwig Wolfram/Andreas Schwarcz (Wien 1985) 29–59.

Friedrich Lotter, Völkerverschiebungen im Ostalpen-Mitteldonau-Raum zwischen Antike und Mittelalter (375–600). Unter Mitarbeit von Rajko Bratož und Helmut Castritius, RGA Erg. Bd. 39 (Berlin/New York 2003).

Andrew Louth, The Eastern Empire in the sixth century, in: The New Cambridge Medieval History 1, c. 500–c. 700, ed. Paul Fouracre (Cambridge 2005) 93–117.

Allen A. Lund, Zu den Suebenbegriffen in der taciteischen Germania, in: Klio 71 (1989) 620–635.

Allen A. Lund, Kritischer Forschungsbericht zur ›Germania‹ des Tacitus, in: ANRW II. Principat. 33. 3. (Sprache und Literatur: Allgemeines zur Literatur des 2. Jahrhunderts und einzelne Autoren der trajanischen und frühhadrianischen Zeit [Forts.]), ed. Wolfgang Haase (Berlin/New York 1991) 1989–2222, 2341–2382.

Allen A. Lund, Versuch einer Gesamtinterpretation der ›Germania‹ des Tacitus, mit einem Anhang: Zu Entstehung und Geschichte des Namens und Begriffs ›Germani‹, in: ANRW II. Principat. 33. 3. (Sprache und Literatur: Allgemeines zur Literatur des 2. Jahrhunderts und einzelne Autoren der trajanischen und frühhadrianischen Zeit [Forts.]), ed. Wolfgang Haase (Berlin/New York 1991) 1858–1988.

Penny MacGeorge, Late Roman warlords, Oxford classical monographs (Oxford 2002).

Otto J. Maenchen-Helfen, The World of the Huns. Studies in their History and Culture (Berkeley/Los Angeles/London 1973).

Jes Martens, The Vandals: myths and facts about a Germanic tribe of the first half of the 1st millenium AD, in: Archaeological Approaches to Cultural Identity, ed. Stephen Shennan (London/Boston 1994) 57–65.

Gunther Martin, Dexipp von Athen. Edition, Übersetzung und begleitende Studien, Classica Monacensia 32 (Tübingen 2006).

Ralph W. Mathisen, Sigisvult the Patrician, Maximinus the Arian, and political stratagems in the Western Roman Empire c. 425–440, in: EME 8, 2 (1999) 173–196.

Ralph W. Mathisen, Catalogues of Barbarians in Late Antiquity, in: Romans, Barbarians, and the Transformation of the Roman World, ed. Ralph W. Mathisen/Danuta Shanzer (Aldershot 2011) 17–32.

Ralph W. Mathisen, Barbarian Arian Clergy, Church Organization, and Church Practices, in: Arianism: Roman heresy and barbarian creed, ed. Guido M. Berndt/Roland Steinacher (Farnham 2014) 145–192.

John Matthews, The Roman Empire of Ammianus Marcellinus (Baltimore 1989).

John F. Matthews, Olympiodorus of Thebes and the History of the West (A.D. 407–425), in: JRS 60 (1970) 79–97.

John F. Matthews, Western Aristocracies and Imperial Court. AD 364–425 (Oxford 1975).

Otto Mazal, Justinian I. und seine Zeit. Geschichte und Kultur des Byzantinischen Reiches im 6. Jahrhundert (Köln/Wien 2001).

Michael McCormick, Odoacer, Emperor Zeno and the Rugian victory legation, in: Byzantion 47 (1977) 212–222.

Michael McCormick, Eternal victory. Triumphal rulership in late antiquity, Byzantium, and the early medieval West (Cambridge/Paris 1986).

Scott McDonough, Were the Sasanians Barbarians? Roman Writers on the »Empire of the Persians«, in: Romans, Barbarians, and the Transformation of the Roman World, ed. Ralph W. Mathisen/Danuta Shanzer (Aldershot 2011) 55–66.

Mischa Meier, Zum Problem der Existenz kultischer Geheimbünde bei den frühen Germanen: Tacitus, Germania Kap. 31, 38 und 43, in: Zeitschrift für Religions- und Geistesgeschichte 51/4 (1999) 322–341.

Mischa Meier, Männerbund, in: RGA 2. Aufl. 19 (Berlin/New York 2001) 105–110.

Mischa Meier, Die Inszenierung einer Katastrophe: Justinian und der Nika-Aufstand, in: ZPE 142 (2003) 273–300.

Mischa Meier, Anastasios I. Die Entstehung des Byzantinischen Reiches (Stuttgart 2009).

Andrew H. Merrills, History and Geography in Late Antiquity, CSMLT (Cambridge 2005).

Andrew H. Merrills/Richard Miles, The Vandals, The Peoples of Europe (Chichester 2010).

Fergus Millar, P. Herennius Dexippus: the Greek world and the third-century invasions, in: JRS 59/1-2 (1969) 12–29.

Jochen Miller, Grai, Graeci, Graikoi, in: RE 7/2 (Stuttgart 1912) 1693–1695.

Franz Miltner, Vandalen, in: RE 8, 1 A (Stuttgart 1955) 298–335.

Fritz Mitthof, Zur Neustiftung von Identität unter imperialer Herrschaft: Die Provinzen des Römischen Reiches als ethnische Entitäten, in: Visions of Community in the Post-Roman World. The West, Byzantium and the Islamic World, 300–1100, ed. Walter Pohl/Clemens Gantner/Richard Payne (Farnham 2012) 61–72.

András Móczy, Pannonia and Upper Moesia. A history of the middle Danube provinces of the Roman Empire, The Provinces of the Roman Empire (London 1974).

Yves Modéran, Gildon, les Maures, et l'Afrique, in: MEFR 101 (1989) 821–872.

Yves Modéran, Les Maures et l'Afrique romaine. IVᵉ–VIIᵉ siècle, Bibliothèque des Écoles françaises d' Athènes et de Rome 314 (Rom 2003).

Yves Modéran, L'effondrement militaire de l'Afrique romaine face aux Vandales (429–431), in: Gallia e Hispania en el contexto de la presencia ›germanica‹ (ss. V–VII). Balance y Perspectivas. Actas de la Mesa Redonda hispano-francesa celebrada en la Universidad Autónoma de Madrid (UAM) y Museo Arqueológico Regional de la Comunidad de Madrid (MAR) 19/20 Diciembre 2005, Archaeological studies on late antiquity and early medieval Europe (400 – 1000 A.D.). Conference proceedings 1. BAR International series 1534, ed. Jorge López Quiroga/Artemio M. Martínez Tejera/ Jorge Morín de Pablos (Oxford 2006a) 61–77.

Yves Modéran, Die kontrollierte Einwanderung von Barbarengruppen in das Römische Reich (*Dedictii, Tributarii, Laeti, Gentiles* und *Foederati*), in: Rom und die Barbaren. Europa zur Zeit der Völkerwanderung. 22. August bis 7. Dezember 2008 in der Kunst- und Ausstellungshalle der Bundesrepublik Deutschland Bonn, ed. Jutta Frings – Jan Bemmann (München 2008) 146–149.

Yves Modéran, «Le plus délicat des peuples et le plus malheureux» Vandales et Maures en Afrique, in: Das Reich der Vandalen und seine (Vor-)Geschichten, ÖAW Dph 366, Forschungen zur Geschichte des Mittelalters 13, ed. Guido M. Berndt/Roland Steinacher (Wien 2008) 213–226.

Heinrich Möller, Oratio de origine mutationibus et migrationibus gentium que Germaniam tenuerunt (Wittenberg 1563).

Theodor Mommsen, Ostgotische Studien, in: NA 14 (1889) 223–249, 451–544.

Ulrich Muhlack, Geschichtswissenschaft im Humanismus und in der Aufklärung. Die Vorgeschichte des Historismus (München 1991).

Klaus E. Müller, Geschichte der antiken Ethnographie und der ethnologischen Theoriebildung. Von den Anfängen bis auf die byzantinischen Historiographen 1/2, Studien zur Kulturkunde 29/52 (Wiesbaden 1972/1980).

Ulrich Müller, Langobardische Sagen, in: RGA 2. Aufl. 18 (Berlin/New York 2001) 93–102.

Felix Mundt, Die Maske des Christen. Spuren christlicher Literatur in der Historia Augusta, in: Es hat sich viel ereignet, Gutes wie Böses. Lateinische Geschichtsschreibung der Spät- und Nachantike, Beiträge zur Altertumskunde 141, ed. Gabriele Thome/Jens Holzhausen (München/Leipzig 2001) 37–56.

Felix Mundt, Beatus Rhenanus: Rerum Germanicarum libri tres (1531). Ausgabe, Übersetzung, Studien (Tübingen 2008).

Günter Neumann, Gepiden § 1 Namenkundliches, in: RGA 2. Aufl. 11 (Berlin/New York 1998) 115–118.

Günter Neumann/Matthew Taylor, Heruler, in: RGA 2. Aufl. 14 (Berlin/New York 1999) 468–474.

Carla Nicolaye, Sicily as Pawn in Vandal Foreign Policy, in: Zwischen Ideal und Wirklichkeit. Herrschaft auf Sizilien von der Antike bis zum Spätmittelalter, ed. David Engels/Lioba Geis/Michael Kleu (Stuttgart 2010) 175–188.

Hans Ulrich Nuber, Zur Entstehung des Stammes der Alamanni aus römischer Sicht, in: Die Franken und die Alemannen bis zur »Schlacht bei Zülpich« (496/97), RGA Erg. Bd. 19, ed. Dieter Geuenich (Berlin/New York 1998) 367–383.

José A. Ochoa, La transmisión de la Historia de Eunapio, Asociación Cultural Hispano Helénica (Madrid 1990).

Elke Ohnacker, Die spätantike und frühmittelalterliche Entwicklung des Begriffs »barbarus«. Ein interdisziplinärer Versuch der Beschreibung distinktiver und integrativer gesellschaftlicher Konzepte (Münster 2003).

Marek Olędzki, Zu den Trägern der Przeworsk-Kultur aufgrund schriftlicher und archäologischer Quellen, in: EAZ 40 (1999) 43–57.

Marek Olędzki, The Wielbark and Przeworsk Cultures at the Turn of the Early and Late Roman Periods. The Dynamics of Settlement and Cultural Changes in the Light of Chronology, in: Zentrum und Peripherie. Gesellschaftliche Phänomene in der Frühgeschichte, Mitteilungen der Prähistorischen Kommission 57, ed. Herwig Friesinger/Alois Stuppner (Wien 2004) 279–290.

Ilona Opelt/Wolfgang Speyer, Barbar I, in: RAC Suppl. 1 (Stuttgart 2001) 813–895.

Grant Parker, The Making of Roman India, Greek Culture in the Roman World (Cambridge 2008).

François Paschoud, L'Histoire Auguste et Dexippe, in: Historiae Augustae Colloquia. Nova series 1 (1991) 217–269.

François Paschoud, Zosime. Histoire nouvelle. Tome I. Livres I et II. D'Octavien à Constance II (31 av. J.C.–354 ap. J.C.), Collection des Universités de France. Série grecque 401 (Paris 2000).

Carl Patsch, Carpi, in: RE 3, 2 (Stuttgart 1899) 1608–1610.

Fritz Paul, Gotizismus, in: RGA 2. Aufl. 12 (Berlin/New York 1998) 461–466.

Massimiliano Pavan, Dall'Adriatico al Danubio (a cura di Maria Bonamente e Guido Rosada), Saggi e materiali universitari 17 (Padova 1991).

Gerhard Perl, Tacitus-Germania, Griechische und lateinische Quellen zur Frühgeschichte Mitteleuropas bis zur Mitte des 1. Jahrtausends u. Z. Hg. von Joachim Herrmann 2. Schriften und Quellen der Alten Welt 37, 2 (Berlin 1990).

Karl Peschel, Die Sueben in Ethnographie und Archäologie, in: Klio 60 (1978) 259–310.

Harald von Petrikovits, Die Eroberung und Sicherung des nordafrikanischen Vandalengebietes durch Ostrom, in: Jahrbuch der Akademie der Wissenschaften in Göttingen (1976) 53–77.

Willibald Pirckheimer, Germaniae ex variis scriptoribus explicatio (Augsburg 1530).

Henri Pirenne/Frank Davis Halsey, Medieval Cities. Their origins and the revival of trade. trans. Frank Davis Halsey (Princeton 1925).

August Graf von Platen, Gesammelte Werke des Grafen August von Platen, 1 (Stuttgart/Tübingen 1853).

Alexander V. Podosinov, Am Rande der griechischen Oikumene. Geschichte des Bosporanischen Reichs, in: Das Bosporanische Reich, ed. Jochen Fornasier/Burkhard Böttger (Mainz 2002) 21–39.

Walter Pohl, Die Gepiden und die gentes an der mittleren Donau nach dem Zerfall des Attilareiches, in: Die Völker an der mittleren und unteren Donau im fünften und sechsten Jahrhundert, ÖAW Dph 145, Veröffentlichungen der Kommission für Frühmittelalterforschung 4, ed. Herwig Wolfram/Falko Daim (Wien 1980) 240–305.

Walter Pohl, Edika, in: RGA 2. Aufl. 6 (Berlin/New York 1986) 446–447.

Walter Pohl, Konfliktverlauf und Konfliktbewältigung: Römer und Barbaren im frühen Mittelalter, in: FMSt 26 (1992) 165–207.

Walter Pohl, Tradition, Ethnogenese und literarische Gestaltung: eine Zwischenbilanz, in: Ethnogenese und Überlieferung. Angewandte Methoden der Frühmittelalterforschung, VIÖG 31, ed. Karl Brunner/Brigitte Merta (Wien 1994) 9–26.

Walter Pohl, The Empire and the Lombards: Treaties and Negotiations in the Sixth Century, in: Kingdoms of the Empire. The Integration of Barbarians in Late Antiquity, TRW 1, ed. Walter Pohl (Leiden/Boston/Köln 1997) 75–134.

Walter Pohl, Introduction: The Empire and the integration of barbarians, in: Kingdoms of the Empire. The Integration of Barbarians in Late Antiquity, TRW 1, ed. Walter Pohl (Leiden/Boston/Köln 1997) 1–12.

Walter Pohl, Gepiden § 3 Historisches, in: RGA 2. Aufl. 11 (Berlin/New York 1998) 131–140.

Walter Pohl, Telling the Difference. Signs of Ethnic Identity, in: Strategies of Distinction. The Construction of Ethnic Communities 300–800, TRW 2, ed. Walter Pohl/Helmut Reimitz (Leiden/Boston/Köln 1998) 17–69.

Walter Pohl, Herrschaft, in: RGA 2. Aufl. 14 (Berlin/New York 1999) 443–457.

Walter Pohl, Die Germanen, Enzyklopädie deutscher Geschichte 57 (München 2000).

Walter Pohl, Die Awaren. Ein Steppenvolk in Mitteleuropa 567 – 822 n. Chr., Reihe ›Frühe Völker‹ (München 2. Aufl. 2002).

Walter Pohl, Der Germanenbegriff vom 3. bis 8. Jahrhundert – Identifikationen und Abgrenzungen, in: Zur Geschichte der Gleichung »germanisch – deutsch«, RGA Erg. Bd. 34, ed. Heinrich Beck/Dieter Geuenich/Heiko Steuer/Dietrich Hakelberg (Berlin/ New York 2004) 163–183.

Walter Pohl, Vom Nutzen des Germanenbegriffes zwischen Antike und Mittelalter: eine forschungsgeschichtliche Perspektive, in: Akkulturation. Probleme einer germanisch-romanischen Kultursynthese in Spätantike und frühem Mittelalter, RGA Erg. Bd. 41, ed. Dieter Hägermann/Wolfgang Haubrichs/Jörg Jarnut (Berlin/New York 2004) 18–34.

Walter Pohl, Die Völkerwanderung. Eroberung und Integration (Stuttgart 2. Aufl. 2005).

Walter Pohl, Geschichte und Identität im Langobardenreich, in: Die Langobarden – Herrschaft und Identität, ÖAW Dph 329, Forschungen zur Geschichte des Mittelalters 9, ed. Walter Pohl/Peter Erhart (Wien 2005b) 555–566.

Walter Pohl, Staat und Herrschaft im Frühmittelalter: Überlegungen zum Forschungsstand, in: Staat im frühen Mittelalter, ÖAW Dph 334, Forschungen zur Geschichte des Mittelalters 11, ed. Stuart Airlie/Walter Pohl/Helmut Reimitz (Wien 2006) 9–38.

Walter Pohl, Regnum und gens, in: Der frühmittelalterliche Staat – Europäische Perspektiven, ÖAW Dph 386, Forschungen zur Geschichte des Mittelalters 16, ed. Walter Pohl/ Veronika Wieser (Wien 2009) 435–450.

Walter Pohl, Introduction-Stratgies of Identification. A Methodological Profile, in: Strategies of Identification. Ethnicity and Religion in Early Medieval Europe, Cultural Encounters in Late Antiquity and the Middle Ages 13, ed. Walter Pohl/Gerda Heydemann (Turnhout 2013) 1–64.

Walter Pohl, Romanness: a multiple identity and its changes, in: Early Medieval Europe 22/4 (2014) 406–418.

Erich Polaschek, Ptolemaios als Geograph, in: RE Suppl. 10 (1965) 733–770.

Verena Postel, Die Ursprünge Europas. Migration und Integration im frühen Mittelalter (Stuttgart 2004).

David Potter, The Roman Empire at Bay (London 2004).

David S. Potter, Prophecy and history in the crisis of the Roman Empire: a historical commentary on the Thirteenth Sibylline Oracle, Oxford classical monographs (Oxford 1990).

Denys Pringle, The Defence of Byzantine Africa from Justinian to the Arab Conquest. An account of the military history and archaeology of the African provinces in the sixth and seventh centuries 1, 2, BAR International Series 99/1, 2 (Oxford 1981).

John H. Pryor/Elizabeth M. Jeffreys, The age of the dromon. The Byzantine navy ca 500–1204. With an appendix transl. form the Arabic of Muhammad Ibn Mankali by Ahmad Shboul, The medieval Mediterranean 62 (Leiden 2006).

Dieter Quast, Byzantinisch-gepidische Kontakte nach 454 im Spiegel der Kleinfunde, in: International connections of the Barbarians of the Carpathian Basin in the 1st–5th centuries A.D.: proceedings of the international conference held in 1999 in Aszód and Nyíregyháza, Josa Andras Muzeum kiadvanyai 47 Muzeumi füzetek (Aszod) 51, ed. Eszter Istvanovits/Valéria Kulcsar (Budapest 2001) 431–452.

Dieter Quast, Der Schatz der Königin? Völkerwanderungszeitliche Schatzfunde und weibliche Eliten, in: Weibliche Eliten in der Frühgeschichte: internationale Tagung vom 13. bis zum 14. Juni 2008 im RGZM im Rahmen des Forschungsschwerpunktes »Eliten« Römisch-Germanisches Zentralmuseum – Tagungen 10, ed. Dieter Quast (Mainz 2011) 121–144.

Dieter Quast, Gepiden (archäologisch), in: Die Germanen und das Römische Reich. Historisch-archäologisches Lexikon. DNP Suppl. 13 (Stuttgart/Weimar 2017).

Kollaps – Neuordnung – Kontinuitäten. Das Theißgebiet nach dem Untergang des Hunnenreiches, ed. Dieter Quast/Tivadar Vida (Mainz 2017).

Philip Rance, Narses and the Battle of Taginae (Busta Gallorum) 552: Procopius and sixth century warfare, in: Historia 54/4 (2005) 424–472.

Bruno Rappaport, Heruli, in: RE 8, 1 (Stuttgart 1898) 1150–1167.

Bruno Rappaport, Rugi, in: RE 1 A 1 (Stuttgart 1914) 1213–1223.

Gerhard Rasch, Antike geographische Namen nördlich der Alpen. Mit einem Beitrag von Hermann Reichert: »Germanien in der Sicht des Ptolemaios«. Herausgegeben von Stefan Zimmer, RGA Erg. Bd. 47 (Berlin/New York 2005).

Stefan Rebenich, Hieronymus und sein Kreis. Prosopographische und sozialgeschichtliche Untersuchungen, Historia Einzelschriften 72 (Stuttgart 1992).

Hermann Reichert, Lexikon der altgermanischen Namen 1, Thesaurus Palaeogermanicus 1, Schriftenreihe der Kommission für Altgermanistik ÖAW (Wien 1987).

Hermann Reichert, Ptolemaeus, in: RGA 2. Aufl. 23 (Berlin/New York 2005) 567–597.

Hermann Reichert/Robert Nedoma, Lexikon der altgermanischen Namen 2, Thesaurus Palaeogermanicus 1, Schriftenreihe der Kommission für Altgermanistik ÖAW (Wien 1990).

Hermann Reichert/Herwig Wolfram, Odowakar §1. Namenkundliches §2. Historisches, in: RGA 2. Aufl. 21 (Berlin/New York 2002) 573–575.

Helmut Reimitz, Die Konkurrenz der Ursprünge in der fränkischen Historiographie, in: Die Suche nach den Ursprüngen. Von der Bedeutung des frühen Mittelalters, ÖAW Dph 322, Forschungen zur Geschichte des Mittelalters 8, ed. Walter Pohl (Wien 2004) 191–209.

Helmut Reimitz, The Providential Past: Visions of Frankish Identity in the Early Medieval History of Gregory of Tours' Historiae (sixth–ninth century), in: Visions of Community in the Post-Roman World. The West, Byzantium and the Islamic World, 300–1100, ed. Walter Pohl/Clemens Gantner/Richard Payne (Farnham 2012) 109–136.

Helmut Reimitz, History, Frankish Identity and the Framing of Western Ethnicity, 550–850, CSMLT 4, 101 (Cambridge 2015).

Robert L. Reynolds/Robert S. Lopez, Odovacer: German or Hun?, in: American Historical Review 52, 1 (1946) 36–53.

Beatus Rhenanus, Rerum Germanicarum libri tres. Adjecta est in calce epistola ad Philippum Puchaimerum de locis Plinii per St. Aquaeum attactis (etc.) (Basel 1531).

Ronald T. Ridley, Zosimus the Historian, in: BZ 65 (1972) 277–302.

Christian Rohr, Der Theoderich-Panegyricus des Ennodius, MGH Studien und Texte 12 (Hannover 1995).

Klaus Rosen, Iustinus II, in: RAC 19 (Stuttgart 1999) 778–801.

Klaus Rosen, Völkerwanderung, in: DNP 12/2 (Stuttgart/Weimar 2002) 281–290.

Klaus Rosen, Die Völkerwanderung (München 2009).

Klaus Rosen, Attila. Der Schrecken der Welt (München 2016).

Ludwig Rübekeil, Suebica. Völkernamen und Ethnos, Innsbrucker Beiträge zur Sprachwissenschaft 68 (Innsbruck 1992).

Ludwig Rübekeil/Matthias Springer, Völker- und Stammesnamen, in: RGA 2. Aufl. 32 (Berlin/New York 2006) 487–506.

Berthold Rubin, Prokopios, in: RE 23, 1 (Stuttgart 1957) 273–599.

Philipp von Rummel, Habitus barbarus. Kleidung und Repräsentation spätantiker Eliten im 4. und 5. Jahrhundert, RGA Erg. Bd. 55 (Berlin/New York 2007).

Philipp von Rummel, Gotisch, barbarisch oder römisch? Methodologische Überlegungen zur ethnischen Interpretation von Kleidung, in: Archaeology of Identity. Archäologie der Identität, ÖAW Dph 406, Forschungen zur Geschichte des Mittelalters 17, ed. Walter Pohl/Matthias Mehofer (Wien 2010) 51–77.

Kenneth S. Sacks, The Meaning of Eunapius' History, in: History and Theory 25 (1986) 52–67.

Pavel Joseph Šafařšik, Slawische Alterthümer. Deutsch von Mosig von Aehrenfeld, 1/2 (Leipzig 1844).

Alexander Sarantis, War and Diplomacy in Pannonia and the North-west Balkans during the Reign of Justinian: The Gepid Threat and Imperial Responses, in: DOP 63 (2009) 15–40.

Alexander Sarantis, The Justinianic Herules: From Allied Barbarians to Roman Provincials, in: Neglected Barbarians, Studies in the Early Middle Ages 32, ed. Florin Curta (Turnhout 2010) 361–402.

Alexander Sarantis, Military Encounters and Diplomatic Affairs in the North Balkans during the Reigns of Anastasius and Justinian, in: War and Warfare in Late Antiquity 2: Current Perspectives, Late Antique Archaeology 8, ed. Alexander Sarantis (Leiden 2013) 759–808.

Jaroslav Šašel, Die regionale Gliederung in Pannonien, in: Raumordnung im Römischen Reich: Zur regionalen Gliederung in den gallischen Provinzen, in Rätien, Noricum und Pannonien; Kolloquium an der Universität Augsburg anlässlich der 2000-Jahr-Feier der Stadt Augsburg vom 28. – 29. Oktober 1985, Schriften der Philosophischen Fakultäten der Universität Augsburg. Historisch-Sozialwissenschaftliche Reihe 38, ed. Gunther Gottlieb (München 1989) 57–74.

Knut Schäferdiek, Schwellenzeit. Beiträge zur Geschichte des Christentums in Spätantike und Frühmittelalter hg. von Winrich A. Löhr – Hanns C. Brennecke, Arbeiten zur Kirchengeschichte 64 (Berlin/New York 1996).

Ralf Scharf, Sebastianus – ein »Heldenleben«, in: BZ 82 (1989) 140–155.

Ludwig Schmidt, Geschichte der deutschen Stämme bis zum Ausgange der Völkerwanderung. Die Geschichte der Westgermanen (München 1918/1940/1970).

Ludwig Schmidt, Geschichte der deutschen Stämme bis zum Ausgang der Völkerwanderung. Die Ostgermanen (München 1934/1941/1969).

Ludwig Schmidt, Geschichte der Wandalen (Leipzig/München 1942).

Oliver Schmitt, Stärke, Struktur und Genese des comitatensischen Infanterienumerus, in: BJ 201 (2001/20014) 93–11.

Wolfgang Schmitz, Zur Akkulturation von Romanen und Germanen im Rheinland. Eine Auswertung des inschriftlichen Materials, in: Das Altertum 43 (1997) 177–202.

Thomas Schneider, »Heldisches Geschehen« und »reiner blaublonder Stamm«. Die Erneuerung der Ballade und ihre Instrumentalisierung durch Börries von Münchhausen seit 1898, in: Literatur im Zeugenstand. Beiträge zur deutschsprachigen Literatur- und Kulturgeschichte. Festschrift zum 65. Geburtstag von Hubert Orlowski, Oppelner Beiträge zur Germanistik 5, ed. Edward Bialek/Manfred Durzak/Marek Zybura (Frankfurt/Main 2002) 541–561.

Martin Schönfeld, Wörterbuch der altgermanischen Personen- und Völkernamen (Heidelberg 1911).

Martin Schottky, Huns, in: Encyclopaedia Iranica 12/6 (London 2004) 575–577.

Gottfried Schramm, Die nordöstlichen Eroberungen der Rußlandgoten (Merens, Mordens und andere Völkernamen bei Jordanes, Getica XXIII 116), in: FMSt 8 (1974) 1–14.

Jan Schuster, Die Westgrenze der Wielbark-Kultur und das Problem der sogenannten kulturellen Einflüsse aus dem östlichen Pomorze, in: Ethnographisch-Archäologische Zeitschrift 3 (1996) 399–422.

Andreas Schwarcz, Reichsangehörige Personen gotischer Herkunft. Prosopographische Studien (Dissertation, Universität Wien 1984).

Andreas Schwarcz, Die Goten in Pannonien und auf dem Balkan nach dem Ende des Hunnenreiches bis zum Italienzug Theoderichs des Großen, in: MIÖG 100 (1992) 50–83.

Andreas Schwarcz, Die gotischen Seezüge des 3. Jahrhunderts, in: Die Schwarzmeerküste in der Spätantike und im frühen Mittelalter, Schriften der Balkan-Kommission 5, ed. Renate Pillinger/Andreas Pülz/Hermann Vetters (Wien 1992) 47–57.

Andreas Schwarcz, Die Heruler an der Donau, in: Sprache als System und Prozess. Festschrift für Günter Lipold zum 60. Geburtstag, ed. Christiane M. Pabst (Wien 2005) 504–512.

Andreas Schwarcz/Heiko Steuer, foederati, in: RGA 2. Aufl. 9 (Berlin/New York 1995) 290–301.

Ernst Schwarz, Goten, Nordgermanen, Angelsachsen – Studien zur Ausgliederung der germanischen Sprachen, Bibliotheca germanica 2 (Bern 1951).

Wolfgang F. Schwarz, Paulus Diaconus. Geschichte der Langobarden. *Historia Langobardorum* (Darmstadt 2009).

Klaus von See, Barbar, Germane, Arier. Die Suche nach der Identität der Deutschen (Heidelberg 1994).

Otto Seeck, Domesticus, in: RE 5, 1 (Stuttgart 1905) 1296–1299.

Otto Seeck, Geschichte des Untergangs der antiken Welt 6 (Stuttgart 1920).

Mark Borisowitsch Shschukin, The Gothic Way. Goths, Rome, and the culture of the Chernjakhov/Sîntana de Mureş (St. Petersburg 2005).

Gereon Siebigs, Kaiser Leo I. Das oströmische Reich in den ersten drei Jahren seiner Regierung (457–460 n. Chr.) 1/2, Beiträge zur Altertumskunde 276 (Berlin 2010).

Rudolf Simek, Religion und Mythologie der Germanen (Stuttgart 2003).

Rudolf Simek, Die Germanen, Reclams Universal-Bibliothek 17051 (Stuttgart 2006).

Carolyn S. Snively, Iustiniana Prima (Caričin Grad), in: RAC 19 (Stuttgart 2001) 638–668.

Michael Sommer, Der Löwe von Tadmor. Palmyra und der unwahrscheinliche Aufstieg des Septimius Odaenathus, in: HZ 287 (2008) 281–318.

Holger Sonnabend, Geschichte der antiken Biographie (Stuttgart 2002).

Pat Southern, The Roman empire from Severus to Constantine (London 2004).

Michael P. Speidel, Raising New Units for the late Roman army: *auxilia palatina*, in: DOP 50 (1996) 163–170.

Michael P. Speidel, IV.4. Das Heer, in: Die Zeit der Soldatenkaiser. Krise und Transformation des Römischen Reiches im 3. Jahrhundert n. Chr. Band I, ed. Klaus-Peter Johne (Berlin 2008) 673–690.

Matthias Springer, Völkerwanderung, in: RGA 2. Aufl. 32 (Berlin/New York 2006) 509–517.

Matthias Springer, Volk, in: RGA 2. Aufl. 32 (Berlin/New York 2006b) 568–575.

Matthias Springer/Heiko Steuer, Stamm und Staat, in: RGA 2. Aufl. 29 (Berlin/New York 2005) 496–508.

Franz Staab, Geograph von Ravenna, in: RGA 2. Aufl. 11 (Berlin/New York 1998) 102–109.

Bernt Stallknecht, Untersuchungen zur römischen Aussenpolitik in der Spätantike: 306–395 n. Chr., Habelts Dissertationsdrucke Reihe Alte Geschichte 7 (Bonn 1969).

Geoffrey de Ste. Croix, The Class Struggle in the Ancient World (London 1983).

Friedrich Stefan, Die Münzstätte Sirmium unter den Ostgoten und Gepiden. Ein Beitrag zur Geschichte des germanischen Münzwesens in der Zeit der Völkerwanderung (Halle/Saale 1925).

Ernst Stein, Geschichte des spätrömischen Reiches I (Wien 1928).

Ernst Stein, Histoire du Bas-Empire. De la disparition de l'empire d'occident à la mort de Justinien 476–565, I (Paris 1949).

Roland Steinacher, Wenden, Slawen, Vandalen. Eine frühmittelalterliche pseudologische Gleichsetzung und ihre Nachwirkungen, in: Die Suche nach den Ursprüngen. Von der Bedeutung des frühen Mittelalters, ÖAW Dph 322, Forschungen zur Geschichte des Mittelalters 8, ed. Walter Pohl (Wien 2004) 329–353.

Roland Steinacher, Rex oder Räuberhauptmann. Ethnische und politische Identität im 5. und 6. Jahrhundert am Beispiel von Vandalen und Herulern, in: Grenzen und Entgrenzungen. Der mediterrane Raum, Saarbrücker Beiträge zur Vergleichenden Literatur- und Kulturwissenschaft 36, ed. Beate Burtscher-Bechter/Peter. W. Haider/Birgit Mertz-Baumgartner/Robert Rollinger (Würzburg 2006) 309–330.

Roland Steinacher, The Heruls. Fragments of a History, in: Neglected Barbarians, Studies in the Early Middle Ages 32, ed. Florin Curta (Turnhout 2010) 321–364.

Roland Steinacher, Zwischen Rom und den »Barbaren«. Anmerkungen zu militärischen Organisationsformen der Spätantike, in: Krieg und Wirtschaft. Von der Antike bis ins 21. Jahrhundert, ed. Johannes Giessauf/Walter Iber/Wolfram Dornik (Innsbruck/Wien/Bozen 2010) 161–180.

Roland Steinacher, Wiener Anmerkungen zu ethnischen Bezeichnungen als Kategorien der römischen und europäischen Geschichte, in: Fluchtpunkt Geschichte. Archäologie und Geschichtswissenschaft im Dialog, Tübinger Archäologische Taschenbücher 9, ed. Stefan Burmeister/Nils Müller-Scheeßel (Münster/New York/München/Berlin 2011) 183–206.

Roland Steinacher, Zur Identitätsbildung frühmittelalterlicher Gemeinschaften. Überblick über den historischen Forschungsstand, in: Die Anfänge Bayerns. Von Raetien und Noricum zur frühmittelalterlichen Baiovaria, Bayerische Landesgeschichte und europäische Regionalgeschichte 1, ed. Hubert Fehr/Irmtraut Heitmeier (St. Ottilien 2012) 73–124.

Roland Steinacher, Who is the Barbarian? Considerations on the Vandal Royal Title, in: Post-Roman Transitions: Christian and Barbarian Identities in the Early Medieval West, Cultural Encounters in Late Antiquity and the Middle Ages 14, ed. Walter Pohl/Gerda Heydemann (Turnhout 2013) 437–486.

Roland Steinacher, Die Vandalen. Aufstieg und Fall eines Barbarenreichs (Stuttgart 2016).

Heiko Steuer, Frühgeschichtliche Sozialstrukturen in Mitteleuropa. Zur Analyse der Auswertungsmethoden des archäologischen Quellenmaterials, in: Geschichtswissenschaft und Archäologie. Untersuchungen zur Siedlungs-, Wirtschafts- und Kirchengeschichte, VuF 22, ed. Herbert Jankuhn/Reinhard Wenskus (Sigmaringen 1979) 595–633.

Timo Stickler, Aëtius. Gestaltungsspielräume eines Heermeisters im ausgehenden Weströmischen Reich, Vestigia 54 (München 2002).

Timo Stickler, Die Hunnen (München 2007).

Karl Strobel, Das Imperium Romanum im »3. Jahrhundert«: Modell einer historischen Krise? Zur Frage mentaler Strukturen breiterer Bevölkerungsschichten in der Zeit von Marc Aurel bis zum Ausgang des 3. Jh. n. Chr., Historia Einzelschriften 75 (Stuttgart 1993).

Alfred Stückelberger, Klaudios Ptolemaios, in: Geschichte der Mathematik und der Naturwissenschaften in der Antike 2: Geographie und verwandte Wissenschaften, ed. Wolfgang Hübner (Stuttgart 2000) 180–204.

Alois Stuppner, Der Oberleiserberg bei Ernstbrunn – eine Höhensiedlung des 4. und 5. Jahrhunderts, in: Höhensiedlungen zwischen Antike und Mittelalter von den Ardennen bis zur Adria, RGA Erg. Bd. 58, ed. Volker Bierbrauer/Heiko Steuer (Berlin/New York 2008) 427–456.

Tadeusz Sulimirski, The Sarmatians, Ancient peoples and places 73 (London 1970).

Jan Svennung, Jordanes und Scandia (Stockholm 1967).

Ronald Syme, Ammianus and the Historia Augusta (Oxford 1968).

Ronald Syme, Emperors and Biography. Studies in the Historia Augusta 1971).

Samu Szadeczky-Kardoss, Bagaudae, in: RE Suppl. 11 (Stuttgart 1968) 346–354

John L. Teall, The Barbarians in Justinian's Armies, in: Speculum 40/2 (1965) 294–322.

Paolo Tedesco, State, Taxation and Power in Late Roman West A.D. 300–700 (im Druck 2017).

Suzanne Teillet, Des Goths à la nation gothique. Les origines de l'idée de Nation en Occident du Ve au VIIe siècle, Société d'Edition Les Belles Lettres (Paris 2011).

Jaroslav Tejral, Fremde Einflüsse und kulturelle Veränderungen nördlich der mittleren Donau zu Beginn der Völkerwanderungszeit, in: Peregrinatio Gothica. Archaeologia baltica 7 (1986) 175–238.

Jaroslav Tejral, Probleme der Völkerwanderungszeit nördlich der mittleren Donau, in: Germanen, Hunnen und Awaren. Schätze der Völkerwanderungszeit. Germanisches Nationalmuseum Nürnberg, ed. Gerhard Bott (Nürnberg 1988) 351–367.

Jaroslav Tejral, Archäologischer Beitrag zur Kenntnis der völkerwanderungszeitlichen Ethnostrukturen nördlich der Donau, in: Typen der Ethnogenese unter besonderer Berücksichtigung der Bayern 2, ÖAW Dph 204, Veröffentlichungen der Kommission für Frühmittelalterforschung 13, ed. Herwig Wolfram/Walter Pohl (Wien 1990) 9–88.

Edward A. Thompson, Early Germanic warfare, in: Past and Present 14 (1958) 2–29.

Edward A. Thompson/Peter J. Heather, The Huns, The peoples of Europe (Oxford/Cambridge, Mass. 1996).

Homer A. Thompson, Athenian Twilight: A.D. 267–600, in: JRS 49/1–2 (1959) 61–72.

Mark Thomson, Studies in the Historia Augusta, Collection Latomus 337 (Brüssel 2012).

Dieter Timpe, Entdeckungsgeschichte, in: RGA 2. Aufl. 7 (Berlin/New York 1989) 357.

Dieter Timpe, Tacitus' Germania als religionsgeschichtliche Quelle, in: Germanische Religionsgeschichte. Quellen und Quellenprobleme, RGA Erg. Bd. 5, ed. Heinrich Beck/Detlev Ellmers/Kurt Schier (Berlin/New York 1992) 434–485.

Dieter Timpe, Kimberntradition und Kimbernmythos, in: Germani in Italia, Monografie scientifiche. Consiglio Nazionale delle Ricerche. Serie scienze umane e sociali, ed. Piergiuseppe Scardigli/Barbara Scardigli (Rom 1994) 23–60.

Dieter Timpe/Christoph Daxelmüller/Georg Scheibelreiter, Geheimbünde, in: RGA 2. Aufl. 10 (Berlin/New York 1998) 558–565.

Ágnes B. Tóth, Gepidische Siedlungen im Theissgebiet, Monumenta Germanorum Archaeologica Hungariae 4 (Budapest 2006).

Ágnes B. Tóth/Margit Nagy, Gepiden § 2 Archäologisches, in: RGA 2. Aufl. 11 (Berlin/New York 1998) 118–131.

László Várady, Das letzte Jahrhundert Pannoniens (376–476) (Budapest 1969).

Lucio Vassili, Oreste, ultimo esponente del tradizionalismo romano, in: Rivista di filologia e d'istruzione classica 67/3 (1939) 261–266.

Otto Veh/Stefan Rebenich, Zosimos. Neue Geschichte, Bibliothek der griechischen Literatur 31 (Stuttgart 1990).

Jurij G. Vinogradov, The Late Classical Bosporus and Early Byzantium (in the Light of Dated Bosporan Inscriptions of the Fifth Century). in: Ancient Civilizations from Scythia to Siberia 5 (1998/1999) 245–269.

Hans Volkmann, Septimius Odaenathus 2, in: RE Suppl. 11 (Stuttgart 1968) 1243–1246.

Manfred Waas, Germanen im römischen Dienst im 4. Jh. n. Chr., Habelts Dissertationsdrucke Reihe Alte Geschichte 3 (Bonn 1971).

Norbert Wagner, Getica. Untersuchungen zum Leben des Jordanes und zur frühen Geschichte der Goten, Quellen und Forschungen zur Sprach- und Kulturgeschichte der germanischen Völker N.F. 22 (Berlin 1967).

Gerold Walser, Rom, das Reich und die fremden Völker in der Geschichtsschreibung der frühen Kaiserzeit. Studien zur Glaubwürdigkeit des Tacitus, Basler Beiträge zur Geschichtswissenschaft 37 (Baden-Baden 1951).

Günter Weiss, Das Ethnikon Sklabenoi, Sklaboi in den griechischen Quellen bis 1025, Glossar zur frühmittelalterlichen Geschichte im östlichen Europa, Beiheft 5 (Stuttgart 1988).

Karl-Wilhelm Welwei/Mischa Meier, Charietto – Ein germanischer Krieger des 4. Jahrhunderts n. Chr., in: Gymnasium 110 (2003) 41–56.

Reinhard Wenskus, Stammesbildung und Verfassung. Das Werden der frühmittelalterlichen Gentes (Köln/Wien/Graz 1961/1977).

Reinhard Wenskus, Alarich, in: RGA 2. Aufl. 1 (Berlin/New York 1973) 129.

Reinhard Wenskus, Bastarnen, in: RGA 2. Aufl. 2 (Berlin/New York 1976) 88–90.

Marinus A. Wes, Das Ende des Kaisertums im Westen des Römischen Reichs, Studiën van het Nederlands Historisch Instituut te Rome 2 (Gravenhage 1967).

Elias Wessén, De nordiska folkstammarna i Beowulf, Kongl. Vitterhets Historie och Antiquitets Academiens Handlingar 36, 3, 3, 2 (Stockholm 1927).

Michael Whitby, The Emperor Maurice and his Historian. Theophylact Simocatta on Persian and Balkan Warfare, Oxford Historical Monographs (Oxford 1998).

Michael Whitby, The army, c. 420–602, in: Late antiquity: Empire and successors, A.D. 425–600, CAH 14, ed. Averil Cameron/Bryan Ward-Perkins/Michael Whitby (Cambridge 2000) 289–313.

Alfried Wieczorek/Patrick Périn, Das Gold der Barbarenfürsten. Schätze aus Prunkgräbern des 5. Jahrhunderts n. Chr. zwischen Kaukasus und Gallien, Publikationen des Reiss-Museums 3 (Darmstadt 2001).

Hans-Ulrich Wiemer, Kaiserkritik und Gotenbild im Geschichtswerk des Malchos von Philadelphia, in: Jenseits der Grenzen. Beiträge zur spätantiken und frühmittelalterlichen Geschichtsschreibung, ed. Andreas Goltz/Hartmut Leppin/Heinrich Schlange-Schöningen (Berlin/New York 2009) 25–60.

Hans-Ulrich Wiemer, Die Goten in Italien: Wandlungen und Zerfall einer Gewaltgemeinschaft, in: HZ 296 (2013) 593–628.

Hans-Ulrich Wiemer, Odovakar und Theoderich. Herrschaftskonzepte nach dem Ende des Kaisertums im Westen, in: Chlodwigs Welt. Organisation von Herrschaft um 500, Roma Aeterna. Beiträge zu Spätantike und Frühmittelalter 3, ed. Mischa Meier/Steffen Patzold (Stuttgart 2014) 293–338.

Josef Wiesehöfer, »Rulers by the Grace of God«, »Liar Kings«, and »Oriental Despots«: (Anti-)Monarchic Discourse in Achaemenid Iran, in: Antimonarchic Discourse in Antiquity, ed. Henning Börm (Stuttgart 2015) 45–65.

Eduard von Wietersheim, Geschichte der Völkerwanderung 1–4 (Leipzig 1859–1864).

John J. Wilkes, Provinces and frontiers, in: The Crisis of Empire. AD 193–337, CAH 12, ed. Alan K. Bowman/Averil Cameron/Peter Garnsey (Cambridge 2005) 212–268.

Katharina Winckler, Die Alpen im frühen Mittelalter – Die Geschichte eines Raumes in den Jahren 500 bis 800, Monographie aus der Dissertation (Wien 2012).

Gerhard Wirth, Attila und Byzanz, in: BZ 60 (1967) 41–70.

Gerhard Wirth, Rome and its Germanic partners in the fourth century, in: Kingdoms of the Empire. The Integration of Barbarians in Late Antiquity, TRW 1, ed. Walter Pohl (Leiden/Boston/Köln 1997) 13–56.

Gerhard Wirth, Attila. Das Hunnenreich und Europa (Stuttgart 1999).

Christian Witschel, Krise – Rezession – Stagnation? Der Westen des römischen Reiches im 3. Jahrhundert n. Chr., Frankfurter althistorische Beiträge 4 (Frankfurt/Main 1998).

Hartmut Wolff, Kritische Bemerkungen zum säkularen Severin, in: Ostbairische Grenzmarken: Passauer Jahrbuch für Geschichte, Kunst und Volkskunde 24 (1982) 24–51.

Hartmut Wolff, Ein Konsular und hoher Reichsbeamter im Mönchsgewand? Nachtrag zu Friedrich Lotters Severinsbild, in: Ostbairische Grenzmarken: Passauer Jahrbuch für Geschichte, Kunst und Volkskunde 25 (1983) 298–318.

Herwig Wolfram, Intitulatio I. Lateinische Königs- und Fürstentitel bis zum Ende des 8. Jahrhunderts, MIÖG Erg. Bd. 21 (Graz 1967).

Herwig Wolfram, Gotisches Königtum und römisches Kaisertum von Theodosius dem Großen bis Justinian I, in: FMSt 14 (1979) 1–28.

Herwig Wolfram, Zur Ansiedlung reichsangehöriger Föderaten. Erklärungsversuche und Forschungsziele, in: MIÖG 91 (1983) 5–35.

Herwig Wolfram, Byzanz und die Xanta Ethne (400–600), in: Das Reich und die Barbaren, VIÖG 29, ed. Euangelos K. Chrysos/Andreas Schwarcz (Wien/Köln 1989) 237–246.

Herwig Wolfram, Origo et religio. Ethnische Traditionen und Literatur in frühmittelalterlichen Quellen, in: Mittelalter. Annäherungen an eine fremde Zeit, Schriftenreihe der Universität Regensburg NF 19, ed. Wolf Hartmann (Regensburg 1993) 27–39.

Herwig Wolfram, Origo et religio. Ethnic traditions and literature in early medieval texts, in: EME 3 (1994) 19–38.

Herwig Wolfram, Die Germanen (München 1995).

Herwig Wolfram, Grenzen und Räume. Geschichte Österreichs vor seiner Entstehung 378–907, Österreichische Geschichte (Wien 1995).

Herwig Wolfram, Salzburg, Bayern, Österreich. Die Conversio Bagoariorum et Carantanorum und die Quellen ihrer Zeit, MIÖG Erg. Bd. 31 (Wien 1995a).

Herwig Wolfram, Das Reich und die Germanen. Zwischen Antike und Mittelalter, Deutsche Geschichte 1 (Berlin 1998).

Herwig Wolfram, Kniva, in: RGA 2. Aufl. 17 (Berlin/New York 2000) 34–37.

Herwig Wolfram, Theoderich Strabo, in: RGA 2. Aufl. 30 (Berlin/New York 2003) 419.

Herwig Wolfram, Gotische Studien. Volk und Herrschaft im frühen Mittelalter (München 2005).

Herwig Wolfram, Waffensohn, in: RGA 2. Aufl. 33 (Berlin/New York 2006) 49–51.

Herwig Wolfram, Die Goten. Von den Anfängen bis zur Mitte des sechsten Jahrhunderts. Entwurf einer historischen Ethnographie (München 5. Aufl. 2009).

Reinhard Wolters, Plinius, in: RGA 2. Aufl. 23 (Berlin/New York 2005) 210–213.

Reinhard Wolters, Strabon, in: RGA 2. Aufl. 30 (Berlin/New York 2005) 50–53.

Reinhard Wolters, Tacitus, in: RGA 2. Aufl. 30 (Berlin/New York 2005) 262–267.

Ian Wood, The monastic frontiers of the Vita Severini, in: Eugippius und Severin. Der Autor, der Text und der Heilige, ÖAW Dph 297, Forschungen zur Geschichte des Mittelalters 2, ed. Maximilian Diesenberger/Walter Pohl (Wien 2001) 41–52.

Ian N. Wood, Ethnicity and the ethnogenesis of the Burgundians, in: Typen der Ethnogenese unter besonderer Berücksichtigung der Bayern 1, ÖAW Dph 201, Veröffentlichungen der Kommission für Frühmittelalterforschung 12, ed. Walter Pohl/Herwig Wolfram (Wien 1990) 53–69.

Ian N. Wood, Misremembering the Burgundians, in: Die Suche nach den Ursprüngen. Von der Bedeutung des frühen Mittelalters, ÖAW Dph 322, Forschungen zur Geschichte des Mittelalters 8, ed. Walter Pohl (Wien 2004) 139–148.

Ian N. Wood, Barbarians, Historians, and the Construction of National Identities, in: JLA 1/1 (2008) 61–81.

Ian N. Wood, The modern origins of the early Middle Ages (Oxford 2013).

Greg Woolf, Tales of the Barbarians. Ethnography and Empire in the Roman West, Blackwell-Bristol lectures on Greece, Rome and the classical tradition (Malden 2011).

Giuseppe Zecchini, Aezio. L'ultima difesa dell'occidente romano, Monografie Centro Ricerche e Documentazione sull'Antichità Classica 8 (Rom 1983).

Kaspar Zeuss, Die Deutschen und die Nachbarstämme (München/ Heidelberg 1837/ 1925).

Klaus Zimmermann, Libyen. Das Land südlich des Mittelmeers im Weltbild der Griechen, Vestigia 51 (München 1999).

Martin Zimmermann, Kaiser und Ereignis. Studien zum Geschichtswerk Herodians, Vestigia 52 (München 1999).

Roland Zingg, Motive der burgundischen Herkunftsmythen in spätantik-frühmittelalterlichen Quellen, in: Die Burgunder. Ethnogenese und Assimilation eines Volkes. Dokumentation des 6. wissenschaftlichen Symposiums veranstaltet von der Nibelungenliedgesellschaft Worms e. V. und der Stadt Worms vom 21. bis 24. September 2006, Schriftenreihe der Nibelungenliedgesellschaft Worms e. V. 5, ed. Volker Gallé (Worms 2008) 285–324.

Erich Zöllner, Rugier oder Russen in der Raffelstettener Zollordnung?, in: MIÖG 60 (1952) 108–119.

Constantine Zuckerman, Comtes et ducs en Egypte autour l'an 400 et la date de la *Notitia Dignitatum Orientis*, in: AntTard 6 (1998) 137–147.

16

Anmerkungen

1 Einleitung: Die barbarischen Gesellschaften der Heruler, Gepiden und Rugier

1 Quellensammlungen zur Geschichte der Heruler und Gepiden: Lakatos 1978; Lakatos 1973.

2 Rom und die Barbaren

1 Gruen 2011; Gruen 2013, 1–22.
2 LSJ: ἔθνος, εος, τό (dort die Quellenbelege); vgl. Gruen 2013, 1; Fraser 2009, 1–11; bei Herodot: Jones 1996, 315–320.
3 Aristot. pol. 1261a und 1276a; vgl. LSJ: »φυλή, ἡ, like φῦλον, a race, tribe; [...] a union formed in an organized community (whether πόλις or ἔθνος): hence, tribe, i. e.«; Opelt/Speyer 2001, 819–830.
4 Hom. Il. 2, 867; vgl. Opelt/Speyer 2001, 833–834; Jüthner 1923, 2–4.
5 Hdt. 2, 50, 1; 2, 57, 1; 2, 77, 1 (Ägypter); 8, 144, 2: Unterschiede zwischen Griechen und Barbaren; vgl. Opelt/Speyer 2001, 826–829 zur »Barbarenphilosophie«.
6 Opelt/Speyer 2001, 820.
7 Aischyl. Pers.
8 Backhaus 1976; Heitz 2009 zu bildlichen Darstellungen.
9 Woolf 2011; Balsdon 1979.
10 Bredow 2007, 7.
11 Hartog 1980; Bredow 2007, 7.
12 Afrika: Hom. Od. 4, 85; 14, 295; Hdt. 4, 4, 196–197; vgl. Zimmermann 1999, 9–22, 177–190; Wiesehöfer 2015, 57–63. Dies galt auch für die Spätantike: Die Perser werden bei Ammian nie als Barbaren bezeichnet. Vgl. Brodka 2009. Zu Prokop und den Persern: Börm 2007; siehe auch McDonough 2011.
13 Bianchetti/Cataudella/Gehrke 2016; Parker 2008.
14 Walser 1951, 67–70.
15 Christ 1959, 273–288.
16 Kulikowski 2007, 56–57; Pohl 1994, 9–26.
17 Geary 2002, 62–65; Geary 1988, 6–10; Pohl 2005, 25–27.
18 Reimitz 2012, 114; Teillet 2011, 480–485.
19 Curta 2006, 335–350.
20 Wood 1990, 64.
21 Pohl 2009, 440; Geary 2002, 53–54.

22 Wolters 2005, 50–53 und die dortige Literatur; Timpe 1989, 357; Überblick über mehrere Autoren: Woolf 2011, 59–88.

23 Reichert 2005, 567–597; Stückelberger 2000; Rasch 2005; Polaschek 1965; Hansen 1991; Bernecker 1989.

24 Wolters 2005, 210–213.

25 Hdt. 4, 5–82; Wolters 2005, 262–267 und die Literaturangaben dort; Perl 1990; Lund 1991, 1858–1988; Lund 1991, 1989–2222, 2341–2382; Christ 1978, 449–487.

26 Rübekeil/Springer 2006, 487–506.

27 Steinacher 2012, 78–79; Steinacher 2011, 184.

28 Pohl 2005, 42.

29 Not. dign. occ. 5, 162; 7, 13. Vgl. zu den Inschriften: Hoffmann 1969/1970,1, 77–79, 88–91, 156–158; 272 mit Index.

30 Miller 1912, 1693–1695.

31 Vgl. Olymp. frg. 29, 1 (Blockley 192–193); vgl. Steinacher 2016, 76, 380, Anm. 186–188. Zu den Namen der Goten vgl. Wolfram 2009, 30–41.

32 Iord. Get. 94–95.

33 Halsall 1999, 131–145.

34 Müller 1972/1980, 1/2; Dobesch 1995; detailliert untersucht am Vandalen- und Lugiernamen Haider 2008, 15–42.

35 Mitthof 2012, 61–72; Kulikowski 2011, 103–112; Ando 2000; Botermann 2005; Cleary 2008.

36 Einen Quellenüberblick bieten folgende Bände: Goetz/Welwei 2013; Herrmann 1988–1992. Grundlegend weiter Schmidt 1934/1941/1969; Schmidt 1918/1940/1970; Wolfram 2009; Pohl 2005; Pohl 2000;Beck/Capelle/Kroeschell/Maier/Müller/Roth/Seebold/Steuer/Timpe 1998, 181–483 und die weiteren einschlägigen Lemmata des RGA.

37 Wood 2013. Am Beispiel des Vandalennamens: Steinacher 2016, 333–349; Donecker/Steinacher 2009, 169–203; Steinacher 2004a, 329–353; zum »Gotizismus« in Schweden vgl. Paul 1998.

38 Steuer 1979, 595–633; Dick 2008, 159–202.

39 Pohl 2005, 23–28. »Mitteleuropäisches Barbaricum« ist eine Prägung Siegmar von Schnurbeins; vgl. Schnurbein 1992.

40 Pohl 2005, 13–30; Wolfram 1998, 78–85.

41 Pohl 1997, 1–12; Pohl 1998, 17–69.

42 Demandt 2007, 321, 323 und Anm. 189. Stallknecht 1969, 88–91 meint, dies trete erst im 4. Jahrhundert ein.

43 Wirth 1997, 13–56; Dahlheim 1968, 1–109; Jones 1964, 2, 620, 773–803 (zur Rechtsstellung der Landarbeiter); Badian 1997, 361 zur *deditio*: »*Deditio in potestatem* oder – gleichbedeutend – *deditio in fidem* (Pol. 20, 9, 10–12), ist die nominell immer freiwillige Selbstübergabe eines unabhängigen Staates an Rom. Sie war im Krieg die Vorbedingung eines Friedensschlusses und im Frieden die der Erwerbung des röm. Schutzes. Nach der förmlichen Annahme der *deditio* durch den Senat oder einen dazu befugten (Pro-)Magistrat mit *imperium* verlor das dedierte Gemeinwesen seine Existenz. [...] Wie man sich in der späten Republik das urspr. Verfahren vorstellte, erhellt aus Liv. 1, 38, 1–2.«

44 Braund 1984.

45 Dick 2008, 43–104, 208–213; Wolfram 2005, 15–65; Heather 2001, 15–68; Heather 1997, 57–74; Wirth 1997, 13–56; Chrysos 1989, 13–24; Modéran 2008, 146–149.

46 Zitat: Schwarcz/Steuer 1995, 293 mit Verweis auf Iord. Get. 145; vgl. zum Födus von 382 Wolfram 2009, 140–142, 420–421, Anm. 102 und die dortigen Angaben; Wolfram 1983, 28–30; Schwarcz 1984, 41–43; Lippold 1973, 861–862; Lippold 1980, 41–42, 145–147.

47 Laniado 2014.
48 Strobel 1993 und Witschel 1998 kritisch gegenüber Alföldi 1967, der von einer »Weltkrise« schrieb. Gute neuere Überblicksdarstellungen: Ando 2012; Potter 2004; Drinkwater 2005, 28–66 und die Sammelbände Hekster/Kleijn/Slootjes 2007; Johne/Hartmann/Gerhardt 2006. Börm 2008, 69–86 mit Überlegungen zum »Beginn der Reichskrise«. Gallisches Sonderreich: Drinkwater 1987; Palmyra: Hartmann 2001.
49 Börm 2013.
50 Börm 2016, 617–624.
51 Pohl 2000, 28–29.
52 Halsall 2005, 47; Goffart 1980, 11–17; Pirenne/Halsey 1925, 5–8.
53 Halsall 2005, 47: »The Huns are thought to have ›pushed‹ the Goths into the Roman Empire, and to have ›pushed‹ other Germanic tribes who in turn ›pushed‹ those in front of them, and so on until the Roman frontier was swamped by fleeing Germanic barbarians.« Vgl. dazu auch die auf den Punkt gebrachte Argumenation Halsall 1999, 131–145.
54 Drinkwater 2007; Drinkwater 1996, 20–30; Nuber 1998, 367–383; Anton 1981, 235–240; Wood 1990, 53–69; Wood 2004, 139–148.
55 Wolfram 1990/1998, 78–85; Pohl 2005, 23–29, 165–175.
56 Southern 2004, 205–226.
57 Vgl. Pohl 2004; Pohl 2004, 18–34; Halsall 2005, 40–52.
58 Nuber 1998, 367–383; Halsall 2005, 47.
59 Steinacher 2016, 16–18; »brav«, in: DFW 3, 486-489; »Barbarei, barbarisch, barbarisieren, Barbarismus«, in: DFW 3, 123–149; DWB 2, 339.
60 Pohl 2013, 16–18; Amory 1997, 17.
61 Halsall 2007, 284–319; Halsall 2003, 32–33.
62 Zingg 2008, 285–324; Breuer 2008, 355–378 mit einem Unterabschnitt zu »Burgund als Legitimations- und Konfliktraum«; Wood 1990, 53–69.
63 Pohl 2009, 440–442; Pohl 2005b, 564–565. Ethnische Titel seien nur eine Nebenerscheinung: Gillett 2002; vandalischer Titel in bestimmten Kontexten: Steinacher 2013; zu Odoakers Titeln vgl. das Kapitel 9.2; *patricius* Theoderich: Italien nominell Teil des Reichs, Ehrenvorrang für den Kaiser: Wiemer 2013, 602 mit Anm. 34.
64 Zu »Romaness« vgl. Pohl 2014; Pohl 2013, 23–24 und passim allgemein zu ethnischer Identität.
65 Pohl 2013, 21–22; Pohl 2009; Pohl 2006; Buell 2005.
66 Curta 2001; Brather 2001, 51–83; Koder 1995; Weiss 1988. Pohl 2009, 446–450: *Gens* hatte allerdings eine doppelte Bedeutung. Nach biblischem Muster konnten die *gentes* die zu bekehrenden Heiden sein, aber auch die Juden waren eine *gens*. Ethnische Identität konnte heilsgeschichtlich aufgeladen letztlich eine Vorbedingung der Nationsidee werden.
67 Pohl 1999, 443–457.
68 Wolfram 1998, 183 als Kapitelüberschrift.
69 Pohl 2002, 12–14; Wolfram 1998, 123: »Hunnische Alternative« ist der Titel des fünften Kapitels. Bulgaren: Dujčev 1983, 914–928; Browning 1999, 332–334; 338; Ungarn: Bak 1997, 1223–1234.
70 Gruen 2011, 223–252; Gruen 2013, 2–4.
71 Dion. Hal. ant. 1, 9; vgl. zur römischen Vorgeschichte bei Dionysios Delcourt 2005; Gabba 1991.
72 Sen. dial.: De Consolatione ad Helviam matrem 7, 10.
73 Sen. dial.: De Consolatione ad Helviam matrem 7, 10 (Übersetzung nach Klaus Rosen): Vix denique invenies ullam terram quam etiam nunc indigenae colant; permixta omnia et insiticia sunt. Vgl. Rosen 2009, 22–28.

74 Aristot. pol. 1327b; Strab. 7, 2, 1–2; vgl. Woolf 2011, 76–78; Demandt 2007, 313; Grünewald 2000, 493–500; Dobesch 1995, 59–71; Timpe 1994, 23–60; Krüger/Autorenkollektiv 1979/1983, 1, 40–42 und 232–254. Die Gesandtschaft der Kimbern an den Hof des Augustus: R. Gest. div. Aug. 26; Wolfram 1995, 28–29.

75 Tac. Germ. 4, 1 (Übersetzung von Alfons Städele).

76 Tac. Germ. 2, 1: Ipsos Germanos indigenas crediderim minimemque aliarum gentium adventibus et hospitiis mixtos, quia nec terra olim, sed classibus advehebantur, qui mutare sedes quaerebant, et immensus ultra, utque sic dixerim, adversus Oceanus raris ab orbe nostro navibus aditur. Vgl. Lund 1991; Rosen 2009, 26–27.

77 Walser 1951, 160.

78 Woolf 2011, 44–51.

79 Vegetius, De re militari 1, 2. (ed. Müller, 237–239); vgl. Steinacher 2010, 163–166.

80 Goffart 1988; Goffart 2006, 56–118; Wood 2008, 61–81.

81 Origo Gentis Langobardorum 1; ähnlich in Paulus Diacon. hist. Lang. 1, 1; vgl. Pohl 2004, 174 mit Anm. 50.

82 Coumert 2007; Halsall 2005, 35; Anton/Becher/Pohl/Wolfram/Wood 2003, 174–210; Geary 1999, 108; Wolfram 1993, 31–36; Geary 1983, 15–26; Franken: Reimitz 2015; Reimitz 2004, 191–209; Anton 2000.

83 Iord. Get. 23 (Heruler und *Dani*), 25 (*vagina gentium*). Iord. als Beleg skandinavischen Ursprungs: Schmidt 1934/1941/1969, 548–553; Heruler: Iord. Get. 23; Kappelmacher 1916, 1920; Ellegård 1987, 18–25 dagegen mit der These, die Heruler hätten sich nördlich von Batava und Wien formiert.

84 Iord. Get. 25; Gepiden, drei Schiffe, Berig: 94–95; 313; vgl. Wolfram 2009, 47–53.

85 Iord. Get. 25; Liv. 1, 1, 3–4; vgl. Goffart 1988, 89.

86 Iord. Get. 43–44; 49–57; 107; vgl. Wolfram 2009, 39, 385, Anm. 8, 394–395, Anm. 55, 500–501, Anm. 117; Kulikowski 2007, 43–70.

87 Cosmogr. geogr. Ravenn. 1, 8; Adam v. Bremen, Gesta 2, 18–19; vgl. Göckenjan 1995, 1999; Staab 1998, 102–109.

88 Goffart 2006, 56–72.

89 Goffart 2006, 56–72; Steinacher 2006b, 311–312.

90 Vgl. die Buchtitel Demougeot 1979: *La formation de l'Europe et les invasions barbares*; Halsall 2007: *Barbarian Migrations and the Roman West*; Heather 2009: *Empires and Barbarians. Migration, Development and the Birth of Europe.* Überlegungen zu den Hintergründen: Wood 2013, 1–19, 154–160; Springer 2006, 509–514.

91 Rosen 2009, 28–30; Rosen 2002, 282.

92 Halsall 2007 mit der Bibliographie 527–584; Goffart 2006, 13–22 mit dem Kapitel »A Clarification: The Three Meanings of ›Migration Age‹«; Halsall 2005; Pohl 2005 mit Literatur 225–254 und 260–261; Postel 2004; Rosen 2009 mit Literaturangaben 122–125; Wolfram 1998.

93 Springer 2006, 511.

94 Wandelbarkeit von Identifikationen: Pohl 2013; »Volk«: Springer 2006b; »Stamm und Stammesstaaten«: Springer/Steuer 2005; »König und Königtum«: Dick 2008.

95 Pirckheimer 1530; vgl. Rosen 2009, 31–32. Zum weiteren Hintergrund der Tacitusrezeption und dem Aufbau neuer germanischer Vorfahren der Deutschen etwa bei Annio von Viterbo, Eneas Silvio Piccolomini, Heinrich Bebel, Konrad Celtis und anderen: Krebs 2011, 81–104; Krebs 2005, 111–250; Muhlack 1991, 196–220.

96 Rhenanus 1531, I, 17, 58; II, 93; vgl. Muhlack 1991, 163–164. Kommentierte Neuedition der *Rerum Germanicarum libri tres* Mundt 2008, vgl. die dortigen Anmerkungen.

97 Krautschick 2000, 218.

98 Lazius 1557/1572/1600; zu Laz: Springer 2006, 510.

99   Lazius 1557/1572/1600; vgl. Springer 2006, 510; Wolfram 2009, 13 und 16. Stefan Donecker arbeitet an einer Erschließung der *De aliquot gentium migrationibus*.

100 Bugenhagen 1566: Die *Oratio* ist die erste Fassung von 1566 zu Bugenhagens Lebzeiten, die posthumen Neuauflagen sind als Fragmentum betitelt. Möller 1563.

101 Rosen 2009, 33.

102 Die Blechtrommel, Luchterhand 1959, 379.

103 Tac. Germ. 44, 1; vgl. Krüger/Autorenkollektiv 1979/1983, 1, 384; Andersson/Pohl 2003, 452, 455; Perl 1990, 246–248; Timpe 1992, 467–473.

104 Ptol. 2, 11, 7; Rougion: 2, 11, 12; vgl. Andersson/Pohl 2003, 452, 455; Krüger/Autorenkollektiv 1979/1983, 1, 496.

105 Andersson/Pohl 2003, 453.

106 Iord. Get. 24, 26; Andersson/Pohl 2003, 453; Schmidt 1934/1941/1969, 117.

107 Bierbrauer 1994; Krüger/Autorenkollektiv 1979/1983, 1, 499.

108 Wolfram 1994, 19–38; Andersson/Pohl 2003, 456.

109 Iord. Get. 23–26 (Ulmerugi), 96 (Gepiden im 3. Schiff); vgl. zur Stelle Wolfram 2009, 47–50; zu *Scandza* vgl. Svennung 1967 b; Wagner 1967.

110 Beda hist. 5, 9: Sunt autem Fresones, Rugini, Danai, Hunni, Antiqui Saxones, Boructuari. Vgl. Andersson/Pohl 2003, 458.

111 Pohl 2004, 174–175.

112 Iord. Get. 116 nennt in einer Liste von Völkernamen im angeblich riesigen Reich Ermanarichs auch *Rogas*. Die handschriftliche Überlieferung ist schwierig zu prüfen, meist nimmt man an, Wolgabewohner seien gemeint. Vgl. Wolfram 2009, 96; Schramm 1974, 1–14. Ist dies der Fall, hätten wir wieder einen möglichen Assoziationspunkt Rugier-Russen-Slawen.

113 Inquisitio de theloneis Raffelstettensis 6, MGH Capit. II, No. 253, 251: Sclavi vero, qui de Rugis vel de Boemanis mercandi causa exeunt, ubicumque iuxta ripam Danubii vel ubicumque in Rotalariis vel in Reodariis loca mercandi optinuerint […]. Vgl. Zöllner 1952, 108–119.

114 Continuatio Regionis a. 959, 960, 962 und 966; Annales Magdeburgensis, MGH SS 16, 147; Annalista Saxo, MGH SS 6, 622. Vgl. mit weiteren Stellen Zöllner 1952, 110.

115 Steinacher 2016, 337–345; Steinacher 2004a, 329–353.

3   Neue Namen: Heruler und Gepiden im 3. Jahrhundert

1   Vgl. allgemein zu solchen Fragen Brather 2004.

2   Der Name stammt von einem Brandgräberfeld bei Przeworsk in der Wojewodschaft Podkarpackie, Karpatenvorland. Zur Entstehung Dąbrowska 2009, 53–80; Dąbrowska/Mączyńska 2003, 540–567 und die dortigen Angaben; Kokowski 2003, 77–138; kritisch zu ethischen Deutungsmöglichkeiten Gauß 2008, 43–58; zu den charakteristischen Przeworsk-Bestattungen: Czarnecka 2003, 273–294; Godłowski/Wichman 1998; Bernsteinstraße: Bohnsack/Follman 1976, 292–298; Slawen als Träger der Przeworsk-Kultur in der Forschungsgeschichte: Martens 1994, 58–65; Kokowski 2003, 39–48 (Forschungsgeschichte); Babeş 1993; Dąbrowska 1988, 191–210; Olędzki 2004; Olędzki 1999, 43–57; zwei unterschiedliche Kulturmodelle, kaiserzeit-

lich und frühslawisch: Godłowski 1992, 9–89; slawische Kontinuitäten bis in die jüngere Bronzezeit: Kostrzewski 1965; Zusammenfassung und Zurückweisung bei Brather 2004, 213–217; germanische Deutung: Jahn 1940, 943–1032.

3 Bierbrauer 1998, 407–418; Bierbrauer 1994, 51–171; Bierbrauer 1992, 7–75. Vgl. die umfangreiche Materialsammlung Cieśliński 2010 zur Peripherie des Wielbark-Raumes.

4 Beck/Capelle/Kroeschell/Maier/Müller/Roth/Seebold/Steuer/Timpe 1998, 343; anders Bierbrauer 2006, 209–211.

5 Heather 2009, 105; Blischke 1996, 117–123; Schuster 1996, 399–422.

6 Strab. 7, 1, 3; Plin. nat. 4, 14, 99; Tac. Germ. 44, 1; Ptol. 2, 11; 3, 5, 8. Pohl 2000, 23; Steinacher 2016, 21–23, 355–362 zu Vandiliern/Vandalen und Lugiern; Krüger/ Autorenkollektiv 1979/1983, 1, 384 zu den Rugiern.

7 Heather 1996, 18–23; Wolfram 2009, 47–52; Bierbrauer 1994, 51–56; Bierbrauer 1998, 407–415.

8 Tac. Germ. 44, 1; Eggers 2001, 258–259 mit den verschiedenen Erklärungs- und Gleichsetzungsversuchen.

9 Heather 2009, 124 nach Tac. hist. 4, 12; Germ. 29 und 33; Anm. 58.

10 Kulikowski 2007, 60–72; Schmidt 1934/1941/1969, 80–85: Abspaltungen und Wanderungen verschiedener Gotengruppen aus einem »Stamm«.

11 Andersson 1998, 402–403 zu Namen und Deutungen.

12 Heather 2009, 116–128; Kulikowski 2007, 60–68; Pohl 2005, 45–46.

13 Ioniţă 2004, 445–446, vgl. dort die Literaturverweise 451–455. Zur transalutanischen Wallinie vgl. Gudea 1997, 70–81; Cătăniciu 1977, 333–354.

14 Ioniţă 2004, 445–455; Bierbrauer 2004; Bierbrauer 1994, 98–105, 117–122; Tejral 1986, 185–190; Bierbrauer 1980, 131–142; Gomolka-Fuchs 1999: Sammelband; Kazanski 1991, 29–61; Kazanski/Legoux 1988, 7–53.

15 Heather 2009, 117–118; Heather/Matthews 1991, 51–101; Heather 1996, 47–50; Shschukin 2005.

16 Für Kontinuität: Kazanski 1991; Bierbrauer 1992; mit ethnogenetischen Veränderungen: Wolfram 2009, 27–30; mehrere gotische Gruppen bilden sich, Migrationen kleinerer Verbände aus dem Norden: Heather 2009, 116–150; nur wenige Bezüge zu der Wielbark-Kultur: Kulikowski 2007, 60–72; Jordanes bietet wenig historisch Zutreffendes: Goffart 2006, 56–118; Goffart 1988.

17 Pohl 2005, 46.

18 Kulikowski 2007, 66–68; Heather 2009, 125 betont, dass die Sîntana de Mureş-Černjachov-Kultur regional gestaffelt ist. Zukünftige Forschung könnte kleinere Räume benennen. Dies weist auf verschiedene Machtzentren.

19 Börm 2016, 627–628.

20 Kulikowski 2007, 67.

21 Dexipp. frg. 2 (Martin, 102); Huttner 2008, 178 mit Anm. 150.

22 Petr. Patr. frg. 8, FGrH 4, 186–187; vgl. zu den Carpen Bichir 1976, 1 und 2; Patsch 1899, 1608–1610 mit umfangreichen Quellenverweisen.

23 Wolfram 2009, 54 und vgl. 391, Anm. 6.

24 Huyse 1999, pa. 3/griech. 7: Γούθθων τε καὶ Γερμανῶν ἐθνῶν δύναμιν; vgl. Wolfram 2009, 54–55; Goltz 2008, 456–457 mit Anm. 57.

25 Pohl 2004, 167–170.

26 Wolfram 2009, 55–56; Schmidt 1934/1941/1969, 204–206.

27 Wolfram 2009, 55–57, 391–392, Anm. 12.

28 Amm. 31, 5, 12–17; vgl. Huttner 2008, 208–212; Bleckmann 1992, 157–178; Schmidt 1934/1941/1969, 206–209.

29 Synk. 466, 1–7; Zos. 1, 29, 2–3; vgl. Berndt 2013; Huttner 2008, 215–221 (auch zur Situation im Reichszentrum und an den persischen Grenzen); Wolfram 2009, 58; Bleckmann 1992, 183–189.
30 Gruskova/Martin 2015, 35–54; Gruskova/Martin 2014a; Gruskova/Martin 2014b; Gruskova/Martin 2014, 101–120.
31 Goltz 2008, 457–458; Potter 2004, 237–240; Schwarcz 1992.
32 Podosinov 2002, 21–39; Pohl 2005, 46.
33 Zos. 1, 31: Solange vom Vater auf den Sohn die Herrschaft überging, βασιλεῖς αὐτοῖς ἦσαν παῖς παρὰ πατρὸς ἐκδεχόμενοι τὴν ἀρχήν, [...], die auf Roms Freundschaft gestützt war und Jahrgelder erhielt, καὶ τὰ παρὰ τῶν βασιλέων αὐτοῖς ἔτους ἑκάστου πεμπόμενα δῶρα, wurden die Skythen abgehalten. Als aber nach dem Sturz der königlichen Familie einige Unwürdige und Feiglinge die Herrschaft an sich gezogen hatten, ἐπεὶ δὲ τοῦ βασιλείου γένους διαφθαρέντος ἀνάξιοί τινες καὶ ἀπερριμμένοι τῆς ἡγεμονίας κατέστησαν κύριοι[...]. Vgl. Paschoud 2000, 32–34.
34 Brandis 1897, 785.
35 Ihm 1897, 719; Schmidt 1934/1941/1969, 210–212.
36 Zos. 1, 31; Wolfram 2009, 58–59; Goltz/Hartmann 2008, 235–238, 247–248 und Anm. 135; Gajdukevič 1971, 462–465.
37 PG 10, 1019–1048; Wolfram 2009, 59–61; Berndt 2013, 19–20.
38 Rübekeil 1992, 109–117 zu den Namensformen.
39 Millar 1969, 12–29; Paschoud 1991, 217–269; zu Herodian vgl. Zimmermann 1999.
40 Zos. 1, 39, 1; Martin 2006, 37–41.
41 Dexipp. frg. 18 (Martin, 106–107); Etymologicum Magnum 335, 5 s. v. Ἕλουρος (Helurer); Stephanus von Byzanz s. v. Ἕλουροι (Helurer).
42 Iord. Get. 117: Jordanes erklärt, dass die Heruler im Pannonien seiner Zeit einmal anders genannt worden waren, was ein gewisser Ablavius berichten soll. Nam praedicta gens [die Heruler], Ablavio istorico referente, iuxta Meotida palude inhabitans in locis stagnantibus, quas Greci ele vocant, Eluri nominati sunt [...]. Nahe des Maeotischen Sumpfs lebten sie. Die Griechen nennen sumpfiges Gelände ele, also τό ἕλος, und deshalb hießen sie Eluri. Die Stelle klingt verdächtig nach Dexippos, Abla-(b/v)ius könnte eine falsche Referenz sein. Vgl. unten Kapitel 4.2.
43 Stephanus von Byzanz s. v. Ἕλουροι (Helurer): Σκυθικὸν ἔθνος. Ellegård 1987, 28–29: »To summarize. Dexippos' Helouroi may have called themselves Eruli. In that case the later historians' identification of the two was in fact correct. On the other hand, Dexippos form may be a correct rendering. In that case the identification of the Heluri and the Eruli was as mistaken as Jordanes' (and many others) identification of Gothi and Getae. We shall never know.«
44 Martin 2006, 161–162 und Anm. 43; Kulikowski 2007, 14–18; Potter 2004, 241–242; Ohnacker 2003, 40–64.
45 Schwarz 1951, 156–161; Neumann/Taylor 1999, 468.
46 Neumann/Taylor 1999, 468–469; Reichert 1987, 254–58; Schönfeld 1911 78–80; comes Herila: Fiebiger/Schmidt 1917, Nr. 297, 298, 310.
47 Neumann 1998, 115–118.
48 Iord. Get. 95–96: Die Gepiden seien geistig und körperlich recht schwerfällig, tardiores ingenii et graviores corporum velocitate, in deren Sprache, nam lingua eorum, bedeute faul gepanta, piger gepanta dicitur, ein sich anbietendes Schimpfwort also, pro gratuito convicio. Vgl. Neumann 1998, 116.
49 Die moderne Forschung hat diese spätantike Sammlung von 30 Lebensbeschreibungen (Viten) römischer Kaiser und Usurpatoren von Hadrian (117–138) bis zu den gemeinsam regierenden Brüdern Numerian und Carinus (283–285) »Kaisergeschichte« genannt. Nahm man lange an, sechs verschiedene Autoren hätten diese Kaiserviten um 300 zusammengestellt, setzt sich nun die Auffassung durch, dass ein einzelner

Mann an der Wende vom 4. zum 5. Jahrhundert die Texte verfasste. Forschungs-
überblicke zu Datierung und Autorenschaft der S. H. A.: Johne 2008, 45–51; Sonnabend 2002, 214–221; Johne 1998; Johne 1976, 11–46. Die Literatur ist nur schwer
zu übersehen, vgl. aber Thomson 2012; Mundt 2001, 37–56; Syme 1971; Syme
1968.

50 Hartmann 2008, 297–323.

51 S. H. A. Claud. 6, 2: Denique Scytharum diversi populi, Peucini, Greuthungi, Austrogothi, Tervingi, Vesi, Gepedes, Celtae etiam et Eruli, praedae cupiditate in Romanum
solum inruperunt atque illic pleraque vastarunt. Vgl. Bleckmann 2009, 184 mit berechtigten Zweifeln an der Liste; Pohl 1998, 132.

52 Syme 1968 datiert nach 395, weil der Anonymus Ammianus Marcellinus benutzt
habe. Lippold 1998 dagegen plädiert für einen Redaktor, der um 330 gearbeitet
habe. Schon Dessau 1889, 337–392 sah ein »Netz von Räthseln und Widersprüchen«
(337) und plädiert für das ausgehende 4. Jahrhundert und einen Autor.

53 Ein ähnlicher Fall wäre Sidon. carm. 5, 388–455, 471–552 für das Heer, das Maiorian 460 in Pannonien sammelte. Hier. epist. 123 in gegenteiliger Absicht für 406
am Rhein, um die Katastrophe zu betonen, vgl. Steinacher 2016, 52–57; Mathisen
2011, 17–32 spricht von einer regelrechten *cataloguing tradition*.

54 S. H. A. Probus 18, 2; vgl. zu den Bastarnen Ihm 1897, 110–113.

55 Wilkes 2005, 227–229; Brandt 1999, 169–182; Kettenhofen 1992, 291–313; Wolfram 2009, 62–65; Schwarcz 1992, 47–57; Rappaport 1898, 1154–1158.

56 Hartmann 2001, 213–215; Schwarcz 1992, 51: Der Feldzug gegen die Sassaniden
fand vor Ablauf des ägyptischen Jahres 267/268 statt. Enßlin 1949, 82–83; Schmidt
1934/1941/1969, 215 datiert auf 265; Drinkwater 2005, 45 datiert auf 266.

57 Goltz/Hartmann 2008, 283; Schwarcz 1992, 51–52; Wolfram 2009, 62; Iord. Get.
107 nennt die gotischen Anführer Respa, Veduc und Thuruar, dürfte aber verschiedene Einfälle auf Reichsgebiet zusammenziehen.

58 Hartmann 2001, 211–216.

59 Synk. 467, 7–12; S. H. A. Gall. 12, 6–13, 1; 12, 6: Incubante Scythae navibus factis
Heracleam pervenerunt atque inde praeda in solum proprium reverterunt, quamvis
multi naufragio perierint navali bello superati. Zu den unterschiedlichen Datierungen
zwischen 266 und 267 vgl. Goltz/Hartmann 2008, 283, Anm. 268.

60 Zos. 1, 39; S. H. A. Gall. 13, 1; trig. tyr. 15, 5–8; vgl. ausführlich zur Frage der Datierung der Ermordung des Septimius Odaenathus Hartmann 2001, 218–222: Tod
des Odaenathus und danach die verschiedenen zeitnahen barbarischen Angriffe auf
Kleinasien, Griechenland, die ägaischen Inseln und den Balkan Anfang des Jahres
267, Herbst 267 bzw. Winter 267/268; vgl. allgemein Volkmann 1968, 1243–1246;
Sommer 2008, 281–318. Inschriften in englischer Übersetzung zusammengestellt bei
Dodgeon/Lieu 1991, 59–74.

61 Synk. 467, 20–21; Zos. 1, 39, 1 und 40, 1; S. H. A. Gall. 13, 8; Bleckmann 1992,
198–199; Thompson 1959, 63: Schlussmünzen im Brandhorizont Athens auf 267/
268 datierbar.

62 Kettenhofen 1992, 293: 16 geographische Angaben, darunter neun Toponyme unterstreichen die Zuverlässigkeit der Quellen, die Synkellos benutzen konnte. Inschriften
in Eleusis und Gytheion: IG III 713; V 1, 1188.

63 Io. Zon. hist. Ann. 150, 23–151, 1; Georg. Kedr. 454, 11–17 und im sogenannten
Anonymus post Dionem wie Leon Grammaticus. Zitat: Bleckmann 1992, 198–199
und passim zur »Leoquelle«; Bleckmann 1995, 83–99. Bleckmann 2009a, 73, Anm.
54 mit dem Vorschlag von »Symeonquelle« zu sprechen.

64 Synk. 467, 15–28; vgl. Kettenhofen 1992, 293 mit Überlegungen zum Schiffsraum
und weiterer Literatur.

65 Synk. 467, 16–19; S.H. A. Gall. 13, 6: Inter haec Scythae per Euxinum navigantes Histrum ingressi multa gravia in solo Romano fecerunt. Quibus compertis Gallienus Cleodamum et Athenaeum Byzantios instaurandis urbibus muniendisque praefecit, pugnatumque est circa Pontum, et a Byzantiis ducibus victi sunt barbari. 13, 7: Veneriano item duce navali bello Gothi superati sunt, cum ipse Venerianus militari perit morte. Cyzicus: Synk. 467, 19–20; S.H. A. Gall. 13, 8. Io. Zon. hist. Ann. 12, 26 macht die beiden *duces* zu einer Person und Kleodemos zu einem Athener (Κλεόδημος Ἀθηναῖος ἀνήρ), der auf eigene Faust mit einer lokalen Miliz die Barbaren bekämpft habe. Goltz/Hartmann 2008, 286, Anm. 273 nehmen an, Zonaras habe hier das Motiv des die Verteidigung organisierenden Dexipp. frg. 25 (Martin, 118–123) mit den zeitlich früher anzusetzenden Aktionen der beiden *duces* am Bosporus vermengt. C (K)leodamus: PIR2 C 1144; PLRE 1, 216 (Cleodamus 1); Athenaeus: PIR2 A 1286; PLRE 1, 121 (Athenaeus 1). Venerianus: PLRE 1, 948 (Venerianus), wo bezweifelt wird, dass S.H. A. Gall. 13, 7 zu trauen sei und Venerianus existiert und gekämpft habe. Gerade die hier vorgenommenen Vergleiche zeigen jedoch, dass in einigen Details die S.H. A. zuverlässig ist. Vgl. Kettenhofen 1992, 294–296 mit 295, Anm. 25 (auch Gegenstimmen) und Barnes 1978, 68–71, 111, die der Vita der beiden Gallieni im fraglichen Abschnitt besondere Informationsqualität wohl aus einer griechischen Quelle bescheinigen. Gleichzeitig äußert Kettenhofen a. a. O. 296 Zweifel an Details aus S.H. A. Gall. 13, 6: *circa Pontum* sei sehr unspezifisch, außerdem könnten auch andere Generäle im Spiel gewesen sein. Kotula 1994, 81; Schmidt 1934/1941/1969, 216; Millar 1969, 26–27; Schwarcz 1992, 52 denkt an einen begleitenden Zug zu Land. Wolfram 2009, 62–63 sieht beide Züge (Goten und Heruler) als parallel an.
66 Ägäis: Synk. 467, 20–21, Griechenland/Athen: 20–22; S.H. A. Gall. 13, 8; kurze Erwähnungen, die wenig zur Datierung beitragen können: Zos. 1, 39, 1; Iord. Rom. 287: *Greciam Gothi vastaverunt*; Aur. Vict. Caes. 33, 3; vgl. Kettenhofen 1992, 295–297; Goltz/Hartmann 2008, 286 mit Anm. 274 und weiteren Quellenangaben; Schwarcz 1992, 54. Georg. Kedr. 454, 12–17; FGrH IV 196 = Petr. Patr. 169; Io. Zon. hist. Ann. 12, 26 setzen die Ereignisse in die Regierungszeit des Claudius II. Gothicus, wie oben erwähnt und von Bleckmann 1992, 198–201 erklärt.
67 Zos. 1, 39, 1; Synk. 467, 20–22.
68 Synk. 467, 21: ἕως Ἀθηναῖοι (...) ἐφεδρεύσαντες αὐτοὺς πλείστους ἀνεῖλον; S.H. A. Gall. 13, 8: Atque inde Cyzicum et Asiam, deinceps Achaiam omnem vastarunt et ab Atheniensibus duce Dexippo, scriptore horum temporum, victi sunt. Unde pulsi per Epirum, Macedoniam, Moesiam pervagati sunt. Vgl. Martin 2006, 37–41; Bleckmann 1992, 207–208 und Anm. 179.
69 Dexipp. frg. 25 (Martin, 118–125); Martin 2006, Argumente 37–41 für Dexipp als den Redner; vgl. IG II2 3669 (bei Martin 76–77, Testimonium 4). In dieser Inschrift werden Dexipps Verdienste aufgezählt, seine militärische Führung aber nicht erwähnt. Martin datiert sie an das Ende der Regierungszeit des Claudius. Potter 1990, 73–74, Anm. 18 und Ste. Croix 1983, 654–655, Anm. 42 bezweifeln Dexipps militärische Aktivität und S.H. A. Gall. 13, 8. Das Hauptargument ist, die Taten seien sonst nirgendwo gewürdigt. Vgl. auch Thompson 1959, 60–66; Heather/Matthews 1991, 2–3 und Anm. 5.
70 Dexipp. frg. 26 c (Martin, 124–125), Übersetzung von Gunther Martin.
71 Gruskova/Martin 2014a, 38–39. Gruskova/Martin 2014, 107 mit dem Text von Folio 193 r, 112–113, wo die Herausgeber Jana Gruskova und Gunther Martin 192 v und 193 r noch mit dem Herulereinfall von 267/268 datierten.
72 Speidel 2008, 677–684; Hoffmann 1969/1970, 247–49 und die Anm. 406–409; Southern 2004, 88–90 zur Schlachtenkavallerie.

73 Zos. 1, 43, 1–2; S. H. A. Gall. 13, 9; vgl. Wolfram 2009, 63–64. Zu weiteren aus Inschriften bekannten und gegen die Heruler kämpfenden Einheiten Goltz/Hartmann 2008, 287, Anm. 279.

74 PLRE 1, 618 (Naulobatus); Schwarcz 1992, 53; Schmidt 1934/1941/1969, 216–217 mit Anm. 7.

75 Synk. 467, 24–26: Ein Anführer der Heruler, ὁ τῶν Αἰρούλων ἡγούμενος, ergab sich dem Kaiser Gallienus und wurde mit dem Rang eines Konsuls geehrt, Γαλιηνῷ τῷ βασιλεῖ δοὺς ἑαυτὸν ἔκδοτον ὑπατικῆς ἠξιώθη τιμῆς παρ αὐτοῦ. Vgl. Goltz/Hartmann 2008, 286–287.

76 Demandt 2007, 320, 323; Demandt 1980, 610.

77 S. H. A. Gall. 6, 1; 13, 9–10; Zos. 1, 40, 1; vgl. Goltz/Hartmann 2008, 287 mit Anm. 278; Kotula 1994, 85–86.

78 Synk. 467, 15–16; S. H. A. Gall. 13, 6; vgl. Goltz/Hartmann 2008, 285; Kettenhofen 1992, 293; Kotula 1994, 81.

79 Alföldi 1967, 324–328, 436–438 meinte der oder die Autoren der Historia Augusta hätten einen einzigen Germaneneinfall auf die Viten der beiden Kaiser Gallienus und Claudius verteilt. Tatsächlich ähnelt das Itinerar bei Synk. und in der Vita des Gallienus jenem bei Zos. und der Claudiusvita. So seien nach Alföldi Goten und Heruler gemeinsam eingetroffen, und es habe auch nur eine Entscheidungsschlacht gegeben (Fluss Nestos und Stadt Naïssus/Niš verwechselt). Vgl. die ausführlichen Literaturangaben bei Goltz/Hartmann 2008, 284–285, Anm. 271.

80 Kettenhofen 1992; Kotula 1994, 79–87, 103–110.

81 Zitat: Goltz/Hartmann 2008, 284–285; Bleckmann 1992, 191–201.

82 Zos. 1, 42–46; S. H. A. Claud. 6–12; kurz erwähnt bei Synk. 469, 18–22; Goltz/Hartmann 2008, 284, Anm. 270: Der Bericht geht auf Dexippos zurück. Allgemein dazu Brandt 1999.

83 S. H. A. Claud. 6, 2; 320 000 Mann: 6, 4: *Armatorum denique gentium trecenta viginti milia tunc fuere* [...], auf 2000 Schiffen: 8, 1: *Habuerunt praeterea duo milia navium* [...]. Vgl. Bleckmann 2009, 184 mit berechtigten Zweifeln an der Liste; Pohl 1998, 132.

84 Zos. 1, 42: Um eben dieselbe Zeit vereinigten die übrig gebliebenen Scythen, Σκυθῶν οἱ περιλειφθέντες, Heruler, Peukiner und Goten mit sich, Ἐρούλους καὶ Πεύκας καὶ Γότθους, und sammelten sich am Flusse Tyres (Dnjestr), der sich in das schwarze Meer ergießt. Hier erbauten sie 6000 Schiffe, ναυπηγησάμενοι πλοῖα ἑξακισχίλια, und setzten 320 000 (Mann) hinein, καὶ τούτοις ἐμβιβάσαντες δύο καὶ τριάκοντα μυριάδας. Vgl. Damerau 1934, 68: Übertreibung.

85 Amm. 31, 5, 15; vgl. Heather 1996, 47 und Anm. 35.

86 Amm. 31, 4, 7–8; S. H. A. Claud. 6, 5–6.

87 Hartmann 2008, 297–301.

88 Zos. 1, 45, 1; Hartmann 2008, 304, Anm. 24 mit inschriftlichen Belegen; Kulikowski 2007, 29 und Anm. 17; Wolfram 2009, 65; Schmidt 1934/1941/1969, 216–217 und Anm. 7.

89 Petr. Patr. frg. 8, FGrH 4, 186; PLRE 1, 62 (Andonnoballus).

90 Dexipp. frg. 27 (Martin, 124–125); Zos. 1, 42–46; S. H. A. Claud. 6 –12; vgl. Kettenhofen 1992, 300–304.

91 Zos. 1, 44, 2; Synk. 469, 19–20; vgl. Hartmann 2008, 303.

92 Zos. 1, 45, 1–2; S. H. A. Claud. 11, 3–12; vgl. Hartmann 2008, 303–304; Wolfram 2009, 64–65.

93 Zos. 1, 46: In die Tagmata, der Römer eingereiht, ἢ τάγμασιν Ῥωμαίων συνηριθμήθησαν, oder mit Land versorgt, ἢ γῆν λαβόντες, mit dessen Bewirtschaftung sie gänzlich beschäftigt waren, εἰς γεωργίαν ταύτῃ προσεκαρτέρησαν. Vgl. Wolfram 2009, 65.

4   »Westheruler« als Piraten und römische Soldaten im 4. Jahrhundert

1 Paneg. Lat. 11, 2, 5; vgl. Hoffmann 1969/1970, 1, 156–57; Rappaport 1898, 1152; Schmidt 1934/1941/1969, 558; Zeuss 1837/1925, 479.

2 Alföldi 1959.

3 Colombo 2008, 124–161; Schmitt 2001/20014; Speidel 1996, 163–170; Mannstärke: Jones 1964, 2, 682.

4 Not. dign. occ. 5, 162; 7, 13. Zu den die Herulereinheit betreffenden Inschriften vgl. Hoffmann 1969/1970, 77–79 und 88–91; Rappaport 1898, 1152–1153. Ebenso Hoffmann 1969/1970, 2, 272 (Index). Fiebiger/Schmidt 1917, 1, 142–144, Nr. 291–294: Flavius Hariso, Flavius Sindi(l)a, Flavius Batemodus, Cunthia; Fiebiger 1939, 2, 44, Nr. 69: *Gunthia et Flavius Silvimar[us]*, alle *de numero Erulorum (seniorum)*.

5 Brennan 1996, 147–178; Brennan 1998, 34–49; Kulikowski 2000a, 358–377, 376. Ein Überblick zu den Diskussionen zur Not. dign. occ. bei Demandt 2007, 305 und Anm. 9; Demougeot 1975, 1079–1134. Schätzungen zur Stärke des Heeres: Jones 1964, 2, 683; Elton 1996, 272; Stein 1928, 107.

6 Zuckerman 1998, 147; Jones 1964, 3, 347–380; Hoffmann 1969/1970 1, 25–53.

7 Modéran 1989, 821–872; Modéran 2006a, 63–64.

8 Amm. 20, 1, 3; 20, 4, 2; 27, 1, 6; 27, 8, 7. Vgl. Hoffmann 1969/1970, 156–58.

9 Iord. Get. 116–118: *gens quantum velox, eo amplius superbissima*.

10 Amm. 25, 10, 9; vgl. zu den *protectores* und *domestici* Diesner 1968, 1114–1123; Jones 1964, 2, 602–605, 636–640; Seeck 1905, 1296–1299.

11 Zos. 3, 8–9; Bringmann 2004, 52–59; Hunt 1998, 50–51.

12 Amm. 20, 1, 3.

13 Amm. 20, 4, 1–2; Rappaport 1898, 1153; Schmidt 1934/1941/1969, 559.

14 Amm. 27, 1, 6; Zos. 4, 9 hat eine ähnliche Version, erwähnt aber nur die Bataver.

15 Amm. 17, 10, 5; vgl. PLRE 1, 200 (Charietto 1); Waas 1971, 80–82. Ein Namensvetter war magister militum und kämpfte um 390 in Gallien gegen die Franken. Greg. Tur. Franc. 2, 9; vgl. PLRE 1, 200 (Charietto 2); Welwei/Meier 2003, 41, 43 und Anm. 1.

16 Liebeschuetz 2003, 177–218; Ridley 1972, 277–302; Goffart 1971, 412–441.

17 Zos. 3, 7, 1–4 (Übersetzung nach Otto Veh): Es lebte ein gewisser Mann, der an Leibesgröße alle anderen übertraf, ἀνὴρ μέγεθος σώματος ὑπὲρ τοὺς ἄλλους ἅπαντας ἔχων (...). Obwohl von Abstammung her ein Barbar, τούτῳ βαρβάρῳ τὸ γένος, (...), kam er (...) zu den Kelten, die den Römern unterstanden, πρὸς τοὺς ὑπὸ Ῥωμαίοις Κελτούς. Barbaren von jenseits des Rheins: οἱ ὑπὲρ τὸν Ῥῆνον βάρβαροι.

18 Zos. 3, 7, 1–4.

19 Kolník/Hofeneder/Neumann 2003, passim und 635. Vielleicht dachte Zos. an Constantius II. und seine Kämpfe mit den Quaden in Pannonien.

20 Zos. 3, 7, 6; 3, 1, 1: Sachsen; vgl. Veh/Rebenich 1990, 318, Anm. 11; Paschoud 2000, II, 76, Anm. 15. Welwei/Meier 2003, 42 und Anm. 4 argumentieren mit Eun. frg. 18, 3–6 (Blockley) und Amm. 17, 8, 5 für Chamaven.

21 Augsburger Inschrift: Bakker 1996; Bakker 1993; mobile kleine Gruppen: Drinkwater 1998, 27–32; 273.

22 Io. Zon. hist. Ann. 13, 5 ,10–13; Zos. 2, 41, 2; Sokr. hist. eccl. 2, 13, 4; vgl. Bleckmann 2003, 225–250; Welwei/Meier 2003, 43; Demandt 2007, 82.

23 Nuber 1998, 379–381; Schmitz 1997, 177–202; Geuenich 2005, 45–52.

24 Liebeschuetz 2003, 179–184; Goulet 1980, 60–72; zur Überlieferung: Ochoa 1990.

25 Sacks 1986, 52–67.
26 Eun. frg. 18, 3–5: eindrucksvolle Körpergröße: τό σῶμα γιγαντώδης, großer Mut: τὸν
    θυμὸν θηριώδες; vgl. Welwei/Meier 2003, 43–44.
27 Welwei/Meier 2003, 44.
28 Hier. epist. 123: […] quod Oceano Rhenoque concluditur, Quadus, Vandalus, Sarma-
    ta, Halani, Gypedes, Heruli, Saxones, Burgundiones, Alamanni […] vastaverunt. Vgl.
    Lotter 2003, 90 und Anm. 313.
29 Hyd. chron. 171. Vgl. zu Leben und Werk des Hydatius zuletzt Börm 2014.
30 Hyd. chron. 194: Eruli maritima conventus Lucensis loca nonnulla crudelissime inva-
    dunt ad Baeticam pertendentes.
31 Rappaport 1898, 1152–1155; Schmidt, 1934/1941/1969, 548–564: »Ostheruler;
    Westheruler«.
32 Grosses vollständiges Universallexikon aller Wissenschaften und Künste 12, ed. Jo-
    hann Heinrich Zedler (Leipzig/ Halle, 1745), 1851, s. v. Heruli oder Eruli, Aeruli,
    Heluri.
33 Schmidt 1934/1941/1969, 559–561.
34 Cassiod. var. 3, 3; vgl. Barnish 1992, 47–48: »the Heruli and Warni were probably
    the western branches of those tribes, between the lower Rhine and Elbe.« Wessén
    1927, 86 nimmt gleich an, die Briefe seien an einen herulischen König in Skandina-
    vien adressiert. Vgl. die kritische Diskussion Goffart 2006, 206 und Anm. 93–96.
35 Cassiod. var. 4.2; vgl. Neumann/Taylor 1999, 470–471.
36 Sidon. Apoll. epist. 8, 9: Hic glaucis Herulus genis vagatur, imos Oceani colens reces-
    sus algoso prope concolor profundo. Vgl. Mathisen 2011, 17–32.
37 Rappaport 1898, 1153–1154; Schmidt 1934/1941/1969, 560; Schwarcz 2005, 508.

5   Das »Barbarenland« im 4. Jahrhundert

1 International Congress on Medieval Studies, Kalamazoo 2005 in der Session »Neglected Barbarians«.
2 Pohl 2005, 42.
3 Not. dign. laterc. Veron. 12, 21: Gentes barbarae, quae pullulaverunt sub imperatoribus: Scoti, Picti, Caledonii, Rugi, Heruli, Saxones, Chamavi, †Crinsiani†, Amsivari,
   Angrivari, Flevi, Bructeri, Chatti, Burgundiones, Alamanni, Suebi, Franci, †Gallovari†,
   Iuthungi, Armilausini, Marcomanni, Quadi, Taifali, Hermunduri, Vandali, Sarmatae,
   Sciri, Carpi, Scythae, Gothi, †Indii†, Armenii. Vgl. Demandt 2007, 321. Die *Armilausini* könnten eine Truppengattung mit einem speziellen ärmellosen Waffenhemd sein.
   Kramer 2011, 39–41 mit den Belegen für die *Armilausini* und das *armilausion*: Iul.
   Hon. geogr. 40, 6: *Armilausini gens*; Cosmogr. geogr. Ravenn. 84, 23; P. Münch. III,
   142, 3: rotes Armilausion; P. Mich. XIV, 684, 11: grünes *Armilausion*.
4 Iulius Honorius, Cosmographia 26 (Riese, 84): Oceanus occidentalis habet gentes: Gip-
   pidas […] Herulos […] Rugos. Es handelt sich um eine späte Rezension, vgl. Herrmann
   1988–1992, 3, 400, 553, 644–645.
5 Heather 1998, 97–98: »and Heruli certainly reappeared with a bang after the crash of
   the Hunnic Empire in the mid-fifth century. » Heather verwendete den Begriff der »disappearing and reappearing tribes«, zu denen eben auch die Heruler und Rugier zu
   zählen seien.
6 Zos. 1, 31 erwähnt den König; vgl. Brandis 1897, 785–786.

 7 (SEG) 48, 993: + ἐπὶ Τιβερίου Ἰουλίου Δοιπτούν[ου] / βασιλ(έως) εὐσεβοῦς, φιλοκέσαρος καὶ / φιλορωμέου [...]. Gajdukevič 1971, 517 nimmt an, Douptounos sei als byzantinischer Verwalter um 620 eingesetzt worden. Vinogradov 1998/1999, 245–269 datiert dagegen auf 483.
 8 Kulakowsky 1894, 309–328.
 9 Coumert 2007, 45–102, 125–144; Goffart 2006, 56–72; Goffart 1988, 20–111.
10 Kniva: Wolfram 2000, 34–37.
11 Iord. Get. 117; vgl. Wenskus 1973, 129. Wie viele vor und nach ihm machte Schmidt 1934/1941/1969, 335 den Alarich bei Iord. zu einem König und folgert, Ermanarich habe ein Herulerreich erobert.
12 Iord. Get. 116–118.
13 Dexipp. frg. 18 (Martin, 106–107).
14 Goffart 1988, 62 und Anm. 208; Wolfram 2009, 381, Anm. 36; Wagner 1967, 62–68; Theodor Mommsen, Prooemium, MGH Auct. Ant. 5, 37–39.
15 Iord. Get. 28, 82 und 117: Nam praedicta gens, Ablavio istorico referente, iuxta Meotida palude inhabitans in locis stagnantibus, quas Greci ele vocant, Eluri nominati sunt.
16 Curta 1999, 321–340; Curta 2001, 39–43; Steinacher 2004a, 329 und Anm. 3.
17 Iord. Get. 119–120.
18 Ellegård 1987, 26: »Jordanes raised [Ermanarich] into a mythical figure that has borrowed several characteristics from Attila.«
19 Amm. 31, 3, 1–2: Eisque adiuti confidentius Ermenrichi late patentes et uberes pagos repentino impetu perruperunt, bellicosissimi regis et per multa variaque fortiter facta vicinis nationibus formidati. Vgl. Beck/Wolfram 1989, 510; Kulikowski 2007, 111–112.
20 Kulikowski 2007, 111–112.
21 Maenchen-Helfen 1973, 19–20; Beck/Wolfram 1989, 511–12.
22 Beck/Wolfram 1989, 512–515; Goffart 2006, 79 und Anm. 283.
23 Šafařšik 1844, 1, 428: »Nicht grundlos vermutet man, dass Jordanis die Thaten der Gothen, namentlich Ermanarich's, unverschämt übertrieben, ja dass seine ganze Geschichte von dem unermesslichen Reiche Ermanarich's auf Irrthum oder Lüge beruhe.« Vgl. auch Wietersheim 1859–1864, 4, 8–12. Gebhardi 1790, 34–37 war vorsichtiger und gab nur den Bericht des Jordanes wieder.
24 Iord. Get. 129; vgl. Maenchen-Helfen 1973, 17 und Anm. 23.
25 Wolfram 2009, 97–98.
26 Castritius/Neumann 2003, 356–357.
27 Heather 1995, 37 und passim; Halsall 2005, 47.
28 Sidon. Apoll. epist. 7, 12; 8, 15; carm. 7, 3, 19–322; vgl. Wolfram 2009, 259 und Anm. 1; Schmidt 1934/1941/1969, 473.
29 Amm. 31, 3, 1.
30 Amm. 31, 2, 1–12; vgl. Maenchen-Helfen 1973, 1–15; Matthews 1989, 332–342; kritisch dazu Halsall 2007, 171–173; Rosen 2016, 35–43.
31 Iord. Get. 248.
32 Amm. 31, 3, 3; 4, 12; 5, 3–4; 8, 4; 12, 12; Iord. Get. 246–249; vgl. Wolfram 2009, 250–252 und 469, Anm. 24–25; Brodka 2009a, 265–280.
33 Wenskus 1961/1977, 473–474.
34 Wolfram 2005, 114–138.
35 Amm. 31, 3, 4–8; 4, 1–12; vgl. Wolfram 2009, 79–84.
36 Bóna 1991, 12.
37 Halsall 2007, 171; Rosen 2016, 7–15 zu Hunnenmetaphern in der neuesten Geschichte.

38 Vgl. zur Problematik dieser hunnischen »Vorgeschichte« Stickler 2007, 24–28; Anke/
    Pohl 2000, 246–248, 256–257; Pohl 2005, 103–104 und die dortigen Anm; Schottky
    2004, 577 definiert »Hunnen« als »collective term for horsemen of various origins
    leading a nomadic or semi-nomadic lifestyle«.
39 Stickler 2007, 24–27; Haussig 1992, 140–142.
40 Altheim 1959–1962, 1, 280–302.
41 Anke/Pohl 2000, 253–257; Stickler 2002, 96–124; Wirth 1999, 9–25, 123–130; zen-
    trale Rolle der *logades*: Wirth 1967, 65–66 und Anm. 120.
42 Wolfram 1998, 139; Maenchen-Helfen 1973, 137–42.
43 Pohl 1992, 202.
44 Wolfram 1989, 243.
45 Pohl 2002, 2, 205 am Beispiel der Awaren.
46 Rosen 2016, 77–81; vgl. auch allgemein Berndt 2013.
47 Pohl 1992, 202; Pohl 2002, 208 für die Awaren.
48 Stickler 2002, 86–87.
49 Geary 2002, 109–113.
50 Rosen 2016, 148–184 mit einer Zusammenfassung der Berichte des Priskos aus dem
    Fragment 11 (Blockley, 243–281).
51 Pohl 1998, 132.
52 Iord. Get. 251.
53 Pohl 1998, 133; Pohl 1980, 254–257; Wolfram 2009, 251–258; Heather 1996, 113–
    116.
54 Hier. epist. 123. Ausführliche Diskussion bei Steinacher 2016, 52–57; Rebenich
    1992, 285–289.
55 Ähnliche Völkerkataloge in S.H.A. Aurelian 33–34; Sidon. Apoll. epist. 8, 9; carm. 5,
    474–480. Vgl. Lotter 2003, 32 und Anm. 100; Mathisen 2011, 17–32 spricht von
    einer regelrechten »cataloguing tradition« in der römischen Literatur. Vgl. dort die
    Vergleichsbeispiele und 25 zu Hier. epist. 123.
56 Vgl. zum komplexen Suebenbegriff: Ptol. 2, 11, 6–9, der *Sueboi Langobardoi* am
    Rhein, *Sueboi Semnones* an der Elbe und *Sueboi Angiloi* dazwischen erwähnt. *Sueboi*
    wurde wie Germanen als Überbegriff verwendet. Vgl. Castritius/Rübekeil/Scharf 2005,
    184–212; Wolfram 2005, 26 und Anm. 64, 58, 175, 208, 233, 265; Pohl 2000, 90–
    92; Beck/Capelle/Kroeschell/Maier/Müller/Roth/Seebold/Steuer/Timpe 1998, 197–200;
    Rübekeil 1992; Krüger/Autorenkollektiv 1979/1983, 1, 45–49, 216–219.
57 Amm. 20, 1, 3; 20, 4, 1–2; vgl. Steinacher 2010, 326–330; Rappaport 1898, 1153;
    Schmidt 1934/1941/1969, 559.
58 Drinkwater 1992, 208–218; Pohl 2002, 123 für den Balkanraum und die Skamaren;
    Szadeczky-Kardoss 1968, 346–354; Czúth 1965.
59 Burns 1994, 205–206; Courcelle 1964, 85; Lotter 2003, 32–34 und Anm. 100 und
    108, 161; Goffart 2006, 80–82; Alföldi 1924/1926 2, 70; Stein 1928, 381, 382,
    Anm. 1: »Raubscharen pannonischer Bauern,« die aber »Römer« sind.

6   Heruler, Rugier und Gepiden unter hunnischer Herrschaft (406–454/455)

1   Iord. Get. 264.

2   Fitz 1993–1995, 2–3, 371–1174; Haensch 1997, 349–353 mit Anm. 155, 693–699.

3   Not. dign. laterc. Veron. 6; Not. dign. occ. 2, 28–34; vgl. Bratož 2003, 473 (neue Struktur entweder 296 oder 299, die Namen kommen erst in den folgenden Jahrzehnten vermehrt in Gebrauch); Fitz 1993–1995, 3, 1175–1314 mit umfangreichen Quellenbelegen; Mócsy 1974, 273; Dobó 1968.

4   Not. dig. or. 3, 4–6; occ. 2, 7; vgl. Fitz 1993–1995, 3, 1195; Jones 1964, 1, 373; Demougeot 1981, 229–253.

5   Not. dign. occ. 7, 40; mag. milit. per Illyricum: Not. dign. or. 9, 17; vgl. Fitz 1993–1995, 3, 1316.

6   Vgl. die Liste pannonischer *coloniae* und *municipia* bei Šašel 1989, 62–63.

7   Lichtenberger 2011, 156–158; Mócsy 1974, 442 (Index).

8   Amm. 30, 6, 1–2; vgl. Mócsy 1974, 294–296.

9   Wolfram 2009, 125–138 (Adrianopel und Vorgeschichte), 138–139 (Dreivölkergruppe in Pannonien angesiedelt); Fitz 1993–1995, 3, 1324.

10 Marcell. chron. s. a. 427, MGH Auct. Ant. 11, 76; vgl. Stickler 2002, 42–44, 106–107; Alföldi 1924/1926, 2, 92–95 mit weiteren Erklärungen. Die Nachricht könnte sich auch auf Verhandlungen zwischen Ravenna und Konstantinopel beziehen.

11 Fitz 1993–1995, 3, 1315–1406 mit Listen der Prätorianerpräfekten, Heermeister und der italischen *comites*.

12 Wolfram 1995a, 103–105 und Anm. 1–14; Hoffmann 1969/1970, 2, 207–215.

13 Stickler 2002, 20–25.

14 Olymp. frg. 43 (Blockley, 206–209); Prok. Kais. hist. 3, 3, 4–13; Börm 2013, 64–67; Matthews 1975, 377–388; Matthews 1970, 82–90; Heather 2005, 260; Gillett 1993, 28–29.

15 Olymp. frg. 43, 2 (Blockley, 206–209); Hyd. chron. 84 (s. a. 425); Prosper chron. 1286 (s. a. 424), 1294 (s. a. 427); Greg. Tur. Franc. 2, 8; Prok. Kais. hist. 3, 3, 5; Theoph. Conf. a. m. 5915; Chron. Gall. 452, 92 (s. a. 423), MGH Auct. ant. 9, 658. Vgl. PLRE 2, 461–462 (Felix 14); Heather 2005, 260–262; Stein 1928, 427–430, 473–474; Stickler 2002, 27–35.

16 Prosper chron. 1303 (s. a. 430); Hyd. chron. 94 (s. a. 430); Marcell. chron. s. a. 430, MGH Auct. Ant. 11, 77; vgl. Stickler 2002, 48–50.

17 Hyd. chron. 93, 95 (s. a. 430); Sidon. Apoll. carm. 7, 233–240; Stickler 2002, 188–198; Wolfram 1995, 33.

18 Prosper chron. 1310 (s. a. 432); Hyd. chron. 99, 104 (s. a. 432, 434); Addit. Prosp. Havn. chron. s. a. 432, MGH Auct. ant. 9, 301; Chron. Gall. 452, 109–115 (s. a. 432–434), MGH Auct. ant. 9, 658, 660; Marcell. chron. s. a. 432, MGH Auct. Ant. 11, 78; Chron. Gall. 511, 587, MGH Auct. ant. 9, 659; Stein 1928, 477–479; Stickler 2002, 55–56; Scharf 1989, 146–147; Zecchini 1983, 160–161 und Anm. 74, 77; Demandt 1970, 654–657.

19 Prosper 1310 a. 432; Stickler 2002, 112–116; Wolfram 1995a, 103–104 mit Anm. 5–7; Maenchen-Helfen 1973, 67–69.

20 Priskos frg. 5 (Blockley, 228–229): Ῥούβοι dürfte eine Verschreibung sein. Vgl. Schmidt 1934/1941/1969, 119.

21 Sidon. carm. 7, 230–240; vgl. Lakatos 1978, 58.

22 Börm 2013, 86–89.

23 Sidon. carm. 7, 321; Schmidt 1934/1941/1969, 119.
24 Iord. Get. 185–218; Greg. Tur. Franc. 2, 6–8; Barnish 1992, 38–48; Stickler 2002, 135–145 und Anm. 717.

7   Nedao – Das Ende der hunnischen Vormachtstellung (454/455)

1 Hyd. chron. 154 (s. a. 453), MGH Auct. ant. 11, 26–27; Maenchen-Helfen 1973, 143.
2 Iord. Get. 225; Priskos frg. 23, 1 und 3 (Blockley, 315–316); Pohl 1980, 253.
3 Der Chronist Johannes Malalas berichtet, der Heermeister habe die Tat durch einen bestochenen Leibwächter ausführen lassen; Io. Mal. chron. 14, 10. Gut bezeugt ist, dass die Römer bereits 449 einen Anschlag geplant hatten.
4 Iord. Get. 257: Hunnorum rex Attila [...] qui inaudita ante se potentia solus Scythica et Germanica regna possedit [...]; Rosen 2016, 226–229, vgl. dort auch die Überlegungen zu den Umständen des Todes. Maenchen-Helfen 1973, 200–203 versucht, die Begräbnisrituale vergleichend einzuordnen.
5 Iord. Get. 258; Rosen 2016, 229–230, 294, Anm. 12–14; Bóna 1991, 203–206.
6 Iord. Get. 158; Wolfram 2009, 167 und Anm. 83 betont ebenso den topischen Charakter des Berichts und verweist auf Cass. Dio 68, 14, 4; Goffart 1988, 425; Platen 1853, 126.
7 Ellak, Ernak, Dengizich/Dintzic: Iord. Get. 266, 272; Priskos frg. 11, 2 und 46 (Blockley, 259, 353). Dass Giesmos ein Sohn Attilas war, erschließt sich nur indirekt. Dessen Sohn war nach Theoph. Conf. a. m. 6032 und Georg. Kedr. 1, 652 der Gepide Mundus/Mundo/Moundos. Iord. Get. 301 berichtet nun, Mundus stamme aus Attilas Sippe. Vgl. PLRE 3 B, 903–905 (Mundus); Thompson/Heather 1996, 170; Pohl 1980, 290–291.
8 Iord. Get. 259–261 mit dem ausführlichsten Bericht, daneben Prosper chron. 1370 (s. a. 435), MGH Auct. ant. 9, 482–483; Vict. Tonn. s. a. 453, 2 MGH Auct. ant. 11, 185; Paulus Diaconus hist. Rom. 15, 11 (hier allerdings der Gote Valamir als Führer der Aufständischen) und Iord. Rom. 386–387. Vgl. zur Schlacht und der Debatte um die Lokalisierung des Flusses Castritius 2002, 49–51; Lotter 2003, 103, Anm. 367; Heather 1996, 124–129; Schwarcz 1992, 50; Várady 1969, 324–330; Altheim 1959–1962, 5, 336–341; Schmidt 1934/1941/1969, 269. Die Datierung des Tages am Nedao ist ebenso umstritten. 454/455 scheint die wahrscheinlichste Variante: Jin Kim 2013, 114; Wolfram 2009, 259; Pohl 1980, 260; Maenchen-Helfen 1973, 144–147. Für eine Datierung auf 453 plädiert jedoch Wirth 1999, 113; Heather 1991, 246.
9 Iord. Get. 261.
10 Pohl 1980, 252–263 mit einer Analyse des Schlachtberichts bei Iord. und einem Forschungsüberblick; Várady 1969, 324–328; contra Castritius 2002, 50.
11 Iord. Get. 262–264.
12 Iord. Get. 265–266; Wolfram 2009, 260–261, 474, Anm. 15; Pohl 1980, 261–262; Altheim 1959–1962, 4, 338–345; Schmidt 1934/1941/1969, 98, 119 (Rugier und Zenon), 271; Maenchen-Helfen 1973, 149–155 (die beiden Hunnengruppen seien innerhalb der Reichsgrenzen geblieben), 441 (Sadagarii/Sadages); Vertrag mit den Goten: Andrić 2002; Várady 1969, 331–332; Candac: Alemany 2000, 137, 167.
13 Pohl 2005, 127.

8   Das »System Nedao« (455–469)

1   Wolfram 2009, 261.
2   Iord. 263; vgl. Wiemer 2013, 597–601; Pohl 1980, 261.
3   Sidon. carm. 7, 589–593 (*revocatio Pannoniarum*); Wolfram 2009, 261, 474, Anm. 14; Stickler 2002, 151 und Anm. 813; Stein 1928, 544–545.
4   Iord. Get. 268–271; Wolfram 2009, 262 und 475, Anm. 18 (Zahl der gotischen Krieger); Maenchen-Helfen 1973, 152–161, 180–186 (Summen der Jahrgelder an die Hunnen); Várady 1969, 336–337.
5   Iord. Get. 270; Wolfram 2009, 261, 474, Anm. 12; Wolfram 2003, 419; Demandt 1970, 769–771, 775–777; Enßlin 1959, 12; Stein 1949, 10–15.
6   Pohl 1980, 264.
7   Siebigs 2010, 1, 191–273, 2, 657–681; zum Datum der Erhebung Maiorians und Leos Haltung 2, 790–801.
8   Siebigs 2010, 2, 790–801.
9   Sidon. carm. 5, 388–455, 471–552; Priskos frg. 36, 1–2 (Blockley, 338); vgl. Wolfram 2009, 264, 476, Anm. 33; Steinacher 2016, 214–215; Miltner 1955, 325; Lotter 2003, 107–108; Maenchen-Helfen 1973, 161–162.
10   Hyd. chron. 192, 197 (s. a. 458, 459); Seeck 1920, 341–347; Stein 1928, 558–562.
11   Schmidt 1942, 85; Miltner 1955, 325.
12   Priskos frg. 36, 1–2 (Blockley, 338–339); Hyd. chron. 200 (s. a. 460); Prok. Kais. hist. 3, 7, 11–14; vgl. Steinacher 2016, 214–215; Merrills/Miles 2010, 119–121.
13   Fasti Vind. priores 588, MGH Auct. ant. 9, 305; Hyd. chron. 210 (s. a. 461); Priskos frg. 36, 2 (Blockley, 338–339); Börm 2013, 102–107; Stein 1928, 562.
14   Goffart 2006, 112–113.
15   Amory 1997, 86–108; Halsall 2007, 468–469.
16   Hyd. chron. 161 (s. a. 444): His gestis legatos Valentinianus mittit ad gentes, ex quibus ad Suevos venit Iustinianus. Vict. Vit. 1, 24; Vgl. Clover 1966, 134; Stein 1928, 518.
17   Io. Ant. frg. 201, 4–5 (Müller); 224, 3 (Mariev, 408); Priskos frg. 30, 1 und 3 (Blockley, 328–333); Iord. Rom. 334 und Marcell. chron. s. a. 455, MGH Auct. Ant. 11, 86: *Aetii satellites*; Hyd. chron. 162 (s. a. 455); Georg. Kedr. 1, 605; Euagrios 2, 7; vgl. PLRE 2, 810 (Optila); PLRE 2, 1117–1118 (Thraustila); Steinacher 2016, 193–194; Stickler 2002, 81–83.
18   Henning 1999, 28–32 und Anm. 9; PLRE 2, 749–751 (Maximus 22).
19   PLRE 2, 1124–1125 (Trapstila); Wolfram 2009, 280: Thraustila-Trapstila; Schönfeld 1911, 237.
20   Addit. Prosp. Havn. chron. s. a. 455, MGH Auct. ant. 9, 303: Bucellarier und Schwiegersohn des Aëtius: Aetii bucillario simulque veniente Trasilane genero Aetii insperatis (…).
21   Io. Ant. frg. 201, 4 (Müller); 224, 3 (Mariev, 408): Ἐντεῦθεν ὁ Μάξιμος ἀμφοτέρων διαμαρτὼν ἐχαλέπαινεν, καὶ τὸν Ὀπτήλαν καὶ Θραυστήλαν μεταπεμψάμενος, ἄνδρας Σκύθας καὶ κατὰ πόλεμον ἀρίστους, σὺν Ἀετίῳ δὲ στρατευσαμένους, καὶ Βαλεντινιανῷ προσοικειωθέντας.
22   Io. Ant. frg. 201, 5 (Müller); 224, 4 (Mariev, 408–410): Ἡμερῶν δὲ διαγενομένων οὐ πολλῶν, ἐδόκει τῷ Βαλεντινιανῷ ἱππασθῆναι κατὰ τὸ Ἄρεος πεδίον, ὀλίγοις ἅμα δορυφόροις, καὶ τοῖς περὶ τὸν Ὀπτήλαν καὶ Θραυστήλαν.
23   Priskos frg. 30, 1 (Blockley, 330–331); Steinacher 2016, 192–206; Stickler 2002, 70–83.
24   Io. Mal. chron. 14, 26; vgl. Börm 2013, 97–99.

25 Priskos frg. 53, 3 (Blockley, 363–367); Prok. Kais. hist. 3, 6, 7–8; 177–191; Kulikowski 2002a; Kislinger 2014; PLRE 2, 708–710 (Marcellinus 6); MacGeorge 2002, 15–68.
26 Io. Ant. frg. 211, 4 (Müller, 619); 303 (Roberto, 516): Θραυστήλας στρατηγικὴν ἀξίωσιν ἔχων: Entweder ist ein militärisches Kommando ohne genauere Bezeichnung gemeint, ein Ehrentitel oder Thraustila war mag. mil. vacans. Dionysius wird als ὕπαρχος τῆς αὐλῆς, praef. pratorio angesprochen. Vgl. PLRE 2, 1118 (Thraustila 2); PLRE 2, 397 (Epinicus); PLRE 2, 365 (Dionysius 10).
27 PLRE 2, 767–768 (Mundo) und PLRE 3b, 903–905 (Mundus); Croke 1982, 125–135.
28 Ihm 1910, 1231:»Nach Attilas Tode befreite Ardaricus sein Volk vom hunnischen Joch und führte es in die Sitze, aus welchen er die asiatischen Fremdlinge vertrieben hatte.«
29 Pohl 1980, 268–269, 295–296.
30 Iord. Get. 33–34: In qua Scythia prima ab occidente gens residet Gepidarum [...]. Iord. Get. 73: Haec Gotia, quam Daciam appellavere maiores, quae nunc, ut diximus, Gepidia dicitur [...]. Cosmogr. geogr. Ravenn. 1, 12; 4, 14: *Gipidia*. Iord. Get. 264: Die Gepiden erhalten *annua sollemnia* von Konstantinopel. Vgl. Wolfram 2009, 33, 260, 473, Anm. 4.
31 Quast 2017; Quast/Vida 2017.
32 Tóth/Nagy 1998, 119–120 und die Literaturverweise 128–131; Bóna 1976.
33 V. Rummel 2007, 368–375 mit weiterer Literatur.
34 Quast 2011, 121–144 mit Vergleichen und überregionaler Einordnung; Wieczorek/Périn 2001, 56, 147–165; Horedt/Protase 1972, 174–220; Tóth/Nagy 1998, 122 und Literatur 128–131.
35 Quast 2001, 431–452: Beziehungen zu Byzanz sind nach Quast im 5. Jahrhundert durch mehrere Funde hoher Qualität belegt, während im 6. Jahrhundert einfache Massenware dominiere.
36 V. Rummel 2007, 376–406.
37 Tóth 2006; Tóth/Nagy 1998, 122–131; allgemein zu Reihengräberfeldern: Halsall 2008, 103–118; Fehr 2008, 67–102.
38 Hdt. 4, 21, 110–117; Ptol. 3, 5, 5–9; Mela 3, 25, 33; vgl. Eggers/Ioniţă 2004, 504.
39 Tac. Germ. 46; Amm. 17, 12, 1; vgl. Eggers/Ioniţă 2004, 504–506; Brzezinski/Mielczarek/Embleton 2002; Dittrich 1984, 86–90; Sulimirski 1970, 128–131; Sarmaticus: McCormick 1986, 41, 113, 115; Kneißl 1969, 206–209, 248; Bastarnen: Beck/Capelle/Kroeschell/Maier/Müller/Roth/Seebold/Steuer/Timpe 1998, 295, 321, 374; Wenskus 1976, 88–90.
40 Iord. Get. 277, 282; vgl. Pohl 1980, 276–277.
41 Bóna 1971, 277.
42 Zitat: Kiss 1983, 99 und zur Verortung des skirischen Gebiets 95–101.
43 Kiss 1983; Lotter 2003, 102; Lotter 1985, 30.
44 Priskos frg. 45 (Blockley, 352); vgl. Castritius 2005, 644.
45 Iord. Get. 273, 280.
46 Castritius/Rübekeil/Scharf 2005, 184–212; Lotter 2003, 99–102; Keller 1989, 89–111; Rübekeil 1992; Lund 1989; Peschel 1978.
47 Pohl 1980, 273 mit Anm. 105, 274–276 mit der Lokalisierung in der Südslowakei. Lotter 2003, 102 und ähnlich Lotter 1968, 275–298 plädiert mit Bóna 1964 und Kiss 1979 für den Saveraum.
48 Priskos frg. 46 (Blockley, 352); Maenchen-Helfen 1973, 166.
49 Sidon. carm. 2, 223–229; Demandt 1970, 777.
50 Priskos frg. 48 (Blockley, 354): ὁ δὲ Δεγγιζὶχ (...) παρὰ δὲ τὸν βασιλέα τοὺς διαλεξομένους ἔστελλεν, ὡς, εἰ μὴ γῆν καὶ χρήματα αὐτῷ τε καὶ τῷ ἑπομένῳ δοίη στρατῷ, πόλεμον ἐπάξει.

51 Iord. Get. 272–273.
52 Marcell. chron. s. a. 469, MGH Auct. ant. 11, 90.
53 Iord. Get. 273–276: Gothi vero tam regis sui mortem quam suam iniuriam a rebellio-
   nibus exigentes ita sunt proeliati, ut pene de gente Scirorum nisi qui nomen ipsud fer-
   rent, et hi cum dedecore, non remansissent: sic omnes extincti sunt.
54 Iord. Get. 244; vgl. Wolfram 2009, 265.
55 Iord. Get. 277–279; Wolfram 2009, 265; Lotter 2003, 111–112; Lotter 1985, 38–40;
   Pohl 1980, 266.
56 Iord. Get. 280–282; Wolfram 2009, 267; Lotter 2003, 109–112.
57 Iord. Get. 281; Eugipp. V. Sev. 22, 4–5; vgl. Wolfram 2009, 146, 423, Anm. 3 (Topos der zugefrorenen Donau), 267 und 477, Anm. 49; Pohl 1980, 266–267; Lotter
   1968, 291–293 (Hunimund bei Iord. und in der Vita Severini); PLRE 2, 574 (Huni-
   mundus).
58 Io. Mal. chron. 14, 10.
59 Iord. Get. 283; Malch. frg. 2 (Blockley, 408); vgl. Wolfram 2009, 267–270: »armer
   Verwandter«; Lotter 2003, 114–118 mit anderer Chronologie; Pohl 1980, 267.
60 Iord. Get. 266; Io. Ant. frg. 214, 4 (Müller); 237, 4 (Mariev, 436); vgl. Rappaport
   1914, 1215; PLRE 2, 549 (Herminericus).
61 Eugipp. V. Sev. 8, 2; 31, 3 und 33; vgl. Wolfram 1995, 53; PLRE 2, 457 (*Feletheus
   qui et Feba*).
62 Tejral 1990, 9–88.
63 Stuppner 2008, 427–456.
64 Amm. 29, 6, 2; vgl. Stuppner 2008, 452–454.
65 Lotter 1976; Lotter 1968, 309–338; Bratož 1983.
66 Wolff 1983, 298–318; Wolff 1982, 24–51.
67 Wood 2001, 41–52; Dickerhof 1983, 3–36.
68 Goffart 2001, 33–40.
69 Diesenberger 2001, 77–98.
70 Eugipp. V. Sev. 1, 4: Barbaren in Comagenis, die mit den Römern ein Födus geschlossen hatten, *qui cum Romanis foedus inierant*, bewachten die Stadt gut.
71 Sidon. carm. 2, 377; vgl. Wolfram 2009, 262, 264 mit Anm. 16 und 18; Lotter 1976,
   73–76.
72 Wolfram 2009, 265–267; Wolfram 1995, 53–55; Pohl 1980, 268–269, 278–279.
73 Brennecke 2008, 129, 137; Schäferdiek 1996; Mathisen 1999, 173–196.
74 Eugipp. V. Sev. 33; 42; vgl. Pohl 1980, 278–279.
75 Eugipp. V. Sev. 31, 1.
76 Eugipp. V. Sev. 31, 1 und 2; 40, 4; 44, 5.
77 Eugipp. V. Sev. 27; 28; 31, 4; 42, 1; 44, 1 und 5; vgl. Wolfram 1995, 54.
78 Eugipp. V. Sev. 40.
79 Eugipp. V. Sev. 8.
80 Eugipp. V. Sev. 9.
81 Eugipp. V. Sev. 8: [...] *liceat nobis de nostris servis ordinare, quod volumus*.
82 Eugipp. V. Sev. 44, 3.
83 Eugipp. V. Sev. 5; Pohl 1980, 279.
84 Eugipp. V. Sev. 4, 12: *hostes haeretici*; 5, 2; 8, 31.
85 Heil 2014, 85–116.
86 Eugipp. V. Sev. 44; vgl. Rappaport 1914, 1218; PLRE 2, 484–485 (Fredericus 2).
87 Ennod. De vita beati Antoni 17, ed. Ausbüttel 2016, 144: Iam Franci Heruli Saxones
   multiplices crudelitatum species beluarum more peragebant.
88 Tejral 1988, 354–356 betont die Verschiedenheit des archäologischen Materials. Pohl
   1980, 277–278 und Anm. 150 zu Schmidt 1934/1941/1969, 562, der zwar die Hete-
   rogenität der herulischen Führungsklasse anspricht, allerdings soll diese nur aus »ost-

germanischen Elementen« bestanden haben. Insgesamt bleibt festzuhalten, dass ein
Nachweis herulischer Präsenz archäologisch nicht möglich ist, die Position zwischen
March und Plattensee bleibt eine Rekonstruktion.
89 Prok. Kais. hist. 6, 14.
90 Pohl 1980, 278.
91 Pohl 1980, 278 mit Verweis auf Prok. Kais. hist. 6, 14.
92 Prisk. frg. 11, 2 (Blockley 268–269).
93 Eugipp. V. Sev. 24; vgl. Schwarcz 2005, 505: Wotanopfer; Goffart 2001, 33–40.
94 Wolfram 1995, 58; Várady 1969, 352.

9 Barbaren als »Königsmacher« – Heruler und Rugier krönen Odoaker

1 Iord. Get. 283.
2 Reynolds/Lopez 1946, 36–52; 37: Heruler waren zahlreich vertreten in »king Odoaker's whirlpool of peoples in which he made his career.«
3 Bratož 2014, 208–216 zur Rolle norischer und pannonischer Aristokraten für die
   hunnisch-römischen Beziehungen.
4 Iord. Get. 277: Scirorum reliquias [...] cum Edica et Hunuulfo eorum primatibus habuerunt. Vgl. Pohl 1986, 446–447; Schönfeld 1911, 74.
5 Malch. frg. 9, 4 (Blockley, 416); PLRE 2, 791–93 (Odovacer); Lotter 2003,113–114.
   Zum Namen vgl. Reichert/Wolfram 2002, 574; Schönfeld 1911, 174–176; Reichert/
   Nedoma 1990, 999–1002.
6 Io. Ant. 209, 1 (Müller); 232, 1 (Mariev, 427).
7 Io. Ant. 209, 1 (Müller); 232, 1 (Mariev, 427); Krautschick 1986, 344–371; zustim-
   mend Amory 1997, 282–283. Wolfram 1990/1998, 263–276 weist die Gleichsetzung
   mit einem sächsischen Anführer in Gallien in PLRE 2, 791–93 (Odovacer) als »pro-
   sopographischen Beziehungswahn« zurück.
8 Eugipp. V. Sev. 7 zu 469/470; zitiert in Anon. Vales. 10, 45–46; vgl. Wolfram 1995,
   42, 52; zum Topos der fellbekleideten Barbaren vgl. v. Rummel 2010, 51–77.
9 Priskos frg. 11, 2 (Blockley, 262, 276). *Dux* und *praeses Norici*: Lotter 2003, 17–18;
   Wirth 1999, 77–78; Wolfram 1995a, 107. Tatulus und Constantius – so berichtet
   Priskos – seien nicht offizieller Teil der Gesandtschaft des Westens (Romulus, Promotus, Romanus) gewesen. Constantius habe die Gesandten schon aus Italien gekannt,
   und Tatulus sei eben der Schwiegervater des Orestes.
10 Priskos frg. 11, 1 (Blockley, 242–246): erste Gesandtschaft. 15, 2 (Blockley, 296) berichtet von einem zweiten Aufenthalt des Orestes in der Hauptstadt nach den Ereignissen von 448/449, diesmal mit dem Hunnen Esla.
11 Priskos frg. 11, 1–2 (Blockley, 242–279); vgl. Heather 2005, 362–375; Wirth 1999,
   79–86; zur Affäre um Constantius vgl. Lenski 2015, 230–231.
12 Anon. Vales. 9. Vgl. PLRE 2, 811–812 (Orestes); Henning 1999, 54–56; Várady
   1969, 319–320; Enßlin 1939, 1012–1014; Maenchen-Helfen 1973, 106–107.
13 Priskos frg. 11, 2 (Blockley, 248): αὐτὸν (Orestes) μὲν γὰρ ὀπάονά τε καὶ ὑπογραφέα
   εἶναι Ἀττήλα, Ἐδέκωνα δὲ τὰ κατὰ πόλεμον ἄριστον καὶ τοῦ Οὔννου γένους ἀναβεβηκέναι
   τὸν Ὀρέστην πολύ. Vgl. Maenchen-Helfen 1973, 147–152. Edekon, Orestes und die
   anderen *logades*: Priskos frg. 11, 2 (Blockley, 250).

14 Leppin 2000, 19 vermutet einen Namensvetter; Henning 1999, 56 und die Anm. 163–165; Demougeot 1969/79, 1, 371 denkt an eine Tätigkeit in Dalmatien.
15 Vassili 1939, 261–266.
16 Iord. Get. 241; Paulus Diacon. hist. Rom. 15, 7; Demandt 2007, 211: *magister militum praesentalis* im Rang eines *patricius*; Anon. Vales. 9: Bruder Paulus.
17 Kulikowski 2002a, 177–191.
18 Börm 2013, 112–117; Demandt 2007, 209–211; Demandt 1970, 675–681; Henning 1999, 51–55, 239; Krautschick 1986, 344–371; Clover 1978, 192–196; Wes 1967, 52–88; Wolfram 2009, 189–192: »Nicht-Ende« des Römischen Reiches; PLRE 2, 777–778 (Iulius Nepos 3); PLRE 2, 514 (Glycerius).
19 Anonym. Vales. 8, 37; Quellen zur Kaisererhebung bei Enßlin 1939, 1012 und PLRE 2, 811–812 (Orestes 2).
20 Novell. Valent. 9 (24. 06. 440): Föderaten und *milites*: (…) *tam militum atque foederatorum tuitionem urbibus ac litoribus non desinat ordinare* (…). Vgl. Nicolaye 2010, 179; Heather 2005, 289–290; Stickler 2002, 237, 240, 288; MacGeorge 2002, 170; Gillett 2001, 140-142; Mathisen 1999, 184–185; Demougeot 1984, 11–13.
21 Wolfram 2005, 158 und Anm. 95; Wolfram 2009, 227–228 und 458, Anm. 11, 15; Stein 1928, 508 und Anm. 5, 511 mit Verweis auf Novell. Valent. 5, 4 (03.03.440) und Cod. Theod. 11, 18 (16.02.412).
22 Prok. Kais. hist. 5, 1, 6–8 (Übersetzung nach Wiemer 2014, 307).
23 Goffart 2006, 119–186; Goffart 2010, 65–98; Goffart 1980; Durliat 1988, 21–72; Liebeschuetz 1997, 135–152. Jüngst eine klare Stellungnahme zur Landverteilung Wiemer 2013, 607–610; Wiemer 2014, 307–310 und Anm. 75, 77: Odoaker und Theoderich sollen ihr »Heer in eine Klasse von Grundeigentümern umgewandelt haben.«
24 Cassiod. var. 1, 18; vgl. Wiemer 2014, 308 und Anm. 74. Die Verjährungsfrist von 30 Jahren dort erinnert an Prok. Kais. hist. 3, 3, 3; dazu Wolfram 2005, 188; Goffart 2006, 104, 306, Anm. 129; Goffart 1980, 66 und Anm. 18.
25 Mein Standpunkt ausführlich dargelegt mit einem Schwerpunkt auf Afrika, aber auch vergleichenden Überlegungen zu Italien und Spanien: Steinacher 2016, 151–165. Paolo Tedesco bereitet einen Überblick vor.
26 Reichert/Wolfram 2002, 574.
27 Fasti Vind. priores 619, MGH Auct. ant. 9, 308; Consularia Italica, Auctarii Haunniensi ordo prior, s. a. 476, 2, MGH Auct. ant. 9, 309.
28 Goffart 1988, 355 und Anm. 88 zum Verb *invadere* in Iord. Rom. 344: »Jordanes spoke of Odoacer ›invading‹ Italy supported by hordes of tribesmen; he probably meant *invadere* in the sense of ‹to seize (from within, as by coup d'état).‹ […] All in all, the underpinnings for ›Odoacer's barbarian conquest of Italy‹ were less flimsy than those for the lady Digna and the Vandal plunder of the Campania.«
29 Cassiod. chron. s. a. 476; Anon. Vales. 37; Iord. Get. 242.
30 Fasti Vind. priores 619, MGH Auct. ant. 9, 308; Consularia Italica, Auctarii Haunniensi ordo post., s. a. 476, 2, MGH Auct. ant. 9, 309.
31 Reichert/Wolfram 2002, 574.
32 Malch. frg. 14 (Blockley, 418–421); vgl. Wiemer 2014, 329–332; Wiemer 2009, 154–156.
33 Wolfram 1967, 59–61.
34 Wiemer 2014, 301, Anm. 42; Brandes 2009, 292–299.
35 Iord. Rom. 344: Sed mox Odoacer genere Rogus Thorcilingorum Scirorum Herolorumque turbas […] Italiam invasit. Iord. Get. 242: Augustulo vero a patre Oreste in Ravenna imperatore ordinato non multum post Odovacar Torcilingorum rex habens secum Sciros, Herulos diversarumque gentium auxiliarios Italiam occupavit et Orestem interfectum Augustulum filium eius de regno pulsum in Lucullano Campaniae

castello exilii poena damnavit. Anon. Vales. 8: superveniente Odovacre cum gente Scirorum.
36 Consularia Italica, Auctarii Haunniensi ordo prior, s. a. 476, 2, MGH Auct. ant. 9, 309: Intra Italiam Eruli, qui Romano iuri suberant, regem creant nomine Odoacrem X k(alendas) Sept(embris), hominem et aetate et sapientia gravem et bellicis rebus instructum. Vgl. Wolfram 1979, 5 und Anm. 17; Wolfram 1967, 54 und Anm. 103. Consularia Italica, Auctarii Haunniensi ordo prior, s. a. 487, MGH Auct. ant. 9, 313: Fevva rex Rugorum adversum regem Erulorum Odoachrem bellum movet. Zur Quelle vgl. Wes 1967, 56–68.
37 Dahn 1861, 2 und Anm. 8: »Er [Odovakar] wird fälschlicherweise sogar Herulerkönig genannt.«
38 Steinacher 2010, 342–345; Wiemer 2014, 300–302 und Anm. 48.
39 Marcell. chron. s. a. 476, 2, MGH Auct. Ant. 11, 91: Odoacar rex Gothorum Romam obtinuit. Iord. Get. 241: Odoacer, rex gentium. Iord. Get. 291: Theoderich befreit Rom von der Thorcilingorum Rugorumque tyrannis.
40 Io. Mal. chron. 14, 10: ἐκ τοῦ γένους τῶν Γηπέδων; vgl. Pohl 1980, 247 und Anm. 23.
41 Cassiod. chron. 1326: Hoc cons(ulibus) Odovacar cum Erulis egressus Ravenna nocturnis horis ad pontem Candidiani a d(omi)n(o) nostro rege Theoderico memorabili certamine superatur. Ähnliche Einträge: Anon. Vales. 54; Fasti Vind. priores 640, MGH Auct. ant. 9, 318; vgl. König 1997, 133; PLRE 2, 681 (Levila); Tufa: Anon. Vales. 11; vgl. Reichert/Wolfram 2002, 576; PLRE 2, 1131 (Tufa).
42 Ennod. paneg. Theod. 53: quid Herulorum agmina fusa commemorem; vgl. zur Stelle Rohr 1995, 234, Anm. 50 und allgemein Wolfram 2009, 283; Rappaport 1898, 1159–1160.
43 Eugipp. V. Sev. 5; 8; 40.
44 Io. Ant. frg. 214, 1 (Müller); 238 (Mariev, 444); Ennod. paneg. Theod. 50–52; vgl. Wolfram 2009, 283.
45 Paulus Diaconus hist. Lang. 1, 19 (Übersetzung nach Wolfgang Schwarz).
46 Kiel-Freytag 2010, 291–301; Börm 2013, 119–122; 129–130; Wolfram 2009, 268–277; Demandt 2007, 223 (Aspar), 226 (Illus); Elton 2000, 393–407; Stein 1928, 534.
47 Eugipp. V. Sev. 44; Wolfram 2009, 480, Anm. 1 mit der Forschungsdiskussion.
48 Eugipp. V. Sev. 44; Io. Ant. frg. 214, 7 (Müller); 237, 6 (Mariev, 438); Wolfram 2009, 278; Lotter 2003, 114; McCormick 1977, 212–222.
49 Wolfram 2009, 278.
50 Fasti Vind. priores 635, MGH Auct. ant. 9, 312.
51 Eugipp. V. Sev. 44, 4–5, und Auctarium Havn. a. 487 n. 1 p. 313; vgl. Lotter 2003, 122; Wolfram 1995, 54–55; Schmidt 1934/1941/1969, 122–123, 288.
52 Io. Ant. frg. 214, 4 (Müller); 237, 4 (Mariev, 436); vgl. Wiemer 2014, 332; McCormick 1977, 212–222.
53 Heather 2009, 250–251.
54 Größe einer barbarischen gens: Wolfram 1990/1998, 28; Halsall 2003, 119–133; Wiemer 2013, 599 mit Anm. 25.
55 Paulus Diaconus hist. Lang. 1, 19; vgl. Jarnut 1982, 19; Schmidt 1934/1941/1969, 578.
56 Börm 2013, 129–130; Wolfram 2009, 277–278 spricht von »Demonstrations- und Erpressungszügen« der Goten gegen Konstantinopel.
57 Anon. Vales. 11, 49 (Übersetzung nach König 1997, 76–77). Wiemer 2013, 602–603 mit den Anm. 34–36.
58 Io. Mal. chron. 18, 46; Theoph. Conf. a. m. 6032; Pohl 1998, 135.
59 Ennod. paneg. Theod. 34: horrea copiis urbium; Pohl 1998, 135.
60 Ennod. paneg. Theod. 28–34; Io. Ant. frg. 214, 7 (Müller); 237, 6 (Mariev, 438): Rugier; Wolfram 2009, 279–281; Pohl 1980, 291–292.

61 Wolfram 2009, 279.
62 Ennod. paneg. Theod. 34; Paulus Diacon. hist. Rom. 15, 15.
63 Iord. Get. 301.
64 Pohl 1980, 290 mit Anm. 29; Io. Mal. chron. 18, 46: Μοῦνδος ὁ ἐκ γένους τῶν Γη-
    πέδων […], υἱὸς ὢν ῥηγός, Moundos ein Gepide, Sohn des Königs; Theoph. Conf. a.
    m. 6032: Sohn des ῥὴξ Giesmos; vgl. Croke 1982, 131; Berndt 2011, 131–134.
65 Pohl 1980, 290 plädiert für eine gepidische Königsdynastie seit Ardarich und Gies-
    mos als Attilasohn; PLRE 2, 767–768 (Mundo) und PLRE 3b, 903–905 (Mundus)
    für zwei verschiedene Personen; Croke 1982, 125–135 für einen Mundus/Moundos/
    Mundo, der aber nicht mit Attila verwandt sei.
66 Ennod. paneg. Theod. 36–38; Wolfram 2009, 281: Tufa und Teile der Truppen in
    Italien gehen zu Theoderich über; vgl. zur Größe der Armee Theoderichs Wiemer
    2013, 607; Wiemer 2014, 297–310 mit einem Vergleich der Truppen Odoakers und
    Theoderichs.
67 Wolfram 2009, 307–311, 319–321; Wolfram 1995, 58; Wolfram 1995a, 105 und
    Anm. 17.

10   Heruler, Rugier und Gepiden zwischen Ostrom und Italien

 1 Anon. Val. 51–52; Ennod. V. Epif. 111; Wolfram 2009, 281–282; PLRE 2, 1131
    (Tufa); König 1997, 124–125.
 2 Ennod. V. Epif. 118–119 (Übersetzung nach Ausbüttel 2016, 73–75): Pavia wird den
    Rugiern übergeben: *civitas Ticiensis Rugis est tradita*; die Barbaren sind durch eine
    perversitas naturalis gekennzeichnet, der christlichen Lehre verweigern sie sich mit
    inhonoris mentibus, Epiphanius aber kann den Rugiern eine ihnen fremde Leiden-
    schaft beibringen, *pergrinae apud illos affectionis inseritur*. Sie gehorchen einem *epis-
    copus catholicus et Romanus*. Eltern und Familien: *ad parentes et familias*. Vgl.
    PCBE 2/1 (Italie), 637–641 (Epiphanius).
 3 Paul. Diac. hist. Rom. 15, 18; Ennod. V. Epif. 119: Beinahe zwei Jahre besetzen die
    Rugier Ticinum.
 4 Opelt/Speyer 2001 zu christlichen Barbarenbildern.
 5 Mathisen 2014, 145–192; Berndt/Steinacher 2014, 219–230.
 6 Addit. Prosp. Havn. chron. s. a. 493, 2, MGH Auct. ant. 9, 321: Eo anno pugna
    facta inter Friderigium et Tufanem magistrum militum inter Tridentum et Veronam,
    sed cum utriusque partis multa milia hominum caderent, Tufa interfectus proelio fi-
    nem dedit. Vgl. Wolfram 2009, 282 und 481, Anm. 8; Schmidt 1934/1941/1969,
    296–297.
 7 Ennod. paneg. Theod. 55; vgl. Wolfram 2009, 282 und 481, Anm. 8; Rohr 1995,
    235–236 mit Anm. 52; König 1997, 133–134; PLRE 2, 484–485 (Fredericus 2).
 8 Bratož 2017 vermutet, die Rugier seien im Etschtal zwischen Verona und Trient an-
    gesiedelt worden.
 9 Prok. Kais. hist. 7, 2, 2: γυναιξὶ μέντοι ὡς ἥκιστα ἐπιμιγνύμενοι ἀλλοτρίαις, ἀκραιφνέσι
    παίδων διαδοχαῖς τὸ τοῦ ἔθνους ὄνομα ἐν σφίσιν αὐτοῖς διεσώσαντο.
10 Pohl 1980, 280; Wenskus 1961/1977, 483–484, 497 mit Anm. 449.
11 Börm 2013, 136–138.

12 Prok. Kais. hist. 7, 2, 2–6; 7, 2, 17–18; vgl. PLRE 3a, 447–448 (Erarichus); Wiemer 2013, 619; Wolfram 2009, 300, 351–352, 491, Anm. 51; Wolfram 1995, 56.
13 Ennod. paneg. Theod. 60; vgl. Pohl 1998, 135; Pohl 1980, 321.
14 Iord. Get. 301: Dieser Mundus sei *Gepidarum gentem fugiens* und nun *ultra Danubium* in unbewohnten Gebieten mit einer Bande von Mördern und Räubern, *abactoribus scumarisque et latronibus undecumque collectis*, über die er als König herrschte. Vgl. Berndt 2011, 131–134; Croke 1982, 130; Pohl 1980, 292–293.
15 Cassiod. var. 7, 4; Giardina/Cecconi/Tantillo 2015, Edition 56–57, Kommentar 196–199; vgl. Giardina 2006, 152, Anm. 152; Winckler 2012, 62–72.
16 Ausbüttel 1988a, 209–210 und 204–225 für die Verwaltung des ostgotischen Italien.
17 Der Krieg begann 502 mit einem überraschenden persischen Angriff und beendete eine Friedensphase, die seit 377 fast ununterbrochen angedauert und Ostrom sehr entlastet hatte. Vgl. Börm 2016, 624–636.
18 Meier 2009, 223–228.
19 Wolfram 2009, 321.
20 Cassiod. var. 3, 23; Giardina/Cecconi/Tantillo 2014, Edition 36–37, Kommentar 243–245.
21 Cassiod. var. 11, 1; Ennod. paneg. Theod. 60; Wolfram 2009, 321 (Zitat) und 500, Anm. 95 (Quellen).
22 Ennod. paneg. Theod. 60–61 (Übersetzung nach Rohr 1995, 239–241).
23 Pohl 1980, 294, 298.
24 Iord. Get. 300; Ennod. paneg. Theod. 60–62; Cassiod. chron. a. 504; Zitat und vgl. Pohl 1980, 294.
25 Cassiod. var. 5, 10; vgl. Pohl 1980, 294. Vgl. Kapitel 11.1.
26 Iord. Get. 300–301; Ennod. paneg. Theod. 63–69; vgl. Meier 2009, 225–226; Pohl 1980, 293; PLRE 2, 967–968 (Sabinianus 5).
27 Iord. Get. 300–301; Wolfram 2009, 321–322.
28 Çetinkaya 2009, 225–228.
29 Edition Çetinkaya 2009, 226, Abbildung 227: [+Ενθ]άδε κατάκιτα[ι ὁ τῆς] / [εὐκλ]ε (οὖς) μνήμης θρά[σαριχ] / [κόμ](ης) δομ(εστίκοων) ῥὲξ Γηπ[αίδων] / [υἱός?] θραυστίλα τῆς [εὐκλε(οῦς)] / [μνήμης ὅ]στις ἔξησε[ν ἔτη] / [--------]τη ς [----].
30 Cassiod. var. 4, 2: Damus tibi quidem equos enses clipeos et reliqua instrumenta bellorum: sed quae sunt omnimodis fortiora, largimur tibi nostra iudicia. Summus enim inter gentes esse crederis, qui Theoderici sententia comprobaris. Vgl. Giardina/Cecconi/Tantillo 2014, Edition 78–81, Kommentar 313–315; Wolfram 2006, 49–51; Wolfram 2009, 318; Kiss 2015, 95–108 plädiert für eine Begrenzung auf die Goten und das 5.–6. Jahrhundert.
31 Formal war das Kaisertum zwar auch in der Spätantike nicht erblich, aber de facto ging man davon aus, dass der Sohn eines Augustus ein Anrecht auf den Thron habe. Vgl. Börm 2015, 259–262.
32 Prok. Kais. hist. 1, 11, 10–30: Bei den Beratungen wird bemerkt, die Barbaren würden nicht durch Dokumente, sondern durch eine Ausstattung von Waffen adoptieren, ὅτι οὐ γράμμασιν οἱ βάρβαοι τοὺς παῖδας ἐς ποιοῦνται, αλλ ὅπλων σκευῇ. Wolfram 2006, 49–51 deutet die *adoptio* als ein Mittel römischer Außenpolitik. Paulus Diacon. Hist. Lang. 1, 23 bemerkt, ein Königssohn sei erst, wenn er Waffen von einem anderen König empfangen habe, *nisi prius a rege gentis exterae arma suscipiat*, ein vollwertiger Krieger. Börm 2007, 311–325: Die »Falken« bei den Römern hätten die friedensstiftende Maßnahme sabotiert, indem sie den Persern bedeutet wurde, sie würden durch eine deratige Adoption Chosraus als Waffensohn als »inferiore Barbaren gekennzeichnet«.
33 Malch. frg. 18, 4 (Blockley, 434–435) spricht nur davon, Theoderich sei Sohn, υἱός, des Kaisers geworden. Iord. Get. 289 (Theoderich durch Zenon): Et post aliquod

tempus ad ampliandum honorem eius in arma sibi eum filium adoptavit. Cassiod. var. 8, 1, 3 (*per arma filius*: Eutharich durch Justin I.); vgl. Wolfram 2009, 328–329; Goltz 2008, 39; Demandt 2007, 225, 232.

34 Giardina/Cecconi/Tantillo 2014, Commento IV, 2 und 7: *more gentium*, 314.
35 Prok. Kais. hist. 6, 14–15; Paulus Diacon. Hist. Lang. 1, 20; vgl. Krag 2003, 58–59; PLRE, 946 (Rodulfus). Iord. Get, 23–24: *Roduulfus rex* der *Ranii*. Der Ranenkönig Roduulf, der als Flüchtling an den Hof Theoderichs kam, wird im Kapitel 11.2 zu besprechen sein.
36 Cassiod. var. 3, 3; vgl. Giardina/Cecconi/Tantillo 2014, Edition 14–15, Kommentar 197–198; Goffart 2006, 206 und Anm. 93–96.
37 Wolfram 2009, 322; Schwarcz 2005, 511.
38 Prok. Kais. hist. 6, 14, 8–13: Tribute unter den Barbaren sind οὐκ εἰθισμένον τό πρᾶγμα, ein Vorgehen, an das man nicht gewöhnt war; vgl. Goffart 2006, 207–208.
39 Iord. Get. 283; Pohl 1980, 285–286; Jones 1964, 1, 195: »The cohesion of a group depended very largely on a leader's success.«
40 Prok. Kais. hist. 6, 14, 13–22.
41 Goffart 2006, 208: Paulus Diacon »gives the Herules a legitimate casus belli but turns poor Rudolf into a fool.«
42 Paulus Diaconus hist. Lang. 1, 19.
43 Paulus Diaconus hist. Lang. 1, 20 (Übersetzung nach Wolfgang F. Schwarz): Atque iam ex illo tempore ita omnis Herulorum virtus concidit, ut ultra super se regem omnimodo non haberent. Origo gentis Langobardorum 4; vgl. Müller 2001, 95.
44 Paulus Diaconus hist. Lang. 1, 21 und 22; Origo Gentis Langobardorum 4; vgl. Jarnut 2006, 6–7; Schwarz 2009, 351, Anm. 47–48; Lakatos 1978, 95; PLRE 3b, 1399 (Waltari).
45 Steinacher 2010, 348–349; zum barbarischen Königtum vgl. Wolfram 2005.

11   Heruler auf dem Balkan und in Justinians Armeen: 6. Jahrhundert

1 »Ein Hauch herulischer Geschichte«: Goffart 2006, 210: Was Prokop im Herulerexkurs berichtet, »has enough substance to provide at least the whisper of a history.«
2 Cassiod. var. 4, 45; vgl. Giardina/Cecconi/Tantillo 2014, Edition: 121, Kommentar: 384–386; Wolfram 2009, 318.
3 Cassiod. var. 4, 45: *annonas dierum quinque*; vgl. Wolfram 2009, 318; Lotter 2003, 130–131; Schmidt 1934/1941/1969, 553; Rappaport 1898, 1160; zu den Verkehrswegen Bratož 2017.
4 Cassiod. var. 4, 45; Giardina/Cecconi/Tantillo 2014, Edition: 120–121, Kommentar: 384–386 bestätigt die Datierung 507–511. Vgl. dort die Erklärungen eines *supplex* (mit Parallelstellen) als Bittsteller bei Hof, und der Ausgabe von *annona* an jene, die den *cursus publicus* benutzen dürfen. Gillett 2003, 183, 189 mit Anm. 43 will Brief und Episode aber vor September 527 und damit nach dem Tod Theoderichs datieren. Wie Bratož 2017 zu Recht betont, spricht alles für Flüchtlinge von der Donau, die provinciae [...] *inopia* [...] *provinciam se deseruisse ieiunam* [...] *sitque illis uberior peregrina terra* [Italien] *quam patria*. Pace mein eigener Irrtum Steinacher 2010, 347, es handle sich um eine in gotischen Diensten stehende Einheit. Krautschick 1983,

50–71: 3. und 4. Buch der Variae datieren zwischen 507 und 511. Zur Chronologie der fraglichen Briefe vgl. auch Schwarcz 2005, 510–511 und Anm. 29. Bautätigkeit in Ticinum: Anon. Vales. 71.

5 Goffart 2006, 336, Anm. 104: »Contrary to what is sometimes said (e.g., Schmidt, Ostgermanen, p. 503), the land of the Rugians to which Procopius has them momentarily withdraw is not the Rugian territory known from the Vita S. Severini, but the lands downstream (in Moesia or Dacia?) to which fled the survivors from the Rugian defeat of 488.«

6 Prok. Kais. hist. 6, 15, 1–4.

7 Prok. Kais. hist. 6, 14, 23–28; Schmidt 1934/1941/1969, 553.

8 Pohl 1980, 297–298.

9 Marcell. chron. s. a. 512, 11, MGH Auct. ant. 11, 98: Gens Herulorum in terras atque civitates Romanorum iussu Anastasii Caesaris introducta. Prok. Kais. hist. 6, 14, 28. Vgl. allgemein Croke 2005 zur Chronik des Marcellinus.

10 Prok. Kais. hist. 6, 14, 28.

11 Meier 2009, 235.

12 Wolfram 2009, 322 zur Einigung zwischen Theoderich und Anastasios über den Stadtbezirk Bassianae und den Ostteil der Pannonia Sirmiensis. Vgl. Stein 1949, 156, 305–306. Dagegen nahm Schmidt 1934/1941/1969, 553 mit Prok. Kais. hist. 6, 15, 1 (ἐς τὰ ἐν Ἰλλυριοῖς χωρία) die Dacia ripensis an, da bis 535 die Gepiden Singidunum besetzt hätten. Vgl. dagegen aber Sarantis 2009, 15–40; Pohl 1980, 297–298.

13 Prok. Kais. hist. 6, 14, 29–31; vgl. Goffart 2006, 208 und Anm. 106; Teall 1965, 299–300.

14 Schmidt 1934/1941/1969, 554.

15 Sarantis 2010, 391–393; Teall 1965, 321–322.

16 Prok. Kais. hist. 3, 11, 2–3.

17 Heather 1997, 57–74; Chrysos 1997, 185–206; Chrysos 1989.

18 Prok. Kais. hist. 6, 14, 33–35. Vgl. zur Balkanpolitik Justinians Leppin 2011, 138–142.

19 Io. Mal. chron. 18, 6; Theoph. Conf. a. m. 6020; vgl. Goffart 2006, 208 und 336, Anm. 107.

20 Io. Mal. chron. 18, 14.

21 Io. Mal. chron. 18, 6; vgl. Sarantis 2010, 373–374.

22 Prok. Kais. hist. 7, 33, 13.

23 Prok. Kais. ktis. 4, 5, 12–17.

24 Sarantis 2010, 375–378 mit ausführlichen Literaturangaben in den Anm. 54 und 58.

25 Prok. Kais. ktis. 4, 1, 19–27; vgl. zu Caričin Grad/Justiniana Prima Snively 2001, 638–668; Bavant 2007, 337–374; Duval 1996, 325–339 und weitere Literatur bei Sarantis 2010, 373, Anm. 47.

26 Novell. Iust. 11: *De privilegiis Archiepiscopi Primae Iustinianae* (01.04.535); vgl. Bavant 2007, 361–367 zu den kirchlichen Bauten und allgemein Leppin 2011, 166–167.

27 Sarantis 2010, 374.

28 Goffart 2006, 208; Teall 1965 mit einer detaillierten Zusammenstellung der barbarischen Verbände in Justinians Armeen.

29 Iord. Rom. 363: Illyricumque saepe ab Herulis Gipidisque et Bulgaris devastantibus per suos iudices frequenter obstitit viriliterque cecidit. Marcell. chron. s. a. 530, MGH Auct. ant. 11, 103; vgl. zu den Bulgaren Meier 2009, 137–141.

30 Prok. Kais. hist. 7, 33, 13–14 (Übersetzung nach Otto Veh): Einige (Heruler) τινὲς δὲ αὐτῶν, sind auch römische Soldaten geworden, καὶ Ῥωμαίων στρατιῶται γεγένηται, bei den sogenannten Föderaten ἐν τοῖς φοιδεράτοις καλουμένοις τατόμενοι. Vgl. Goffart 2006, 208, der diesen Bericht Prokops als »crowning irony« bezeichnet.

31 Goffart 2006, 209; vgl. allgemein zur Epidemie Leppin 2011, 206–215.
32 Prok. Kais. hist. 6, 14, 38: Die Heruler zeigen ihren tierischen und manischen Charakter, Ἔρουλοι τὸ τοῦ τρόπου θηριῶδές τε καί μανιῶδες ἐνδειξάμενοι, indem sie ihren
   König, ἐς τὸν αὐτων ῥῆγα, ein Mann namens Ochus, ἤν δὲ οὗτος ἀνηρ Ὄχος ὄνομα,
   [...] töteten, ἔκτειναν, und das ohne jeden Grund. Nur um wieder ohne König zu sein,
   ἀβασίλευτοι. Im folgenden Satz verwendet Prokop wieder den Begriff Basileus, ὁ βασι-
   λεὺς. Vgl. PLRE 3a, 951 (Ochus). Ellegård 1987, 10 meint, der Mord sei während
   eines Gelages geschehen, erst als die Heruler wieder nüchtern waren, bereuten sie ihre
   Tat.
33 Prok. Kais. hist. 6, 14, 38–42.
34 Prok. Kais. hist. 6, 15, 1–4 (Geschichte von der Auswanderung einiger Heruler auf
   die Insel Thule nach der Niederlage gegen die Langobarden); 6, 15, 5–26 (Thuleexkurs).
35 PLRE 3b, 1205 (Suartuas).
36 PLRE 3a, 94 (Aordus), 388 (Datius).
37 Prok. Kais. hist. 6, 15, 27–36: Die Macht der Römer: δύναμις τών Ῥωμαίων; der
   Grund für ihren Abfall vom Kaiser: αἰτία τῆς ἀποστάσεως.
38 Prok. Kais. hist. 7, 34, 42–47.
39 Prok. Kais. hist. 7, 13, 21.
40 Goffart 2006, 209; Pohl 2002, 18–21.
41 Ecker 2016, 51–56; vgl. zu Beziehungen zwischen Iord. und Prok. Alonso-Nunez
   1987, 1–16; Cameron 1985, 218–219 spricht von einem »Herodotean dress«. Goffart
   1988, 94–95 verweist auf Polybios.
42 Ecker 2016, 81–82.
43 Iord. Get. 23; Kappelmacher 1916, 1920.
44 Goffart 1988, 88–96; Merrills 2005, 126, 152 und Anm. 227–228; contra: Heather
   1996, 66 und Anm. 82.
45 Iord. Get. 38: fabulae aniles über eine gotische Herkunft aus Britannien; Prok. Kais.
   hist. 6, 6, 27–36 (Sizilien und Britannien; 6, 15, 5–26 (Thuleexkurs); vgl. Goffart
   1988, 94.
46 Iord. Get, 23–24.
47 Iord. Get. 9 (Thule und Scandza); 19 (Extreme von hell und dunkel); 20 (Screrefennae); 21 (Dani und Heruler); 23 (Roduulf); 24 (die Goten ziehen ab); 25 (Ulmerugi);
   26 (Mars); vgl. Goffart 1988, 95 mit Anm. 353.
48 Goffart 1988, 95.
49 Prok. Kais. hist. 6, 14–15; Paulus Diacon. Hist. Lang. 1, 20; vgl. Krag 2003, 58–59;
   PLRE, 946 (Rodulfus).
50 Wolfram 2009, 317, 326; Heather 1992, 317–53 at 347; Christensen 2002, 256.
51 Prok. Kais. hist. 6, 15, 1–4.
52 Merrills 2005, 129.
53 Heather 2009, 261 betont, dass Informationen über weite Entfernungen weitergege-
   ben wurden und hält insgesamt Kontakte zwischen der Donau und Skandinavien für
   möglich.
54 In Steinacher 2010, 345–347, 356–359 habe ich eine andere Möglichkeit vorgestellt,
   die weitgehende literarische Konstruktion.
55 Prok. Kais. hist. 3, 11, 2–19.
56 Sarantis 2010, 371–380; Curta 2001, 150–169; Curta 2005, 173–204; Jones 1964,
   1, 679–686; Haldon 1999, 67–72; Whitby 2000, 292. Io. Mal. chron. 16, 16 berichtet von gotischen, hunnischen und bulgarischen Truppen.
57 Sarantis 2013, 759–808; Teall 1965, 294–322; Greatrex 2000, 267–292.
58 Leppin 2011, 254–257; Pohl 1997, 91.

59 Goffart 2006, 205 und Anm. 90 nach Iord. Get. 117–118: » According to Jordanes, they were the finest light infantry in the world.« Iord. Get. 261: Alanum gravi, Herulum levi armatura aciem strui.
60 Prok. Kais. hist. 1, 14, 33 und 39; vgl. PLRE 3b, 1015–1016 (Pharas). Eine Zusammenstellung der herulischen Verbände in Justinians Armeen bei Lakatos 1978, 89–104; Rappaport 1898, 1163–1165. Schlacht von Dara und der weitere Kriegsverlauf: Leppin 2011, 130–136.
61 Prok. Kais. hist. 1, 24, 41; vgl. zum Nika-Aufstand Prok. Kais. hist. 1, 24; Leppin 2011, 142–148; Meier 2003, 273–300; Meier 2009, 148–170 zu den Hintergründen der Zirkusparteien; Greatrex 1997, 60–86; Beck 1986, 35–40; Cameron 1976, 278–281; Cameron 1985, 158–159; guter Quellenüberblick bei Bury 1897, 92–119.
62 Prok. Kais. hist. 2, 3, 21–28; vgl. PLRE 3b, 1160–1163 (Sittas 1).
63 Börm 2007, 328–332.
64 Prok. Kais. hist. 3, 11, 2–19. Die Heruler und Hunnen sind ξύμμαχοι βάρβαροι. Vgl. Mazal 2001, 129–130; Evans 1996, 127; Petrikovits 1976, 54–56; Schmidt 1942, 125–126; Rubin 1957, 410; Pringle 1981, 1, 17 und 2, 349, Anm. 7 mit älterer Literatur; Pryor/Jeffreys 2006, 451.
65 Prok. Kais. hist. 4, 4, 25–41.
66 Prok. Kais. hist. 4, 6, 15–26; vgl. Desanges 1959, 429–435; Rubin 1957, 418.
67 Prok. Kais. hist. 4, 6, 27–34; vgl. Steinacher 2016, 308–309; Modéran 2008, 222; Modéran 2003, 111 und Anm. 204.
68 Prok. Kais. hist. 4, 7, 7–17; vgl. Knaepen 2001, 383–403; Cameron 1989, 171–190; Rubin 1957, 418.
69 Prok. Kais. hist. 4, 14, 11–21; 4, 15, 58–59; 4, 17, 12 und 14–15; vgl. Steinacher 2016, 316–320; PLRE 3b, 1199–1200 (Stotzas). Kaegi 1965, 46 betont, dass der Anteil der Arianer unter den Meuterern unter 25 Prozent lag.
70 Iord. Rom. 369: Nam Stotzas pene ultimus militum et Martini clientulus mag. mil., tyrannidem arripiens auctorque seditiosorum effectus Cyrillum Marcellum Faram aliosque diversos iudices dolo peremptis in duce Solomone saeviebat totamque Africam tyrannico ritu vastabat. Vgl. PLRE 3b, 1015–1016 (Pharas).
71 Prok. Kais. hist. 6, 4, 8; vgl. Leppin 2011, 161–165; Wolfram 2009, 344–345.
72 Prok. Kais. hist. 6, 13, 18. PLRE 3a, 50 (Aluith).
73 Prok. Kais. hist. 6, 22, 4–8. Vgl. PLRE 3b, 1020–1021 (Philemuth); PLRE 3b, 1380–1381 (Vitalius).
74 Prok. Kais. hist. 7, 1, 34–35; vgl. Wolfram 2009, 350–351; PLRE 3b, 1378 (Visandus).
75 Prok. Kais. hist. 2, 21, 4 (Unternehmen Belisars); 2, 21, 4 und 24, 14 und 18 (armenische Kampagne): Philemuth und Verus sind die herulischen Anführer, οἱ τῶν Ἐρούλων ἡγούμενοι. Vgl. Leppin 2011, 223–229, 252–254 zum allgemeinen Kriegsverlauf.
76 Prok. Kais. hist. 2, 25, 26–33; vgl. Thompson 1958, 4 und Anm. 17.
77 Prok. Kais. hist. 2, 21, 7–14.
78 Prok. Kais. hist. 8, 9, 5.
79 Prok. Kais. hist. 8, 13, 9; vgl. PLRE 3a, 224–225 (Benilus).
80 Agathias 3, 6, 5.
81 Agathias 3, 20, 10; vgl. PLRE 3a, 536 (Gibrus), der wahrscheinlich Heruler war.
82 Prok. Kais. hist. 7, 13, 21–26.
83 Prok. Kais. hist. 7, 27, 3–11; PLRE 3b, 1370–1371 (Verus).
84 Prok. Kais. hist. 7, 26, 23. Gut denkbar, dass dieser Arufus (Ἄρουφος) mit dem prominenten Aruth (Ἀρούθ) identisch ist, wie PLRE 3a, 132 (Arufus) vermutet.
85 Prok. Kais. hist. 7, 34, 40–45.
86 Prok. Kais. hist. 8, 25, 7–13.

87 Prok. Kais. hist. 8, 26, 13–17. PLRE 3b, 854 (Mauricius 1); PLRE 3a, 132 (Aruth).
    Prok. Kais. hist. 8, 26, 13: Ἐρούλων ἔθνους πλέον ἢ τρισχίλιοι, ἱππεῖς ἅπαντες, eine
    Menge von 3000 des Herulervolks, alles Reiter.
88 Prok. Kais. hist. 8, 28, 10 (Usdrilas); 8, 30, 18 und 8, 31, 5. Vgl. zur Schlacht Ran-
    ce 2005, 424–472.
89 Prok. Kais. hist. 8, 30, 19; 8, 34–35.
90 Agathias 1, 11, 3; 1, 15, 1 und 5; 1, 16, 6; vgl. PLRE 3a, 496–497 (Fulcaris); PLRE
    3b, 1020–1021 (Philemuth) mit der Annahme, beide Männer wären *magister mili-
    tum* (*vacans*) gewesen.
91 Agathias 1, 11, 3; 1, 14, 4–15, 4; 1, 15, 10.
92 Agathias 1, 20, 8 PLRE 3b, 1154–1155 (Sindual).
93 Agathias 2, 7, 2–7.
94 Agathias 2, 7, 6–7; 2, 8, 6; 9, 7–9 und 13; vgl. PLRE 3b, 1154–1155 (Sindual).
95 Thiel, Epist. pontif. Pelag. I, epist. 31 und 73.
96 Agathias 2, 7, 9; Mar. Avent. chron. a. 566, MGH Auct. Ant. 11, 238: Eo anno
    Sindewala Erolus tyrannidem adsumpsit et a Narseo patricio interfectus est. Eua-
    grios 4, 24. Weitere Quellen bei Lakatos 1978, 102–103.
97 Lib. Pont. 63.
98 Paulus Diacon. hist. Lang. 2, 3; Heuberger 1932, 155–159.
99 Euagrios 5, 4: Ἐρουλικός; vgl. Rappaport 1898, 1165.
100 Egger 1901, 214–215; Zeuss 1837/1925, 484 meint *Brenti* sei eine Verschreibung
    aus *Eruli*. Zweifelnd äußert sich Schmidt 1934/1941/1969, 558 und Anm. 3.
101 Heuberger 1935, 42.
102 Cassiod. var. 1, 11; vgl. zur Lesung als *Breoni* nach Handschriftenvariante in MGH
    SS rer. Lang. 73 (*Brionum*) Pavan 1991, 295–297; zu den Breonen Wolfram 1995a,
    64–70; Heuberger 1932, 124–126, 160–165.

12   Gepiden im 6. Jahrhundert

1 Ennod. paneg. Theod. 60; Iord. Get. 300; Cassiod. chron. a. 504; vgl. Lotter 2003,
   127–128.
2 Cassiod. var. 5, 10, 1–2, 5, 13 (Anweisung an die zivilen Amtsträger); Giardina/Cecco-
   ni/Tantillo 2014, 146–149, 419–420 (Kommentar).
3 Cassiod. var. 5, 10, 2–3; 5, 11 und 13; vgl. Giardina/Cecconi/Tantillo 2014, 146–150
   (Edition), 419–422 (Kommentar): *possessores* oder *provinciales nostri*; Transport-
   mittel: *carpenta*. Detaillierte Überlegungen zur unterschiedlichen Qualität der Zugtiere
   und den Preisen für Nahrungsmittel bei Bratož 2017.
4 Greg. M., Registrum 2, 50, 15–18 (CCSL 140, 141); 9, 195, 3–5 (CCSL 140 A, 749);
   13, 16, 7–8 (CCSL 140 A, 1016). Dies ausgeführt bei Bratož 2017: Gregor der Große
   erwähnt Ende des 6. Jahrhunderts 400 *condamae* auf Sizilien als Kircheneigentum.
   Vgl. Giardina/Cecconi/Tantillo 2014, 420. Hier. epist. 22: Ich danke Christian Barthel
   für den Hinweis. Hieronymus verwendet das Begriffspaar *domus* und *tribus*, um die
   innere Struktur der Klostergemeinschaft zu erläutern. Sobald der Anführer eines Hau-
   ses auf Reisen war, griff diese Regel und sorgte für dessen temporäre Vertretung.
5 Mommsen 1889, 437, Anm. 3 mit Bezug auf Prok. Kais. hist. 6, 28, 30–33. Dies ausgeführt bei Bratož 2017.

6 Hartmann 1897–1915, 1, 127, Anm. 4: »Dass das Verpflegungsgeld der Gepiden auf der Expedition *per condamam* gezahlt wird, lässt darauf schließen, dass die auf einem Gute angesiedelte Hausgemeinschaft auch eine militärische Einheit war.« Weitere Literatur und Diskussion bei Bratož 2017.
7 Antonini Placentini itinerarium 40 (CCSL 175, 149–151). Dies ausgeführt bei Bratož 2017 mit Verweis auf Goffart 1988, 177–188 und den dortigen Belegen für das 6.–8. Jahrhundert.
8 Cassiod. var. 11, 1; Prok. Kais. hist. 6, 3, 15–16; vgl. Wolfram 2009, 323; Pohl 1998, 135.
9 Prok. Kais. hist. 7, 33.
10 Vgl. das Kapitel 10.3 und PLRE 3b, 1107 (Salinga); PLRE 3a, 152–153 (Audoin).
11 Paulus Diacon. hist. Lang. 1, 21; Prok. Kais. hist. 7, 35, 14–18; Greg. Tur. Franc. 4, 8; vgl. PLRE 3b, 1350 (Vaces); PLRE 3a, 504 (Garibaldus 1); PLRE 3b, 1227–1228 (Theodebaldus 1); PLRE 3b, 1228–1230 (Theodebertus 1); PLRE 3b, 1396–1397 (Vuldetrada); Pohl 1998, 135.
12 Marcell. chron. s. a. 539, MGH Auct. ant. 11, 107; Iord. Rom. 387.
13 Prok. Kais. hist. 7, 34, 25–39; vgl. Pohl 1997.
14 Prok. Kais. hist. 8, 27; PLRE 3a, 435 (Elemundus); PLRE 3b, 1345–1346 (Turisundus).
15 Prok. Kais. hist. 8, 25; Iord. Rom. 386–387; vgl. Pohl 1998, 136.
16 PLRE 3a, 152–153 (Audoin).
17 Paulus Diacon. hist. Lang. 1, 23–24 (Waffensohn); Prok. Kais. hist. 8, 25 und 27 (Beseitigung des Hildigis und des Ostrogotha); Iord. Rom. 386–387; vgl. Pohl 2002, 52–60; Pohl 1998, 136.
18 PLRE 3a, 38–40 (Alboin).
19 Pohl 2002, 18–31.
20 Paulus Diacon. hist. Lang. 1, 27; Ioh. Bic. chron. a. 572, MGH Auct. Ant. 11, 212–213; Menander frg. 24–25; Louth 2005; Rosen 1999, 778–801.
21 Pohl 2005, 195–201.
22 Ioh. Bic. chron. a. 572, MGH Auct. Ant. 11, 212.
23 Isid. chron. 401, MGH Auct. Ant. 11, 476.
24 Pohl 2002, 52–57.
25 Vgl. zur Münzprägung der Gepiden in Sirmium MGH LL 3, 576; Stefan 1925, 23–26.
26 Ioh. Bic. chron. a. 572, MGH Auct. Ant. 11, 212–213.
27 Menander frg. 28; Pohl 2002, 58–60; Pohl 1998, 137.
28 Pohl 2002, 70–76; Whitby 1998, 89.
29 Paulus Diacon. hist. Lang. 1, 27; vgl. Pohl 2002, 56–57; Müller 2001, 98–100.
30 Pohl 2002, 56–57.
31 Paulus Diacon. hist. Lang. 2, 26.
32 Theophyl. Sym. 1, 8; 8, 3; Theoph. Conf. a. m. 7117 (626 Konstantinopel); Paulus Diacon. hist. Lang. 1, 27. Um 870 für Pannonien: Conversio Bagoariorum et Carantanorum 6: De Gepidis autem quidam adhuc ibidem resident. Vgl. Pohl 2002, 229–232; Pohl 1998, 137–138.

13   Barbarenstereotypen: Die Heruler als Kulturzerstörer, unerschrockene Kämpfer und als »Männerbund«

1   Millar 1969, 26; Heather 1998, 97.

2   Martin 2006, 19–24 zur Blüte des Geisteslebens in Athen; Thompson 1959 zu den Zerstörungen von 268?

3   Anonymus post Dionem, FGrH 4, 196; Io. Zon. hist. Ann. 12, 26, Georg. Kedr., CSHB 1, 454. Vgl. Steinacher 2010, 325; Burns 1984, 29 und Anm. 34.

4   Dahn 1865, 121–122.

5   Prok. Kais. hist. 2, 27–28; 6, 14, 1–7; 6, 14, 36.

6   Prok. Kais. hist. 4, 4, 29; vgl. Cameron 1985, 240.

7   Prok. Kais. hist. 2, 25, 27: Ohne Helm und Panzer oder andere Schutzwaffen ziehen sie in die Schlacht, οὔτε γὰρ κράνος οὔτε θώρακα οὔτε ἄλλο τι φυλακτήριον Ἔρουλοι ἔχουσιν, nur einen Schild und ein Gewand (dicker Rock) gürten sie sich um, ὅτι μὴ ἀσπίδα καὶ τριβώνιον ἁδρόν, ὃ δὴ διεζωσμένοι ἐς τὸν ἀγῶνα καθίστανται. 2, 25, 28: Die Sklaven haben gar keinen Schild, δοῦλοι μέντοι Ἔρουλοι καὶ ἀσπίδος χωρὶς ἐς μάχην χωροῦσιν, erst wenn die Männer sich im Kampf bewährt haben, ἐπειδὰν δὲ ἄνδρες ἐν πολέμῳ ἀγαθοὶ γένωνται, erlauben ihre Herren ihnen, sich mit Schilden zu schützen, οὕτω δὴ ἀσπίδας αὐτοῖς ἐφιᾶσιν οἱ δεσπόται προβάλλεσθαι ἐν ταῖς ξυμβολαῖς. Paulus Diaconus hist. Lang. 1, 20: Die Heruler kämpfen nackt, bis auf einen Lendenschurz: *nudi pugnabant, operientes solummodo corporis verecunda.* Vgl. Delbrück 1901/ 1921 ND 1966/2000, 411. Die Überlegungen zur Bewaffnung der Heruler verdanke ich Kai Grundmann (Berlin).

8   Tac. Germ. 6, 3: Die Fußkämpfer schleudern Wurfgeschosse, *pedites et missilia spargunt* (…), sie sind nackt oder nur mit einem Mantel leicht bekleidet, *nudi aut sagulo leves.* Sie bemalen zwar die Schilde mit ausgesuchten Farben, wenige aber tragen einen Panzer, *paucis loricae,* kaum einer hat eine Sturmhaube oder einen Helm, *vix uni alterive cassis aut galea.*

9   Agathias 2, 5.

10 Pohl 1998, 40–52, besonders 45–46 mit der Anm. 125: Weitere Beispiele für nackt kämpfende Barbaren etwa bei Amm. 31, 16, 6. Vgl. auch im Kapitel 9.1: Odoaker, der in Felle gekleidet Severin von Noricum aufsucht. Zum Topos der fellbekleideten Barbaren vgl. v. Rummel 2010, 51–77.

11 Prok. Kais. hist. 7, 4, 21 für Valaris; vgl. Thompson 1958, 8.

12 Prok. Kais. hist. 6, 25, 10: Obwohl die barbarischen Franken, Φράγγοι, Christen geworden sind, οἱ γὰρ βάρβαροι οὗτοι, Χριστιανοὶ γεγονότες, beachten sie weiter die alten Lehren, τὰ πολλὰ τῆς παλαιᾶς δόξης φυλάσσουσι, und opfern befragend weiter Menschen und andere Lebewesen, θυσίαις τε χρώμενοι ἀνθρώπων καὶ ἄλλα οὐχ ὅσια ἱερεύοντες, um ihre Weissagungen zu machen, ταύτη τε τὰς μαντείας ποιούμενοι.

13 Ecker 2016, 32–35 mit Verweisen und Beispielen.

14 Tac. Germ. 40 (Nerthuskult); vgl. Simek 2003, 42–47; Simek 2006, 185–190; Pohl 2000, 83–84 (Überblick mit weiterer Literatur); Krüger/Autorenkollektiv 1979/1983, 1, 363–372; Beck 1970, 240–258 mit einem Überblick über die literarischen Quellen.

15 Ecker 2016, 31–44.

16 Höfler 1934, 267–269.

17 Beck 2000, 30–34; See 1994, 319–342, 406–409: Kapitel »Männerbünde und Männerbündeideologie«; Meier 1999, 322–341; vgl. die ausführlichen Literaturverweise bei Meier 2001, 109–110.
18 Tac. Germ. 31, 43; vgl. Meier 1999; Hasenfratz 1994, 51.
19 Strab. 10, 4, 20–21; Amm. 31, 9, 5; Prok. Kais. hist. 2, 25, 28; vgl. Meier 2001, 109.
20 Ellegård 1987, 29–31.

17

Register

Aufgenommen wurden Personen- und Ortsnamen sowie ausgewählte Sachbegriffe. Es wird ausgegangen von lateinischen und deutschen Namensformen. Auf diese wird von anderssprachigen Namensformen verwiesen.

Mag. mil. = *magister militum* (Heermeister), Ks. = Kaiser, Kg. = König, *praef. (praet.)* = *praefectus (praetorio)* (Präfekt, Prätorianerpräfekt).

A

Ablabius
– eventuell fiktiver Autor 78
Abraham, bibl. 31
Abrittus
– röm. Kastell bei Rasgrad (Bulgarien) 52
Achaea 59
Adam von Bremen 37
Adrianopel
– Schlacht von 378 82, 90
Aemilianus
– Statthalter Mösiens und Pannoniens 253/254 52
Aeneas 31
Aëtius
– mag. mil. (429–454) 91, 94, 104, 123
Agathias
– Historiker, † um 582 55, 153, 157 f., 168
Ägypten 26
Aischylos 19
Alanen 28 f., 54, 79, 82, 84, 86 f., 91, 93, 97 f., 102, 111 f., 118
Alarich
– *Suavorum rex* bei Iord. 113
Alarich I.
– († 410 bei Cosenza) 95, 137
Alarich II.
– Westgotenkg. (484–507) 73, 140
Alarich, Halaricus
– herul. Anführer bei Iord. 78

Alatheus und Safrax
– *duces*, Drei Völker-Konföderation 82, 90
Alaviv
– terwing. Anführer 4. Jh. 83
Alboin
– Langobardenkg. († 572/573) 164
Alemannen 23
– Formation im 3. Jh. 27
Alföld
– große ungar. Tiefebene 86, 109 f.
Alföldi, Andreas
– dt. Historiker 63
Aluith
– herul. Kommandeur 6. Jh. 156
Amazonen 36
Ammianus Marcellinus
– Historiker 4. Jh. 28, 63, 68 f., 71, 79, 82 f., 86, 115, 170
Ampsivarier 48
Anagastes
– oström. General 5. Jh. 112
Anastasios I. (491–518)
– oström. Ks. 137, 140, 145
Andonnoballus
– Heruler, 3. Jh. 64
Anglon
– Ort in Persarmenien bei Prok. 156
Anten 78
Anthemius
– röm. Ks. (467–472) 111 f., 121
Antiochia 156
Antoninus von Piacenza

Börm, Henning
- dt. Historiker   140
Bosporanisches Klientelkönigreich   53
Bosporus   59, 63
Bratož, Rajko
- slow. Historiker   162
Brenta
- Fluss im Trentino   159
Brigetio (Komárom, Ungarn)   90
Bructerer   48
Brundisium (Brindisi)   157
Bug   45
Bugenhagen, Johannes (der Jüngere 1527–1594)   41
Bulgaren   31
Burgunder   15, 27
Burgundionen
- bei Tac.   47
Busta Gallorum/Taginae
- Schlacht von 552   158

C

Cádiz   39
Caesar
- Gaius Julius (100–44 v. Chr.)   33 f., 52, 111
Caesena
- Cesena, Emilia-Romagna   156
Calluc
- mag. mil. 6. Jh.   163
Carnuntum (bei Wien)   88
Carpen   28, 51
Cartagena   103
Casilinus (Volturno, bei Capua)
- Schlacht von 554   159
Cassiodor
- Cassiodorus, Flavius Magnus Aurelius († 583) praef. praet.   35, 73, 77, 136 f., 152, 160, 162
Cassius Dio
- Historiker 3. Jh.   59
Castra Martis
- (Kula, Bulgarien)   98
Černjachov (Černjahiv, Oblast Kiew, Ukraine)   49
Chaiboner   67
Chalcedon (heutiger Istanbuler Stadtteil Kadıköy)   53
Châlons-en-Champagne
- Nordfrankreich   93
Chamaver   71

Charietto
- Räuber, später *comes*   69
Chariner
- (Plin. nat.)   47
Chatten   48, 170
Childerich I.
- Frankenkg. († 481/482)   108
China   83
Chlodwig I.
- Frankenkg. († 511)   73, 140
Chlothar I.
- Frankenkg. († 561)   163
Chosrau I.
- pers. Großkg. (531–579)   140, 157
Chrysaphius
- Eunuch am Hofe des Theodosius II.   123
Chrysopolis (Stadtteil Üsküdar Istanbuls)   59
Cimbri
- Kimbern   33
Claudius
- röm. Ks. (41–54)   32
Claudius (II.-Gothicus)
- röm. Ks. (268–270)   55–58, 63
Cluj
- Cluj-Napoca (Klausenburg, Rumänien)   107
Cniva (Kniva)
- got. Anführer (Mitte 3. Jh.)   52, 77
Comagenis (Tulln)   116
Commodus
- röm. Ks. (180–192)   109
Concordia
- milit. Zentrum in Norditalien   67
Constans
- röm. Ks. (337–350), Sohn des Konstantin/Constantinus I.   71
Constantius
- Sekretär Attilas   123
Constantius II.
- röm. Ks. (337–361), Sohn des Constantinus I. = Konstantin   68, 71
Costobocen   51
Cyzicus in Bithynien
- (Balız bei Erdek, Türkei)   59

D

Dacia Mediterranea   146 f.
Dahn, Felix (1834–1912)   126

18

Abbildungsverzeichnis

10/11, 119: privat
40: Wikipedia/Rauh
46: Wikipedia/Silar
61: image by Dave Kelbe. © Project FWF P 24523-G19
65: Vorlage Wikipedia/Dipa
89: Vorlage Wikipedia/Mediatus
96: Wikipedia
107: KHM-Museumsverband
108: Wikipedia/Sailko
109: Wikipedia/Clapkidas
114: Wikipedia/Bwag
149: Wikipedia/CrniBombarder
155: Wikipedia/Nordnordwest

Henning Börm

Westrom
Von Honorius bis Justinian

2013. 240 Seiten. Kart.
€ 24,90
ISBN 978-3-17-023276-1

Urban-Taschenbücher, Band 735

Der Westen des Imperium Romanum erlebte ab 395 n. Chr. eine Kette von dramatischen Ereignissen und Entwicklungen. 476 wurde der letzte Westkaiser abgesetzt, 554 schaffte Justinian auch den weströmischen Hof ab. Diese Vorgänge, die für Europa den Übergang von der Antike zum Mittelalter markieren, sind oft durch eine „Völkerwanderung" erklärt worden. Der vorliegende Band rückt dagegen innerrömische Konflikte ins Zentrum: Westrom wurde nicht erobert. Seine Nachfolgereiche traten erst an die Stelle der kaiserlichen Regierung, als endlose Bürgerkriege zum Kollaps der römischen Herrschaft geführt hatten. Ein systematischer Überblick über Kaisertum, Verwaltung, Armee, Wirtschaft und Religion rundet die Darstellung ab.

Dr. Henning Börm lehrt Alte Geschichte an der Universität Konstanz.

W. Kohlhammer GmbH · 70549 Stuttgart
vertrieb@kohlhammer.de